Trzy
filiżanki herbaty

GREG MORTENSON I DAVID OLIVER RELIN

Trzy
filiżanki herbaty

Opowieść o człowieku,
który budując szkoły, dba o pokój na świecie

Z języka angielskiego przełożyła
Agnieszka Lakatos

WYDAWNICTWO
SONIA DRAGA

Tytuł oryginału:
THREE CUPS OF TEA

Copyright © Greg Mortenson and David Oliver Relin, 2006

Copyright © 2010 for the Polish edition by Wydawnictwo Sonia Draga
Copyright © 2010 for the Polish translation by Wydawnictwo Sonia Draga

Projekt okładki: Jasmine Lee
Zdjęcie autora: © Courtesy of CAI

Redakcja: Bożena Sęk
Korekta: Iwona Wyrwisz, Joanna Rodkiewicz

ISBN: 978-83-7508-237-1

Sprzedaż wysyłkowa:
www.merlin.com.pl
www.empik.com
www.soniadraga.pl

WYDAWNICTWO SONIA DRAGA Sp. z o. o.
Pl. Grunwaldzki 8-10, 40-950 Katowice
tel. (32) 782 64 77, fax (32) 253 77 28
e-mail: info@soniadraga.pl
www.soniadraga.pl

Skład i łamanie:
DT Studio s.c., tel. 032 720 28 78, fax 032 209 82 25

Katowice 2010. Wydanie I

Drukarnia:
ABEDIK S.A.,Poznań

Dla
Irvina „Dempseya" Mortensona,
Barry'ego „Barrela" Bishopa
oraz
Lloyda Henry'ego Relina
za to, że pokazali nam drogę,
gdy jeszcze byli tu z nami

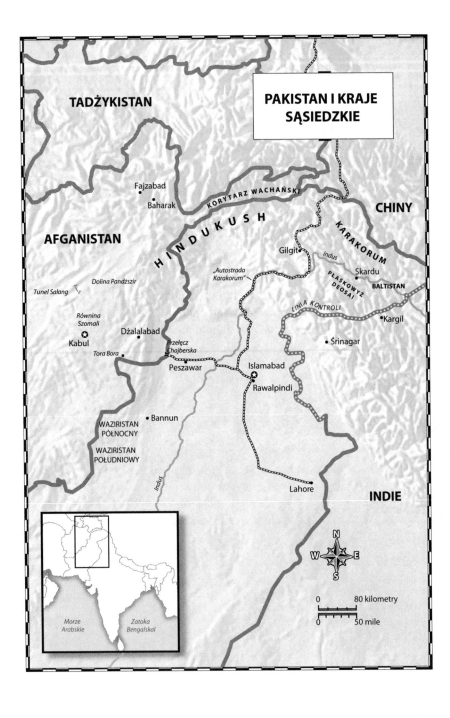

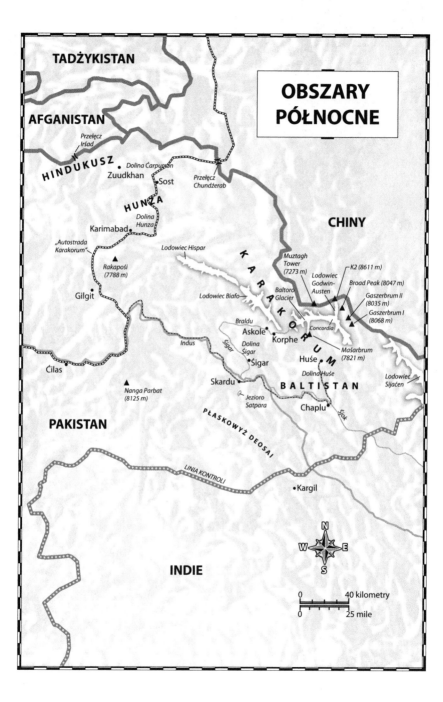

SPIS TREŚCI

W KRĘGU GREGA MORTENSONA

CZERWONA LAMPKA migała przez pięć minut, zanim pilot zwrócił na nią uwagę.

– W tych starych śmigłowcach nie można wierzyć wskaźnikom poziomu paliwa – powiedział generał Bhangu, jeden z najbardziej doświadczonych pilotów w lotach na dużych wysokościach w Pakistanie, stukając palcem w lampkę. Nie byłem pewien, czy powinienem w związku z tym czuć się bezpieczniej.

Siedziałem obok niego, obserwując krajobraz pod naszymi stopami przez schodzącą aż do podłogi przednią szybę śmigłowca Alouette, który pamiętał jeszcze czasy wojny w Wietnamie. Sześćset metrów pod nami wiła się rzeka otoczona skalistymi graniami wznoszącymi się po obu stronach doliny Hunzy. Na wysokości wzroku mieliśmy nawisy zielonych lodowców pękających w upalnym słońcu. Generał Bhangu niespecjalnie się przejmował sytuacją: spokojnie strzepywał popiół z papierosa do otworu wentylacyjnego obok naklejki z napisem „Zakaz palenia".

Siedzący z tyłu Greg Mortenson wyciągnął swoje długachne ramię i poklepał pilota po plecach.

– Panie generale! – krzyknął. – Chyba lecimy w złą stronę!

Generał Bhangu był wcześniej osobistym pilotem prezydenta Muszarrafa, zanim przeszedł na wojskową emeryturę i zaczął pracować jako pilot cywilny w prywatnej firmie lotniczej. Miał już pod siedemdziesiątkę, przyprószone siwizną włosy, starannie przycięty wąsik i równie elegancki akcent, który został mu z czasów, gdy wraz z Muszarrafem i wieloma innymi przyszłymi przywódcami Pakistanu uczęszczał do prywatnej brytyjskiej szkoły kolonialnej.

Wyrzucił papierosa przez otwór wentylacyjny i wypuścił z ust kłąb dymu. Potem zaś pochylił się, żeby porównać obraz na trzymanym na kolanie zestawie GPS z podetkniętą mu przez Grega mapą wojskową złożoną tak, żeby widać było nasze położenie.

– Od czterdziestu lat latam po północnym Pakistanie – powiedział, kręcąc lekko głową w sposób charakterystyczny dla mieszkańców subkontynentu indyjskiego. – Jak to możliwe, że pan zna teren lepiej ode mnie? Po czym pochylił śmigłowiec ostro w lewo, zawracając w stronę, z której przylecieliśmy.

Niepokojąca mnie już wcześniej czerwona lampka zaczęła migać intensywniej. Według drgającej wskazówki mieliśmy jeszcze niecałe sto litrów paliwa. Byliśmy w części Pakistanu tak dalece odciętej od cywilizacji, że musieliśmy przed wylotem poprosić znajomych, aby przywieźli nam terenówkami i zostawili w strategicznych miejscach baryłki z paliwem lotniczym. Gdyby się nie dało dolecieć w odpowiednie miejsce, sytuacja byłaby bez wyjścia – dosłownie, jako że w przemierzanym przez nas urwistym kanionie nie było żadnego płaskiego miejsca, które nadawałoby się do lądowania.

Bhangu zwiększył wysokość, żebyśmy w razie braku paliwa mieli jeszcze szansę siłą rozpędu dolecieć do bardziej oddalonego lądowiska, i pchnął dźwignię do przodu, zwiększając prędkość do dziewięćdziesięciu węzłów. Dokładnie w momencie gdy wskazówka zeszła do poziomu awaryjnego, a do migania czerwonej lampki dołączył się ostrzegawczy sygnał dźwiękowy, płozy śmigłowca opadły na środek namalowanej na białych skałach dużej litery H oznaczającej lądowisko. Na jego skraju stały nasze baryłki z paliwem.

– Przyjemna wycieczka – powiedział Bhangu, zapalając kolejnego papierosa. – Ale mogłaby się źle skończyć, gdyby nie pan Mortenson.

Później, gdy za pomocą ręcznej pompki zatkniętej w przerdzewiałą baryłkę napełniliśmy baki, polecieliśmy doliną Braldu do wioski Korphe, ostatniej osady ludzkiej przed lodowcem Baltoro, którego niezmierzone połacie prowadzą w stronę K2 i największego na świecie skupiska siedmio- i ośmiotysięczników. W roku 1993, po nieudanej próbie zdobycia K2, Greg Mortenson trafił do Korphe w stanie skrajnego wyczerpania. Pośród ubogich domków z kamieni i gliny zarówno jego życie, jak i życie dzieci północnej części Pakistanu uległo nagłemu przeobrażeniu. Kiedy wieczorem kładł się do snu w cieple płonącego w ogniu łajna jaków, był jeszcze zagubionym w górach himalaistą. Ale rano, zanim zdążył wypić wraz z gospodarzami dzbanek herbaty z masłem i zawiązać buty, był już działaczem humanitarnym wstępującym na nowo odkrytą drogę, którą miał podążać przez resztę życia.

Gdy razem z Gregiem i generałem Bhangu dolecieliśmy do Korphe, mieszkańcy powitali nas wszystkich z otwartymi ramionami – ofiarowali nam głowę kozła skalnego i zaczęli szykować wciąż nowe filiżanki herbaty. A dzieci z szyickiego Korphe, jednego z najuboższych miejsc na świecie, opowiadały nam o swoich marzeniach i nadziejach na przyszłość, które nabrały rozmachu od tamtej chwili przed dziesięcioma laty, gdy pewien zwalisty Amerykanin zapragnął zbudować pierwszą szkołę w historii ich wioski. Generał i ja słuchaliśmy ich opowieści jak oczarowani.

– Wie pan – powiedział Bhangu, podczas gdy grupa stu dwudziestu uczniów ciągnęła nas za ręce, żebyśmy obejrzeli ich szkołę – kiedy latałem z prezydentem Muszarrafem, spotykałem różnych światowych przywódców, wiele wspaniałych kobiet i mężczyzn. Ale wydaje mi się, że Greg Mortenson jest najbardziej niezwykłą osobą, jaką dane mi było poznać.

Każdy, kto ma okazję przyglądać się działaniom Grega w Pakistanie, jest zadziwiony tym, z jak encyklopedyczną dokładnością poznał on ten wyjątkowo odcięty od świata region. Wiele osób ku własnemu zaskoczeniu szybko daje się wessać w wir jego działań. W ciągu ostatniej dekady, odkąd w wyniku kilku porażek i wypadków życiowych Greg Mortenson z himalaisty stał się działaczem humanitarnym, zebrał wokół siebie całkowicie niewykwalifikowaną i nieprawdopodobnie efektywną grupę ludzi, zespół niepodobny do żadnej innej organizacji dobroczynnej na świecie.

Niepiśmienni tragarze z gór Karakorum zamienili swoje dość intratne zajęcie na marne wynagrodzenie za pracę, która pomoże ich dzieciom zdobyć wykształcenie, na jakie oni nie mieli szans. Taksówkarz, który przypadkiem zabrał Mortensona z lotniska w Islamabadzie, sprzedał samochód, aby zostać jego całkowicie oddanym fikserem.* Dawni talibowie po spotkaniu Mortensona porzucali przemoc i ucisk kobiet, aby razem z nim pokojowo budować szkoły dla dziewcząt. Wolontariusze i fani Grega pochodzą ze wszystkich klas społecznych Pakistanu i ze wszystkich walczących ze sobą odłamów islamu.

Dziennikarze, których zadaniem jest zachować obiektywizm, również dają się wciągnąć w magiczny krąg działań Grega. Trzy razy towarzyszyłem mu w wyprawach do północnego Pakistanu – lataliśmy w niedostępne doliny Karakorum, Himalajów i Hindukuszu śmigłowcami, które już dawno powinny dołączyć do obiektów muzealnych. Im więcej czasu spędziłem, ob-

---

* Fikser (od ang. *fix* – rozwiązać problem) – w krajach o niestabilnej sytuacji politycznej terminem tym określa się osobę, która towarzyszy zagranicznym korespondentom i innym przybyszom z Zachodu i pełni rolę kierowcy, przewodnika, tłumacza oraz znawcy miejscowych zwyczajów (ten przypis i następne pochodzą od tłumaczki).

serwując jego pracę, tym mocniejsze było moje przekonanie, że mam do czynienia z kimś niezwykłym.

Zanim wyjechałem z domu, opowieści o przygodach Mortensona, który w dalekich górach Pakistanu buduje szkoły dla dziewcząt, wydawały mi się nieco przesadzone. Ale gdy przyjechałem na miejsce i zobaczyłem elementy składowe tej historii – polujących na kozły skalne mieszkańców niedostępnych dolin Karakorum, nomadów z dzikich obrzeży Afganistanu, spotkania z elitą wojskową Pakistanu oraz kolejne filiżanki paiju ća wypijane w pomieszczeniach tak zadymionych, że musiałem mrużyć oczy, by dojrzeć własne notatki – przekonałem się, że rzeczywistość zdecydowanie przerasta moje najśmielsze wyobrażenia.

Jako dziennikarz od dwudziestu lat uprawiający ten dziwny zawód, polegający na wnikaniu w życie innych ludzi, spotkałem wiele znanych osób, których sława znacznie przewyższa ich rzeczywiste cnoty. Ale w Korphe i wielu innych pakistańskich wioskach, gdzie witano mnie jak dawno niewidzianego członka rodziny tylko dlatego, że inny Amerykanin poświęcił trochę czasu, aby wypracować więzi z tymi ludźmi, historia ostatnich dziesięciu lat życia Grega Mortensona ukazała mi się w całej przebogatej złożoności, jakiej większość z nas nie jest w stanie osiągnąć w ciągu jednego życia.

W ten wyszukany sposób próbuję powiedzieć, że w tej opowieści nie potrafiłem pozostać bezstronnym obserwatorem. Kto pojedzie z Gregiem do jednej z pięćdziesięciu trzech szkół zbudowanych przez Instytut Azji Centralnej, zostaje zaangażowany w pracę, a w jej trakcie staje się orędownikiem sprawy. Zaś gdy człowiek spędzi całą noc na obradach dżirgi ze starszyzną wioski i rozważaniu nowo zgłoszonych projektów, spróbuje pokazać zebranym w klasie podekscytowanym ośmiolatkom, jak korzystać z pierwszej temperówki, którą ktoś im zechciał podarować, lub zaimprowizuje lekcję angielskiego slangu pośród pełnych powagi i szacunku uczniów wiejskiej szkoły, nie może pozostać tylko reporterem.

Jak na koniec przekonał się Thomas Fowler, melancholijny korespondent z powieści Grahama Greene'a „Spokojny Amerykanin", czasem aby pozostać człowiekiem, trzeba się opowiedzieć po którejś stronie.

Ja postanowiłem stanąć po stronie Grega Mortensona. Nie żeby był on bez wad. Z powodu jego płynnego poczucia czasu niemożliwe było dokładne ustalenie kolejności wielu opisanych w tej książce zdarzeń. Niewiele zresztą pomogły w tej kwestii wywiady z pracującymi z nim członkami ludu Balti, w których języku nie występują żadne czasy i dla których linearny bieg czasu jest równie mało istotny jak dla człowieka, którego nazywają „doktor Greg".

W ciągu dwóch lat, podczas których wspólnie pracowaliśmy nad tą książką, Greg był tak irytująco spóźnialski, że nieraz się zastanawiałem, czy nie porzucić tego przedsięwzięcia. Wiele osób, zwłaszcza w Ameryce, po tego rodzaju doświadczeniach odwróciło się od niego, w najlepszym razie obdarzając go mianem „niepoważny". Zdałem sobie jednak sprawę, że – jak często powtarza jego żona Tara Bishop – „Greg nie jest jednym z nas". Być może jego specyficzne poczucie czasu bierze się stąd, że wychował się w Afryce, a obecnie znaczną część każdego roku spędza w Pakistanie. Ale jego metody działania – intuicyjne zatrudnianie mało doświadczonych ludzi, budowanie sojuszy z najróżniejszymi podejrzanymi typami, a przede wszystkim całkowita improwizacja – na razie pozwalają mu przenosić góry.

Jak na człowieka, który tak wiele osiągnął, Greg ma wyjątkowo mało rozbuchane ego. Gdy zgodziłem się napisać tę książkę, podał mi kartkę papieru z długą listą napisanych drobnym maczkiem nazwisk i numerów telefonów. Była to lista jego wrogów.

– Porozmawiaj z nimi – powiedział. – Niech wyrażą swoje zdanie. Nasze działania przynoszą rezultaty, i tylko to mnie interesuje.

Przeprowadziłem wywiady z setkami osób – zarówno z przyjaciółmi, jak i z wrogami Grega. Ze względów bezpieczeństwa i z poszanowania dla ich prywatności musiałem zmienić niewielką liczbę imion i nazw miejscowości.

Ta książka jest owocem prawdziwej współpracy. Ja ją napisałem, ale Greg Mortenson to wszystko przeżył. Przejrzeliśmy razem tysiące slajdów, filmów i papierów z ostatniej dekady, nagraliśmy setki godzin wywiadów z ludźmi i jeździliśmy w miejsca, gdzie mieszkają osoby kluczowe dla tej niesamowitej historii. W ten sposób powołaliśmy tę książkę do życia.

W Pakistanie się przekonałem, że działania Instytutu Azji Centralnej faktycznie przynoszą niezaprzeczalne rezultaty. W części świata, gdzie Amerykanie są w najlepszym wypadku źle rozumiani, a jeszcze częściej darzeni podszytą strachem nienawiścią, ten cichy, niemal dwumetrowy ekshimalaista z Montany w nieprawdopodobny sposób odnosi sukces za sukcesem. Choć sam nigdy by tak tego nie określił, w pojedynkę odmienił los dziesiątek tysięcy dzieci i – nie posiadając żadnego zaplecza – zdobył więcej serc i umysłów niż całe masy zalewającej ten rejon amerykańskiej propagandy.

Pora więc na wyznanie: zamiast po prostu zdawać suchą relację z jego postępów, z całego serca kibicuję poczynaniom Grega Mortensona. Życzę mu powodzenia, ponieważ tłukąc się swoim starym land cruiserem po Karakoram Highway i wystawiając się na wielkie ryzyko, aby rozsiewać szkoły w rejonie, który zrodził talibów, prowadzi on wojnę z terroryzmem w sposób, w jaki w moim przekonaniu powinna być prowadzona. Greg Mortenson wypowiada wojnę podstawowym przyczynom terroryzmu za każdym razem, gdy dzięki niemu jakieś dziecko otrzymuje szansę na zrównoważoną edukację, a nie tylko na naukę w ekstremistycznej madrasie.

Jeśli my, Amerykanie, mamy się czegoś nauczyć na własnych błędach – błędach nieskładnej i nieefektywnej wojny z terroryzmem po atakach z jedenastego września, błędach nieudolnego przekazywania naszej misji masom miłujących pokój ludzi o umiarkowanych poglądach, którzy żyją w centrum muzułmańskiego świata – musimy posłuchać historii Grega Mortensona. Ja jej wysłuchałem i okazało się, że to jedno z najwspanialszych doświadczeń mojego życia.

David Oliver Relin
Portland, Oregon

Rozdział pierwszy

Porażka

Gdy jest dostatecznie ciemno, wówczas widać gwiazdy.

— Perskie przysłowie

Strzeliste wierzchołki pakistańskich gór Karakorum ciągną się pasmem o szerokości około stu pięćdziesięciu kilometrów. Niekwestionowanymi władcami tej dzikiej, bezludnej krainy są dostojne, przerażająco piękne szczyty, pośród których znajduje się ponad sześćdziesiąt siedmio- i ośmiotysięczników. Oprócz pantery śnieżnej i kozła skalnego niewiele żywych istot zapędza się w ten nieprzyjazny lodowy krajobraz, w związku z czym istnienie K2, drugiego pod względem wysokości szczytu na świecie, aż do początków dwudziestego wieku pozostawało ledwie pogłoską.

Od zboczy K2 aż do górnych partii zaludnionej doliny Indusu, między żłobkowanymi granitowymi iglicami czterech Gaszerbrumów a groźnymi ostrzami Wież Trango, na odcinku sześćdziesięciu dwóch kilometrów rozciąga się lodowiec Baltoro, którego milcząca obecność w niczym nie zakłóca majestatu skalno-lodowej katedry. Trudno zauważyć, że ta zamarznięta rzeka tak naprawdę jest w ciągłym ruchu — pokonuje odległość około dziesięciu centymetrów dziennie.

Popołudniem 2 września 1993 roku Greg Mortenson miał wrażenie, że sam się porusza niewiele szybciej. Ubrany — podobnie jak jego pakistańscy tragarze — w wielokrotnie już łatany salwar kamiz,* miał wrażenie, że jego ciężkie skórzane czarne trapery w swoim własnym, niezależnym od jego woli tempie niosą go przez pustkowie Baltoro, dryfując wśród lodowych bloków, które przypominały setki kryształowych żaglowców na białym morzu.

---

* Salwar kamiz — popularny w południowej Azji strój mężczyzn i kobiet, składający się z szarawarów (salwar) oraz długiej tuniki (*kamiz*).

Spodziewał się lada chwila zobaczyć Scotta Darsneya, drugiego członka wyprawy, z którym wracał właśnie ku cywilizacji, jak siedzi na głazie i naśmiewa się z jego żółwiego tempa. Górny odcinek lodowca Baltoro bardziej przypomina jednak labirynt niż szlak. Mortenson nie zdawał sobie sprawy, że się zgubił i jest zupełnie sam. Zboczył z głównego koryta lodowca w boczne pasmo i zamiast na zachód, do położonej osiemdziesiąt kilometrów dalej wioski Askole, gdzie miał nadzieję znaleźć jakąś terenówkę, która by go zawiozła na równinę, brnął na południe, w nieprzebyty gąszcz potrzaskanych lodospadów, ponad którymi rozciąga się wysokogórska strefa ognia, gdzie w rozrzedzonym powietrzu pakistańscy i indyjscy żołnierze miotają pociski artyleryjskie.

W normalnych okolicznościach Greg byłby bardziej uważny. Nie umknęłaby mu tak cenna dla przetrwania okoliczność jak to, że tragarz Muzafer, który zjawił się nagle na górze niczym anioł stróż i zaproponował, że zniesie na dół ciężki ładunek sprzętu wspinaczkowego, wziął także namiot i prawie całą żywność, należało się go zatem trzymać. Zwróciłby też uwagę na coraz bardziej niesamowity krajobraz roztaczający się wokoło.

W roku 1909 książę Abruzzi, jeden z najsłynniejszych alpinistów swojej epoki i w tamtych czasach prawdopodobnie najwytrawniejszy koneser skalistych krajobrazów, stał na czele włoskiej wyprawy zmierzającej w górę lodowca Baltoro z zamiarem zdobycia K2, co zresztą się nie powiodło. Oszołomiony surowym pięknem otaczających go szczytów, zapisał w swoim dzienniku: „Żaden inny wysokogórski krajobraz nie może się z tym równać. Przede mną otwierał się świat ostrych grani i lodowców, niesamowity widok, który zaspokoiłby zarówno artystę, jak i miłośnika wspinaczki".

Choć jednak słońce chowało już się za poszarpanym granitowym szczytem Wieży Muztagh, a smukłe cienie kładły się na wschodnich zboczach doliny, nad którymi górowały ostro zakończone zwaliste Gaszerbrumy, Mortenson zdawał się nie zauważać świata wokół siebie. Tego popołudnia jego myśli kierowały się do wewnątrz, był bowiem oszołomiony i absolutnie zaabsorbowany nowym zjawiskiem w swoim życiu – uczuciem porażki.

Sięgnął do kieszeni szarawarów i dotknął bursztynowych korali, które kiedyś tak często nosiła jego siostra Christa. W Tanzanii, gdzie ich pochodzący z Minnesoty rodzice prowadzili luterańską misję, trzyletnia Christa zachorowała na ostre zapalenie opon mózgowych, z którego nigdy do końca nie wyzdrowiała. Dwanaście lat starszy od niej Greg postanowił, że będzie ją chronić. Choć Christa z trudem wykonywała nawet najprostsze czynności (codziennie rano ponad godzinę zajmowało jej włożenie ubrania) i cierpiała na silne ataki padaczki, Greg uprosił matkę, Jerene, aby pozwoliła jej na pewien zakres samodzielności. Po powrocie do Ameryki pomógł jej znaleźć pracę, nauczył ją tras autobusów kursujących po Twin Cities, żeby mogła swobodnie się przemieszczać, a nawet, ku zgrozie matki, przeprowadził z nią rozmowę o antykoncepcji, kiedy się dowiedział, że ma chłopaka.

Niezależnie od tego, czy właśnie odbywał służbę wojskową jako sanitariusz wojskowy i dowódca plutonu w RFN, czy uczył się w szkole pielęgniarskiej w Dakocie Południowej, czy studiował neurofizjologię padaczki na uniwersytecie Indiana z nadzieją, że odkryje lek na chorobę Christy, czy żył jak tramp, nocując w samochodzie i wspinając się po górach w Berkeley w Kalifornii, Greg upierał się, żeby siostra każdego roku przyjeżdżała do niego na miesiąc. Wyszukiwał wówczas dla niej imprezy, które sprawiały jej największą przyjemność. Chodzili razem na wyścigi konne i samochodowe, pojechali na wycieczkę do Disneylandu i w miejsce, które Greg uważał wówczas za najpiękniejszą katedrę – do Parku Yosemite, gdzie granitowe ściany piętrzą się wysoko.

Z okazji dwudziestych trzecich urodzin Christa miała z matką urządzić sobie pielgrzymkę z Minnesoty na pola kukurydzy w Dyersville w stanie Iowa, gdzie nakręcono film, który mogła oglądać bez końca, „Pole marzeń". Jednak nad ranem w dzień urodzin, tuż przed planowaną podróżą, Christa dostała potężnego ataku padaczki i zmarła.

Po śmierci siostry Greg odnalazł pośród jej niewielu rzeczy osobistych bursztynowe korale. Wciąż pachniały ogniskiem, które palili, gdy ostatni raz odwiedziła go w Kalifornii. Przywiózł te korale ze sobą do Pakistanu zawinięte w tybetańską flagę modlitewną, chciał bowiem w szczególny sposób uczcić pamięć o siostrze. Całe swoje serce wkładał we wspinaczkę, postanowił więc złożyć hołd godny himalaisty – wejść na K2, powszechnie uważany za najtrudniejszy do zdobycia szczyt na ziemi, i zostawić korale Christy na wysokości 8616 metrów nad poziomem morza.

Wychował się w rodzinie o upodobaniu do podejmowania trudnych zadań – jak na przykład zbudowanie szkoły i szpitala w Tanzanii, u stóp Kilimandżaro. Chociaż solidnej wiary jego rodziców nie mąciła żadna rysa zwątpienia, Greg wciąż nie był przekonany co do natury boskości. Zamierzał więc ofiarować korale dowolnemu bóstwu zamieszkującemu górną część atmosfery.

Trzy miesiące wcześniej obuty w same sportowe sandały bez skarpetek, podążając za wołaniem przygody, niemal w podskokach przemierzał lodowiec w przeciwną stronę, nie zważając na ciężar czterdziestokilogramowego plecaka. W ponadstukilometrową trasę z Askole wyruszył w grupie dziesięciu himalaistów z Anglii, Irlandii, Francji i USA w ramach słabo finansowanej, ale za to chorobliwie śmiałej próby zdobycia drugiego co do wysokości szczytu świata.

Każdy z nich wiedział, że w porównaniu z Everestem, położonym półtora tysiąca kilometrów na południowy wschód, K2 to zabójcza góra. Dla himalaistów, którzy nazywają ją „okrutnym szczytem", jest ostatecznym wyzwaniem, piramidą z kanciastego granitu o zboczach tak stromych, że nawet śnieg nie jest w stanie się utrzymać na ostrych jak brzytwa graniach. Mortenson jednak, wówczas optymistyczny wysportowany trzydziestopięciolatek, który w wieku lat jedenastu zdobył Kilimandżaro, potem szkolił się na urwistych granitowych ścianach Parku Yosemite, a jeszcze później zdobywał dalsze szlify podczas kilku udanych wspinaczek w Himalajach, wtedy, w maju, nie miał wątpliwości, że już niedługo stanie na szczycie, który nazywał „największą i najstraszniejszą górą na ziemi".

Najbardziej druzgocący był fakt, że udało mu się podejść tak wysoko, a do zdobycia szczytu zabrakło ledwie sześciuset metrów. Teraz jednak K2 niknęło już we mgle za jego plecami, zaś bursztynowe korale wciąż miał w kieszeni. Jak to się stało? Otarł oczy rękawem, nieoswojony ze łzami, które od razu przypisał wysokości. Ewidentnie nie był teraz sobą. Po siedemdziesięciu ośmiu dniach zwierzęcej niemal walki na znacznej wysokości czuł się osłabioną, wysuszoną karykaturą siebie. Nie wiedział już, czy starczy mu sił na przejście kolejnych osiemdziesięciu kilometrów niebezpieczną trasą do Askole.

Z rozmyślań wyrwał go ostry łomot osuwających się kamieni. Zobaczył, jak po rumowisku leci, odbijając się od skał, głaz wielkości dwupiętrowego domu, po czym rozbija w drobny mak blok lodu na swojej drodze.

Greg otrząsnął się, próbując odzyskać uśpioną czujność. Rozejrzał się wokół siebie i zobaczył, jak wysoko podniosły się już cienie na wschodnich szczytach. Próbował sobie przypomnieć, ile czasu minęło, odkąd ostatni raz widział jakiegoś człowieka. Minęły całe godziny od chwili, gdy idący przed nim Scott Darsney zniknął mu z oczu. Godzinę wcześniej, a może więcej, słyszał dzwonki karawany wojskowych mułów niosących amunicję w stronę lodowca Sijaćen – położonego na wysokości 6000 metrów, odległego o dwadzieścia kilometrów na południowy wschód od pola walki, gdzie pakistańskie i indyjskie wojska trwały w niekończącym się śmiertelnym impasie. Przeczesał wzrokiem drogę, szukając znaków ludzkiej obecności. Na szlaku do Askole pełno było odpadów pozostawionych przez wojsko. Ale tu nie było ani odchodów mułów, ani niedopałków papierosów, ani puszek po konserwach. Nie było źdźbeł siana, którymi poganiacze mułów karmią zwierzęta. Greg zdał sobie sprawę, że właściwie nie wygląda to w ogóle na szlak, tylko raczej na szczelinę w pogmatwanym labiryncie lodu i głazów. Zastanawiał się, w jaki sposób mógł tutaj dotrzeć; starał się skoncentrować, aby uzyskać jakąkolwiek jasność. Jednak zbyt długie pozostawanie na znacznej wysokości podkopało jego zdolność do konkretnego myślenia i działania.

Przez godzinę wspinał się po rumowisku z nadzieją, że pośród wszechobecnego lodu i głazów znajdzie jakiś korzystnie położony punkt, z którego zdoła dostrzec charakterystyczny element krajobrazu: wielki skalisty cypel Urdukas, niczym ogromna pięść nacierający na lodowiec – i dzięki niemu wróci na właściwy szlak. Gdy jednak dotarł na górę, zamiast spodziewanej ulgi poczuł tylko skrajne wyczerpanie. Oddalił się od szlaku o jakieś dwanaście kilometrów, a w słabnącym świetle dnia nawet zarysy znanych mu szczytów, oglądane teraz z innego kąta, wyglądały całkiem nieznajomo.

Dotychczasowe odrętwienie, które było skutkiem długotrwałego przebywania na wysokości, zaczęło ustępować narastającej panice. Greg usiadł, żeby obmyślić dalszy plan działania. W wypłowiałym od słońca fioletowym plecaczku miał tylko cienki wełniany pakistański koc wojskowy, pusty bidon i ostatni proteinowy baton. Jego wysokogórski puchowy śpiwór, wszystkie ciepłe ubrania, namiot, kuchenka, jedzenie, nawet latarka i zapałki zostały w plecaku niesionym przez tragarza.

Musiał jakoś przenocować i odszukać szlak w świetle dziennym. Choć temperatura już spadła poniżej zera, nie sądził, żeby miał umrzeć z zimna. Poza tym miał jeszcze na tyle przytomny umysł, by zdawać sobie sprawę, że nocny spacer po ruchomym lodowcu pełnym szczelin, których ziejące kilkudziesięciometrowe czeluście prowadziły prosto do podziemnych strumieni, byłby zdecydowanie bardziej niebezpieczny. Ostrożnie schodząc po rumowisku, szukał miejsca na tyle oddalonego od zbocza góry, żeby w czasie snu nie zmiażdżyła go kamienna lawina, ale też na tyle stabilnego, żeby w środku nocy nagle nie pękło, pociągając go prosto w trzewia lodowca.

Znalazł płytę skalną, która wydawała się dość solidna, gołymi rękami nałożył lodowatego śniegu do bidonu i otulił się kocem, próbując ze wszystkich sił nie myśleć o tym, jak bardzo jest samotny i jak wielkie grozi mu niebezpieczeństwo. Przedramię miał pokryte otarciami od liny w czasie akcji ratunkowej. Wiedział, że powinien odwinąć poplamione bandaże i odsączyć ropę z ran, które na tej wysokości w ogóle nie chciały się goić, ale jakoś nie mógł znaleźć w sobie motywacji, żeby to zrobić. Trzęsąc się z zimna, leżał na nierównej skale i patrzył, jak ostatnie promienie słońca tlą się krwistą czerwienią na poszarpanych szczytach na wschodzie, a potem gasną, zostawiając tylko poświatę w sinoczarnym zmierzchu.

Niecałe sto lat wcześniej niejaki Filippo De Filippi, lekarz i kronikarz wyprawy księcia Abruzji w Karakorum, odnotował stan przygnębienia, jakie odczuwał wśród tych gór. Choć wędrował w towarzystwie ponad dwudziestu Europejczyków oraz dwustu sześćdziesięciu lokalnych tragarzy, choć mieli ze sobą leżaki i srebrny serwis do herbaty, a ponadto kurierzy regularnie dostarczali im świeżą europejską prasę, charakter krajobrazu napełniał go poczuciem kruchości własnej egzystencji. „Nad dolinami unosiła się głęboka cisza – pisał – w wyniku której duch nasz stał się dziwnie ociężały. Nie ma chyba drugiego miejsca na świecie, gdzie człowiek czułby się tak samotny, tak wyobcowany, tak całkowicie ignorowany przez Matkę Naturę, tak niezdolny do stopienia się z nią w jedno".

Greg był dziwnie spokojny, co być może wynikało z oswojenia z samotnością, której zaznał jako jedyny amerykański chłopiec w gronie afrykańskich kolegów lub też podczas noclegów na wysokości dziewięciuset metrów w połowie wspinaczki na Half Dome w Parku Yosemite. Wyjaśnia, że jego spokój brał się głównie z wywołanego dużą wysokością otępienia umysłowego. Dla każdego jednak, kto spędził z nim trochę czasu i widział, jak czystym uporem potrafi łamać opór kongresmanów, niechętnych filantropów i afgańskich watażków, aż w końcu uda mu się wydobyć od nich zaległe fundusze pomocowe, dotację lub zezwolenie na przejazd po dozorowanym przez nich terytorium, ta noc byłaby po prostu kolejnym przykładem jego stalowych nerwów.

Wiatr się nasilił, a krystaliczne nocne powietrze stało się przenikliwie zimne. Mortenson próbował dojrzeć szczyty, których złowrogą obecność czuł nad swoją głową, ale w ciemności nic nie było widać. Po godzinie pod kocem udało mu się rozmrozić przyciskany do ciała proteinowy batonik i uzyskać ze śniegu nieco mulistej wody do popicia. Posiłek wywołał falę gwałtownych dreszczy. Nie wyglądało na to, żeby przy takiej temperaturze miał szansę zasnąć. Leżał więc, patrząc w oprószone gwiazdami niebo, i postanowił dokładnie przeanalizować istotę swojej porażki.

Przywódcy wyprawy, Daniel Mazur i Jonathan Pratt, jak również Francuz Étienne Fine, byli rasowymi alpinistami. Wspinali się szybko i elegancko, zdawało się, że mają jakieś predyspozycje genetyczne do pokonywania w zawrotnym tempie trudnych technicznie odcinków na dużych wysokościach. Mortenson był dość powolny, za to silny jak niedźwiedź. Miał metr dziewięćdziesiąt wzrostu, ważył dziewięćdziesiąt pięć kilo, a stypendium, które pozwoliło mu ukończyć Concordia College w Minnesocie, zawdzięczał swoim osiągnięciom na boisku futbolowym.

Choć nikt tego bezpośrednio nie zarządził, najcięższe i najbardziej mozolne zadania w czasie wyprawy przypadały jemu i Darsneyowi. Mortenson wykonał aż osiem kursów w charakterze jucznego muła, wnosząc na górę żywność oraz zbiorniki paliwa i butle tlenowe, które zostawiał w kolejnych schowkach po drodze do Kuluaru Japońskiego, wąskiej półki skalnej wydrążonej sześćset metrów od wierzchołka, tak aby wszystko co trzeba czekało w kolejnych obozach, gdy dowodzący wyprawą postanowią ruszyć na szczyt.

Pozostałe ekspedycje mierzące się z K2 w tym sezonie wybrały tradycyjny szlak południowo-wschodni, który niemal sto lat wcześniej przetarła pionierska wyprawa księcia Abruzji. Tylko ich drużyna zdecydowała się iść zachodnim grzbietem, krętą i okrutnie trudną, pełną podstępnych, stromych, trudnych technicznie podejść trasą, którą jak dotąd udało się pokonać tylko raz przed dwunastoma laty – dokonał tego Japończyk Eiho Otani i jego pakistański towarzysz Nazir Sabir.

Grega cieszyło to wyzwanie, czuł się dumny, że wybrali tak wymagającą trasę. Ilekroć docierał do którejś z półek wydrążonych wcześniej w skale zachodniego grzbietu, żeby wyładować kanistry z paliwem i zwoje lin, czuł, jak przybywa mu sił. Nawet jeśli nie miał zabójczego tempa, był przekonany, że dotrze na szczyt.

Pewnego wieczoru, gdy spędzili już na górze ponad siedemdziesiąt dni, Mortenson i Darsney szykowali się w dolnej bazie do snu, na który w pełni zasłużyli po dziewięćdziesięciu sześciu godzinach wspinaczki w ramach kolejnej wyprawy aprowizacyjnej. Zaraz po zmroku przez teleskop rzucili jeszcze ostatnie spojrzenie na szczyt i dostrzegli światełko migoczące wysoko na zachodnim grzbiecie. Było jasne, że to członkowie ich wyprawy dają im sygnały latarką, co najprawdopodobniej mogło oznaczać jakiś kłopot z francuskim uczestnikiem wyprawy. „Étienne uważał się za prawdziwego alpinistę – wyjaśnia Greg, akcentując z francuska słowo „alpinista", żeby podkreślić, ile dumy i arogancji potrafi się w nim kryć. – Wspinał się szybko, bez obciążenia, z minimalną ilością sprzętu. Już wcześniej musieliśmy go wyciągać z tarapatów, ponieważ zbyt szybko pokonywał wysokości, nie dając sobie szans na aklimatyzację".

Mortenson i Darsney wątpili, czy zdołają wspiąć się tak wysoko zaraz po wyczerpującym zejściu, zaczęli więc szukać ochotników pośród pozostałych pięciu ekspedycji w dolnej bazie. Żaden się jednak nie zgłosił. Przez dwie godziny leżeli więc w namiocie, zbierając siły i uzupełniając zapasy wody w organizmie, po czym spakowali się i ruszyli znów pod górę.

Zejście z położonego na wysokości 7600 metrów obozu czwartego okazało się dla Pratta i Mazura walką na śmierć i życie. „Przygotowywaliśmy się do wejścia na szczyt, gdy dołączył do nas Étienne, żeby zdobyć go razem z nami – opowiada Mazur. – Kiedy jednak doszedł do obozu, runął z nóg. Z trudem łapiąc oddech, zdołał nam tylko przekazać, że bulgoce mu w płucach".

Étienne zapadł na obrzęk płuc – chorobę górską, w wyniku której w płucach zbiera się płyn. Może się to skończyć śmiercią, jeśli natychmiast nie przetransportuje się chorego na niżej położony teren. „Byliśmy przerażeni – wspomina Mazur. – Z ust ciekła mu różowa piana. Próbowaliśmy wezwać pomoc, ale upuszczone wcześniej w śnieg radio nie chciało działać. Zaczęliśmy więc schodzić".

Pratt i Mazur na zmianę przypinali się do chorego kolegi i zsuwali się z nim po linie z przerażająco stromych ścian zachodniego grzbietu. „Czułem się, jakbym wisiał na linie obciążony wielkim workiem ziemniaków – mówi Mazur. – Musieliśmy wszystko robić bardzo powoli, żeby się nie zabić".

Jeśli chodzi o dwadzieścia cztery godziny, jakie pozostałej dwójce zajęło wejście na górę, Greg Mortenson z właściwą mu powściągliwością stwierdził tylko, że była to „mordęga". „Prawdziwymi bohaterami byli Dan i Jon – dodał. – Zrezygnowali z podejścia na szczyt, żeby znieść Fine'a na dół".

Gdy obie ekipy wreszcie spotkały się na ścianie skalnej w pobliżu obozu pierwszego, Étienne co chwila tracił przytomność, zaczął bowiem cierpieć też na spowodowany wysokością obrzęk mózgu. „Nie mógł przełknąć śliny i wciąż próbował rozwiązać sobie buty" – opowiada Greg.

Mortenson zarabiał na życie jako pielęgniarz urazowy na ostrym dyżurze, ponieważ nieregularne godziny pracy pozwalały na częste wypady wspinaczkowe. Dzięki swoim kompetencjom zrobił teraz choremu zastrzyk z deksametazonu, substancji o działaniu przeciwobrzękowym. Potem zaś cała znacznie już wyczerpana czwórka rozpoczęła czterdziestoośmiogodzinną odyseję ściągania Étienne'a w dół po urwistych ścianach skalnych.

Greg wspomina, że chory, który przedtem płynnie mówił po angielsku, czasem odzyskiwał nieco przytomności i bełkotał coś po francusku. Zaś na najtrudniejszych technicznie odcinkach, wiedziony niezawodnym instynktem alpinisty, podnosił się, żeby przypiąć się lepiej do liny – a po chwili znów odpływał, zamieniając się w bezwładny ciężar.

Po siedemdziesięciu dwóch godzinach od momentu, gdy Mortenson i Darsney ruszyli w górę, ekipie udało się dociągnąć chorego do położonej na płaskim terenie bazy wysuniętej. Darsney połączył się przez radio ze stacjonującą niżej kanadyjską ekspedycją, która przekazała pakistańskiemu wojsku prośbę o przysłanie śmigłowca ratunkowego. W owym czasie byłaby to jedna z nielicznych akcji ratunkowych docierających tak wysoko. Z dowództwa przyszła jednak odpowiedź, że z powodu silnego wiatru i trudnych warunków atmosferycznych konieczne będzie zniesienie chorego jeszcze niżej.

Łatwo powiedzieć, co jest konieczne. Inna sprawa, czy czterech skrajnie wyczerpanych mężczyzn jest w stanie konieczności tej stawić czoło. Po umocowaniu Étienne'a w śpiworze przez sześć godzin ciągnęli go w dół lodowcem Savoia po trudnej technicznie trasie wśród lodospadów. Porozumiewali się już tylko zwierzęcymi pomrukami i jękami. „Byliśmy tak wyczerpani, tak dalece wykorzystaliśmy wszelkie zapasy sił, że czasem po prostu się czołgaliśmy" – wspomina Darsney.

W końcu jednak, ciągnąc za sobą Étienne'a w śpiworze, dotarli do bazy głównej pod K2. „Uczestnicy wszystkich pozostałych ekspedycji przeszli jakieś pół kilometra w górę lodowca, żeby powitać nas jako bohaterów – opowiada Darsney. – Kiedy pakistański śmigłowiec wojskowy zabrał już Étienne'a, członkowie kanadyjskiej ekipy przygotowali wielką ucztę i zrobili imprezę dla wszystkich. Ale ja i Greg nie mieliśmy siły ani jeść, ani pić, ani nawet się wysikać. Padliśmy w śpiwory, jakby nas ktoś zastrzelił".

Przez kolejne dwa dni Mortenson i Darsney pozostawali w stanie pół snu, pół jawy, co często się zdarza wysoko w górach nawet osobom skrajnie zmęczonym. O ściany namiotu uderzał wiatr, a pośród jego szumu niósł się upiorny brzęk zawieszonych na kopcu Arta Gilkeya (uczestnika amerykańskiej ekspedycji zmarłego na K2 w roku 1953) metalowych płytek kuchennych z wygrawerowanymi nazwiskami czterdziestu ośmiu himalaistów, którym „okrutny szczyt" odebrał życie. Po przebudzeniu znaleźli kartkę od Pratta i Mazura, którzy ruszyli z powrotem do bazy wysuniętej. Zachęcali ich, żeby dołączyli do ich próby zdobycia szczytu, kiedy już dojdą do siebie. Ale o dojściu do siebie wciąż nie mogło być mowy. Ratowanie kolegi zaraz po wspinaczce aprowizacyjnej ostatecznie wyczerpało wszystkie zapasy energii, jakie ze sobą przywieźli. Kiedy w końcu wyszli z namiotu, przekonali się, że ledwo są w stanie chodzić. Uratowanie Étienne'owi życia miało swoją cenę. On sam w wyniku odmrożeń stracił wszystkie palce u nóg. Mortenson i Darsney musieli zaś pożegnać się z perspektywą ciężkiej próby wejścia na szczyt, do której tak starannie się przygotowywali. Tydzień później Mazur i Pratt ogłosili światu, że zdobyli K2, i mogli wrócić do domu okryci blaskiem chwały. Lecz dzwoniących na wietrze metalowych płytek miało niedługo przybyć, ponieważ spośród szesnastu osób, które w tamtym sezonie wspięły się na szczyt, cztery zginęły podczas zejścia.

Ani Mortenson, ani Darsney nie mieli ochoty, by ich nazwiska ozdobiły kolejne płytki na kopcu. Postanowili więc razem zejść do cywilizacji, jeśli im siły pozwolą. Teraz zaś, czekając na świt i szukając jakiejkolwiek w miarę wygodnej pozycji, owinięty cienkim wełnianym kocem, samotny i zagubiony na lodowcu Greg jeszcze raz odtwarzał w pamięci akcję ratunkową. Przy jego wzroście nie dało się ułożyć tak, żeby schować głowę przed bezlitośnie atakującym wiatrem. Podczas tygodni spędzonych na K2 schudł piętnaście kilo, więc jakkolwiek się obrócił, zawsze w jakąś kość gniotła go zimna twarda skała. Leżąc w półśnie, słuchając pomruków tajemniczej wewnętrznej maszynerii lodowca, próbował się pogodzić z porażką: nie odda hołdu siostrze, jak zaplanował. W końcu doszedł jednak do wniosku, że zawiódł ciałem, a nie duchem – od ciała zaś nie można oczekiwać zbyt wiele. On w każdym razie po raz pierwszy w życiu osiągnął stan, w którym ciało całkowicie odmówiło mu posłuszeństwa.

Rozdział drugi

Nie ta strona rzeki

Po co odgadnąć przyszłość pragniesz
I próżno umysł męczysz niewiadomą?
Odrzuć starania, zostaw plany Panu
– nie pytał cię o zdanie, gdy je powziął.

— Omar Chajjam, *Rubajaty* [241]

Greg Mortenson otworzył oczy. O świcie było tak spokojnie, że początkowo nie mógł pojąć, skąd w nim paniczne pragnienie, aby zaczerpnąć powietrza. Zaczął nieporadnie wyplątywać dłonie z ciasnego kokonu koca, którym się owinął, po czym dotknął leżącej na kamiennej płycie, wystawionej na działanie żywiołów głowy. Jego usta i nos pokrywała gładka maska wyrzeźbiona z lodu. Zerwał ją i wziął pierwszy głęboki oddech. Potem wstał, zaśmiewając się z siebie.

Krótki sen spowodował, że wszystko zdawało się nierealne. Przeciągnął się teraz i zaczął pocierać zdrętwiałe od skalistego podłoża miejsca, a przy tym rozglądał się po okolicy. Słońce jeszcze nie wzeszło, góry zabarwione były jaskrawymi cukierkowymi kolorami – same róże, fiolety i błękity. Niebo było przejrzyste, nie wiało.

W miarę jak wracało krążenie w rękach i nogach, zaczął też pomału przypominać sobie, w jak trudnej znalazł się sytuacji. Wciąż był sam i nadal poza szlakiem, ale już się nie martwił. Rankiem wszystko wyglądało inaczej.

Wysoko nad nim krążył z nadzieją gorak, niemal ocierając się wielkimi czarnymi skrzydłami o lukrowane szczyty. Zdrętwiałymi z zimna dłońmi Mortenson wcisnął koc do fioletowego plecaczka, po czym przez chwilę bezskutecznie usiłował odkręcić bidon z resztką wody. W końcu jednak schował go do plecaka, obiecując sobie, że napije się, gdy tylko wróci mu czucie w dłoniach. Widząc, że Greg wciąż jednak się rusza, gorak poleciał dalej w poszukiwaniu czegoś innego na śniadanie.

Sen, nawet bardzo krótki, miał najwyraźniej dobroczynne działanie – Greg czuł teraz, że w głowie mu się rozjaśniło. Patrząc w dolinę, którą przyszedł, wiedział, że jeśli pójdzie po własnych śladach, z pewnością w ciągu kilku godzin trafi z powrotem na szlak.

Ruszył na północ. Potykał się czasem o głazy i z wielkim wysiłkiem przeskakiwał nawet niewielkie szczeliny w lodzie – nogi wciąż jeszcze miał nieco zdrętwiałe. Mimo to miał wrażenie, że posuwa się naprzód w zadowalającym tempie. Jak zwykle skądś przypłynęła piosenka z dzieciństwa, wpadając w rytm wyznaczany przez kolejne kroki. „Yesu ni Rafiki yangu akaaye Mbinguni" („Jezus jest mym przyjacielem, który mieszka w Niebie") śpiewał w suahili, języku używanym podczas coniedzielnej mszy w prostym kościółku, za którym na horyzoncie majaczyło Kilimandżaro. Melodia ta była dla niego czymś tak naturalnym, że nie zwrócił nawet uwagi na wyjątkowość całej sytuacji: oto zagubiony w Pakistanie Amerykanin śpiewa niemiecką pieśń religijną w języku suahili. Przeciwnie, pośród księżycowego krajobrazu skał i błękitnego lodu, gdzie kopnięte po drodze kamyki znikały na kilka sekund w lodowych szczelinach, żeby w końcu z pluskiem wpaść do podziemnych strumieni, od pieśni tej zdawało się bić nostalgiczne ciepło, jak światełko z dalekiego kraju, który kiedyś nazywał domem.

W ten sposób minęła godzina. A potem następna. Greg wdrapał się po stromym zboczu powyżej wąwozu, którym do tej pory szedł, podciągnął się na lodowy nawis i stanął na szczycie grani w momencie, gdy słońce wschodziło właśnie ponad dolinę.

Poczuł się, jakby ktoś mu strzelił między oczy.

Oślepiła go panorama górskich kolosów. Gaszerbrum, Broad Peak, Mitre Peak, Wieża Muztagh – pokryte lodem nagie olbrzymy zdawały się płonąć w jaskrawym świetle słońca.

Usiadł na kamieniu i zaspokoił pragnienie, wypijając resztę wody z bidonu. Nie był jednak w stanie dość się napatrzeć na ten krajobraz. Przed tragiczną śmiercią w katastrofie lotniczej w roku 2002 fotograf przyrody Galen Rowell przez wiele lat próbował uchwycić niewyobrażalne piękno tych gór, okalających lodowiec Baltoro aż po jego kraniec. Jego zdjęcia są oszałamiające, ale Rowell zawsze uważał, że nie udaje się na nich przekazać nawet części tego, co się czuje, po prostu tam będąc, stojąc jako ludzka drobinka oko w oko z potęgą miejsca, które uważał za najpiękniejsze na świecie i nazywał „salą tronową górskich bogów".

Choć Mortenson przebywał w Karakorum już od trzech miesięcy, chłonął teraz ten spektakularny krajobraz, jakby widział go po raz pierwszy w życiu. „Można powiedzieć, że tak naprawdę rzeczywiście dostrzegłem go po raz pierwszy – tłumaczy. – Przez całe lato te góry jawiły mi się wyłącznie jako cel do zdobycia, całą uwagę skupiałem na najwyższym szczycie, K2. Rozmyślałem o kwestiach wysokości i trudnościach technicznych, jakie mogłem tam napotkać jako himalaista. Tego jednak ranka po raz pierwszy naprawdę je zobaczyłem. To było porażające".

Szedł dalej. Być może wynikało to z architektonicznej doskonałości otaczających go gór, szerokich piramid z przyporami z rdzawego i ugrowego granitu, których kolejne poziomy wznosiły się niczym części symfonii zmierzające do pojedynczego wzniosłego finału, ale pomimo znacznego osłabienia, braku żywności i ciepłej odzieży (a także niewielkich szans na przetrwanie, jeżeli wkrótce nie znajdzie jednego i drugiego) Greg, o dziwo, czuł się całkiem zadowolony. Napełnił bidon strużką spływającej z lodowca rwącej wody, a pijąc ją, aż wzdrygnął się z zimna. Bez jedzenia można się obejść przez wiele dni, pomyślał, ale nie wolno zapominać o wodzie.

Późnym przedpołudniem usłyszał cichutki dźwięk dzwonków w oddali i zwrócił się w jego kierunku, na zachód. To musiała być karawana osłów. Szukał wzrokiem kopców z kamieni, które oznaczały główny szlak w dół lodowca, lecz wszędzie widział tylko chaotycznie porozrzucane skały. Nagle zza spiczastej krawędzi moreny bocznej – odłamków skalnych zbierających się na krawędzi lodowca – wyłoniła się wysoka na półtora tysiąca metrów ściana uniemożliwiająca dalszą drogę. Zdał sobie sprawę, że najwyraźniej zdążył już przeciąć szlak, choć tego nie zauważył. Wrócił więc po swoich śladach, zmuszając się do patrzenia pod nogi w poszukiwaniu znaków obecności ludzkiej, a nie w górę, na hipnotyzujące szczyty. Jakieś pół godziny później dostrzegł niedopałek papierosa, a potem kopczyk. Zaczął schodzić wciąż słabo widocznym szlakiem w stronę brzęku dzwonków, które teraz słyszał nieco lepiej.

Nadal nie widział karawany. W końcu jednak udało mu się dostrzec na głazie nad lodowcem, w odległości około dwóch kilometrów, sylwetkę mężczyzny wyraźnie rysującą się na tle nieba. Greg krzyknął, lecz odległość była zbyt duża. Mężczyzna zniknął na chwilę, po czym znów się pojawił – teraz na głazie o sto metrów bliżej. Mortenson ryknął z całej siły i tym razem mężczyzna gwałtownie odwrócił się w jego stronę, po czym szybko zszedł z głazu i zniknął z oczu. Stojąc w zakurzonym szarym ubraniu pośrodku lodowca w otoczeniu kamiennych katakumb, Mortenson był całkiem niewidoczny, ale jego głos odbijał się echem od skał.

Nie był w stanie biec, więc ruszył truchtem, ciężko dysząc, w stronę miejsca, gdzie ostatni raz widział sylwetkę mężczyzny. Co kilka minut wydawał z siebie ryk, za każdym razem dziwiąc się, że potrafi wydobyć tak potężny głos. Aż w końcu mężczyzna znalazł się w zasięgu jego wzroku – stał po drugiej stronie szerokiej szczeliny, a na twarzy miał jeszcze szerszy uśmiech. Przytłoczony ciężkim plecakiem Mortensona tragarz Muzafer, wynajęty, żeby mu pomóc zejść w zamieszkane rejony, znalazł miejsce, w którym lodowa szczelina nieco się zwężała, i swobodnie ją przeskoczył, nie zważając na ponad czterdzieści kilogramów na swoich plecach.

– Pan Gireg, pan Gireg! – krzyczał tragarz, opuszczając plecak na ziemię i obejmując Mortensona niedźwiedzim uściskiem. – *Allahu akbar*! Chwała Bogu, że pan żyje!

Mortenson nienaturalnie się przygiął w niedźwiedzim uścisku pełnego wigoru mężczyzny, który był o głowę od niego niższy i o dwie dekady starszy. Muzafer w końcu uwolnił go z objęć i zaczął radośnie walić po plecach. Czy to z powodu kurzu unoszącego się z wybrudzonych szarawarów, czy raczej z powodu uderzeń tragarza Mortenson zaniósł się niepohamowanym kaszlem, aż zgiął się wpół.

– Panie Gireg, ća! – zarządził Muzafer, z troską przyglądając się osłabionemu wędrowcy. – Ća doda panu sił!

Zaprowadził Mortensona do niewielkiej, osłoniętej od wiatru jaskini. Oderwał dwie garści bylicy z pęku przypiętego do plecaka, przetrząsnął kieszenie wypłowiałej, za dużej fioletowej kurtki z goreteksu, którą otrzymał z pewnością od kogoś z niezliczonych ekspedycji przeprowadzonych przez lodowiec Baltoro, wreszcie znalazł krzemień i garnuszek, po czym zasiadł do parzenia herbaty.

Mortenson po raz pierwszy spotkał Muzafera cztery godziny po rozpoczęciu zejścia z bazy pod K2. Kiedy kilka tygodni wcześniej poszli odwiedzić uczestniczkę meksykańskiej ekspedycji, którą Darsney przez całe lato próbował uwieść, pięciokilometrowy spacer do bazy pod Broad Peak zajął im czterdzieści pięć minut. Teraz się okazało, że pokonanie tej odległości oznacza czterogodzinną mękę – szli niepewnym krokiem na osłabionych nogach, ledwo niosąc wielgachne plecaki. Nie wyobrażali sobie, żeby mieli w ten sposób pokonać jeszcze sto kilometrów.

Muzafer i jego kolega Jakub skończyli właśnie pracę dla meksykańskiej drużyny i zmierzali z powrotem do domu, bez obciążenia. Zaproponowali, że za cztery dolary dziennie zniosą ciężkie bagaże Mortensona i Darsneya aż do Askole. Wyczerpani Amerykanie chętnie się zgodzili i choć mieli przy sobie ostatnią garść rupii, zamierzali zapłacić mężczyznom więcej, kiedy już wydostaną się z gór.

Muzafer należał do ludu Balti, zamieszkującego górskie doliny najbardziej niedostępnego zakątka Pakistanu. Lud ten przybył ponad sześćset lat temu z Tybetu przez krainę Ladakh, a podczas wędrówki przez skalne przełęcze zatracił pierwotny buddyzm na rzecz religii lepiej przystosowanej do surowości nowego krajobrazu – szyickiego islamu. Do dzisiejszych czasów zachował jednak język, dawną odmianę tybetańskiego. Niewielki wzrost Baltów, wytrzymałość i wyjątkowa zdolność do funkcjonowania na wysokościach, które niewiele osób decyduje się odwiedzać, wielu himalaistom przypomina ich dalekich kuzynów na wschodzie, lud Szerpów z Nepalu. Jednak inne cechy Baltów, takie jak małomówność, podejrzliwość względem obcych, jak również nieugięta wiara spowodowały, że ludzie z Zachodu nie wielbią ich tak, jak budzących powszechny zachwyt Szerpów, wyznających buddyzm.

Fosco Maraini, członek włoskiej wyprawy z roku 1958, której jako pierwszej udało się zdobyć Gaszerbrum IV, surowego sąsiada K2, był tak wstrząśnięty, a zarazem zafascynowany tymi ludźmi, że jego erudycyjna książka opisująca ekspedycję, „Karakorum – zdobycie Gaszerbrumu IV", przypomina bardziej uczoną rozprawę na temat stylu życia Baltów niż wspomnienie alpinistycznego sukcesu. „Wciąż się zmawiają i narzekają, czym doprowadzają człowieka do furii – pisał. – Oprócz tego, że przeważnie obrzydliwie śmierdzą, mają w sobie coś zbójeckiego. Ale jeśli przymknąć oko na pewne nieokrzesanie, można się przekonać, że służą z oddaniem i są zawsze pełni życia. Ich siła fizyczna najlepiej przejawia się w odporności na trud i zmęczenie. Niscy i chudzi mężczyźni na bocianich nogach potrafią dzień po dniu nieść na ramionach po czterdzieści kilo trasami, na których widok każdy przybysz dwa razy się zastanowi, zanim zdecyduje się zaryzykować przejście nawet bez obciążenia".

Muzafer siedział w kucki w jaskini, dmuchając z całych sił na bylicę zapaloną od iskry skrzesanej krzemieniem, aż zamigotał płomień. Tragarz był na swój surowy sposób przystojny, choć brakujące zęby i ogorzała od słońca skóra mocno go postarzały – wyglądał na znacznie więcej niż swoje pięćdziesiąt parę lat. Przyrządził paiju ća – herbatę z masłem, która stanowi podstawę lokalnej diety. Najpierw zaparzył zieloną herbatę w poczerniałym blaszanym garnuszku, a potem dodał sól, sodę oczyszczoną i kozie mleko. Na koniec zaś delikatnie odkroił cienki okrawek *mar* – odleżanego zjełczałego masła z mleka jaków, które lud Balti wynosi ponad wszystkie możliwe przysmaki – i rozpuścił je w naparze, mieszając niezbyt czystym palcem.

Greg przyglądał się temu nerwowo. Odkąd przyjechał do Baltistanu, czuł wszechobecny zapach paiju ća, który opisywał jako „bardziej smrodliwy od najpaskudniejszego sera, jaki zdołali wymyślić Francuzi". Dotąd zawsze udawało mu się znaleźć jakąś wymówkę, żeby uniknąć degustacji tego napoju. Teraz zaś Muzafer podał mu parujący kubek.

Greg początkowo się wzdrygnął, ale był tak spragniony sodu i ciepła, że szybko wszystko wypił. Muzafer ponownie napełnił kubek. A potem jeszcze raz.

– *Zindabad*! Dobrze, panie Gireg! – zawołał, gdy trzeci kubek został opróżniony. Z radości zaczął znów walić Grega po plecach, wypełniając ciasną jaskinię kurzem z jego ubrania.

Okazało się, że Darsney poszedł z Jakubem do Askole. Przez następne trzy dni, dopóki nie zeszli z lodowca, Muzafer ani na chwilę nie spuszczał Mortensona z oczu. Szli wciąż niejasnym dla Grega szlakiem, który jednak dla tragarza zdawał się tak oczywisty jak autostrada w New Jersey. Muzafer trzymał podopiecznego za rękę lub upierał się, żeby szedł noga w nogę z nim, obutym w tandetne chińskie trampki, które nosił bez skarpetek. Nawet podczas pięciu codziennych modlitw gorliwy muzułmanin zerkał czasem ukradkiem w stronę Amerykanina, odwracając się od Mekki, żeby sprawdzić, czy Greg jest w pobliżu.

Mortenson starał się jak najlepiej wykorzystać towarzystwo tubylca i pytał go o lokalne nazwy wszystkiego, co wokół widzieli. Dowiedział się, że w języku balti lodowiec to *gangs-żing*, a lawina to *rdo-rut*. Nazw różnych rodzajów skał w języku balti było co najmniej tyle, ile określeń śniegu u Inuitów. *Brak-lep* oznaczał płaską skałę, na której można spać lub przyrządzić posiłek. *Chrok* miał kształt klina i świetnie się nadawał do wypełniania dziur w kamiennych domach. Zaś małe okrągłe kamienie nazywały się *chodo* – rozgrzewało się je w ogniu, a potem owijało ciastem, w ten sposób piekąc kurbę, praśny chleb, który przygotowywali co rano przed wyruszeniem w drogę. Dzięki smykałce do języków Mortenson szybko przyswoił sobie podstawowe słownictwo języka balti.

Ostrożnie stawiając kroki przy schodzeniu ciasnym wąwozem, Greg po przeszło trzech miesiącach zszedł z lodu na stały grunt. Jęzor lodowca Baltoro leżał na dnie kanionu, czarny od rumowisk skalnych i zakończony szpicem niczym jumbo jet. Tu właśnie podziemne rzeki, przez sześćdziesiąt dwa kilometry toczące wody pod powierzchnią lodu, wypływały na powierzchnię z rykiem godnym silnika odrzutowego. To w tym miejscu, spienionym i wzburzonym, bierze początek rzeka Braldu. Pięć lat po Mortensonie przybył tam szwedzki kajakarz z ekipą filmową i rozpoczął spływ: zamierzał popłynąć z nurtem Braldu do rzeki Indus i dalej, przez trzy tysiące kilometrów, aż do Morza Arabskiego. Niestety, w kilka minut po rozpoczęciu spływu roztrzaskał się o głazy, uniesiony pierwotną siłą rwącej Braldu.

Mortenson zobaczył pierwszy od miesięcy kwiat – pięciopłatkowy kwiat dzikiej róży. Uklęknął, żeby mu się przyjrzeć, uznając go za znak swojego powrotu z krainy wiecznej zimy. Wzdłuż brzegów rzeki rosły kępy trzciny i bylicy. Mizerne przejawy życia w przemierzanym przez nich skalistym wąwozie wydawały się Gregowi bujną przyrodą. Jesienne powietrze na wysokości ledwie trzech tysięcy metrów zdawało mu się luksusowo gęste – zdążył już zapomnieć, jak przyjemnie jest nim oddychać.

Teraz, gdy mieli już za sobą niebezpieczeństwa lodowca, Muzafer szedł szybciej do przodu, żeby zawczasu rozbić obóz i przygotować kolację na przyjście swego podopiecznego. Choć Greg nieraz schodził w niewłaściwą odnogę szlaku, prowadzącą zwykle na letnie pastwiska, szybko odnajdywał właściwą drogę. Iść cały czas z biegiem rzeki aż do miejsca, z którego wieczorem unosił się dym ogniska Muzafera, wydawało się dość prostym zadaniem. Marsz na osłabionych, obolałych nogach sprawiał nieco więcej trudności, lecz nie mając wyboru, Greg dzielnie szedł naprzód – coraz częściej jednak zatrzymywał się, żeby odpocząć.

Minęło siedem dni od zejścia z K2, gdy Mortenson, stojąc na wysokiej półce skalnej na południowym brzegu rzeki, dostrzegł pierwsze drzewa. Było to pięć powyginanych wiatrem topoli, które kołysały się niczym pięć palców machającej na powitanie dłoni. Zasadzono je rzędem, co zdradzało udział ludzkich rąk, a nie tylko dzikich mocy Karakorum, które potrafiły zrzucać po zboczach gór bloki lodu i kamienne płyty zdolne zamienić w mokrą plamę coś tak nieistotnego jak pojedyncze ludzkie istnienie. Widok drzew był dla Mortensona dowodem, że udało mu się umknąć lodowej śmierci i bezpiecznie zejść na dół.

Pochłonięty kontemplacją zieleni Greg nie zauważył, że główny szlak odbija w stronę rzeki, prowadząc do zamby – mostu splecionego ze sznurów z sierści jaków, zawieszonego na dwóch głazach po obu stronach spienionej rzeki. Most prowadził do celu wędrówki – do Askole, położonego dwanaście kilometrów dalej po północnej stronie rzeki. Mortenson jednak kolejny raz zabłądził. Szedł dalej w stronę drzew po wysokim występie skalnym wzdłuż południowego brzegu rzeki. Topole ustąpiły miejsca sadom morelowym. Tu, na wysokości trzech tysięcy metrów, zbiory zakończyły się już w połowie września. W setkach płaskich plecionych koszyków piętrzyły się dojrzałe owoce, których ogniste refleksy zabarwiały od spodu liście drzewek morelowych. Przy koszach klęczały kobiety, oddzielając owoce od pestek, które odkładały na bok, żeby później je rozłupać i wydobyć mięsiste orzechowe jądro. Kiedy jednak dostrzegły przybysza, zasłoniły twarze szalami i pobiegły za drzewa, by schować się przed wzrokiem angreziego – obcego białego mężczyzny.

Miejscowe dzieci nie miały jednak tego rodzaju obaw. Gdy przechodził przez płowe pola, na których inne kobiety przyglądały mu się znad żętych łanów gryki i jęczmienia, zebrał się za nim jak za kometą ogon dzieci. Dotykały jego szarawarów, szukały na nadgarstku zegarka, którego nie nosił, na zmianę trzymały go za ręce.

Po raz pierwszy od wielu miesięcy Mortenson zdał sobie sprawę ze swojego wyglądu. Miał długie rozczochrane włosy, czuł się odrażającym olbrzymem. Od ponad trzech miesięcy nie brał prysznica. Pochylił się nieco, żeby nie górować za bardzo nad dziećmi. One jednak wcale nie zdawały się przestraszone. Ich ubrania były równie podarte i poplamione jak jego, a większość pomimo zimna szła boso.

Zapach wioski Korphe czuć było na kilometr. W zderzeniu ze sterylnym powietrzem wysoko w górach mieszanka dymu z jałowca oraz zapachu niemytych ludzkich ciał robiła mocne wrażenie. Mortenson nie wiedział jeszcze, że zabłądził, myślał więc, że zbliża się do Askole, przez które przechodził trzy miesiące wcześniej w drodze na K2 – jednak nic nie wyglądało znajomo. Zanim dotarł do bramy oficjalnie otwierającej wioskę – prostego łuku z topolowych belek stojącego samotnie na brzegu pola kartofli – szła już za nim procesja pięćdziesięciorga dzieci.

Spojrzał przed siebie z nadzieją, że zobaczy czekającego gdzieś na obrzeżach Muzafera. Po drugiej stronie bramy ujrzał jednak pomarszczonego starca o rysach twarzy tak wyrazistych, jakby wyrzeźbiono je w granicie. Mężczyzna miał na głowie topi, toczek z owczej wełny w tym samym odcieniu szarości co jego broda. Był to Hadżi Ali, nurmadhar, czyli naczelnik wioski Korphe.

– *As-salam alejkum* – powiedział starzec, ściskając dłoń przybysza. Okazując gościnność, której brak uważany jest u ludu Balti za niewybaczalny grzech, przeprowadził go przez bramę, a potem powiódł do przeznaczonego na specjalne okazje strumyka, gdzie kazał gościowi obmyć twarz i ręce. Potem zaś zabrał go do swojego domu.

Korphe położone było na zawieszonej dwieście pięćdziesiąt metrów nad rzeką Braldu półce skalnej, która zdawała się przytwierdzona wbrew prawom ciążenia do ściany kanionu niczym przyśrubowane do nagiego klifu legowisko alpinisty. Kolonia ciasno przytulonych do siebie dwupiętrowych domków z kamienia, o prostej kwadratowej konstrukcji bez elementów dekoracyjnych, byłaby trudna do odróżnienia od ścian kanionu, gdyby nie orgia kolorów moreli, cebuli i zbóż składowanych na dachach.

Hadżi Ali zaprowadził Mortensona do chatki wyglądającej równie skromnie jak inne. Wytrzepał stertę narzut i poduszek, aż wzbity kurz rozniósł się równomiernie po całym balti,* ułożył kilka poduszek na honorowym miejscu obok otwartego paleniska i usadowił tam gościa.

Herbatę przygotowywano w milczeniu – słychać było tylko szuranie stóp oraz szelest poduszek, gdy dwudziestu mężczyzn z rodziny naczelnika kolejno zajmowało miejsca wokół paleniska. Większość gryzącego dymu z palącego się łajna jaków uciekała na szczęście przez kwadratowy otwór w suficie. Kiedy Mortenson podniósł wzrok, zobaczył wlepione w siebie oczy gromady leżących teraz na dachu dzieci, które za nim szły. Do wioski Korphe nigdy dotąd nie zawitał żaden cudzoziemiec.

Hadżi Ali przez chwilę grzebał energicznie w kieszeni wyszywanej kamizelki, pocierając zjełczałe suszone mięso kozła górskiego o liście mocnego zielonego tytoniu do żucia zwanego tutaj naswar. Gdy uznał, że smak jest już odpowiedni, zaoferował kawałek mięsa Mortensonowi, który ledwo przełknął ten najstraszniejszy chyba kęs w swoim życiu, podczas gdy zebrani wokół mężczyźni bezgłośnym śmiechem wyrażali swoją aprobatę.

Kiedy Hadżi Ali podał mu filiżankę herbaty z masłem, Mortenson wypił ją z uczuciem bliskim przyjemności.

Teraz, gdy pierwszym ceremoniałom gościnności stało się zadość, przywódca wioski nachylił się w stronę Mortensona, zbliżając brodatą twarz do jego twarzy, i wyrzucił z siebie najbardziej niezbędne w języku balti słowo:

---

* Balti – duża izba z paleniskiem znajdująca się pośrodku domu.

35

„*Cizalej?*", które w wolnym tłumaczeniu oznacza coś w rodzaju: „O co chodzi?".

Posługując się strzępami miejscowego języka uzupełnianego mową ciała, Mortenson opowiedział zebranemu towarzystwu, które teraz wpatrywało się w niego z uwagą, że jest Amerykaninem, przyjechał, by wejść na K2 (mężczyźni skwitowali to pełnymi podziwu pomrukami), że stracił siły i poczuł się źle, więc zszedł tu, do Askole, aby znaleźć terenówkę, która zechciałaby go zabrać w ośmiogodzinną podróż do Skardu, stolicy Baltistanu. Po czym opadł na poduszki, czując, że po tylu dniach męczącej wędrówki przekazanie tylu informacji pozbawiło go ostatnich rezerw energii. Tu, w cieple paleniska, na miękkich poduszkach, w przytulnej zatłoczonej izbie poczuł, że wyczerpanie, którego dotąd do siebie nie dopuszczał, zaczyna brać nad nim górę.

– *Met Askole*. Nie Askole. – powiedział Hadżi Ali ze śmiechem. Wskazując ziemię pod swoimi stopami, dodał: – Korphe.

Uderzenie adrenaliny spowodowało, że Mortenson się poderwał. Nigdy w życiu nie słyszał o żadnym Korphe. Był pewien, że nie ma takiej miejscowości na żadnej z map Karakorum, jakie przestudiował, a były ich dziesiątki. Próbując wstać, zaczął tłumaczyć, że musi dotrzeć do Askole, gdzie czeka na niego mężczyzna imieniem Muzafer, który niesie wszystkie jego rzeczy.

Hadżi Ali złapał gościa silnymi dłońmi za ramiona i pchnął z powrotem na poduszki. Zawołał swojego syna Twahę, który na tyle często bywał w Skardu, że podłapał nieco zachodniej mowy, i polecił mu przetłumaczyć co następuje:

– Dziś iść Askole nie da. Dużo problem. Pół dzień chodzić – powiedział mężczyzna, który kropka w kropkę przypominał swojego ojca, tylko nie miał brody. – *Inszallah*, jutro Hadżi posłać znaleźć mężczyzna Muzafer. Teraz ty spać.

Hadżi Ali wstał i gestem przegonił dzieciarnię od kwadratowej dziury, przez którą teraz zaglądało ciemniejące niebo. Mężczyźni stopniowo rozchodzili się do domów. Mimo kłębiącego się w myślach niepokoju, złości na samego siebie, że znów zgubił szlak, i pełnego już poczucia wyobcowania, Greg Mortenson opadł na poduszki i twardo zasnął.

ROZDZIAŁ TRZECI

„DROGA DO POSTĘPU I PERFEKCJI"

– Proszę powiedzieć, gdybyśmy mogli dla waszej wioski
zrobić jedną tylko rzecz, co by to było?
– Z całym szacunkiem, sahibie,
niewiele możemy się od was nauczyć, jeśli chodzi
o siłę i wytrzymałość. Nie zazdrościmy wam też
niespokojnego ducha. Być może to my
jesteśmy od was szczęśliwsi? Ale chcielibyśmy,
żeby nasze dzieci mogły chodzić do szkoły.
Ze wszystkich rzeczy, jakie macie,
najbardziej pragniemy dla naszych dzieci edukacji.

— Rozmowa Sir Edmunda Hillary'ego z Szerpą Urkienem
z książki *Szkoła w chmurach*

CZYJEŚ RĘCE przykryły go ciężką kołdrą. Było mu pod nią ciepło i przytulnie, cieszył się luksusem snu bez uczucia chłodu. Po raz pierwszy od późnej wiosny nocował pod dachem. W słabym świetle dogorywającego w palenisku ognia widział zarys kilku śpiących ciał. Ze wszystkich kątów pomieszczenia dochodziło chrapanie w najróżniejszych tonacjach i barwach głosu. Przewrócił się na wznak i dołączył do chóru.

Kiedy się drugi raz obudził, był sam, a przez otwór w suficie przeświecało czyste błękitne niebo. Sakina, żona gospodarza, widząc, że gość się rusza, przyniosła mu lassi, świeżo upieczone ćapati i posłodzoną herbatę. Była to pierwsza kobieta z ludu Balti, która do niego podeszła. Mortenson pomyślał, że ma najmilszą twarz, jaką w życiu widział. Przecinające jej twarz zmarszczki zdawały się brać początek w kącikach ust i przy oczach, sugerując skłonność do uśmiechu. Jej długie włosy były misternie zaplecione w tybetańskim stylu i przykryte wełnianą czapką urdwa ozdobioną koralikami, muszelkami i starymi monetami. Stała obok, czekając, aż Greg spróbuje śniadania.

Ugryzł zamoczone w lassi ciepłe ćapati, po czym w mgnieniu oka pożarł wszystko, co mu podano, popijając to herbatą. Sakina zaśmiała się z aprobatą i przyniosła mu więcej. Gdyby Greg wiedział, jak cennym i rzadkim w tych okolicach towarem jest cukier, odmówiłby wypicia drugiej filiżanki słodkiej herbaty. Kiedy Sakina wyszła, Greg zaczął się rozglądać po izbie. Była urządzona bardzo prosto, wręcz ubogo. Na jednej ze ścian przybito wyblakły plakat z domkiem w stylu szwajcarskim na tle bujnej łąki pełnej kwiatów. Wszystkie pozostałe przedmioty w pokoju, poczynając od poczerniałych narzędzi kuchennych, a kończąc na wielokrotnie naprawianych lampach naftowych, zdawały się pełnić wyłącznie funkcje użytkowe. Ciężka kołdra, pod którą spał, wykonana była z miękkiego rdzawoczerwonego jedwabiu udekorowanego maleńkimi lusterkami. Pozostali domownicy spali pod kocami z przetartej cienkiej wełny, pocerowanej kawałkami najróżniejszych tkanin, jakie akurat były pod ręką. Nietrudno było się zorientować, że przykryto go najwykwintniejszym elementem wyposażenia domu.

Późnym popołudniem Mortenson usłyszał harmider na zewnątrz i wraz z resztą wioski udał się na klif nad rzeką Braldu. W drewnianej skrzyni wiszącej na stalowej linie rozpiętej pięćdziesiąt metrów nad rzeką ujrzał mężczyznę, który dzięki ruchom rąk posuwał się tą prymitywną kolejką linową w ich stronę. Przekraczanie rzeki w ten sposób pozwalało oszczędzić pół dnia, tyle bowiem zajęłoby przejście w górę rzeki do położonego dalej mostu – jednak upadek oznaczał pewną śmierć. Kiedy mężczyzna był już w połowie drogi, Mortenson rozpoznał Muzafera, który siedział na znajomym czterdziestokilogramowym plecaku wciśniętym w maleńki wagonik, a raczej skleconą z kawałków drewna skrzynkę.

Tym razem zdążył się przygotować na radosne walenie po plecach i nie zaniósł się już kaszlem. Muzafer zrobił krok w tył, zaszklonymi oczami przyjrzał mu się dokładnie, po czym z okrzykiem *Allahu akbar!* uniósł ręce w górę i machał nimi, jakby z nieba leciała manna i zbierała się u jego stóp.

W domu Hadżi Alego, nad daniem biango, czyli pieczonym mięsem kury, tak twardej i żylastej jak przedstawiciele ludu Balti, Mortenson dowiedział się, że Muzafer jest dobrze znany w całej okolicy. Od trzydziestu lat był jednym z najlepszych tragarzy wysokościowych w Himalajach. Miał wiele różnorakich osiągnięć; na przykład towarzyszył słynnemu himalaiście Nickowi Clinchowi podczas pierwszego wejścia Amerykanów na Maśarbrum w roku 1960. Największe jednak wrażenie zrobił na Gregu fakt, że Muzafer przez cały czas, który wspólnie spędzili w drodze i przy posiłkach, ani razu nie wspomniał o swoich wyczynach.

Mortenson dyskretnie przekazał Muzaferowi trzy tysiące rupii, co znacznie przekraczało wcześniej ustaloną wysokość wynagrodzenia, i obiecał odwiedzić go w rodzinnej wiosce, gdy tylko odzyska siły. Nie mógł wtedy wiedzieć, że stary tragarz będzie w jego życiu stale obecny przez całą następną dekadę, przeprowadzając go przez labirynt przeszkód północnego Pakistanu z taką samą pewnością, z jaką potrafił unikać lawin i przeskakiwać lodowe szczeliny.

W towarzystwie Muzafera Mortenson spotkał się z Darsneyem i odbył długą podróż terenówką do Skardu. Kiedy jednak posmakował już prozaicznych przyjemności życia, takich jak dobrze przyrządzony posiłek czy wygodne łóżko w znanym wśród himalaistów hotelu K2, poczuł, że coś go ciągnie z powrotem w Karakorum. Miał wrażenie, że w małej wiosce wysoko w górach znalazł coś rzadkiego i cennego, postarał się więc jak najszybciej załatwić jakiś transport i wrócić do Korphe.

Zamieszkał znów w domu Hadżi Alego i codziennie oddawał się tym samym zajęciom. Rano i po południu chodził na przechadzki po Korphe, zawsze w towarzystwie ciągnących go za ręce dzieci. Przekonał się, że ta maleńka oaza zieleni pośród pustyni pokrytych pyłem skał zawdzięcza swoje istnienie nieustającej pracy ludzkiej. Podziwiał setki ręcznie wykopanych kanałów irygacyjnych prowadzących wodę z lodowca ku poletkom i sadom wioski.

Dopiero tu, poza zasięgiem lodowca, zdał sobie sprawę, w jak wielkim był niebezpieczeństwie i jak wiele sił utracił. Ledwo dał radę zejść po wijącej się zakosami ścieżce prowadzącej do rzeki, a kiedy zdjął koszulę, żeby się umyć w lodowatej wodzie, zdumiało go własne odbicie. „Ręce miałem chude jak patyki, jakby należały do zupełnie innej osoby" – wspomina.

Z trudem łapiąc oddech podczas wspinaczki z powrotem ku wiosce, czuł się zniedołężniały jak staruszkowie, którzy całymi godzinami przesiadywali w sadach Korphe, paląc nargile i pogryzając pestki moreli. Po godzinie czy dwóch zaglądania tu i tam poddawał się codziennie zmęczeniu i wracał do domu Hadżi Alego, gdzie leżąc na poduszkach koło paleniska, gapił się w niebo.

Naczelnik wioski uważnie obserwował przybysza, aż w końcu polecił zarżnąć jednego z należących do wioski cennych ógo rabak, dużych baranów.

Czterdzieści osób rzuciło się na mięso, odrywając je od kości wychudzonego zwierzęcia, a potem kamieniami rozłupywano kości i zębami wyskrobywano z nich szpik. Widząc, w jakim tempie baran znika z oczu, Mortenson zdał sobie sprawę, że taka uczta zdarza się w Korphe niezmiernie rzadko, a mieszkańcy wioski egzystują właściwie na granicy głodu.

W miarę jak wracały mu siły, wyostrzał się też zmysł obserwacji. Początkowo sądził, że w Korphe odnalazł coś w rodzaju Szangri-la. Wielu ludzi Zachodu, przemierzając góry Karakorum, ulegało złudzeniu, że życie Baltów jest prostsze i lepsze od życia w ich cywilizowanych krajach. Dawni podróżni, poszukując odpowiednio romantycznej nazwy dla tej krainy, nazywali ją „morelowym Tybetem".

Baltowie „zdają się posiadać prawdziwy dar cieszenia się życiem" – pisał Maraini w roku 1958 po wizycie w Askole, gdzie podziwiał „niedołężnych starców siedzących na słońcu i pykających z malowniczych fajek, podczas gdy ludzie nieco młodsi pracowali przy prymitywnych krosnach w cieniu drzew morwowych z pewnością ruchów świadczącą o wieloletnim doświadczeniu, obok zaś siedziało dwóch chłopców pogrążonych w czułym, dokładnym iskaniu sobie głów".

„Czuliśmy w powietrzu pełnię zadowolenia, wieczny spokój" – pisze dalej Maraini. „Co każe się zastanowić: czy nie lepiej jest żyć, nie wiedząc nic o cywilizacji – asfalcie i makadamie, samochodach, telefonach i telewizji? Czy nie lepiej żyć w niewiedzy, ale za to pełnią szczęścia?"

Trzydzieści pięć lat później Baltowie wciąż żyli bez nowoczesnych udogodnień, ale po spędzeniu na miejscu kilku dni Mortenson zaczął dostrzegać, że Korphe dalekie jest od zachodniej wizji raju na ziemi. W każdym domu przynajmniej jeden członek rodziny cierpiał na wole lub zaćmę. Dzieci, których rudy kolor włosów tak mu się podobał, zawdzięczały tę ich barwę niedożywieniu białkowo-kalorycznemu. Z rozmów, jakie prowadził z synem przywódcy, Twahą, gdy ten wracał z wieczornej modlitwy w miejscowym meczecie, Greg dowiedział się również, że najbliższy lekarz znajduje się w Skardu, czyli tydzień drogi piechotą, i że jedno na troje dzieci w wiosce umiera w pierwszym roku życia.

Twaha powiedział mu, że jego żona, Rhokia, umarła siedem lat temu w czasie porodu ich jedynej córki, Dźahan. Rdzawoczerwona kołdra wyszywana lusterkami, pod którą spał zaszczycony tym przywilejem Mortenson, stanowiła niegdyś największy skarb w posagu Rhokii.

Mortenson nie potrafił sobie wyobrazić, że kiedykolwiek zdoła spłacić dług wdzięczności, jaką odczuwał wobec swoich gospodarzy w Korphe. Postanowił jednak spróbować. Zaczął rozdawać wszystko, co miał, obdarowując po kolei członków bliższej i dalszej rodziny swego gospodarza. Drobne przedmioty codziennego użytku, takie jak latarki czy plastikowe bidony, miały wielką wartość dla miejscowych, którzy latem przemierzali znaczne odległości, prowadząc zwierzęta na pastwiska. Sakinie podarował turystyczny palnik benzynowy – paliwo można było znaleźć w każdej wiosce w okolicy. Na ramiona Twahy zarzucił swój wiśniowy polar, upierając się, żeby go zatrzymał, choć był na niego kilka rozmiarów za duży. Hadżi Ali dostał natomiast ocieplaną kurtkę, która chroniła Grega przed zimnem na K2.

Okazało się jednak, że zawartość apteczki Grega wraz z jego umiejętnościami pielęgniarskimi są dla miejscowej ludności najcenniejsze. W miarę jak wracały mu siły, codziennie spędzał coraz więcej czasu, wspinając się po stromych ścieżkach między domami wioski, robiąc ile mógł, żeby zaspokoić choć maleńką część z lawiny potrzeb. Z pomocą maści z antybiotykiem leczył otwarte rany, a jeśli wdało się już zakażenie, przecinał je i osuszał. Gdziekolwiek się zwrócił, napotykał błagalne spojrzenia wyzierające z głębi domów, w których starzy wieśniacy przez lata cierpieli w milczeniu. Nastawiał złamane kości i przynosił ludziom ulgę, podając antybiotyki i środki przeciwbólowe. Wieści o jego działaniach szybko zaczęły się rozchodzić i już wkrótce z obrzeży wioski zaczęto wysyłać krewnych, żeby sprowadzili do chorego „doktora Grega", jak go odtąd nazywano w północnym Pakistanie, choć bezustannie powtarzał ludziom, że jest tylko pielęgniarzem.

Przebywając w Korphe, Mortenson często odczuwał obecność swojej siostry Christy – szczególnie gdy miał do czynienia z miejscowymi dziećmi. „Nic im w życiu nie przychodziło lekko – wspomina. – Przywodziły mi na myśl walkę Christy o najprostsze sprawy. Ale również jej upór w obliczu przeciwności losu".

Postanowił coś dla tych dzieci zrobić. Pomyślał, że w drodze powrotnej kupi w Islamabadzie na przykład książki lub materiały papiernicze, które wyśle do miejscowej szkoły.

Leżąc przy palenisku, powiedział swemu gospodarzowi, że chciałby odwiedzić szkołę w Korphe. Zauważył, że zryta bruzdami twarz starca wyraźnie się zachmurzyła, mimo to nalegał dalej. W końcu naczelnik wioski zgodził się zabrać go do szkoły następnego ranka.

Po śniadaniu, składającym się jak zawsze z placków ćapati i herbaty, Hadży Ali poprowadził Grega stromą ścieżką na ogromny występ skalny dwieście pięćdziesiąt metrów nad rzeką Braldu. Widok był tu niesamowity – ponad otaczającym Korphe murem szarych skał lodowe olbrzymy wokół lodowca Baltoro przecinały błękitne niebo. Mortenson nie zachwycał się jednak krajobrazem. Z przerażeniem patrzył na grupę osiemdziesięciorga dwojga dzieci (złożoną z siedemdziesięciu ośmiu chłopców i czterech dziewczynek na tyle odważnych, żeby do nich dołączyć) klęczących na zimnej ziemi pod gołym niebem. Unikając wzroku Mortensona, Hadży Ali powiedział, że w ich wiosce nie ma szkoły, a pakistański rząd nie przysyła im nauczyciela. Wyjaśnił, że wynagrodzenie nauczyciela wynosi dolara dziennie, a wioski na to nie stać. Mają więc do spółki z sąsiednią wsią jednego nauczyciela, który pracuje w Korphe przez trzy dni w tygodniu. W pozostałe dni dzieci same powtarzają zadany materiał.

Mortenson czuł, że serce mu podchodzi do gardła, gdy patrzył, jak uczniowie z powagą i w skupieniu wstają i na początek „szkolnego dnia" odśpiewują hymn państwowy Pakistanu. „Niech będzie błogosławiona święta ziemia, niech szczęśliwy będzie piękny kraj, symbol prześwietnej wielkości, ziemio Pakistanu, bądź szczęśliwa" – śpiewały dzieci uroczo nierównymi głosami. W nieco mroźnym już powietrzu z ich ust unosiły się kłęby pary. Mortenson zauważył siedmioletnią córkę Twahy, Dźahan, która stała wyprostowana, w chustce na głowie, śpiewając: „Niech naród, kraj i państwo błyszczą w nieprzemijającej chwale. [...] Ta flaga półksiężyca i gwiazdy wyznacza drogę do postępu i perfekcji".

W czasie swojej rekonwalescencji wśród mieszkańców Korphe Mortenson często słyszał narzekania miejscowych na zdominowany przez Pendżabczyków rząd Pakistanu, który uważali za władzę obcą, pochodzącą z nizin. Jak refren powtarzało się stwierdzenie, że wskutek korupcji i zaniedbań nawet te niewielkie fundusze, jakie przeznaczano dla Baltistanu, przepadają w długiej drodze ze stolicy, Islamabadu, do odciętych od świata górskich dolin. Miejscowi nie mogli zrozumieć, że rząd tak zacięcie walczy, by oderwać od Indii tereny dawnego Kaszmiru, choć tak niewiele robi dla zamieszkujących je ludzi.

Było też jasne, że większość pieniędzy, jakie w ogóle trafiają na tę wysokość, zarezerwowana jest dla wojska, które potrzebuje znacznych funduszy, żeby utrzymać swoje pozycje wzdłuż lodowca Siaćen obwarowanego po przeciwnej stronie przez armię indyjską. Ale żeby nie móc przeznaczyć dolara dziennie na pensję nauczyciela? W Mortensonie narastała wściekłość – jak jakikolwiek rząd, nawet tak mało zasobny jak rząd Pakistanu, może nie zapewnić swoim obywatelom chociaż tyle? Dlaczego flaga z półksiężycem i gwiazdą nie może pomóc tym dzieciom przejść choćby kilku kroków „drogą do postępu i perfekcji"? Kiedy ucichły ostatnie nuty hymnu, dzieci usiadły w równym kręgu i zaczęły przepisywać tabliczkę mnożenia. Większość rysowała na ziemi patykami, które specjalnie ze sobą przyniosły. Niektóre, jak Dźahan, rodzina wyposażyła w tabliczki łupkowe, na których pisały patyczkami maczanymi w wodzie zmieszanej z błotem. „Wyobrażasz sobie grupę czwartoklasistów w Ameryce, którzy sami, bez nauczyciela, siedzą w ciszy i odrabiają lekcje? – pyta mnie Mortenson. – Myślałem, że po prostu pęknie mi serce. Te dzieci, które nie bacząc na piętrzące się przed nimi przeciwności, tak żarliwie pragnęły się uczyć, przypominały mi moją siostrę Christę. Wiedziałem, że muszę coś z tym zrobić".

Ale co? Pieniędzy miał akurat tyle, żeby (oszczędzając na jedzeniu i noclegach) dojechać terenówką i autobusem z powrotem do Islamabadu i wsiąść w samolot do domu.

W Kalifornii czekały go nieregularne dyżury pielęgniarskie, a większość rzeczy, jakie posiadał, mieściła się w bagażniku bordowego buicka La Bamba, który żłopał hektolitry benzyny, lecz był dla Grega jedyną namiastką domu. Musiał jednak coś zrobić.

Stojąc obok Hadżi Alego na występie skalnym nad doliną, patrzył na doskonale widoczne w przejrzystym powietrzu góry, z którymi chciał się zmierzyć i dla których przejechał pół świata. Nagle wydało mu się, że pomysł wejścia na K2 po to, żeby zostawić tam naszyjnik siostry, nie ma za grosz sensu. Mógłby przecież wykonać gest, który również ją upamiętni, ale będzie miał głębsze znaczenie. Położył dłonie na ramionach Hadżi Alego, tak jak wielokrotnie czynił stary naczelnik wioski, odkąd wypili razem pierwszą filiżankę herbaty.

– Zbuduję wam szkołę – powiedział, nie zdając sobie sprawy, że w chwili gdy wypowiedział te słowa, ścieżka jego życia odbiła nagle w nowym kierunku, gdzie szlak jest bardziej kręty i wymagający niż te, po których błądził, schodząc z K2. – Zbuduję tu szkołę – powtórzył. – Obiecuję.

Rozdział czwarty

Schowek

Ludzie wielcy jedną cechę zawsze mają wspólną: potrafią wyglądać, mówić
i działać jak ludzie całkiem zwyczajni.

— Szamsuddin Mohammad Hafiz

W schowku pachniało Afryką. Mortenson stał na progu otwartego pomieszczenia, właściwie komórki o wymiarach dwa na dwa i pół metra, słysząc w tle
ryk silników na zatłoczonej o tej porze San Pablo Avenue, i poczuł się zagubiony w czasie i przestrzeni – częsta przypadłość po czterdziestu ośmiu godzinach podróży samolotem. Wylatując z Islamabadu, miał silne poczucie misji
i na różne sposoby kombinował, w jaki sposób zebrać fundusze na szkołę. Gdy
jednak wrócił do Berkeley, nie mógł się odnaleźć. Pod niezmiennie słonecznym
kalifornijskim niebem, pośród zamożnych beztroskich studentów zmierzających
niespiesznie na kolejną filiżankę espresso, czuł się całkiem wyobcowany, a obiet-
nica złożona Hadżi Alemu wydawała się fragmentem któregoś z obejrzanych
w półśnie filmów puszczanych podczas trzech niekończących się lotów.

Syndrom *jet lag*, zespół nagłej zmiany strefy czasowej. Szok kulturowy.
Jakkolwiek nazywać demony dalekich podróży, wielokrotnie miał już okazję
doświadczyć ich sztuczek. Dlatego właśnie, jak zwykle po powrocie z górskich wypraw, przyjechał tutaj – do schowka numer 114 w samoobsługowej przechowalni w Berkeley. Ta zatęchła przestrzeń była dla niego kotwicą,
przypominała mu, kim jest.

Zanurzył rękę w pachnącym wspomnieniami mroku, szukając sznur-
ka, którym zapalało się zwisającą z sufitu żarówkę – kiedy zaś go znalazł
i pociągnął, zobaczył stojące przy ścianach sterty przykurzonych książek
o górach, misternie wyrzeźbioną w afrykańskim hebanie karawanę słoni,
która niegdyś należała do jego ojca, oraz siedzącą na podniszczonym albu-
mie fotograficznym pluszową małpkę Dżidżi, swoją najlepszą przyjaciół-

kę z czasów, które we wspomnieniach sprowadzają się głównie do wrażeń zmysłowych.

Wziął do ręki zabawkę i zauważył, że przez rozchodzący się szew na jej piersi wychodzą włókna afrykańskiego kapoku. Przycisnął małpkę do nosa, wciągnął zapach i znalazł się na podwórku przed rozległym domem z pustaków, pod osłaniającymi przestrzeń konarami drzewa pieprzowego. W Tanzanii.

Podobnie jak jego ojciec, Greg Mortenson urodził się w stanie Minnesota. Ale w roku 1958, gdy miał zaledwie trzy miesiące, rodzice zabrali go na wielką przygodę swojego życia – na misję w Tanzanii w cieniu najwyższego szczytu Afryki, Kilimandżaro.

Ojciec Grega, Irving Mortenson, pochodził z typowej rodziny luteranów idealistów, tak chętnie wyśmiewanych przez Garrisona Keillora.* Tak samo jak dla małomównych facetów z wymyślonego przez Keillora miasteczka Lake Wobegon, dla ojca Grega słowa były walutą, którą niechętnie rozmieniał na drobne. Już jako dziecko wyglądał dość potężnie, więc zaczęto wołać na niego „Dempsey" na cześć słynnego amerykańskiego boksera. Przezwisko przylgnęło do niego na stałe, zwłaszcza że w wieku dorosłym osiągnął wzrost niemal dwóch metrów i miał sylwetkę sportowca – co zresztą odziedziczył po nim syn. Dempsey był siódmym i ostatnim dzieckiem w rodzinie ciężko doświadczonej finansowo przez Wielką Depresję, lecz talent sportowy (w szkole średniej grał w meczach stanowych – w drużynie futbolowej jako rozgrywający, a w drużynie koszykówki jako rzucający obrońca) pozwolił mu wyrwać się z Pequot Lakes, maleńkiego rybackiego miasteczka na północy stanu Minnesota, i ruszyć ku wielkiemu światu. Dzięki futbolowemu stypendium studiował na Uniwersytecie Stanu Minnesota i zdobył dyplom wychowania fizycznego oraz niezliczone siniaki od kopnięć zawodników z linii obrony.

Jego żona, Jerene, straciła dla niego głowę zaraz po tym, jak jej rodzina przeprowadziła się do Minnesoty ze stanu Iowa. Ona również kochała sport; w szkole była kapitanem drużyny koszykówki. Ślub wzięli bez wahania, kiedy Dempsey, który wówczas służył w wojsku w Fort Reiley w stanie Kansas, był na trzydniowej przepustce. „Dempsey miał zawsze pasję podróży – wspomina Jerene. – Służył nawet w Japonii. Uwielbiał poznawać świat poza granicami

---

* Garrison Keillor – pochodzący z Minnesoty popularny amerykański satyryk, felietonista, autor audycji radiowych.

Minnesoty. Któregoś dnia, gdy byłam w ciąży z Gregiem, przyszedł do domu i powiedział: «W Tanganice potrzebni są nauczyciele. Pojedźmy do Afryki!». Nie mogłam mu odmówić. Kiedy jest się młodym, nieznane jest po prostu nieznane. Pojechaliśmy i tyle".

Wysłano ich do kraju, o którym żadne z nich nie wiedziało więcej, niż było widać na mapie wschodniej Afryki – że zajmuje przestrzeń między Kenią i Rwandą. Po czterech latach pracy w nieprzystępnych górach Usambara przenieśli się do Moshi (nazwa miasta oznacza w suahili „dym"), gdzie lokalna społeczność luterańskich misjonarzy zakwaterowała ich w rozległym domu z pustaków, który wcześniej należał do greckiego handlarza bronią, ale został zajęty przez władze. I jak to bywa, gdy w wyniku impulsu trafiamy na szczęśliwy los, cała rodzina zakochała się w kraju, który już wkrótce, w roku 1961, uzyskał niepodległość i został nazwany Tanzanią. „Im jestem starszy, tym bardziej doceniam swoje dzieciństwo – wyznaje Mortenson. – Było nam tam jak w raju".

Domem był dla Grega nie tyle sam budynek otaczający skrzydłami bujną zieleń ogrodu, ile raczej ogromne drzewo pieprzowe. „To drzewo oznaczało dla mnie stabilność – mówi Mortenson. – O zmroku wylatywały z niego chmarą setki nietoperzy udających się na łowy. A po deszczu wszędzie wokół pachniało pieprzem. Niesamowity zapach".

Ani Dempsey, ani Jerene nie byli przesadnie bogobojni; ich dom bardziej przypominał lokalną wspólnotę niż ośrodek religijny. Dempsey uczył w szkółce niedzielnej, ale oprócz tego zorganizował boisko do softballu (drzewo pieprzowe pełniło funkcję siatki osłaniającej) oraz utworzył pierwszą w Tanzanii ligę koszykówki dla szkół średnich. Lecz naczelne miejsce w życiu Dempseya i Jerene zajęły dwa zupełnie inne przedsięwzięcia.

Dempsey wkładał wszystkie siły w największe dzieło swojego życia: zdobycie funduszy i założenie pierwszego szpitala klinicznego w Tanzanii – Chrześcijańskiego Centrum Medycznego Kilimandżaro. Jerene z równym zaangażowaniem poświęcała większość czasu na założenie Międzynarodowej Szkoły w Moshi, która miała odpowiedzieć na potrzeby edukacyjne dzieci z kosmopolitycznego tygla osiadłych w rejonie cudzoziemców. Do tej właśnie szkoły uczęszczał Greg, swobodnie zanurzając się w morze kultur i języków. Różnice między poszczególnymi narodami miały dla niego tak niewielkie znaczenie, że nie rozumiał, dlaczego miałyby stanowić powód do walk. W czasie konfliktu między Indiami a Pakistanem nie mógł patrzeć na przerwach na drastyczne zabawy w wojnę, podczas których mali Hindusi i Pakistańczycy udawali, że strzelają do siebie z karabinów i ucinają sobie głowy. „Jeśli pominąć tego rodzaju incydenty, była to fantastyczna szkoła – dodaje Greg. – Jakby ONZ w miniaturze. Mieszało się tam dwadzieścia osiem nacji, obchodziliśmy wszystkie święta: Chanukę, Boże Narodzenie, Diwali, Id al-Fitr".

„Greg nie cierpiał chodzić z nami do kościoła – wspomina Jerene – bo afrykańskie matrony uwielbiały czochrać jego blond włosy". Mortenson nie miał jednak w dzieciństwie zbyt wielu powodów, żeby zwracać uwagę na różnice rasowe. Językiem suahili władał tak doskonale, że przez telefon brano go za rodowitego Tanzańczyka. W kościelnym chórze śpiewał stare europejskie pieśni; tańczył też w składającym się z samych Afrykanów zespole, który brał udział w transmitowanym przez telewizję konkursie tańców plemiennych zorganizowanym z okazji tanzańskiego Święta Niepodległości, Saba Saba.

W wieku jedenastu lat Mortenson wspiął się na pierwszą wielką górę. „Odkąd skończyłem sześć lat, wpatrywałem się w ten szczyt i błagałem ojca, żeby mnie tam zabrał". Kiedy jednak Dempsey w końcu uznał, że syn jest dość duży, by podołać wspinaczce, Greg nie był specjalnie szczęśliwy, wchodząc na najwyższy szczyt Afryki. „Przez całą drogę na górę miałem nudności i wciąż wymiotowałem – wspomina. – To było straszne. Ale gdy bladym świtem stanęliśmy na szczycie i zobaczyłem przed sobą ciągnącą się w nieskończoność afrykańską sawannę, z miejsca uzależniłem się od wspinaczki".

Jerene urodziła trzy córki: Kari, Sonję, a na koniec, gdy Greg miał już dwanaście lat, Christę. Dempsey często był całymi miesiącami w podróży, zbierając w Europie i Ameryce fundusze i wykwalifikowaną kadrę do szpitala. Pod jego nieobecność Greg, który w wieku trzynastu lat miał już metr osiemdziesiąt wzrostu, z łatwością wszedł w rolę jedynego mężczyzny w domu. Gdy urodziła się Christa i rodzice szykowali ją do chrztu, Greg zaproponował, że zostanie ojcem chrzestnym.

W przeciwieństwie do trójki starszego rodzeństwa, które szybko doścignęło wzrostem rodziców, Christa pozostała nieduża i drobnej budowy. Zanim jeszcze zaczęła chodzić do szkoły, stało się jasne, że zdecydowanie różni się od pozostałych członków rodziny. Kiedy była malutka, jej organizm bardzo silnie zareagował na szczepionkę przeciw ospie. Jerene wspomina, że córce sczerniało całe ramię. Jest też przekonana, że to od toksycznej szczepionki żywym wirusem krowianki rozpoczęło się zaburzenie czynności mózgu u Christy. W wieku trzech lat zachorowała na zapalenie opon mózgowych i – wedle obserwacji zrozpaczonej jej stanem matki – już nigdy nie wróciła do pełnego zdrowia. Gdy skończyła osiem lat, zaczęła cierpieć na częste ataki padaczki. Nawet jednak gdy nie miała ataków, ogólnie niedomagała. „Bez problemu nauczyła się czytać – mówi Jerene. – Ale literki były dla niej tylko nic nieznaczącymi dźwiękami. Nie miała pojęcia, co oznaczają słowa i zdania".

Coraz potężniej wyglądający Greg nie odpuszczał nikomu, kto próbował żartować z jego najmłodszej siostry. „Christa była z nas wszystkich najsympatyczniejsza – wspomina. – Z wdziękiem stawiała czoło swoim ograniczeniom. Rano potrzebowała bardzo dużo czasu, żeby się ubrać, więc już poprzedniego wieczoru odpowiednio układała swoje ubrania, by nie zabrać nam przed szkołą zbyt wiele czasu. Była niesamowicie wrażliwa na potrzeby innych. Przypominała w tym trochę ojca. Oboje woleli słuchać, niż mówić".

Dempsey słuchał zwłaszcza młodych ambitnych Afrykanów z Moshi, którzy z utęsknieniem wyczekiwali jakiejkolwiek szansy rozwoju. Jednak w postkolonialnej Tanzanii, która była wówczas (zresztą jest nadal) jednym z najbiedniejszych krajów na świecie, nie mogli liczyć na wiele więcej niż mozolną pracę w polu. Kiedy szpital kliniczny został zbudowany i częściowo otwarty, ojciec Grega nalegał (wbrew woli wielu zagranicznych członków zarządu), żeby oferować stypendia medyczne zdolnej miejscowej młodzieży, a nie tylko zaspokajać potrzeby dzieci obcokrajowców oraz bogatych afrykańskich elit.

Wkrótce po czternastych urodzinach Grega oddano do użytku całość szpitala, który liczył 640 łóżek. Na uroczystości przecięcia wstęgi przemawiał prezydent Tanzanii, Julius Nyerere. Dempsey kupił kilka beczek pombe, miejscowego piwa z bananów, i wykarczował krzewy w ogrodzie, żeby zrobić miejsce dla pięciuset osób – miejscowych i obcokrajowców – które zaprosił na grilla z okazji otwarcia szpitala. Ubrany w tradycyjny tanzański strój w kolorze czarnym stanął na scenie zbudowanej dla muzyków pod drzewem pieprzowym i zwrócił się do społeczności, której zdążył już oddać całe swoje serce.

Sięgając pamięcią do tej chwili, Greg Mortenson widzi ojca, który po czternastu latach w Afryce nieco przytył, ale trzymał się prosto i przemawiając, wyglądał może już nie jak sportowiec, ale wciąż jak ktoś o wielkiej sile. Na samym początku podziękował Johnowi Moshiemu – Tanzańczykowi, który razem z nim pracował nad budową szpitala i jego zdaniem w równym jak on stopniu przyczynił się do sukcesu przedsięwzięcia. „Mam wizję przyszłości – powiedział Dempsey w suahili z miną tak spokojną, że Gregowi wydawało się, że ten jeden raz ojciec w ogóle się nie denerwuje, stojąc przed tłumem słuchaczy. – Za dziesięć lat ordynatorem każdego oddziału Chrześcijańskiego Centrum Medycznego Kilimandżaro będzie Tanzańczyk. To wasz kraj. Wasz szpital".

„Widziałem, jak dumni poczuli się wtedy Afrykanie – wspomina Greg. – Obcokrajowcy sądzili, że ojciec powie: «Patrzcie, ile dla was zrobiliśmy»". A on mówił: «Patrzcie, co sami dla siebie zrobiliście i jak dużo jeszcze możecie zrobić». Nie mogli mu tego potem darować. Ale co się okazało? Jego wizja się sprawdziła. Szpital wciąż funkcjonuje, to najlepszy szpital kliniczny w Tanzanii, a w dziesięć lat po oddaniu go do użytku ordynatorami byli już sami Afrykanie. Patrząc na niego wtedy, czułem się dumny, że ten potężny mężczyzna o wydatnym torsie to mój ojciec. Nauczył mnie, zresztą nas wszystkich, że jeśli człowiek wierzy w siebie, może osiągnąć, co tylko zechce".

Kiedy zarówno szpital, jak i szkoła zaczęły normalnie funkcjonować, misja Mortensonów w Tanzanii dobiegła kresu. Dempsey dostał wprawdzie kuszącą propozycję pracy – miał założyć szpital dla palestyńskich uchodźców na Górze Oliwnej w Jerozolimie – lecz wraz z żoną uznali, że nadszedł czas, aby ich dzieci posmakowały życia w Ameryce.

Greg i jego siostry byli podekscytowani, ale i zaniepokojeni perspektywą powrotu do kraju, który wciąż uważali za swoją ojczyznę, mimo że byli tam zaledwie kilka razy, odwiedzając krewnych. Greg przeczytał wcześniej hasła encyklopedyczne dotyczące wszystkich pięćdziesięciu stanów, próbując wyobrazić sobie Amerykę i przygotować się do przeprowadzki. Przez czternaście lat krewni z Minnesoty pisali im o uroczystościach, w których afrykańska część rodziny nie mogła uczestniczyć, i przysyłali artykuły z gazet na temat drużyny bejsbolowej Minnesota Twins. Greg przechowywał je w swoim pokoju i czytał po nocach, próbując zrozumieć egzotyczną kulturę, którą reprezentowały.

Mortensonowie spakowali swoje książki, gobeliny i rzeźby w drewnie i przenieśli się do czteropiętrowego domu rodziców Jerene w St. Paul. Potem zaś kupili niedrogi seledynowy domek w średnio zamożnej dzielnicy Roseville położonej na przedmieściach. Pierwszego dnia w amerykańskiej szkole Greg poczuł ulgę, widząc na korytarzach tak wielu czarnych uczniów. Dzięki ich obecności nie czuł się aż tak daleko od Moshi. Po szkole szybko rozniosła się wieść, że ten potężny, nieco dziwaczny czternastolatek właśnie przyjechał z Afryki.

Na przerwie wysoki muskularny koszykarz ze znakiem cadillaca na złotym łańcuchu przycisnął Grega do wodotrysku z wodą do picia, a wokół nich zacisnął się groźny krąg kumpli osiłka. „Ty niby Afrykanin?!" – zaśmiał się szyderczo napastnik, po czym cała zgraja zaczęła okładać pięściami Grega, który próbował osłonić głowę i zastanawiał się, czym sobie na to zasłużył. Kiedy w końcu przestali, opuścił ręce. Usta mu drżały. Jeden z chłopaków podniósł kubeł na śmieci i odwróciwszy go dnem do góry, wsadził mu na głowę. Greg stał przy wodotrysku z cuchnącym kubłem na głowie i słyszał ich śmiech pomału gasnący w korytarzu.

W większości dziedzin życia Greg Mortenson szybko się przystosował do amerykańskiej kultury. Świetnie sobie radził w szkole, zwłaszcza z matematyką, muzyką i naukami przyrodniczymi. Miał też, rzecz jasna, genetycznie uwarunkowany talent sportowy.

Gdy Mortensonowie przenieśli się na przedmieście, Greg trafił do szkolnej drużyny futbolowej, a jego trudna do przeoczenia obecność na linii obrony szybko otworzyła mu drogę może nie od razu do przyjaźni, ale na pewno do koleżeństwa z innymi uczniami Ramsey High School. Ale pod pewnym względem wcale nie przypominał Amerykanina. „Nie zdarzyło się jeszcze, żeby Greg gdzieś stawił się punktualnie – twierdzi jego matka. – Już od dziecka miał afrykańskie poczucie czasu".

Praca na misji w Afryce przyniosła rodzinie Mortensonów wiele satysfakcji, lecz mało pieniędzy. Nie mogło być mowy o opłaceniu czesnego na prywatnej wyższej uczelni. Greg zapytał ojca, co powinien zrobić. „Ja skończyłem studia dzięki stypendium dla weteranów wojskowych – usłyszał. – Nie było to wcale takie złe rozwiązanie".

W kwietniu przed ukończeniem szkoły Greg stanął więc przed komisją rekrutacyjną w St. Paul i zgłosił się na dwuletnią służbę. „Czułem się z tym dziwnie, zwłaszcza że dopiero co skończyła się wojna w Wietnamie – wspomina Greg. – Dzieciaki w szkole nie mogły się nadziwić, że w ogóle biorę pod uwagę służbę wojskową. Ale byliśmy spłukani".

Cztery dni po ceremonii rozdania świadectw Greg Mortenson wylądował na pierwszym szkoleniu w Fort Leonard Wood w stanie Missouri. Podczas gdy większość jego szkolnych kolegów miała wakacje przed rozpoczęciem studiów i mogła spać do południa, jego wyrywał ze snu instruktor musztry, który kopał i szarpał jego pryczę, wrzeszcząc: „Puszczać fiuty, wkładać buty!".

Greg szybko doszedł do wniosku, że nie może dać się facetowi zastraszyć. Następnego ranka już o piątej powitał sierżanta Parksa, siedząc w pełnym rynsztunku na starannie posłanej pryczy. „Najpierw mi nawymyślał, że nie przespałem przepisowych ośmiu godzin koniecznych dla efektywnej służby, potem kazał zrobić czterdzieści pompek, a następnie pomaszerował ze mną do sztabu, dał mi naszywki i wrócił ze mną do koszar. «To Mortenson, nowy dowódca plutonu» – powiedział. «Przewyższa was wszystkich, durnie, więc róbcie, co wam powie»".

Mortenson był zbyt wycofany, żeby skutecznie rozkazywać żołnierzom wokół siebie. Ale poza tym w wojsku radził sobie znakomicie. Dzięki futbolowi i treningom w szkolnej drużynie wciąż miał znakomitą kondycję, więc codzienne ćwiczenia fizyczne nie zapadły mu aż tak głęboko w pamięć jak niskie morale panujące w wojsku po wojnie w Wietnamie. Nauczono go zaawansowanych technik i taktyki artyleryjskiej, potem zaś rozpoczął przygodę z medycyną, która miała go fascynować przez resztę życia. Przeszedł szkolenie dla sanitariuszy, po czym wysłano go z Trzydziestą Trzecią Dywizją Pancerną do Niemiec. „Kiedy się zaciągałem, byłem bardzo naiwny, ale w wojsku przechodzi się terapię szokową – wspomina Mortenson. – Po Wietnamie wielu żołnierzy było uzależnionych od heroiny. Nieraz któryś przedawkował na własnej pryczy, a my musieliśmy potem zbierać ciała".

Pamięta też pewien zimowy poranek, kiedy musiał pójść po ciało sierżanta, którego inni żołnierze pobili i zostawili na noc w zaśnieżonym rowie, ponieważ odkryli, że jest gejem.

W Bambergu, przy samej granicy z NRD, wskutek nieregularnych godzin służby Mortenson ćwiczył się w umiejętności, którą miał wykorzystywać przez resztę życia – w zasypianiu na zawołanie, w dowolnym miejscu i okolicznościach. Był wzorowym żołnierzem. „Nigdy do nikogo nie strzelałem – opowiada – ale to było jeszcze przed upadkiem muru berlińskiego, spędzaliśmy więc sporo czasu, obserwując wschodnich strażników przez celowniki naszych M16". Pełniąc wartę, Mortenson miał rozkaz otworzyć ogień w stronę komunistycznych służb, gdyby próbowały strzelać do cywilów uciekających z NRD. „Czasem się to zdarzało, ale zawsze pod moją nieobecność. Na szczęście".

Większość białych żołnierzy, z którymi stacjonował w Niemczech, spędzała weekendy, jak opowiada Mortenson, „łapiąc trypra, zalewając robaka lub dając w żyłę". Wolał więc razem z czarnymi kolegami korzystać z darmowych wojskowych lotów – do Rzymu, Londynu czy Amsterdamu. Po raz pierwszy miał okazję samodzielnie podróżować i sprawiało mu to, podobnie jak towarzystwo czarnoskórych kumpli, ogromną przyjemność. „W wojsku przyjaźniłem się przeważnie z czarnymi – wyznaje. – W Minnesocie wydawałoby się to dziwne, ale w wojsku ludzie mieli inne problemy. W Niemczech czułem się w pełni akceptowany. Po raz pierwszy, odkąd wyjechałem z Tanzanii, nie doskwierała mi samotność".

Mortensonowi przyznano odznaczenie wojskowe za ewakuację rannych żołnierzy podczas ćwiczeń z użyciem amunicji. Po dwóch latach został honorowo zwolniony. Cieszył się, że odbył służbę, ale obarczyła go ona kolejnym nawykiem (niewiele słabszym od notorycznych spóźnień) – nie był już w stanie zaparkować samochodu, wjeżdżając przodem na miejsce parkingowe. Czy prowadził akurat terenówkę w Baltistanie, czy rodzinny samochód podczas cotygodniowych zakupów, jeszcze przez wiele lat po odbyciu służby zawsze parkował tak, jak nauczył się w wojsku – wjeżdżając tyłem, żeby w razie nagłego ostrzału łatwo było uciec.

Zdobył stypendium futbolowe i rozpoczął studia w maleńkim Concordia College w Moorhead w stanie Minnesota. W roku 1978 jego drużyna wygrała narodowe mistrzostwa uniwersyteckie NAIA II. Dość szybko jednak znużyła go monotonia prowincjonalnej uczelni i dzięki stypendium dla byłych wojskowych przeniósł się na bardziej kosmopolityczny Uniwersytet Stanu Dakota Południowa w Vermillion.

Jerene również rozpoczęła studia – pracowała nad doktoratem z pedagogiki. Dempsey zaś znalazł marnie płatną i niezbyt ciekawą pracę – zajmował się ustawodawstwem dotyczącym relacji między wierzycielami a dłużnikami i przesiadywał do późna w podziemnym biurze w stolicy stanu. Z pieniędzmi było więc w rodzinie wyjątkowo krucho. Greg w czasie studiów cały czas musiał na siebie zarabiać – zmywał naczynia w uniwersyteckiej stołówce, a nocami pracował jako sanitariusz w szpitalu. Co miesiąc potajemnie wysyłał ojcu część swoich dochodów.

W kwietniu 1981, gdy Greg drugi rok już studiował w Vermillion chemię i pielęgniarstwo, u Dempseya wykryto raka. Miał czterdzieści osiem lat. Kiedy Greg się dowiedział, że nastąpiły przerzuty na węzły chłonne i wątrobę, zdał sobie sprawę, jak szybko może stracić ojca. Od tej pory nie tylko zakuwał do egzaminów i wykonywał pracę zarobkową, ale też co drugi weekend wygospodarowywał czas na sześciogodzinną podróż samochodem do Minnesoty, żeby spędzić trochę czasu z ojcem. Za każdym razem po dwutygodniowej nieobecności szokowało go tempo, w jakim Dempsey tracił siły. Jako że nieźle już się orientował w naukach medycznych, przekonał lekarzy, by zaprzestali naświetlań. Wiedział, że choroba jest śmiertelna, i uznał, że ojciec powinien mieć szansę nacieszyć się tą resztką życia, jaka mu została. Zaproponował, że przerwie studia i będzie się nim na stałe opiekować, ale Dempsey rzucił tylko: „Ani mi się waż!". Greg nadal więc przyjeżdżał co dwa tygodnie. Gdy była ładna pogoda, wynosił chorego na zewnątrz, dziwiąc się, jak bardzo stracił na wadze. Sadzał go na leżaku ogrodowym w słońcu, Dempsey zaś, być może wciąż tęskniąc za zielenią wokół domu w Moshi, wykazywał ogromną troskę o rosnące w ogrodzie zioła i kazał synowi regularnie pielić grządki.

Późną nocą, gdy Greg bezskutecznie próbował zasnąć, słyszał, jak ojciec pisze na maszynie. Dempsey bardzo skrupulatnie przygotowywał ceremonię własnego pogrzebu. Jerene w tym czasie drzemała na kanapie, czekając, aż ustanie stukot maszyny, żeby pomóc mężowi położyć się spać.

We wrześniu Greg odwiedził ojca po raz ostatni. Dempsey leżał już wówczas w szpitalu w St. Paul. „Następnego dnia rano miałem pisać egzamin, więc nie było mi na rękę wracać do domu w środku nocy, nie potrafiłem go jednak zostawić – wspomina Greg. – Nigdy nie lubił okazywać uczuć, ale przez cały czas wizyty trzymał dłoń na moim ramieniu. W końcu wstałem, bo musiałem już iść, a on powiedział: «Wszystko już załatwione. Pozapinane na ostatni guzik. Nie ma się o co martwić». Ojciec w ogóle nie bał się śmierci. To było niesamowite".

Tak jak w Moshi, gdzie Dempsey urządził ogromną imprezę na zakończenie pobytu swojej rodziny w Afryce, tym razem również szczegółowo, aż do ostatniej pieśni, zaplanował ceremonię na zakończenie swojego pobytu na ziemi. Następnego ranka po wizycie syna w szpitalu spokojnie odszedł ze świata.

W pękającym w szwach luterańskim kościele Księcia Pokoju w Roseville żałobnicy otrzymali zaprojektowane przez Dempseya programy zatytułowane „Radosny powrót do Domu". Greg pożegnał zmarłego przemówieniem w suahili, nazywając go *baba, kaka, ndugu* (ojcem, bratem, przyjacielem). Dempsey, który zawsze był dumny ze swojej służby wojskowej, został pochowany na cmentarzu wojskowym w Minneapolis.

Greg stracił ojca, skończył studia (uzyskał dyplomy z wyróżnieniem z chemii i pielęgniarstwa) i nagle poczuł, że już nic go nie trzyma na miejscu. Rozważał podjęcie studiów w Akademii Medycznej Case Western, a nawet został przyjęty, jednak nie mógł sobie wyobrazić, że ma czekać kolejne pięć lat, nim zacznie zarabiać pieniądze. Po śmierci ojca sen z powiek zaczęła mu spędzać możliwość odejścia Christy, której ataki zdarzały się coraz częściej. Wrócił więc na rok do domu, żeby spędzić trochę czasu z najmłodszą siostrą. Pomógł jej znaleźć pracę przy składaniu zbiorników do kroplówek w fabryce i wielokrotnie jeździł z nią autobusem miejskim, aż nauczyła się trasy na pamięć. Christa bardzo się interesowała dziewczynami brata i zadawała mu szczegółowe pytania dotyczące seksu, o którym wstydziła się rozmawiać z matką. Kiedy Greg się dowiedział, że Christa ma chłopaka, poprosił znajomą pielęgniarkę, żeby uświadomiła ją w zakresie bezpieczeństwa.

W roku 1986 Mortenson zaczął studiować neurofizjologię na Uniwersytecie Stanu Indiana, łudząc się, że jeśli włoży w to całe serce, może uda mu się odkryć lek na chorobę siostry. Jednak koło postępu w naukach medycznych toczy się zbyt wolno, aby zaspokoić oczekiwania niecierpliwego dwudziestoośmiolatka – im więcej zdobywał wiedzy na temat padaczki, tym dalsza wydawała mu się perspektywa znalezienia na nią leku. Z trudem brnąc przez opasłe podręczniki i przesiadując w laboratoriach, Greg coraz częściej przyłapywał się na rozmyślaniu o misternych żyłkach kwarcu, którymi inkrustowane są granitowe strzeliste skały The Needles w łańcuchu Gór Czarnych w Dakocie Południowej, gdzie rok wcześniej wraz z dwójką znajomych ze studiów zdobywał pierwsze szlify w sztuce wspinaczki.

Coraz mocniej ciągnęło go w góry. Miał po babci starego bordowego buicka, którego nazywał La Bamba. Miał też kilka tysięcy dolarów oszczędności i wizję innego życia, życia bliżej natury, bardziej przypominającego cudowny czas, jaki pamiętał z Tanzanii. Uznał, że najłatwiej będzie mu odnaleźć upragniony styl życia w Kalifornii, zapakował więc rzeczy do La Bamby i ruszył na zachód.

Tak jak zawsze, gdy angażował się całym sercem w działanie, czynił szybkie postępy w nauce wspinaczki – dość szybko mógł więc zdobywać najtrudniejsze szczyty. Kiedy opowiada o pierwszych latach spędzonych w Kalifornii, można odnieść wrażenie, że płynnie przeszedł od dwutygodniowego kursu na Skałach Samobójców w południowej Kalifornii do przewodzenia wyprawom na sześciotysięczniki w Nepalu. Po doświadczeniach zdyscyplinowanego dzieciństwa w doskonale zorganizowanym przez matkę domu oraz latach wojskowego i akademickiego rygoru, nowo zdobyta wolność była dla niego czymś oszałamiająco nowym. Pracował tylko tyle, żeby móc się dalej wspinać – zazwyczaj w noce i święta jako pielęgniarz urazowy na ostrych dyżurach w rejonie San Francisco. Wybierał najmniej popularne godziny pracy, żeby móc w zamian jeździć w góry, gdy tylko poczuje ich zew.

Świat wspinaczki w okolicach San Francisco potrafi naprawdę wciągnąć, Greg zaś dał się całkowicie pochłonąć nowemu zajęciu. Zapisał się do urządzonego w starym magazynie w Emeryville klubu City Rock, gdzie spędzał długie godziny, doskonaląc techniki wspinaczkowe na ściance. Zaczął biegać w maratonach i regularnie ćwiczył na siłowni – jeśli nie był akurat zajęty zdobywaniem północnej ściany Mount Baker lub Annapurny IV, Baruntse czy kilku innych szczytów w Himalajach. Mortenson twierdzi, że w latach 1989–1992 jego życie kręciło się wyłącznie wokół wspinaczki. Oprócz wyzwań, jakie niosło ciągłe mierzenie się ze stromymi skałami, pociągała go również wysokogórska tradycja. Posiadał niemal encyklopedyczną wiedzę na temat historii alpinizmu i regularnie odwiedzał okoliczne antykwariaty w poszukiwaniu relacji o wyczynach dziewiętnastowiecznych zdobywców szczytów. Żartuje, że za poduszkę służyła mu wówczas biblia alpinistów pod tytułem „Góry – wolność i przygoda".

Raz do roku odwiedzała go Christa, której próbował wyjaśnić swoją miłość do gór. Zabierał ją na wycieczki do Parku Yosemite i pokazywał palcem trasy, którymi się wspinał po monolitowych granitowych płytach Half Dome.

Dwudziestego trzeciego lipca 1992 roku Mortenson był akurat na Mount Sill we wschodniej części gór Sierra Nevada. Towarzyszyła mu jego ówczesna dziewczyna, Anna Lopez, która pracowała jako strażnik leśny, spędzając samotnie długie miesiące na bezludnych terenach. O wpół do piątej rano schodzili właśnie z lodowca, na którym nocowali po zdobyciu szczytu, gdy Mortenson nagle się poślizgnął, przekoziołkował w przód i zaczął zjeżdżać w dół po stromym zboczu. Siła rozpędu wyrzucała go raz za razem na półtora metra w górę, a potem ciskała nim w zbity lód i śnieg. Ciężki plecak przekrzywił się i wyrwał mu ramię ze stawu, łamiąc przy tym kość. Greg przeleciał w dół dwieście pięćdziesiąt metrów, aż w końcu udało mu się sprawną ręką wbić czekan w śnieg i się zatrzymać.

Przez dwadzieścia cztery godziny półprzytomny z bólu schodził z góry ku szosie. Następnie Anna zawiozła go do najbliższego ambulatorium w mieście Bishop, skąd Mortenson zadzwonił do matki, by jej powiedzieć, że udało mu się przeżyć. Jednak wiadomość, którą ona mu przekazała, wstrząsnęła nim bardziej niż wypadek. O tej samej godzinie, gdy Greg zjeżdżał po zboczu Mount Sill, jego matka weszła do pokoju Christy, żeby ją obudzić i przygotować do wycieczki, którą miały odbyć na jej dwudzieste trzecie urodziny – do Dyersville w stanie Iowa, gdzie kręcono film „Pole marzeń". „Kiedy weszłam ją obudzić – opowiada Jerene – Christa opierała się na dłoniach i kolanach, jakby po wizycie w łazience chciała wejść z powrotem do łóżka. Była sina. Mogłam się tylko pocieszyć faktem, że atak był tak silny, że zabił ją w mgnieniu oka, po prostu zamarła w miejscu".

Mortenson pojechał na pogrzeb do Minnesoty z ręką na temblaku. W tym samym kościele, w którym pożegnano Dempseya, pastor Lane Doerring, brat Jerene, wygłosił przed szlochającym tłumem żałobników mowę, w której odpowiednio odwrócił ulubioną kwestię z ulubionego filmu zmarłej: „Nasza Christa obudzi się i spyta: «Jestem w Iowa?». I odpowiedzą jej: «Nie, jesteś w niebie»".

Po powrocie do Kalifornii Mortenson czuł się zagubiony jak nigdy dotąd. Wtedy właśnie zadzwonił do niego Dan Mazur, znakomity, słynący z determinacji himalaista, który poinformował Grega, że planuje wyprawę na K2 – ostateczny sprawdzian prawdziwego himalaisty – i poszukuje sanitariusza. Spytał go, czy nie zechciałby dołączyć do ekipy. Przed Gregiem otworzyła się droga, dzięki której mógł wrócić do swojej pasji, a zarazem złożyć odpowiedni hołd siostrze. Postanowił wspiąć się na szczyt budzący największy respekt w środowisku i zadedykować wyprawę pamięci Christy. Miał nadzieję, że zdobycie K2 nada jakiś sens tej niepojętej stracie.

Mortenson ostrożnie odłożył Dżidżi z powrotem na album ze zdjęciami. Po San Pablo Avenue przejechała z łoskotem potężna ciężarówka z naczepą, aż cały schowek się zatrząsł. Greg wyszedł z przechowalni po zalegający w bagażniku sprzęt wspinaczkowy.

Gdy wieszał po kolei na hakach uprzęż, liny, raki, karabinki, heksy i jumary, które przez ostatnich pięć lat niewiele czasu spędziły w schowku, pomyślał, że cały ten sprzęt, który pomagał mu przemierzać kontynenty i zdobywać szczyty dawniej niedostępne ludzkości, teraz nie ma dla niego żadnego zastosowania. Jakiego sprzętu potrzeba, żeby zebrać fundusze na szkołę? Jak zdoła przekonać Amerykanów, że powinien ich obchodzić los dzieci, które gdzieś na drugim końcu świata siedzą w kręgu na chłodzie i rysują patykami w ziemi tabliczkę mnożenia? Mortenson pociągnął za sznurek, zatapiając zawartość schowka w ciemności. Zanim zamknął drzwi na kłódkę, w zmatowiałych plastikowych oczach szmacianej małpki mignął promień kalifornijskiego słońca.

Rozdział piąty

580 LISTÓW, JEDNA WPŁATA

Zrób miejsce w sercu dla tęsknoty, żalu.
Nie trać nadziei i się nie poddawaj.
Bóg mówi: „Złamanych miłuję".
Pozwól sercu pęknąć. Bądź złamany.

— Szejk Abu Sajed Fadlullah ben Abulchajr, znany również jako Nikt, syn Nikogo

Dłonie Mortensona nie mieściły się na klawiaturze maszyny do pisania. Wciąż naciskał dwa klawisze naraz – wyrywał wtedy kartkę i zaczynał od nowa. Oczywiście zwiększało to koszty. Dolar za godzinę korzystania ze starej maszyny IBM Selectric wydawał się rozsądną ceną, ale w ciągu pięciu godzin spędzonych w Krishna Copy Center w centrum Berkeley udało mu się napisać zaledwie cztery listy.

Oprócz problemów ze zbyt ciasno położonymi klawiszami Greg miał jeszcze inne zmartwienie – nie bardzo wiedział, co właściwie ma pisać. „Droga Pani Winfrey" – wystukiwał opuszkami palców wskazujących, rozpoczynając piąty list. „Jestem wielbicielem Pani programu. Wydaje mi się Pani osobą, której naprawdę nie jest obojętny los innych ludzi. Piszę do Pani, aby opowiedzieć o małej wiosce Korphe w Pakistanie i o szkole, którą chciałbym tam zbudować. Czy wie Pani, że dla wielu dzieci w tym przepięknym rejonie Karakorum brakuje szkół?"

Tu zwykle się zacinał. Nie wiedział, czy bez owijania w bawełnę pisać o pieniądzach czy też po prostu poprosić o pomoc. Gdyby jednak prosił bezpośrednio o wsparcie finansowe, czy powinien podawać określoną sumę? „Chcę zbudować pięcioklasową szkołę podstawową, w której mogłaby się uczyć setka uczniów" – pisał dalej. „W czasie pobytu w Pakistanie, po nieudanej, niestety, próbie zdobycia K2, drugiego co do wysokości szczytu świata, odbyłem konsultacje z miejscowymi znawcami tematu. Z ich pomocą obliczyłem, że przy użyciu lokalnych materiałów i miejscowej siły roboczej będę mógł zbudować szkołę za kwotę 12 000 dolarów". Tu następował najtrudniejszy moment. Czy powinien prosić o całość? W końcu uznał, że lepiej będzie napisać: „Byłbym niezmiernie wdzięczny, gdyby zechciała Pani przekazać na ten cel darowiznę w dowolnej wysokości". Niestety, przy ostatnim słowie palce znów go zawiodły i pomylił klawisze, wyrwał więc kartkę z maszyny i zaczął pisać od nowa.

Do czasu gdy musiał już ruszać do San Francisco na nocny dyżur w ambulatorium uniwersyteckiego centrum medycznego, Greg zdołał napisać i włożyć w zaadresowane koperty sześć listów. Jeden do Oprah Winfrey, po jednym do prezenterów wiadomości głównych stacji telewizyjnych, w tym do Bernarda Shawa z CNN, uznał bowiem, że stanowi ona coraz większą konkurencję dla ABC, CBS i NBC – oraz napisany pod wpływem impulsu list do aktorki Susan Sarandon, która wydawała mu się przemiłą osobą, bardzo zaangażowaną w działalność charytatywną.

Prowadził La Bambę przez zatłoczone w godzinach szczytu miasto, opierając tylko jeden palec na kierownicy. Stary buick dużo lepiej pasował rozmiarem do dłoni Grega niż maszyna do pisania. Zatrzymał samochód przy poczcie, wychylił się przez okno pasażera i wsunął listy w paszczę skrzynki stojącej przy krawężniku.

Efekty całego dnia pracy może nie były imponujące, ale pocieszał się, że przynajmniej od czegoś zaczął, a teraz będzie mu już szło szybciej. Będzie musiało, skoro postawił sobie za cel wysłać pięćset listów. Wjeżdżając na most prowadzący do San Francisco, poczuł nagły zawrót głowy, jakby zapalił właśnie lont i czekał na rychłą eksplozję dobrych wiadomości.

Dyżury w ambulatorium zostawiały zwykle w pamięci zamazaną smugę ran ciętych i krwawiących ropni. Lub – jeśli nie było akurat żadnych drastycznych przypadków – godziny nocne niepostrzeżenie przeistaczały się w poranne. Greg drzemał wówczas na kozetkach lekarskich lub gawędził z lekarzami, takimi jak na przykład Tom Vaughan – wysoki szczupły pulmonolog, również miłośnik wspinaczki, zdobywca andyjskiego szczytu Aconcagua, najwyższego wzniesienia poza Azją. Do Grega zbliżyło go jednak inne doświadczenie – udział w amerykańskiej próbie zdobycia Gaszerbrumu II w roku 1982. To dzięki przeżyciom z Pakistanu lekarz i pielęgniarz znajdowali wiele wspólnych tematów. „Z Gaszerbrumu II widać było przerażająco piękne K2 – opowiada Vaughan. – Byłem bardzo ciekaw opowieści Grega o tym, jak to jest tam się wspinać".

Celem wyprawy, w której uczestniczył Tom, było zdobycie szczytu powszechnie uważanego za najłatwiejszy z ośmiotysięczników. A jednak podczas tamtego sezonu nikt z jego ekipy nie stanął na szczycie, a jedną osobę, Glena Brendeira, zmiotła z urwiska lawina. Ciała nie znaleziono.

Vaughan dobrze rozumiał, jak wielkim osiągnięciem jest dojść choćby kawałek poniżej szczytu tak zabójczej góry jak K2. W przerwach między opatrywaniem ran pacjentów rozmawiali o majestatycznym pustkowiu lodowca Baltoro, który obaj uważali za najpiękniejsze miejsce na ziemi. Mortenson wypytywał też Vaughana o postępy jego badań nad obrzękiem płuc, często występującej na dużych wysokościach przypadłości, która wielu himalaistom odebrała życie lub zdrowie.

„W czasie akcji ratunkowej Greg był niezwykle sprawny, opanowany i profesjonalny – wspomina Vaughan. – Kiedy jednak rozmawiałem z nim o medycynie, zdawał się tracić uwagę. Miałem wówczas wrażenie, że tylko czeka, kiedy będzie mógł znów wyjechać do Pakistanu". Rzeczywiście myśli Grega krążyły przeważnie wokół niewielkiej górskiej wioski oddalonej od Kalifornii o jakieś dwadzieścia tysięcy kilometrów. Ale jego wzrok koncentrował się głównie na pewnej pani anestezjolog, której widok za każdym razem przyprawiał go o zawrót głowy – na doktor Marinie Villard. „Marina była naturalną pięknością – mówi Greg. – Lubiła się wspinać, nie nosiła makijażu, miała ciemne włosy i pełne usta, które doprowadzały mnie do białej gorączki. Było dla mnie męczarnią, gdy musiałem z nią pracować. Nie wiedziałem, czy zaprosić ją na kolację czy w trosce o zdrowe zmysły lepiej jej unikać".

W okresie szukania funduszy na szkołę Mortenson postanowił w ramach oszczędności nie wynajmować mieszkania. Miał przecież swój schowek, a tylne siedzenie La Bamby było rozmiaru wersalki (w porównaniu z kamiennym posłaniem i wiatrem hulającym po namiocie na Baltoro samochód wydawał się bardzo komfortową sypialnią). Nadal opłacał jednak członkostwo w klubie City Rock – nie tylko po to, żeby w ramach dbania o kondycję prawie codziennie korzystać ze ścianki wspinaczkowej, ale też po to, żeby móc tam brać prysznic. Co noc krążył samochodem po Berkeley Flats, leżącej nad zatoką dzielnicy magazynów, w poszukiwaniu odpowiednio ciemnego i zacisznego miejsca, gdzie mógłby się spokojnie przespać. Kiedy z niemal zupełnie wyprostowanymi nogami leżał w śpiworze na tylnym siedzeniu i łapał pierwszy sen, przed oczami przemykał mu obraz Mariny.

W dni wolne od pracy kontynuował łowy i w pocie czoła produkował setki listów. Napisał do każdego z amerykańskich senatorów. Regularnie zaglądał do biblioteki miejskiej, gdzie przeglądał pisma rozrywkowe, których normalnie nigdy by nie czytał, gdyby nie potrzebował wyłowić z nich nazwisk gwiazd filmowych i popularnych piosenkarzy, aby je dodać do długiej listy skrzętnie przechowywanej w foliowej torebce na suwak. Przepisywał też adresy zamieszczone na liście rankingowej setki najbogatszych Amerykanów. „Nie miałem pojęcia, dokąd mnie to zaprowadzi – wspomina Mortenson. – Po prostu wpisywałem na listę nazwiska ludzi, którzy zdawali się wpływowi, popularni lub ważni, i do każdego z nich pisałem na maszynie list. Miałem trzydzieści sześć lat, a nie umiałem nawet obsługiwać komputera. Byłem zupełnie zielony".

Któregoś dnia Mortenson ze zdziwieniem stwierdził, że drzwi Krishna Copy Center są zamknięte. Poszedł więc do innego punktu usług biurowych, Lazer Image na Shattuck Avenue, żeby tam wypożyczyć maszynę do pisania. „Powiedziałem mu, że nie mamy maszyn do pisania – wspomina właściciel Lazer Image, Kishwar Syed. – «Mamy rok 1993, czemu nie wypożyczy pan komputera?» – spytałem. A on na to, że nie wie, jak go obsługiwać".

Podczas rozmowy Mortenson dowiedział się, że Syed pochodzi z Pakistanu, z Bahawal Puj, małej wioski w środkowym Pendżabie. Kiedy zaś Syed się zorientował, do czego Gregowi potrzebna jest maszyna do pisania, posadził go przed macintoshem i udzielił mu kilku darmowych lekcji, po których jego świeżo poznany przyjaciel mógł się już pochwalić znajomością obsługi komputera. „W mojej rodzinnej wiosce nie było szkoły, dobrze więc rozumiałem, jak ważne jest to, co Greg próbuje osiągnąć – mówi Syed. – Jego misja była tak szlachetna, że moim obowiązkiem było zrobić co w mojej mocy, żeby mu pomóc".

Mortenson był zdumiony komputerowymi funkcjami „wytnij", „kopiuj" i „wklej". Zdał sobie sprawę, że te trzysta listów, które pisał przez ostatnie miesiące, mógł stworzyć w jeden dzień. W ciągu jednej mocno zaprawianej kofeiną weekendowej sesji z pomocą Syeda gorączkowo wycinał i wklejał prośby o wsparcie finansowe, aż osiągnął swój cel – pięćset listów. Na tym jednak nie poprzestał: razem z Syedem stworzyli dodatkową listę celebrytów, tak że koniec końców w świat poszło pięćset osiemdziesiąt próśb o wsparcie. „To dość zabawne – konstatuje Mortenson. – Pakistańczyk wyzwolił mnie z komputerowego analfabetyzmu, żebym ja z kolei mógł walczyć z analfabetyzmem pakistańskich dzieci".

Kiedy wszystkie listy zostały już wysłane, Greg wracał jeszcze w wolne dni do punktu Syeda, gdzie wykorzystywał świeżo zdobyte umiejętności komputerowe, pisząc szesnaście wniosków o granty na wsparcie budowy szkoły w Korphe. W chwilach gdy nie pochylali się wspólnie nad klawiaturą, Greg i Syed rozmawiali o kobietach. „To był smutny, ale piękny okres w naszym życiu – mówi Syed. – Często rozmawialiśmy o miłości i samotności". Syed był zaręczony z kobietą, którą wybrała dla niego matka w Karaczi. Pracował teraz, żeby zebrać pieniądze na wesele, zanim sprowadzi ją do Ameryki.

Mortenson zwierzył mu się ze swojej obsesji na punkcie Mariny, a Syed z miejsca zaczął opracowywać coraz to nowe strategie, wymyślając różne sposoby, które by pozwoliły Gregowi zaproponować jej spotkanie. „Posłuchaj, co ci radzi przyjaciel – przekonywał. – Starzejesz się, musisz założyć rodzinę. Na co jeszcze czekasz?".

Ilekroć jednak Greg próbował ją gdzieś zaprosić, nie mógł wykrztusić ani słowa. Za to gdy w ambulatorium nie było ruchu, zaczynał jej opowiadać o Karakorum i swoich planach budowy szkoły. Żeby nie zatonąć w oczach kobiety, rozmawiając z nią, uciekał we wspomnienia. Lecz gdy po opisaniu akcji ratowania Étienne'a, błądzenia po lodowcu czy czasu spędzonego u Hadżi Alego w Korphe znów podnosił wzrok, napotykał jej błyszczące oczy. Po dwóch miesiącach takich pogawędek Marina położyła kres męczarniom Grega, proponując wspólną kolację.

Mortenson od powrotu z Pakistanu żył skromnie jak mnich. Na śniadanie chodził przeważnie do kambodżańskiej cukierni na MacArthur Avenue, gdzie kupował promocyjny zestaw za 99 centów – kawę i pączka. Dość często jego następnym posiłkiem był późny obiad w postaci burrito za trzy dolary w którejś z meksykańskich knajpek w centrum Berkeley.

Na pierwszą randkę zabrał Marinę do położonej nad oceanem w Sausalito restauracji specjalizującej się w owocach morza. Zamówił butelkę białego wina, choć aż zgrzytał zębami na myśl o jego cenie. Następnie zaś bez chwili namysłu wskoczył obiema nogami prosto w życie Mariny. Szybko przywiązał się nie tylko do niej, ale też do jej dwóch córek z poprzedniego małżeństwa – pięcioletniej Blaise i trzyletniej Dany.

W te weekendy, które dziewczynki spędzały ze swoim ojcem, Greg i Marina jeździli do Parku Yosemite, nocowali w La Bambie i od rana do wieczora wspinali się na szczyty takie jak Cathedral Spire. Jeśli dziewczynki spędzały weekend z nimi, Greg zabierał je na Indian Rock, malowniczą skałę pośród przepięknych wzgór Berkeley Hills, gdzie uczył je podstaw wspinaczki.

„Nagle poczułem się, jakbym miał własną rodzinę – wspomina Mortenson – i zdałem sobie sprawę, że tego mi właśnie było trzeba. Gdyby jeszcze zbieranie funduszy na szkołę szło trochę lepiej, byłbym zupełnie szczęśliwy".

Jerene Mortenson, która mieszkała teraz w nowym domu w River Falls w stanie Wisconsin, z niepokojem śledziła odyseję syna. Zrobiła doktorat i dostała posadę dyrektora Szkoły Podstawowej Westside. Namówiła Grega, aby odwiedził jej szkołę, zrobił pokaz slajdów i wygłosił referat dla sześciuset uczniów. „Ludziom dorosłym bardzo ciężko było wytłumaczyć, dlaczego chcę pomagać uczniom w Pakistanie – opowiada Mortenson. – Ale dzieciaki od razu załapały. Kiedy zobaczyły zdjęcia, nie mogły uwierzyć, że jest takie miejsce na świecie, gdzie dzieci siedzą na dworze przy paskudnej pogodzie i próbują się uczyć bez nauczyciela. Uznały, że muszą coś zrobić".

Miesiąc po powrocie do Berkeley Mortenson otrzymał list od matki. Wyjaśniła mu, że jej uczniowie spontanicznie zorganizowali akcję „Grosik dla Pakistanu". Udało im się zebrać 62 345 monet jednocentowych, które wypełniły dwa wielkie plastikowe kubły. Realizując wysłany przez matkę czek na kwotę 623 dolarów i 45 centów, Greg poczuł, że los wreszcie zaczyna się do niego uśmiechać. „To dzieci zrobiły pierwszy krok, jeśli chodzi o budowę szkoły – mówi. – A wykorzystały do tego coś, co w naszym społeczeństwie uchodzi za bezwartościowe: pojedyncze centy. Są jednak kraje, w których dzięki centom można bardzo wiele zdziałać".

Kolejne kroki były jednak zdecydowanie zbyt powolne. Po pół roku od wysłania pierwszego z pięciuset osiemdziesięciu listów Greg dostał pierwszą i jedyną odpowiedź. Tom Brokaw, prezenter telewizji NBC, był podobnie jak on absolwentem Uniwersytetu Stanu Dakota Południowa. Greg wyraźnie zaznaczył w liście, że mieli nawet tego samego trenera futbolowego, Larsa Overskeia. Brokaw przysłał czek na sto dolarów i notkę z życzeniami powodzenia. Ale kolejne listy były jak ciosy niweczące marzenia o budowie szkoły – każda z szesnastu fundacji uprzejmie go informowała, że jego wniosek o grant został odrzucony.

Mortenson pokazał Vaughanowi liścik otrzymany od Toma Brokawa i zwierzył mu się z mizernych efektów swoich starań o fundusze. Vaughan, który regularnie wspierał American Himalayan Foundation, postanowił, że spróbuje zwrócić się do niej o pomoc. Napisał krótki artykuł o podejściu Mortensona na K2 oraz o jego misji budowy szkoły w Korphe, który opublikowano w ogólnokrajowym biuletynie fundacji. Przypomniał również jej członkom, spośród których wiele osób należało do ścisłej czołówki amerykańskich himalaistów, o spuściźnie Sir Edmunda Hillary'ego w Nepalu. Po zdobyciu wraz z Tenzingiem Norgayem Mount Everestu w roku 1954, Sir Edmund Hillary często wracał do doliny Khumbu. Postawił też sobie cel, który uważał za znacznie trudniejszy od wspinaczki na najwyższy szczyt świata – zbudowanie szkół dla dzieci z ubogiej społeczności Szerpów – bo to dzięki pochodzącym z okolicznych wiosek tragarzom wyprawa na Everest zakończyła się sukcesem.

W wydanej w roku 1964 książce pod tytułem „Szkoła w chmurach" Hillary przedstawił dalekowzroczną wizję, w której na czołowym miejscu znajduje się konieczność niesienia pomocy najbiedniejszym i najbardziej odciętym od cywilizacji regionom świata. Takim jak Khumbu i Korphe. Pisał: „To powolny i trudny proces, ale na naszych oczach świat zaczyna się godzić z faktem, że bogatsze i bardziej technologicznie rozwinięte kraje muszą wziąć na siebie pomoc krajom słabiej rozwiniętym. Nie chodzi tu tylko o dobroczynność, bowiem tylko w ten sposób możemy mieć nadzieję na osiągnięcie trwałego pokoju i bezpieczeństwa, również dla siebie".

W pewnym jednak sensie droga Hillary'ego była łatwiejsza od donkiszoterii Mortensona. Jako zdobywca najwyższego szczytu świata Hillary stał się jednym z najsłynniejszych ludzi na ziemi. Potencjalni darczyńcy, do których zwracał się o pomoc w budowie szkół, prześcigali się w wysiłkach, żeby dofinansować „szkolną ekspedycję w Himalaje". World Book Encyclopedia zgłosiła się na głównego sponsora, wspierając Hillary'ego kwotą pięćdziesięciu dwóch tysięcy ówczesnych dolarów. Natomiast sieć domów handlowych Sears, która miała już w sprzedaży namioty i śpiwory firmowane nazwiskiem zdobywcy Everestu, zapewniła ekspedycji wyposażenie i wysłała ekipę filmową do udokumentowania jego działań. Jeszcze więcej funduszy spłynęło, gdy reprezentanci Hillary'ego sprzedali prawa filmowe i prasowe na Europę oraz otrzymali zaliczkę za książkę na temat ekspedycji, zanim jeszcze Hillary wyruszył do Nepalu.

Mortensonowi natomiast nie tylko nie udało się zdobyć K2, ale na dodatek wrócił do domu bez grosza przy duszy. Ponieważ zaś obawiał się, żeby nie popsuć związku przez nadmierne wykorzystywanie zasobów Mariny, większość nocy nadal spędzał w samochodzie. Lokalni policjanci już go znali. W środku nocy świecili mu latarkami w oczy i kazali się zbierać – wówczas siedząc półprzytomnie za kierownicą, zataczał sennie kółka po Berkeley Flats w poszukiwaniu miejsca parkingowego, w którym go do rana nie przydybią.

W którymś momencie między Gregiem a Mariną pojawił się rozdźwięk co do kwestii finansowych. Najwyraźniej noclegi w La Bambie podczas weekendowych wypadów na skałki straciły dla niej urok. Nie zdołał elegancko wybrnąć z sytuacji, gdy w pewne chłodne wiosenne popołudnie w drodze do Parku Yosemite zaproponowała, żeby zaszaleli i zatrzymali się w zabytkowym hotelu Ahwahnee, który stanowił okazałą przedwojenną perłę rustykalnej architektury zachodu USA. Koszt jednego weekendu w tym hotelu wynosił mniej więcej tyle, ile Greg zdołał do tej pory zebrać na budowę szkoły, więc kategorycznie odmówił. Podczas tej nocy spędzonej w wilgotnym samochodzie atmosfera była wyraźnie podminowana.

Latem w San Francisco bywa chłodno i mgliście. Jednego z takich dni, gdy Mortenson przyjechał na dyżur, Tom Vaughan podał mu wyrwaną z bloczku recept kartkę, mówiąc: „Ten facet przeczytał artykuł w biuletynie i zadzwonił do mnie. To też himalaista, ale oprócz tego jakiś naukowiec. Sądząc po głosie, niezły dziwak. Spytał mnie, czy nie jesteś narkomanem, który zaraz przepuści jego pieniądze. Wydaje mi się, że gość ma sporą kasę. Powinieneś do niego zadzwonić". Mortenson spojrzał na kartkę. Było na niej zapisane nazwisko: Jean Hoerni, a obok numer telefonu z kierunkowym do Seattle. Podziękował koledze, schował kartkę do kieszeni i ruszył do ambulatorium.

Następnego dnia udał się do biblioteki miejskiej w Berkeley, żeby sprawdzić nazwisko z kartki. Ku swemu ogromnemu zdziwieniu odnalazł setki odniesień, zwłaszcza wycinków prasowych na temat półprzewodników.

Jean Hoerni był fizykiem szwajcarskiego pochodzenia z doktoratem Uniwersytetu Cambridge. Należał do zespołu kalifornijskich naukowców (znanego jako „zdradziecka ósemka"), którzy opuścili laboratorium słynącego z porywczości noblisty Williama Shockleya, po czym opracowali nowy rodzaj układu scalonego wiodący wprost do odkrycia krzemowych mikroprocesorów. Któregoś dnia pod prysznicem Hoerni wpadł na pomysł, jak zwiększyć pojemność układów scalonych. Obserwując spływające po swoich dłoniach strużki wody, pomyślał, że w podobny sposób można by powlekać układy scalone warstwą tlenku krzemu, co znacznie zwiększyłoby ich powierzchnię i pojemność. Nazwał swój pomysł procesem planarnym i opatentował.

Hoerni, jako człowiek błyskotliwy, ale zarazem kłótliwy, co kilka lat zmieniał miejsce pracy, raz za razem ścierając się ze swoimi współpracownikami. W ramach dość wyboistej drogi zawodowej zakładał rozmaite firmy, z których później, już po jego odejściu, wyrastały takie kolosy przemysłu informatycznego, jak Fairchild Semiconductors, Teledyne czy Intel. Gdy postanowił za pośrednictwem Toma Vaughana skontaktować się z Mortensonem, miał już siedemdziesiąt lat, a jego majątek zdążył osiągnąć wartość kilkuset milionów dolarów.

Hoerni pasjonował się wspinaczką. Kiedy był młodszy, uczestniczył w wyprawie na Mount Everest i zdobywał szczyty na pięciu różnych kontynentach. Oprócz niepokornego charakteru szczycił się również wielką wytrzymałością fizyczną, która pozwoliła mu pewnego razu przeżyć zimną noc na dużej wysokości dzięki wypchaniu śpiwora gazetami. Napisał potem pełen pochwał list do redakcji „Wall Street Journal", uznając dziennik za „zdecydowanie najcieplejszą gazetę na świecie".

Hoerni wielką sympatią darzył Karakorum. Po powrocie stamtąd opowiadał przyjaciołom, że zadziwił go kontrast między przepięknym górskim krajobrazem a brutalnością życia ludu Balti.

Mortenson rozmienił dziesięć dolarów na monety i zadzwonił do domu Hoerniego z automatu w bibliotece.

– Dzień dobry – powiedział po upływie kilku słono opłaconych minut, podczas których czekał, aż Hoerni podejdzie do telefonu. – Mówi Greg Mortenson. Dostałem pana numer od Toma Vaughana. Dzwonię do pana, ponieważ...

– Wiem, o co chodzi – przerwał mu szorstki głos z silnym francuskim akcentem. – Proszę mi powiedzieć: jeśli dam panu fundusze na tę szkołę, nie czmychnie pan zaraz gdzieś na plażę w Meksyku, żeby tam palić trawę i bzykać się z dziewczyną?

– Ja... – wybąkał Mortenson.

– Tak czy nie?

– Nie, oczywiście, że nie. Interesuje mnie tylko edukacja dzieci w Karakorum. Jest im to naprawdę potrzebne. Nie mają tam lekko.

– Wiem – rzucił Hoerni. – Byłem w siedemdziesiątym czwartym. W drodze na Baltoro.

– Na trekkingu czy z jakąś...

– Dobra. To ile ta pana szkoła ma kosztować? – przerwał mu Hoerni. Mortenson wrzucił jeszcze kilka monet do automatu.

– Spotkałem się w Skardu z architektem i budowlańcem, policzyliśmy koszty materiałów. Chciałbym, żeby miała pięć sal: cztery lekcyjne i świetlicę...

– Jaka kwota? – warknął Hoerni.

– Dwanaście tysięcy dolarów – wybąkał nerwowo Mortenson. – Ale gdyby zechciał pan przekazać jakąkolwiek sumę, która pomoże...

– Tylko tyle? – spytał Hoerni z niedowierzaniem. – Nie wciska mi pan kitu? Naprawdę zbuduje pan szkołę za dwanaście patyków?

– Tak, proszę pana – odparł Mortenson. W uszach słyszał dudnienie własnego serca. – Jestem tego pewien.

– Jaki jest pana adres?

– Hm, dobre pytanie.

Mortenson szedł skocznym krokiem w stronę La Bamby przez tłum studentów na Shattuck Avenue. Myślał sobie, że tej jednej nocy ma naprawdę przekonujący powód, żeby nie spać w samochodzie.

Tydzień później otworzył skrytkę pocztową i wyjął z niej kopertę z informacją, że Jean Hoerni wysłał do American Himalayan Foundation czek na jego nazwisko. W kopercie był też złożony na pół skrawek papieru milimetrowego z krótką, niedbale nabazgraną wiadomością: „Nie schrzań tego. Pozdrawiam, J. H.".

Na pierwszy ogień poszły pierwsze wydania. Mortenson przez całe lata odwiedzał tylną salę księgarni Black Oak Books w Berkeley i wyszukiwał tam kolejne historyczne już wydania książek o górach. Teraz wypakował z samochodu sześć skrzynek swoich zbiorów. Dorzucił do tego kilka odziedziczonych po ojcu rzadkich wydań książek o Tanzanii i uzyskał ze sprzedaży niemal sześćset dolarów.

Czekając na realizację czeku od Hoerniego, upłynnił prawie cały swój dobytek, żeby mieć na bilet lotniczy do Pakistanu i koszty pobytu, który nie wiadomo jak długo miał potrwać. Powiedział Marinie, że zamierza podążać dalej drogą, na którą wszedł, zanim ją spotkał – aż spełni obietnicę daną dzieciom w Korphe. Jej zaś obiecał, że gdy wróci, wszystko będzie wyglądać inaczej. Znajdzie stałą pracę i jakieś normalne mieszkanie, będzie żyć mniej chaotycznie.

Sprzęt wspinaczkowy zaniósł do Wilderness Exchange na San Pablo Avenue, gdzie zwykł zostawiać znaczną część swoich dochodów, odkąd poważnie zaczął się zajmować wspinaczką. Od schowka do komisu jechało się cztery minuty, ale odcinek ten pozostawił w pamięci Grega tak niezatarte wrażenie, jakby to była wyprawa terenowa. Czuł, że zostawia za sobą życie, które prowadził, odkąd znalazł się w Kalifornii. Z Wilderness Exchange wyszedł z kwotą tysiąca pięciuset dolarów w kieszeni.

W dzień wylotu zawiózł Marinę rano do pracy, po czym dokonał najtrudniejszej transakcji. Zostawił La Bambę na parkingu komisu samochodowego w Oakland i wziął za nią pięćset dolarów. Żłopiąca benzynę niczym smok maszyna wiernie mu służyła – przeniosła go przecież ze Środkowego Zachodu do nowego życia w Kalifornii i zapewniała nocleg przez rok, gdy próbował się przebić przez gąszcz komplikacji, jakie niosło ze sobą zbieranie funduszy na szlachetny cel. Teraz pieniądze ze sprzedaży samochodu miały mu umożliwić podróż na drugi koniec świata. Poklepał La Bambę po bordowej masce, schował pieniądze do kieszeni, zarzucił worek marynarski na ramię i poszedł w stronę taksówki, którą ruszył ku przygodzie otwierającej nowy rozdział jego życia.

Rozdział szósty

Dachy Rawalpindi o zmierzchu

Modlitwa jest lepsza niż sen.

Fragment azanu, wezwania do modlitwy

Obudził się zlany potem, tuląc mocno zielony woreczek z pieniędzmi. Bardzo przetarty już nylon skrywał skrupulatnie przeliczone dwanaście tysięcy osiemset dolarów podzielonych na setki. Dwanaście tysięcy na szkołę, osiemset na przeżycie najbliższych kilku miesięcy. Pokój był tak spartańsko urządzony, że mógł schować woreczek tylko pod własnym ubraniem. Odruchowo pomacał zawiniątko, co przywykł robić, odkąd wyjechał z San Francisco, po czym spuścił nogi z chwiejnego plecionego łóżka na wilgotną betonową podłogę.

Odsunął zasłonę, dzięki czemu ujrzał fragment nieba przecięty na pół zielonym minaretem pobliskiego meczetu Rządowej Agencji Transportu. Niebo miało fioletowy odcień, który mógł oznaczać świt lub zmierzch. Mortenson przetarł zaspaną twarz, zastanawiając się nad porą dnia. Uznał, że musi to jednak być zmierzch. Przyjechał do Islamabadu o świcie, pewnie więc spał cały dzień.

W związku z niskim budżetem przez pięćdziesiąt sześć godzin krótkimi odcinkami przemierzał pół kuli ziemskiej – z San Francisco do Atlanty, stamtąd do Frankfurtu, potem do Abu Zabi i Dubaju, aż w końcu wydostał się z tunelu stref czasowych i dusznych poczekalni prosto we wrzawę i duchotę lotniska w Islamabadzie. Teraz zaś pożegnał już pełną zieleni stolicę i w trosce o stan swoich funduszy przeniósł się do pobliskiego gwarnego miasta Rawalpindi, gdzie wynajął pokój określony przez kierownika hotelu Chjaban jako „najtańsi".

Liczyła się teraz każda rupia. Zmarnowanie choć dolara oznaczało odebranie szkole cegły lub książki. Za cenę osiemdziesięciu rupii (około dwudziestu dolarów) za dobę Mortenson zamieszkał na sześciu metrach kwadratowych przeszklonej budki na dachu hotelu, która przypominała bardziej ogrodową szopę niż pokój. Wciągnął spodnie, odkleił koszulę od torsu i otworzył drzwi. Wieczorne powietrze nie było ani ciut chłodniejsze niż wcześniej, ale pojawił się przynajmniej miłosierny wiatr.

Na dachu siedział w kucki Abdul Śah, hotelowy ćokidar, czyli strażnik, ubrany w błękitny salwar kamiz. Przyglądał się Mortensonowi jednym okiem, drugie bowiem miał zaciągnięte bielmem.

– *Salam alejkum, sahib Greg* – powiedział strażnik, jakby przez całe popołudnie tylko czekał, czy Mortenson przypadkiem się nie ruszy, po czym wstał, żeby zrobić herbatę.

Siedząc na przerdzewiałym leżaku obok zdobiącej dach sterty pustaków, wskazujących na przyszłościowe ambicje właściciela hotelu, Mortenson przyjął wyszczerbiony porcelanowy dzbanek lepkiej od cukru herbaty z mlekiem i starał się uzyskać jasność myśli, która by mu pozwoliła opracować jakiś plan.

Rok wcześniej zatrzymał się w tym samym hotelu, ale był wtedy członkiem skrupulatnie zaplanowanej wyprawy, więc każdą chwilę każdego dnia wypełniały zadania – począwszy od pakowania i sortowania worków z mąką i liofilizowaną żywnością, przez zdobywanie zezwoleń i załatwianie biletów lotniczych, aż do najmu tragarzy i mułów.

– Sahibie Greg – odezwał się Abdul, jakby odgadując natłok myśli w głowie przybysza. – Mogę spytać, dlaczego pan wrócił?

– Przyjechałem zbudować szkołę, *inszallah* – odpowiedział Mortenson.

– Tu, w Pindi, sahibie?

Popijając pomału herbatę, Mortenson opowiedział Abdulowi o swojej porażce na K2, błądzeniu po lodowcu i troskliwej opiece, jaką mieszkańcy Korphe roztoczyli nad nieznajomym, który przez przypadek zawędrował do ich wioski.

Abdul siedział w kucki, cmokał językiem o zęby i drapał się po potężnym brzuchu.

– Pan bogaty człowiek? – spytał w końcu, patrząc z powątpiewaniem na rozpadające się adidasy i znoszony salwar kamiz Grega.

– Nie – odpowiedział Mortenson. Nie miał pojęcia, jak ubrać w słowa swoje nieporadne starania z ostatniego roku. – Dużo ludzi w Ameryce dało po trochu pieniędzy na szkołę. Nawet dzieci – powiedział w końcu. Wyjął spod koszuli nylonowy woreczek i pokazał Abdulowi pieniądze. – Jeśli będę ostrożny z wydatkami, starczy akurat na jedną szkołę.

Abdul podniósł się z wyrazem determinacji na twarzy.

– Z pomocą wszechmocnego Boga jutro będziemy dużo targować. Musimy dobrze targować – powiedział, po czym zgarnął naczynia do herbaty i wyszedł.

Siedząc wciąż na leżaku, Mortenson usłyszał dochodzące z pobliskiego minaretu elektroniczne trzaski podłączanych kabli, a potem rozległo się nagłośnione zawodzenie muezina nawołującego wiernych do wieczornej modlitwy. Stado jaskółek siedzące dotąd na drzewie tamaryndowca w hotelowym ogrodzie z miejsca poderwało się do lotu, po czym szerokim łukiem przeleciało nad dachami domów.

W całym Rawalpindi rozlegały się nawoływania muezinów; w gęstniejącym wieczornym powietrzu niosły się głosy z kilku innych meczetów. Mortenson był już na tym dachu rok wcześniej, ale wówczas charakterystyczne brzmienie zmierzchu w Rawalpindi wydawało mu się tylko częścią egzotycznego podkładu muzycznego wyprawy. Teraz jednak, gdy siedział sam na dachu, miał wrażenie, że azan skierowany jest bezpośrednio do niego. Niezmienne od wieków głosy, przywołujące prastare prawo wiary i obowiązku, wydawały mu się wezwaniem do działania. Gdy Abdul zabierał tacę z herbatą, Greg porzucił nękające go od roku wątpliwości, czy zdoła zbudować szkołę. Nazajutrz trzeba było zacząć.

Pukanie Abdula zbiegło się w czasie z porannym zawodzeniem muezina. O wpół do piątej rozległy się elektroniczne trzaski włączanego mikrofonu, przez chwilę słychać było nagłośnione odchrząkiwanie, które zaraz przeszło w głos wzywający uśpione jeszcze Rawalpindi do modlitwy. Mortenson otworzył drzwi swojej komórki i ujrzał przed sobą Abdula, który trzymał tacę z herbatą, a na twarzy wypisaną miał determinację.

– Na dole czeka taksówka, ale najpierw proszę wypić herbatę, sahibie.

– Jaka taksówka? – spytał Mortenson, przecierając oczy.

– Po cement – odpowiedział Abdul, jakby tłumaczył niezbyt lotnemu uczniowi podstawy arytmetyki. – Jak bez cementu zbudować nawet jedną szkołę?

– To prawda, nie da rady – zaśmiał się Mortenson, po czym przystąpił do picia herbaty z nadzieją, że zastrzyk teiny postawi go na nogi.

O wschodzie słońca ruszyli na zachód trasą, która niegdyś nazywała się Grand Trunk Road („wielka arteria") i pozwalała pokonać dwa tysiące sześćset kilometrów z Kabulu do Kalkuty, obecnie jednak, gdy granice z Afganistanem oraz Indiami były przeważnie zamknięte, została zdegradowana do rangi National Highway One („autostrada krajowa numer jeden"). Jechali miniaturowym żółtym suzuki, które zdawało się w ogóle nie mieć zawieszenia. Podskakiwali na wybojach przy prędkości stu kilometrów na godzinę, a Mortenson, który ledwo mieścił się na maleńkim tylnym siedzeniu, przy każdym podskoku próbował nie rozbić sobie brody o podkurczone kolana.

O szóstej, gdy dojechali do Taksili, było już gorąco. W 326 roku przed naszą erą Aleksander Wielki ustanowił tu najdalej na wschód wysunięty posterunek żołnierzy swego królestwa. Położenie na przecięciu tras wschód-zachód (przyszłej Grand Trunk Road) oraz prowadzącego z Chin Jedwabnego Szlaku, który migotliwymi zakosami schodził tu z Himalajów, uczyniło z tego miejsca jeden z najbardziej strategicznych ośrodków starożytnego świata. W dzisiejszej Taksili można znaleźć architektoniczne szczątki dawnej świetności. Niegdyś znajdował się tu trzeci na świecie pod względem wielkości klasztor buddyjski, z którego nauki duchowe rozprzestrzeniały się dalej na północ, w góry. Dziś jednak odnowione były wyłącznie zabytkowe meczety, zaś buddyjskie świątynie stopniowo się rozpadały – zostawały po nich tylko porozrzucane gdzieniegdzie kamienne płyty. Dalej w stronę brązowego himalajskiego pogórza ciągnęły się pokryte pyłem zabudowania przemysłowe. Pakistańska armia produkowała tu repliki starych radzieckich czołgów. A cztery smugi dymu wskazywały miejsca położenia czterech ogromnych cementowni zapewniających materiały budowlane większości pakistańskich inwestycji.

Mortenson chciał od razu pójść do pierwszego z brzegu zakładu i rozpocząć negocjacje, lecz Abdul znów go napomniał niczym naiwnego uczniaka.

– Ale sahibie, najpierw trzeba wypić herbatę i porozmawiać o cemencie.

Próbując utrzymać równowagę na niezbyt stabilnym stołeczku, Mortenson dmuchał na piątą z kolei miniszklaneczkę zielonej herbaty i próbował cokolwiek zrozumieć z konwersacji prowadzonej przez Abdula z trójką starych bywalców herbaciarni o brodach pożółkłych od nikotyny. Rozmowa zdawała się pełna emocji, Mortenson był więc przekonany, że udało się ustalić mnóstwo szczegółów na temat możliwości zakupu cementu.

– To jak? – spytał, położywszy na stole kilka brudnych banknotów.
– Która wytwórnia? Fetko? Faudźi? Askari?

– Niestety, nie wiedzieli dobrze – wyjaśnił Abdul. – Polecili inną herbaciarnię. Kuzyn jej właściciela pracował kiedyś przy cemencie.

Musieli odwiedzić jeszcze dwie herbaciarnie i wypić całe hektolitry zielonej herbaty, zanim uzyskali odpowiedź. Zbliżało się południe. Udało się ustalić, że cement z Faudźi ma przyzwoitą cenę i jest na tyle czysty, żeby nie rozsypać się w proch w surowych górskich warunkach. Zakup stu worków cementu potrzebnych do budowy szkoły okazał się zadziwiająco nieskomplikowany. Greg, który szykował się na ostre negocjacje, nie posiadał się ze zdumienia, gdy Abdul wszedł do biura cementowni, potulnie złożył zamówienie i poprosił go o sto dolarów zaliczki.

– A co z targowaniem? – spytał Amerykanin, chowając do kieszeni paragon, wedle którego w ciągu tygodnia do hotelu Chjaban miała trafić dostawa stu worków cementu.

W przegrzanej taksówce Abdul zapalił cuchnącego papierosa marki Tander i zaczął kolejny raz cierpliwie objaśniać swemu podopiecznemu, o co chodzi. Jednym ruchem ręki odpędzał dym z papierosa i troski cudzoziemca.

– Targować? O cement nie można. Cementownie to... – szukał odpowiedniego słowa, które jego niezbyt rozgarnięty uczeń miał szansę zrozumieć – ...to mafia. Jutro na bazarze Radźa będziemy dużo targować.

Mortenson wcisnął kolana pod brodę, a taksówka zabrała ich z powrotem do Pindi.

Gdy w hotelowej łazience ściągał przez głowę brunatną koszulę, poczuł trzask materiału. Rozprostował tkaninę, żeby się jej przyjrzeć, i ujrzał rozdarcie idące od łopatki aż do pasa. Pod cienką strużką wody cieknącą z prysznica zmył z siebie tyle pyłu, ile zdołał, po czym znów włożył jedyne pakistańskie ubranie, jakie posiadał. Ten salwar kamiz dobrze mu służył w drodze na K2 i z powrotem, teraz jednak musiał się zaopatrzyć w nowy strój.

Gdy wracał do pokoju, zatrzymał go Abdul, cmokając z dezaprobatą na widok rozdartej koszuli. Zaproponował odwiedziny u krawca.

Opuścili oazę zieleni wokół hotelu i ruszyli w prawdziwe Rawalpindi. Po drugiej stronie ulicy oczekiwało na chętnych kilkanaście konnych taksówek. W pyle i skwarze popołudnia konie dreptały w miejscu, z pysków szła im piana. Podstarzały mężczyzna z brodą ufarbowaną henną energicznie negocjował cenę z klientami.

Mortenson podniósł wzrok i po raz pierwszy dostrzegł billboard namalowany jaskrawymi podstawowymi kolorami i zawieszony na skrzyżowaniu ulic Kaszmirskiej i Adamdźi. Prostymi energicznymi pociągnięciami pędzla przedstawiono na nim szkielet, w którego oczodołach świeciły maleńkie czaszki. „Odwiedzajcie doktora Azada" – głosił napis po angielsku, drugi zaś kusił obietnicą: „Żadnych skutków ubocznych!". Krawiec się nie reklamował. Jego sklepik ukryty był w pobliżu ulicy Haider w betonowym pawilonie, który albo od lat już sypał się ze starości, albo rozpaczliwie czekał na dokończenie budowy. Manzur Chan siedział co prawda w kucki przed dwumetrową witryną swojej kanciapy, mając za plecami wentylator, kilka bel materiału oraz manekin krawiecki, ale biło od niego królewskie dostojeństwo. Poważne czarne oprawki okularów wraz z elegancko przystrzyżoną białą brodą nadawały mu wygląd uczonego. Opasał metrem krawieckim pierś Mortensona, z niedowierzaniem ocenił rozmiar, zmierzył go raz jeszcze, po czym zanotował wynik na bloczku papieru.

– Manzur bardzo pana przeprasza, sahibie – wyjaśnił Abdul – ale na pana strój trzeba sześć metrów materiału, a zwykle starcza cztery. Musi więc panu policzyć pięćdziesiąt rupii więcej. Myślę, że to prawda.

Greg zgodził się i poprosił o dwa salwar kamizy. Abdul wspiął się na podwyższenie i energicznym ruchem wyciągnął dwie bele w jaskrawych kolorach: lazurowym i pistacjowym. Greg jednak, wspomniawszy pył unoszący się w Baltistanie, obstawał przy dwóch identycznych zestawach w kolorze burym.

– Żeby nie było widać brudu – wyjaśnił rozczarowanemu Abdulowi.

– Sahibie – nie ustępował jego opiekun – lepiej być czysty dżentelmen. Duży szacunek u ludzi.

Mortensonowi stanęła przed oczami wioska Korphe, której mieszkańcy w swoich jedynych ubraniach przez długie zimowe miesiące mieszkali w piwnicach domów z kamieni i gliny, tłocząc się razem ze zwierzętami przy tlącym się w palenisku łajnie jaków.

– Bure będą okej – powiedział.

Gdy Manzur przyjmował od Mortensona zaliczkę, przez pawilon poniósł się dźwięk nawoływania muezina. Krawiec szybko odłożył pieniądze i rozwinął spłowiały różowy dywanik modlitewny, który ułożył równiutko na podłodze sklepiku.

– Pokaże mi pan, jak się modlić? – spytał Greg bez wahania.

– Jest pan muzułmaninem?

– Bardzo szanuję islam – odparł Amerykanin, na co Abdul pokiwał głową z aprobatą.

– Proszę tu podejść – powiedział z radością krawiec, gestem ręki zapraszając Grega na zagracone podwyższenie i robiąc mu miejsce obok pełnego szpilek manekina.

– Przed modlitwą każdy muzułmanin musi się obmyć – powiedział. – Ja już zrobiłem wudu, więc pokażę to panu następnym razem.

Rozłożył obok swego dywanika kawałek materiału z wybranej przez Grega burej tkaniny i przykazał mu uklęknąć obok siebie.

– Najpierw musimy się ustawić twarzą w stronę Mekki, gdzie leży nasz święty Prorok, niech odpoczywa w pokoju – powiedział Manzur. – Potem musimy klęknąć przed miłosiernym Bogiem, błogosławione niech będzie imię Jego.

Mortenson z trudem usiłował klęknąć w ciasnej klitce. Niechcący kopnął przy tym manekin, który zatrząsł się nad nim jak niezadowolone bóstwo.

– Nie! – ofuknął go Manzur, ściskając mocnymi dłońmi nadgarstki Grega i składając je na krzyż. – Nie stoimy przed Bogiem, jakbyśmy czekali na autobus! Z szacunkiem poddajemy się Jego woli.

Trzymając ręce sztywno skrzyżowane, Greg przysłuchiwał się Manzurowi, który zaczął cicho śpiewać najważniejszą muzułmańską modlitwę – szahadę, czyli wyznanie wiary.

– Mówi, że Allah jest wielki i dobry – powiedział Abdul, starając się Gregowi pomóc.

– Zrozumiałem to.

– *Cha-mos*! Cisza! – napomniał ich dobitnie Manzur Chan.

Całym ciałem sztywno pochylił się do przodu i oparł głowę na dywaniku modlitewnym.

Greg próbował go naśladować, ale pochylił się tylko trochę, bo poczuł, że jego rozdarta koszula nieelegancko się rozchyla, a po gołych plecach wieje mu powietrze z wentylatora. Spojrzał na swojego nauczyciela.

– Dobrze? – spytał.

Krawiec przyjrzał się cudzoziemcowi, świdrując go oczami zza grubych czarnych oprawek okularów.

– Proszę spróbować znowu, jak pan przyjdzie odebrać ubranie – powiedział, zwijając z powrotem dywanik w ciasny rulon. – Może lepiej panu pójdzie.

Szklane pudełko na dachu hotelu przez cały dzień zbierało słoneczny żar, a potem przez całą noc parowało. W ciągu dnia ze sklepu rzeźnika na dole nieustannie niosły się echem odgłosy rąbania tasakiem baraniny. W nocy, gdy Mortenson próbował spać, z rur pod jego łóżkiem dochodziły tajemnicze bulgoty, a wysoko na suficie wciąż świeciła nieznająca litości jarzeniówka. Mortenson przeszukał dokładnie wszystkie ściany w pokoju i na zewnątrz, ale nie udało mu się znaleźć wyłącznika. Na kilka godzin przed świtem, gdy nadal się przewracał z boku na bok na wilgotnym, jasno oświetlonym prześcieradle, doznał objawienia. Stanął na plecionym łóżku, z trudem utrzymując równowagę, po czym sięgnął w stronę instalacji i odkręcił świetlówkę. W całkowitej ciemności spał potem jak dziecko, aż rozległo się poranne pukanie Abdula.

Znakomicie zorganizowany chaos panujący na bazarze Radźa o wschodzie słońca wydał się Mortensonowi czymś niesamowitym. Abdul, choć widział tylko na lewe oko, ujął swego podopiecznego za ramię i prowadził przez ciasne przesmyki w ruchomym gąszczu tragarzy z ogromnymi zwojami drutów na głowach oraz ciągniętych przez osiołki wózków wypełnionych przykrytymi płótnem lodowymi blokami, które trzeba było jak najszybciej dostarczyć do odbiorców, zanim ich wartość stopnieje w potężnym już skwarze.

Na peryferiach wielkiego placu znajdowały się sklepiki sprzedające wszystko, co tylko można sobie wymarzyć, jeśli chodzi o wznoszenie lub niszczenie budynków. Na ośmiu stoiskach z rzędu prezentowały się niemal identyczne młoty. Kolejnych kilkunastu sprzedawców handlowało chyba tylko gwoździami – w korytach wielkości trumny mieniły się ich różne wielkości. To było emocjonujące: po tylu miesiącach koncentracji na abstrakcyjnym dość celu, jakim było zbieranie funduszy i zdobywanie wsparcia, Greg wreszcie zobaczył wokół siebie rzeczywiste elementy, z których miała się składać szkoła w Korphe. O, ten tutaj gwóźdź może się okazać ostatnim, jaki zostanie użyty do jej konstrukcji.

Zanim jednak pozwolił sobie na radosny zawrót głowy, napomniał się, że czas teraz na ostre targowanie. Pod pachą trzymał zawinięty w gazetę pokaźny pakunek rupii, na które wymienił dziesięć studolarowych banknotów.

Zaczęli od składu drzewnego, który był nie do odróżnienia od niemal identycznych stanowisk po obu jego stronach. Abdul nie miał jednak wątpliwości.

– Ten człowiek to dobry muzułmanin – wyjaśnił.

Mortenson dał się poprowadzić długim wąskim korytarzem przez gąszcz niezbyt stabilnie opartych o ściany belek stropowych. Posadzono go na kilku grubych warstwach wypłowiałych dywanów obok właściciela, Alego, którego lśniący czystością lawendowy salwar kamiz zdawał się cudem pośród kurzu i panującej w jego sklepie wrzawy. Mortenson tym bardziej wstydził się swojego podartego i poplamionego stroju, choć Abdul zaszył mu koszulę, żeby mógł ją nosić do czasu, aż odbierze nowe ubranie. Ali przeprosił, że herbata jeszcze nie jest gotowa, i posłał jednego ze swych pomagierów po trzy butelki oranżady, której mieli się napić w oczekiwaniu, aż zaparzy się herbata.

W zamian za dwa szeleszczące banknoty studolarowe architekt Abdul Rauf, którego biurem była budka w holu hotelu Chjaban, rozrysował plan budynku szkoły, jaką chciał zbudować Mortenson – w kształcie litery L, z pięcioma salami. Na marginesach wynotował szczegółowo wszystkie materiały, jakich wymagać będzie budowla o powierzchni niemal dwustu metrów kwadratowych. Z całą pewnością drewno miało być najdroższą częścią składową konstrukcji. Mortenson rozwinął plany architektoniczne i przeczytał zapisane drobnym maczkiem wskazówki architekta: „Dziewięćdziesiąt dwie dwuipółmetrowe kantówki pięć na dziesięć centymetrów. Pięćdziesiąt cztery płyty ze sklejki o wymiarach metr dwadzieścia na dwa czterdzieści". Wedle szacunków architekta miało to kosztować dwa i pół tysiąca dolarów. Mortenson podał plany Abdulowi.

Popijając przez nieszczelną słomkę letnią oranżadę, patrzył, jak Abdul odczytuje na głos listę zakupów, i z niepokojem obserwował, jak wyćwiczone palce Alego stukają w oparty na kolanie kalkulator.

W końcu Ali poprawił śnieżnobiałą czapeczkę na głowie, pogłaskał się po brodzie i wypowiedział kwotę. Siedzący dotąd po turecku Abdul zerwał się na równe nogi i uderzył dłonią w czoło, jakby został postrzelony. Zaczął krzyczeć, głosem zawodzącym i śpiewnym, pełnym osobistej urazy. Zdolności językowe Mortensona pozwalały mu już wiele rozumieć z codziennego języka urdu, lecz przekleństwa i lamenty Abdula zawierały skomplikowane obelgi, jakich Greg nigdy wcześniej nie słyszał. Na koniec przedstawienia, gdy Abdul przestał krzyczeć i tylko pochylił się nad Alim z dłońmi uniesionymi niczym do ataku, Gregowi udało się zrozumieć, że pyta sklepikarza, czy jest muzułmaninem czy niewiernym. Tłumaczył, że dżentelmen, który zaszczycił go ofertą zakupu drewna, to hamdard, święty przybyły w te strony, aby czynić zakat, działalność dobroczynną. Prawdziwy muzułmanin nie posiadałby się z radości, mogąc pomóc biednym dzieciom, a w żadnym razie nie próbowałby okraść ich z pieniędzy.

Podczas gdy Abdul odgrywał swoje przedstawienie, wyraz twarzy Alego pozostawał łagodny i niewzruszony. Sklepikarz spokojnie sączył oranżadę, czekając, aż diatryba Abdula dobiegnie końca.

Zanim właściciel miał szansę przystąpić do odpowiedzi, przyniesiono herbatę. Wszyscy trzej mężczyźni posłodzili aromatyczny zielony napar podany w niezwykle delikatnych porcelanowych filiżankach. Przez chwilę w pomieszczeniu słychać było jedynie lekki brzęk łyżeczek uderzających o ścianki naczyń.

Ali z namysłem skosztował napoju, pokiwał głową z aprobatą, po czym krzycząc coś w stronę korytarza, wydał dyspozycje. Abdul, wciąż wyraźnie zagniewany, postawił nietkniętą filiżankę obok siebie. Nastoletni syn Alego o ledwo widocznym wąsiku przyniósł dwa kawałki przeciętej w poprzek kantówki i położył je na dywanie po obu stronach filiżanki Mortensona niczym podpórki na książki.

Ali przez chwilę mieszał w ustach herbatę niczym wykwintne bordeaux, potem zaś przełknął i rozpoczął profesjonalny wykład. Wskazał kantówkę po prawicy Mortensona. Jej powierzchnię szpeciły ciemne sęki oraz tłuste esyfloresy. Na końcach jeżyły się sterczące drzazgi. Ali wziął drewno do ręki, ustawił niczym teleskop i spojrzał na swojego gościa przez dziury wydrążone przez korniki.

– Lokalna technologia – powiedział po angielsku. Potem zaś wskazał na drugi kawałek drewna, mówiąc: – Angielska technologia.

Ta kantówka nie miała sęków i była równiutko przycięta. Ali jedną ręką podstawił ją Mortensonowi pod nos, a drugą przesuwał pod spodem, wyczarowując dolinę Kaganu, nieskażony cywilizacją las sosnowy, z którego dopiero niedawno drewno to pozyskano.

Syn Alego przyszedł ponownie, tym razem przynosząc dwa kawałki sklejki, które ułożył na piętrzących się wokół pustakach. Zdjął sandały i wdrapał się na tak stworzoną konstrukcję. Mógł ważyć najwyżej czterdzieści pięć kilogramów, ale pierwsza płyta ugięła się pod nim ze złowieszczym trzaskiem i wyraźnie odkształciła. Druga jedynie lekko się ugięła. Na żądanie Alego chłopak zaczął po niej skakać, żeby goście nie mieli już najmniejszych wątpliwości co do właściwej oceny materiału, który wciąż pozostawał w niezmienionej postaci.

– Trójwarstwowa – powiedział Ali do Mortensona, z niesmakiem wydymając usta i odwracając wzrok od pierwszego kawałka sklejki. – Czterowarstwowa – rzekł po chwili, z dumą wskazując na płytę, po której wciąż skakał jego syn.

Następnie gospodarz przeszedł znów na urdu. Nie trzeba było wiele rozumieć, żeby się domyślić, co mówi.

– Oczywiście – tłumaczył – można kupić drewno za nędzne grosze. Ale jakie drewno? Proszę bardzo, nietrudno znaleźć pozbawionego skrupułów sprzedawcę, który tanio sprzeda jakiś podejrzany materiał. Ale niech ktoś spróbuje zbudować z tego szkołę! Może przetrwa rok. Lecz któregoś dnia jakiś chudziutki siedmiolatek będzie właśnie wraz z kolegami recytować fragment Koranu, kiedy deski podłogowe załamią się z przerażającym trzaskiem, a tętnice chłopca przetnie ten ordynarny zawodny materiał. Czy można skazać siedmioletniego chłopca na powolną śmierć z powodu upływu krwi tylko dlatego, że było się zbyt oszczędnym, by kupić drewno dobrej jakości?

Mortenson opróżnił drugą filiżankę herbaty i zaczął się nerwowo wiercić na zakurzonej stercie dywanów, podczas gdy gra toczyła się dalej. Abdul trzy razy ruszał w stronę drzwi, grożąc, że wyjdzie, a cena Alego trzy razy nieznacznie spadała. Mortenson do reszty opróżnił dzbanek. Kiedy upływała już druga godzina, poczuł, że kończy mu się cierpliwość. Wstał i skinął na Abdula, żeby z nim wyszedł. Jeśli miał pojutrze załadować ciężarówkę i ruszyć do Baltistanu, czekało ich jeszcze około trzydziestu podobnych negocjacji – czuł, że nie może już stracić ani minuty.

– *Baith*! *Baith*! Siadać! Siadać! – zawołał Ali, łapiąc Grega za rękaw. – Dopiął pan swego! Pan Abdul już zbił moją cenę!

Mortenson spojrzał na swego opiekuna.

– Tak, on mówi prawdę, sahibie. Zapłaci pan tylko osiemdziesiąt siedem tysięcy rupii.

Mortenson szybko przeliczył sumę w głowie: dwa tysiące trzysta dolarów.

– Mówiłem panu – cieszył się Abdul. – To dobry muzułmanin. Teraz podpiszemy umowę.

Mortenson z trudem stłumił zniecierpliwienie, gdy Ali zawołał, żeby przyniesiono jeszcze jedną herbatę.

Późnym popołudniem drugiego dnia targowania Mortenson, opity herbatą po uszy, telepał się wraz z Abdulem w stronę hotelu, siedząc z tyłu wózka ciągniętego przez niedużego konika, który wyglądał na jeszcze bardziej wyczerpanego niż oni. Kieszenie Grega pełne były pokwitowań za młotki, piły, gwoździe, arkusze blachy falistej na dach oraz drewno wystarczająco mocne, żeby utrzymać ciężar szkolnej dzieciarni. Wszystko miało być dostarczone nazajutrz bladym świtem i załadowane do ciężarówki, którą wynajęli na trzydniową jazdę w górę Karakoram Highway.

Abdul zaproponował, by wrócili do hotelu taksówką. Lecz Mortenson, który przy każdej transakcji coraz dotkliwiej czuł, jak topnieją jego zasoby finansowe, uparł się przy opcji niskobudżetowej. Przebycie trzech kilometrów zajęło im tym sposobem dwie godziny, podczas których wdychali obłoki spalin wydobywających się z czarnych taksówek marki Morris bez tłumików.

Gdy dotarli wreszcie do hotelu, Mortenson spłukał z siebie kurz całego dnia targowania, wylewając sobie na głowę kilka wiader letniej wody. Nie zdejmował nawet starego salwar kamizu, któremu też się należało przepłukanie. Następnie ruszył do krawca, żeby zdążyć odebrać nowe ubrania, zanim zamknie zakład na czas piątkowej modlitwy wieczornej.

Manzur Chan prasował właśnie strój Mortensona żelazkiem na węgiel. Nucił przy tym popową piosenkę w urdu, wtórując zawodzącemu kobiecemu głosowi, który dochodził z radia w zakładzie szewskim położonym dalej w korytarzu. Prosta melodyjka niosła się przez pawilon, przerywana tylko melancholijnym dźwiękiem zaciąganych stalowych rolet na zakończenie dnia pracy.

Mortenson włożył czystą, beżową, świeżo uprasowaną koszulę, wciąż jeszcze ciepłą od żelazka. Potem, przyzwoicie osłonięty jej długimi połami, wciągnął nowe szerokie spodnie. Ciasno obwiązał się azarbandem, czyli sznurkiem pełniącym funkcję paska, i zwrócił się w stronę Manzura, by ocenił jego wygląd.

– Bahut charab! Bardzo źle! – zawołał krawiec, po czym rzucił się w stronę niewiernego, złapał zwisający wzdłuż nogawki azarband i szybko wpuścił go w spodnie. – Tak nie wolno nosić! – poinstruował Grega, który zdał sobie sprawę, na jak wiele potknięć kulturowych wynikających z surowych zasad dobrego wychowania narażony jest w Pakistanie, i postanowił za wszelką cenę unikać kolejnych nieprzystojnych wpadek.

Krawiec przetarł okulary połą własnej koszuli, ujawniając przy tym, jak przyzwoicie zawiązane są jego własne spodnie, po czym dokładnie obejrzał strój Mortensona.

– Teraz przypomina pan Pakistańczyka... na pięćdziesiąt procent – ocenił. – Chce pan znowu się modlić?

Zamknął zakład i wyprowadził Grega na zewnątrz. W tropikalnym zmierzchu szybko ginęło światło dnia, a wraz z nim słabł też nieco upał. Mortenson szedł z krawcem pod rękę w stronę obłożonego glazurą minaretu. Po obu stronach ulicy Kaszmirskiej, mijając fasady już zaryglowanych lub zamykanych właśnie sklepów, szli dwójkami, trójkami podobni do nich mężczyźni. Ponieważ jazda samochodem w czasie wieczornej modlitwy nie należy do dobrego tonu, ruch uliczny niemal zamarł.

Dwie przecznice od onieśmielającego wielkością minaretu, który Mortenson brał za cel ich spaceru, Manzur poprowadził go na szeroki pylisty parking stacji benzynowej, gdzie ponad setka mężczyzn pochylała się w wudu – rytualnym obmyciu koniecznym przed modlitwą. Manzur napełnił dzbanek wodą z kranu i wyjaśnił Mortensonowi ścisły porządek, w jakim należy dokonywać ablucji. Naśladując krawca, Greg przykucnął, podwinął nogawki spodni oraz rękawy koszuli i rozpoczął od najbardziej nieczystych części ciała, polewając wodą najpierw lewą, potem prawą stopę. Następnie obmył lewą rękę i właśnie opłukiwał prawą, gdy Manzur, pochylając się, by ponownie napełnić dzbanek przed umyciem twarzy, głośno pierdnął – po czym ciężko westchnął i rozpoczął ablucje od nowa. Mortenson poszedł za jego przykładem, ale krawiec go powstrzymał.

– Nie, tylko ja – wyjaśnił. – Bo jestem nieczysty.

Kiedy dłonie krawca znów odzyskały czystość, przycisnął palcem najpierw lewe, potem prawe nozdrze i wydmuchał nos. Mortenson znów zrobił to samo co jego mentor. Wokół nich rozlegała się kakofonia chrząknięć i spluwania, której towarzyszyły dochodzące z kilku stron nawoływania do modlitwy. Naśladując Manzura, Mortenson przepłukał uszy, a potem skierował strumień wody do części ciała uważanej przez muzułmanów za najświętszą, czyli do ust – to z nich ulatuje bowiem modlitwa, która wznosi się prosto do uszu Boga.

Na poziomie intelektualnym Mortenson od dawna wiedział, że słowo „muzułmanin" znaczy dosłownie „poddany woli Boga". Podobnie jak wielu Amerykanów oddających cześć bóstwu nieustępliwego indywidualizmu, uważał tę koncepcję za odzierającą człowieka z godności. Teraz jednak, klęcząc pośród setki nieznajomych i widząc, jak zmywają z siebie nie tylko brud, ale też bóle i troski dnia codziennego, po raz pierwszy poczuł, jaką przyjemność można znaleźć w poddaniu się zrytualizowanemu braterstwu modlitwy.

Wyłączono generator zasilający stację benzynową, a pracownicy zakryli plandekami tandetnie kolorowe dystrybutory paliwa. Manzur wyjął z kieszeni białą czapeczkę i rozprostował ją, by przylegała do dużej głowy Mortensona. Potem dołączyli do rzędu mężczyzn, klękając na rozpostartych przez krawca matach twarzą do muru, na którym wielka pomarańczowo-fioletowa tablica wychwalała zalety benzyny CalTex. Mortenson wiedział, że gdzieś hen, za tym murem leży Mekka, nie mógł się jednak powstrzymać od obserwacji, że wygląda to, jakby miał złożyć pokłon zdolnościom produkcyjnym i marketingowym teksańskich oraz saudyjskich magnatów naftowych. W końcu odpuścił sobie to cyniczne skojarzenie.

Klęcząc razem z Manzurem, skrzyżował ręce i z szacunkiem zwrócił się do Boga. Wiedział, że zebrani wokół mężczyźni nie widzą reklamy na murze, bo ich wzrok skierowany jest do wewnątrz. Nie patrzyli również na niego. Dotykając czołem ciepłej jeszcze ziemi, zdał sobie sprawę, że po raz pierwszy, odkąd przyjechał do Pakistanu, nikt nie przygląda mu się jak obcemu. W ogóle nikt mu się nie przygląda. „Allahu akbar" – powiedział cicho. Bóg jest wielki. Jego szept zlał się ze szmerem pozostałych głosów na ciemniejącym parkingu. Unosząca się wokół fala wiary miała wielką siłę – potrafiła przemienić stację benzynową w miejsce święte. Kto wie, jakie cuda transformacji miał jeszcze odkryć?

ROZDZIAŁ SIÓDMY

TRUDNA DROGA DO DOMU

Ten surowy i wspaniały kraj
Śnieżnych gór, strumieni kryształów,
Lasów cyprysowych, jałowców, jesionów
Jest mną – jak ciało, co przed tobą stoi.
Nie można mnie odeń oddzielić, ni od ciebie.
Serc mamy wiele, lecz bicie jest jedno.

Z Pieśni Gesara, króla wojownika

PUKANIE ABDULA rozległo się grubo przed świtem. Mortenson od wielu godzin leżał na plecionym łóżku, nie mogąc zmrużyć oka. Sen nie miał szans w zderzeniu z lękiem przed wszystkim, co w nadchodzącym dniu mogło pójść nie tak. Wstał i otworzył drzwi. Początkowo nie bardzo mógł zrozumieć, co oznacza widok jednookiego, który podtyka mu pod nos parę pracowicie wyczyszczonych butów.

Były to jego adidasy. Wyglądało na to, że podczas gdy Mortenson próbował spać, Abdul w pocie czoła zszywał, szorował i polerował jego znoszone i wytarte obuwie, próbując doprowadzić je do choć odrobinę bardziej przyzwoitego stanu. Przemienić w coś, co człowiek wyruszający w długą trudną podróż będzie mógł z dumą zasznurować. Sam Abdul również na tę okazję się przeobraził – jego siwawa dotąd broda miała teraz barwę ciemnorudą, niewątpliwie za sprawą świeżo nałożonej henny.

Greg wypił herbatę, umył się w wiadrze zimnej wody, wykorzystując ostatni kawałek mydła „Tybetański śnieg", którego przez cały tydzień bardzo oszczędnie używał. Garstka przedmiotów osobistych wypełniała jego stary marynarski worek ledwie do połowy. Pozwolił, żeby Abdul zarzucił go sobie na ramię, wiedział bowiem, z jak wielkim oburzeniem miałby do czynienia, gdyby spróbował nieść go sam. Czule pożegnał się ze szklarnią na dachu i ruszył w drogę.

Mając na względzie swoje lśniące buty oraz troskę Abdula o zachowanie form, Greg zgodził się wziąć taksówkę na bazar Radźa. Czarny morris z epoki kolonialnej, pozostawiony tu przez wycofujące się brytyjskie imperium, toczył się cicho po uśpionych wciąż ulicach.

Choć nadal było dość ciemno, bez trudu znaleźli umówiony pojazd na nieczynnym jeszcze targowisku. Tak jak w przypadku większości bedfordów w tym kraju, niewiele się ostało z pierwotnego wyglądu ciężarówki wojskowej z lat czterdziestych, kiedy Pakistan pozostawał częścią brytyjskich Indii. Od tamtego czasu większość ruchomych części samochodu kilkakrotnie już wymieniono na produkowane na miejscu odpowiedniki. Oliwkowy lakier, zdecydowanie zbyt ponury dla króla Karakoram Highway, pokryto mozaiką lusterek i metalowych płytek, zaś każdy centymetr kwadratowy nieudekorowanej powierzchni pomalowano w teatralno-dyskotekowe wzory w którymś z licznych warsztatów zdobniczych w Rawalpindi. Większość malunków mieniła się jaskrawą zielenią, krzykliwą czerwienią i złotem; wśród wzorów dominowały esy-floresy i misterne arabeski zgodne z muzułmańskim zakazem uprawiania sztuki figuratywnej. Jednak umieszczony z tyłu naturalnej wielkości portret Imrana Chana, króla krykieta, dzierżącego kij niczym berło władcy, był formą bałwochwalstwa stanowiącą źródło tak wielkiej dumy narodowej, że nawet najbardziej pobożni Pakistańczycy nie mogli jej mieć nikomu za złe.

Mortenson zapłacił taksówkarzowi, po czym obszedł śpiącego olbrzyma w poszukiwaniu załogi, chciał bowiem jak najszybciej rozpocząć pracę. Dochodzące spod ciężarówki głośne pomruki kazały mu przyklęknąć i zajrzeć pod podwozie, gdzie ujrzał trzy zawieszone w hamakach postacie, z których dwie donośnie chrapały.

Dźwięk azanu obudził śpiących, zanim zdążył to uczynić Greg – z minaretu po drugiej stronie placu niosło się nagłośnione na cały regulator zawodzenie, bez żadnej poprawki na wczesną jeszcze porę. Podczas gdy załoga ciężarówki głośno ziewała, dźwigając się z hamaków, a potem rozpoczęła festiwal spluwania i zapalania pierwszego papierosa, Greg ukląkł wraz z Abdulem i rozpoczął przygotowania do modlitwy. Miał wrażenie, że Abdul, podobnie jak większość muzułmanów, ma wewnętrzny kompas permanentnie ustawiony na Mekkę. Choć mieli przed sobą dość nieciekawy widok na pozamykane jeszcze bramy składu drzewnego, Mortenson starał się wznieść duchem ponad przyziemne otoczenie. Ponieważ w pobliżu nie było bieżącej wody, Abdul podwinął nogawki i rękawy ubrania, po czym wykonał rytualne ablucje, symbolicznie oczyszczając ciało z brudu, którego nie miał czym zmyć. Mortenson uczynił to samo, a następnie złożył ręce na krzyż i pokłonił się w porannej modlitwie. Abdul zmierzył go wzrokiem i z aprobatą pokiwał głową.

– To co? – spytał Mortenson. – Wyglądam jak Pakistańczyk?

Abdul otarł brud z czoła Amerykanina, który jeszcze przed chwilą opierał je o chłodną ziemię.

– Pakistańczyk nie – odparł. – Ale gdyby powiedział pan „Bośniak", tobym uwierzył.

Ali, ubrany w inny nieskazitelnie czysty salwar kamiz, zjawił się, by odryglować bramę swojego interesu. Mortenson przywitał się, po czym otworzył zakupiony na bazarze czarny zeszyt i zaczął liczyć. Gdy ciężarówka wypełni się zakupami, z dwunastu tysięcy dolarów znikną ponad dwie trzecie. Zostanie mu niewiele ponad trzy tysiące, żeby zapłacić robotnikom, wynająć terenówki, które zawiozą materiały wąskimi drogami do Korphe, i jakoś utrzymać się przy życiu do czasu ukończenia szkoły.

Kilku członków rodziny Alego ładowało najpierw drewno pod nadzorem kierowcy i jego załogi. Mortenson liczył umieszczane w ciężarówce płyty sklejki i sprawdzał, czy faktycznie są porządne, czterowarstwowe. Później z dumą patrzył, jak na stercie płyt rośnie równy las kantówek.

Gdy promienie słońca zaczęły oświetlać targowisko, temperatura wzrosła do niemal czterdziestu stopni. Kupcy niczym wielka orkiestra z łoskotem zwijali lub składali metalowe zabezpieczenia swoich stanowisk. Poszczególne elementy przyszłej szkoły przebijały się przez tłum na głowach tragarzy, w ciągniętych przez chłopaków rykszach, na poprzerabianych motocyklach, ciągniętych przez osiołki wózkach i wreszcie w kolejnym bedfordzie, który przywiózł sto worków cementu.

Praca przy załadunku wrzała, ale czujne oko Abdula pilnowało załogi. Przy pakowaniu każdego artykułu wołał na cały głos jego nazwę, żeby Mortenson mógł go wykreślić z listy. Greg z rosnącą satysfakcją przyglądał się, jak wszystkie z czterdziestu dwóch różnych towarów, o które się z Abdulem targowali, zostają starannie ułożone w ciężarówce – siekiery obok kielni, a na nich falanga łopat.

Zanim nadeszło popołudnie, wokół bedforda zdążył się zebrać spory tłumek, ponieważ w miasto poszła wieść, że jakiś wielgachny niewierny w brązowym salwar kamizie załaduje ciężarówkę materiałami na szkołę dla muzułmańskich dzieci. Tragarze musieli się przeciskać przez pięć rzędów ludzi, by dostarczyć niesione towary. Kolejni gapie unosili brwi i rzucali niewybredne żarty, widząc stopy Grega o rozmiarze czterdzieści osiem.

Zgadywano na głos, jakiej narodowości jest sprawca całego zamieszania – za najbardziej prawdopodobne kraje pochodzenia wielkoluda uważano Bośnię i Czeczenię. Gdy Mortenson, czyniący szybkie postępy w urdu, przerwał spekulacje tłumu, ogłaszając, że jest Amerykaninem, kilku mężczyzn przyjrzało się jego przepoconemu i zabrudzonemu już ubraniu oraz umazanej pyłem, lśniącej w słońcu skórze, po czym stwierdziło, że nie sądzą, by mówił prawdę.

Brakowało dwóch najcenniejszych przedmiotów – poziomicy oraz pionu. Mortenson był przekonany, że widział, jak je dostarczano, ale nie mógł ich znaleźć w coraz prędzej wypełniającej się towarami ciężarówce. Abdul z zapałem prowadził poszukiwania, odciągając na bok worki z cementem, aż znalazł miejsce, w którym przyrządy się osunęły na podłogę pojazdu. Owinął je szmatką i z pełną powagą pouczył kierowcę, aby przez całą drogę do Skardu przechowywał je bezpiecznie w szoferce.

Zanim zapadł wieczór, Mortenson odhaczył wszystkie czterdzieści dwie pozycje na swojej liście. Góra materiałów sięgała już sześciu metrów, a załoga ciężarówki starała się przed zmrokiem zabezpieczyć ładunek – zarzucili nań grubą plandekę i obwiązali ściśle linami.

Gdy Mortenson zszedł z platformy ciężarówki, żeby się pożegnać z Abdulem, tłum zaczął na niego napierać, wciskając mu papierosy i pomięte banknoty na szkołę. Kierowca chciał jak najszybciej ruszać, rozgrzewał więc silnik, wypuszczając kłęby dymu z podwójnej rury wydechowej bedforda. Pomimo hałasu i zamieszania Abdul stał zupełnie nieruchomo pośród tłumu i odmawiał modlitwę o bezpieczną podróż. Przymknął swoje jedyne oko i przybliżał dłonie do twarzy, przygarniając do siebie ducha Bożego. Potem pogładził się po rudej brodzie i wyrecytował płomienną prośbę o pomyślność dla Mortensona, zagłuszoną niestety przez wściekły ryk klaksonu ciężarówki.

Otworzył oko i ujął wielką brudną dłoń Grega w obie ręce. Spojrzał uważnie na tak pieczołowicie wyczyszczone poprzedniego wieczoru buty, które – podobnie jak świeżo uszyte ubranie – pokrywała już czarna warstwa brudu.

– Jednak nie Bośniak, sahibie – powiedział, klepiąc przyjaciela po plecach. – Teraz całkiem jak Pakistańczyk.

Mortenson wspiął się na dach ciężarówki i skinął głową zmęczonemu pracą Abdulowi, który stał samotnie na skraju zgromadzonego tłumu. Kierowca wrzucił bieg, a tłum zaczął jednogłośnie krzyczeć: „*Allahu akbar! Allahu akbar!*". Mortenson uniósł ręce w górę na znak zwycięstwa i machał Abdulowi na pożegnanie, dopóki jego ognistorudej brody nie zasłonił wzbierający tłum.

Gdy z łoskotem wyjeżdżali z Rawalpindi na zachód, Mortenson usadowił się na dachu bedforda. Kierowca Mohammed próbował go namówić do jazdy w zadymionej szoferce, ale Greg zdecydowanie wolał się rozkoszować chwilą w odpowiednim stylu. Artyści z warsztatu w Pindi przyspawali do tylnej części nadwozia ekstrawaganckie przedłużenie, które wisiało nad klekoczącą szoferką niczym rondo zawadiacko przekrzywionego kapelusza. Mortenson umościł się tam okrakiem na przykrytych płótnem belach siana, kołyszących się wysoko nad drogą, którą ze znaczną prędkością pokonywali. Za towarzystwo miał skrzynki pełne śnieżnobiałych kurczaków, które Mohammed zamierzał sprzedać w górach, oraz nieposkromioną pendżabską muzykę niosącą się z otwartych okien szoferki.

Gdy zostawili za sobą tłoczne targowiska Rawalpindi, otworzył się przed nimi suchy brązowy krajobraz, który nieco dalej zaczynał zielenieć. Na horyzoncie, ponad rozedrganym w wieczornym upale powietrzem, majaczyło przedgórze Karakorum. Mniejsze samochody ustępowały z drogi potężnej ciężarówce, zjeżdżając na pobocze przy każdym ryku klaksonu bedforda, a ich kierowcy szczerzyli zęby w uśmiechu na widok portretu Imrana Chana i jego kija do krykieta.

Mijali pola tytoniowe migoczące zielenią niczym smagana wiatrem tafla tropikalnych mórz. Mortensona ogarnął spokój. Po tygodniu gorączkowego targowania i troski o każdą rupię teraz czuł, że wreszcie może się rozluźnić. „Na dachu ciężarówki było wietrznie i chłodno – wspomina. – A ja od przyjazdu do Rawalpindi nie odczuwałem chłodu. Czułem się jak siedzący na tronie król. I wydawało mi się, że już mi się udało: pode mną jechała przecież przyszła szkoła. Kupiłem wszystkie potrzebne elementy i nie przekroczyłem wyznaczonego budżetu. Nawet Jean Hoerni nie miałby się do czego przyczepić. A za kilka tygodni, myślałem sobie, szkoła będzie gotowa, a ja będę mógł wrócić do domu i zastanowić się, co właściwie zrobić z resztą życia. Nie wiem, czy kiedykolwiek w życiu miałem równie silne poczucie satysfakcji".

Nagle Mohammed gwałtownie zahamował, zjeżdżając przy tym na pobocze. Mortenson musiał się mocno złapać skrzynek z kurczakami, by nie polecieć prosto na maskę. Przechylił się przez krawędź platformy i spytał w urdu, dlaczego się zatrzymują. Mohammed wskazał na wznoszący się na skraju pola tytoniu nieduży biały minaret, do którego zmierzały grupki mężczyzn. W ciszy, która zapadła po raptownym wyłączeniu pendżabskiego popu, Mortenson usłyszał wyraźnie niesione wiatrem wołanie muezina. Nie przypuszczał, że kierowca, który zdawał się tak niecierpliwie czekać na rozpoczęcie podróży, będzie na tyle religijny, żeby się zatrzymać na wieczorną modlitwę. Zdał sobie jednak sprawę, że wciąż jest w tym kraju bardzo wiele rzeczy, które trudno mu będzie zrozumieć. Szukając na drzwiach szoferki oparcia dla stopy, pomyślał, że przynajmniej będzie miał mnóstwo okazji, by ćwiczyć modlitwę.

Po zapadnięciu zmroku, wzmocniony zakupioną na przydrożnym straganie mocną zieloną herbatą oraz trzema porcjami potrawy z ciecierzycy, Mortenson położył się w swoim gnieździe nad szoferką i patrzył na pojedyncze punkciki światła gwiazd na zaciągniętym zmierzchem niebie.

W Taksili, trzydzieści kilometrów na zachód od Rawalpindi, skręcili z głównej pakistańskiej arterii na północ, w stronę gór. Przed wiekami w Taksili doszło do zderzenia wpływów buddyzmu i islamu, które wkrótce zaczęły walczyć ze sobą o dominację. Jednak dla kołyszącej się w ciężarówce szkoły bardziej znaczącym starciem w historii regionu było zderzenie płyt tektonicznych, do którego doszło wiele milionów lat wcześniej.

W tym miejscu tereny równinne spotykały się z górami. Położony tu odcinek dawnego Jedwabnego Szlaku stawał się stromy, a droga robiła się nieprzewidywalna. Isabella Bird, nieustraszona podróżniczka, jaką mogła wydać tylko wiktoriańska Anglia, w czasie wyprawy w roku 1876 udokumentowała trud, jakim jest przedzieranie się z równin subkontynentu indyjskiego do Baltistanu, który nazywała „małym Tybetem". „Podróżny mający ambicję dotarcia w góry nie zostanie tam zawieziony powozem ani nawet wózkiem" – pisała. „Większość drogi będzie musiał pokonać w tempie spaceru, a jeśli dba o konia, na własnych nogach przyjdzie mu schodzić po licznych urwistych stromych zboczach. Budowa «dróg» – słowo to umieszczała w sarkastycznym cudzysłowie – wymaga ogromnych nakładów sił i środków, ponieważ natura zmusza budowniczych, aby szli jej szlakiem i prowadzili trasę wąskimi dolinami, wąwozami, parowami i szczelinami, które mu wyznaczyła. Przez długie kilometry «droga» [...] jest ledwie półką zawieszoną nad rozszalałym potokiem. Gdy spotykają się dwie karawany, zwierzęta którejś ze stron muszą ustąpić i wdrapywać się na skaliste zbocze, gdzie każdy krok może się okazać zgubny. Kiedy mijaliśmy inną wyprawę [...] koń mojego sługi został zepchnięty w przepaść przez objuczonego muła i utonął".

Karakoram Highway, którą tłukł się ich bedford głośno parskający przez podwójną rurę wydechową, była kosztownym ulepszeniem trasy, jaką przemierzała Isabella Bird. Budowę rozpoczęto w roku 1958, kiedy świeżo powstałemu państwu zależało na stworzeniu połączenia drogowego z Chinami, sprzymierzeńcem Pakistanu, który pragnął uniezależnić się od Indii. Od tamtej pory prace nie ustają – Karakoram Highway jest jednym z najbardziej niewdzięcznych przedsięwzięć sztuki inżynierskiej w dziejach ludzkości. Trasa prowadząca poszarpanym wąwozem rzeki Indus pochłania jedno ludzkie życie na każde czterysta kilometrów budowy. Niektóre odcinki były tak nieprzejezdne, że budowniczowie musieli rozbierać buldożery na części, pakować je na muły, a potem ponownie składać, by kontynuować ciężkie prace. Pakistańskie wojsko próbowało dostarczać buldożery rosyjskimi śmigłowcami Mi-17, lecz próby manewrowania przy silnych wiatrach w wąskim wąwozie nie powiodły się już przy pierwszym locie – helikopter zahaczył o urwisko i runął do Indusu. Wszystkich dziewięciu członków załogi zginęło.

W roku 1968 chiński rząd, któremu zależało na utworzeniu dogodnej trasy prowadzącej na nowe rynki zbytu, ograniczeniu sowieckich wpływów w Azji Centralnej oraz scementowaniu strategicznego sojuszu przeciw Indiom, zaproponował, że przejmie pieczę, również finansową, nad ukończeniem trasy o długości tysiąca trzystu kilometrów, prowadzącej z Kaszgaru w południowo-zachodnich Chinach do Islamabadu. Zatrudniono do tego celu całą armię robotników drogowych, aż w końcu po ponad dziesięciu latach, w roku 1978, ogłoszono, że nowa „autostrada przyjaźni" jest ukończona. Zazdrosne o te tereny Indie dostały tym samym przytyczka w nos.

W miarę jak podjeżdżali coraz wyżej, w powietrzu dawało się odczuć pierwsze podmuchy zimy. Greg okrył ramiona i głowę wełnianym kocem. Po raz pierwszy zaczął się zastanawiać, czy zdąży ukończyć budowę szkoły, zanim nadciągnie mroźna zima, ale odpędził od siebie tę myśl, oparł głowę o belę siana i kołysany spokojnym bujaniem ciężarówki, zasnął.

Gdy tylko zaczęło dnieć, obudziło go bezlitosne pianie koguta w klatce stojącej metr od jego głowy. Mortenson był zdrętwiały i zziębnięty, pilnie potrzebował też pójść za potrzebą. Przechylił się ku szoferce, aby poprosić o przystanek, i zobaczył wychyloną przez okno krótko ostrzyżoną głowę niedźwiedziowatego pomocnika kierowcy, a pod nią pięciusetmetrową przepaść skalnego wąwozu, w którym spieniony brunatny nurt rzeki rozpryskiwał się o głazy. Spojrzał w górę i dostrzegł, że otaczają ich ciasno granitowe ściany wznoszące się ku niebu po obu stronach rzeki. Bedford wspinał się po stromej szosie, lecz gdy dotarł już niemal na samą górę, zaczął się ześlizgiwać w tył. Mohammed szarpał się ze skrzynią biegów, aż ustąpiła i udało się wrzucić pierwszy bieg. Wychyliwszy się po stronie pasażera szoferki, Mortenson zobaczył, że tylne koła ciężarówki toczą się ćwierć metra od krawędzi wąwozu i wyrzucają w przepaść kamyczki, gdy Mohammed dodaje gazu. Kiedy tylko koła zbytnio się zbliżały do brzegu, pomocnik kierowcy wydawał ostry gwizd i ciężarówka odbijała w lewo.

Mortenson powrócił na swoje stanowisko na górze, by nie zakłócać koncentracji prowadzącego. Gdy poprzedniego roku jechał zdobywać K2, zbyt był zaabsorbowany czekającym go celem, żeby zwracać specjalną uwagę na podróż autobusem przez dolinę Indusu. Z kolei w drodze powrotnej zajęty był planami zbierania funduszy na szkołę. Teraz jednak, gdy po raz kolejny znalazł się w tym dzikim krajobrazie i widział, z jak wielkim trudem bedford pokonuje „autostradę", która pozwala rozwinąć prędkość najwyżej dwudziestu kilometrów na godzinę, zdał sobie sprawę, jak bardzo tutejsze góry i wąwozy odcinają Baltistan od świata.

Kiedy wąwóz poszerzył się na tyle, żeby mała wioska mogła w nim przycupnąć, zatrzymali się na śniadanie złożone z ćapati oraz dudh patti – czarnej herbaty z dodatkiem mleka i cukru. Potem Mohammed zaczął ze zwiększoną troską nalegać, by pasażer jednak zajął miejsce obok nich w szoferce, w końcu więc Greg się zgodził, choć z ociąganiem.

Usiadł między kierowcą a jego dwoma pomocnikami. Mohammed, którego drobna budowa wydawała się zupełnym przeciwieństwem potężnego bedforda, ledwo sięgał stopami pedałów. Niedźwiedziowaty pomocnik palił ciągle haszysz, dmuchając w nos drugiemu pomocnikowi, delikatnemu chłopcu, który wciąż jeszcze bezskutecznie próbował wyhodować prawdziwe wąsy.

Podobnie jak karoseria, wnętrze bedforda było nieprawdopodobnie udekorowane migoczącymi czerwonymi światełkami, kaszmirską snycerką, trójwymiarowymi zdjęciami ukochanych gwiazd Bollywoodu, dziesiątkami błyszczących srebrnych dzwoneczków i bukietem plastikowych kwiatów, które lądowały Gregowi na twarzy za każdym razem, gdy Mohammed nieco zbyt mocno nadepnął na hamulec. „Miałem wrażenie, że podróżuję w burdelu na kółkach. Choć nasze kółka ledwo się toczyły. Posuwaliśmy się w żółwim tempie" – opowiada Mortenson.

Na najbardziej stromych podjazdach pomocnicy wyskakiwali z szoferki i rzucali pod tylne koła kamienie. Kiedy ciężarówce udawało się pokonać kolejnych parę metrów, zbierali kamienie i ponownie rzucali je pod opony, kontynuując tę syzyfową pracę aż do momentu, gdy droga stawała się mniej pochyła. Raz na jakiś czas mijała ich samotna terenówka albo jadący z naprzeciwka autobus, którego pasażerki przypominały szczelnie zawinięte mumie – twarze miały zasłonięte przed kurzem i ciekawskim wzrokiem mężczyzn. Przeważnie jednak byli na drodze sami.

Słońce dość wcześnie zniknęło za stromymi ścianami doliny, a późnym popołudniem w dolnych częściach wąwozu było już całkiem ciemno. Na zakręcie przy skalnym występie Mohammed nagle gwałtownie zahamował, dzięki czemu w ostatniej chwili uniknął wjechania w tył pasażerskiego autobusu. Na drodze przed autobusem stało wiele pojazdów – terenówek, autobusów i ciężarówek – czekających na wjazd na pobliski betonowy most. Mortenson wraz z kierowcą wysiadł z ciężarówki, żeby się zorientować w sytuacji.

Gdy podeszli do mostu, stało się jasne, że nie zatrzymali się z powodu osuwiska ani lawiny, z których słynęła trasa. Betonowej konstrukcji strzegło około dwudziestu groźnie wyglądających brodatych mężczyzn w czarnych turbanach. Ich wyrzutnie rakietowe i kałasznikowy wymierzone były w oddział pakistańskich żołnierzy, których broń spoczywała roztropnie w kaburach.

– *No good* – powiedział cicho Mohammed, niemal wyczerpując tym samym swój zasób angielskiego słownictwa.

Jeden z brodatych mężczyzn opuścił trzymaną w ręku wyrzutnię rakietową i skinął na Grega, żeby do niego podszedł. Potwornie brudny po dwóch dniach podróży, z wełnianym kocem zarzuconym na głowę, Greg był przekonany, że nie wygląda na obcokrajowca.

– *You come from?* – spytał mężczyzna po angielsku. – *America?*

Oświetlając twarz Mortensona gazową lampą, przyjrzał mu się dokładnie. W blasku płomienia jaśniał błękit oczu Pakistańczyka obwiedzionych surmą – czarnym barwnikiem używanym przez najbardziej pobożnych (lub jak wolą niektórzy – fanatycznych) absolwentów fundamentalistycznych madras; mężczyzn, którzy wtedy właśnie, w roku 1994, masowo przekraczali zachodnią granicę i tworzyli oddziały, które miały przejąć władzę w Afganistanie – talibów.

– *Yes, America* – odpowiedział ostrożnie Greg.

– *America number one!* – stwierdził jego rozmówca, po czym odłożył wyrzutnię i sięgnął po papierosa miejscowej produkcji. Poczęstował też Mortensona, który właściwie nie palił, ale uznał, że w tej chwili należy z wdzięcznością pociągnąć kilka razy. Mohammed, unikając wzroku mężczyzny, kilka razy go przeprosił, po czym delikatnie ujął Grega za łokieć i zaprowadził z powrotem do bedforda.

Przed pójściem spać Mortenson parzył herbatę nad małym ogniskiem rozpalonym przy tylnych drzwiach ciężarówki, pod czujnym okiem Imrana Chana, i przysłuchiwał się pogłoskom krążącym pośród setek unieruchomionych podróżnych. Brodaci mężczyźni przez cały dzień blokowali most, ale z położonej w odległości trzydziestu pięciu kilometrów bazy wojskowej w Pattanie jechał już oddział żołnierzy, którzy mieli dopilnować, by most ponownie otwarto.

Częściowo z powodu niedoskonałej znajomości urdu, a częściowo z powodu wielu sprzecznych informacji Greg nie był w stanie ustalić szczegółów problemu. Zrozumiał tyle, że znajdowali się w wiosce Dasu, w regionie Kohistan, najdzikszej części Północno-Zachodniej Prowincji Pogranicznej. Kohistan słynął z bandytyzmu i tylko nominalnie pozostawał pod kontrolą Islamabadu. W latach po jedenastym września, gdy Ameryka rozpoczęła wojnę z talibami, te odległe urwiste doliny przyciągały całe bandy brodatych bojowników oraz przedstawicieli finansującej ich poczynania Al-Kaidy, wiedzieli oni bowiem, jak łatwo będzie zgubić wroga na tych trudno dostępnych terenach.

Uzbrojeni mężczyźni pilnujący mostu pochodzili z pobliskiej doliny. Twierdzili, że wykonawca przysłany przez rząd z odległego nizinnego Islamabadu przyjechał z milionami rupii przeznaczonymi na poszerzenie ścieżek myśliwskich, aby przekształcić je w drogi odpowiednie dla zwózki drzewa przeznaczonego na handel, ale ich zdaniem ukradł te pieniądze i wyjechał, nie kiwnąwszy palcem w kwestii dróg. Grozili, że będą blokować przejazd, dopóki wykonawca nie zostanie sprowadzony z powrotem, żeby go mogli powiesić na moście.

Po wypiciu herbaty i zjedzeniu paczki krakersów, którą Greg podzielił się z załogą, postanowili pójść spać. Nie zważając na przestrogi Mohammeda, który twierdził, że bezpieczniej byłoby spędzić noc w szoferce, Mortenson wdrapał się na swoje gniazdo na dachu ciężarówki. Ze stanowiska w otoczeniu śpiących kurczaków widział zaciętych, zarośniętych miejscowych, którzy stali na moście w świetle lamp gazowych i rozmawiali w paszto. Pakistańczycy z nizin, którzy przyjechali, aby z nimi negocjować, posługiwali się urdu i wyglądali jak zupełnie inny gatunek ludzi – schludni jak panienki, w eleganckich niebieskich beretach i z pasami amunicji zapiętymi ciasno na szczupłych biodrach. Nie po raz pierwszy naszła Grega refleksja, że Pakistan jest chyba nie tyle państwem, ile raczej abstrakcyjną koncepcją państwa.

Na chwilę złożył głowę na beli siana przekonany, że tej nocy nie zmruży oka, po czym obudził się w pełnym świetle dnia, słysząc strzały. Usiadł i zobaczył najpierw różowe, pozbawione wyrazu oczy patrzących na niego bezmyślnie białych kurczaków, a następnie dostrzegł stojących na moście Kohistańczyków strzelających z kałasznikowów w powietrze.

Silnik bedforda z rykiem zaczął się budzić do życia, z podwójnej rury wydechowej buchnęły kłęby czarnego dymu. Greg wychylił się, by zajrzeć w okno kierowcy.

– Jest dobrze! – powiedział Mohammed z uśmiechem, zwiększając obroty silnika. – Strzelają z zadowolenia, *inszallah*! – dodał, wrzucając bieg.

Z drzwi domów i bocznych uliczek wynurzały się teraz grupki kobiet w chustach, które w pośpiechu przemykały się do swoich środków transportu z miejsc, gdzie znalazły schronienie na długą noc oczekiwania na dalszą jazdę.

Gdy przejeżdżali przez most Dasu, wlokąc się w długiej pylistej kolumnie pojazdów, Mortenson dostrzegł Kohistańczyka, który poczęstował go papierosem, oraz jego towarzyszy, którzy wymachiwali pięściami na znak zwycięstwa i szaleńczo strzelali z karabinów. Nigdy wcześniej, nawet na wojskowym poligonie, nie doświadczył tak intensywnej strzelaniny. Nie widział, żeby z dźwigarów mostu zwisał jakiś wykonawca z nizin, uznał więc, że brodaci bojownicy uzyskali od żołnierzy obietnicę poprawy stanu dróg.

Im wyżej wjeżdżali, tym bardziej potężniały ściany wąwozu – aż w końcu przesłoniły niemal wszystko, pozostawiając w polu widzenia tylko kawałek rozpalonego do białości nieba. Okrążali właśnie zachodnią ścianę Nanga Parbat, dziewiątego pod względem wysokości szczytu na Ziemi, wznoszącego się 8125 metrów nad poziom morza i stanowiącego zachodni kraniec Himalajów, lecz „naga góra" zasłonięta była przed oczami Mortensona zboczami doliny Indusu. Jako zagorzały himalaista wyczuwał jednak jej potężną obecność gdzieś po wschodniej stronie. Żeby się o niej przekonać, przyglądał się potokom niosącym wodę spływającą z górskich lodowców, która kipiała w skalistych rozpadlinach i opływała pokryte porostami głazy, po czym wpadała do Indusu, gdzie na mulistej białawej powierzchni rzeki tworzyła plamy alpejskiego błękitu.

Zaraz przed Gilgitem, najliczniej zamieszkanym miastem Obszarów Północnych, zjechali z Karakoram Highway, zanim zaczęła się wić zakosami w stronę Chin, ku przełęczy Chundźerab, przez którą prowadzi najwyżej na świecie położona utwardzona droga (4730 metrów nad poziomem morza). Pojechali dalej na wschód, nadal trzymając się nurtu Indusu, do Skardu. Mimo że powietrze stawało się coraz chłodniejsze, Grega grzało wewnętrzne ciepło, gdy patrzył na znajome okolice. Ten korytarz rzeczny, wyrzeźbiony między szczytami tak wielu sześciotysięczników, że nikt sobie nie zawracał głowy nadawaniem im nazw, prowadził prosto do jego Baltistanu. Choć księżycowy krajobraz zachodniego Karakorum jest prawdopodobnie jednym z najbardziej nieprzystępnych miejsc na świecie, Greg czuł, że wraca do domu. Pylisty mrok w głębi wąwozu i wysokogórskie słońce muskające szczyty granitowych wież zdawały mu się bardziej naturalnym otoczeniem niż pastelowe bungalowy w Berkeley. Rok spędzony w Ameryce, coraz bardziej napięta sytuacja z Mariną, trudności ze znalezieniem funduszy na szkołę, nocne zmiany w szpitalu – wszystko wydawało mu się teraz nieistotne jak ulatujący sen. Dał się znów oczarować szczytom i graniom.

Dwie dekady wcześniej irlandzka pielęgniarka Dervla Murphy poczuła podobny pociąg do tych gór. Podróżując na wzór nieustraszonej Isabelli Bird i nie zważając na mądre rady doświadczonych poszukiwaczy przygód, którzy twierdzili, że zasypany śniegiem Baltistan jest całkiem nieprzejezdny, pewnej zimy przejechała łańcuch Karakorum konno razem z pięcioletnią córką.

W książce o tej podróży, „Gdzie rzeka Indus jest młoda", zwykle elokwentną podróżniczkę tak obezwładnia próba zrelacjonowania przeprawy przez ten wąwóz, że ledwo udaje jej się wydusić z siebie skąpy opis: „Żaden z przymiotników, jakich zwykle używa się do oddania górskiej scenerii, nie wydaje się tu wystarczający – tak naprawdę samo słowo «sceneria» wydaje się zupełnie śmieszne. «Splendor» czy «dostojeństwo» nie potrafią przekazać uczucia, jakie wywołuje ten niesamowity, wąski, ciemny, ponury i głęboki wąwóz, który ciągnie się kilometr za kilometrem, nie dopuszczając na swój teren ani źdźbła trawy, ani żadnego chwastu czy maleńkiego krzaczka, który mógłby przywieść na myśl istnienie królestwa roślin. Tylko jadeitowy Indus, niekiedy kłębiący się oślepiająco białą pianą, ożywia szarobure granie, urwiste przepaście i strome zbocza".

Posuwając się konno wzdłuż południowego brzegu Indusu, Dervla Murphy rozmyślała nad tym, jakim koszmarem musi być przemierzanie tego osławionego koziego szlaku samochodem. Kierowca musiał jej zdaniem przyjąć postawę fatalisty, w przeciwnym bowiem razie „nigdy nie zdobyłby się na odwagę, żeby przez długie godziny jechać przeciążoną, niestabilną i niedoskonałą technicznie terenówką po trasie, na której najmniejszy błąd może spowodować, że pojazd poleci setki metrów w dół prosto do Indusu. Ponieważ rzeka znalazła jedyną możliwą trasę prowadzącą przez to zapierające dech w piersiach skupisko granitowych szczytów, nie ma innej możliwości, jak tylko za nią podążać. Jeśli się nie przejedzie przez Wąwóz Indusu, nie można sobie wyobrazić, jak dramatyczna jest to przestrzeń. Jedynym rozsądnym sposobem przemieszczania się po tego rodzaju terenie jest poleganie na własnych nogach".

Jadąc na dachu przeciążonego, niestabilnego, ale za to technicznie sprawnego bedforda, Mortenson huśtał się wraz z wysoką na sześć metrów stertą materiałów do budowy szkoły, zbliżając się niebezpiecznie blisko do krawędzi wąwozu za każdym razem, gdy rozchybotana ciężarówka przejeżdżała po stercie leżących na drodze kamieni. Kilkaset metrów niżej spokojnie rdzewiał wrak roztrzaskanego autobusu. Regularnie jak kamienie milowe pojawiały się białe pomniki postawione szahidom, czyli męczennikom – budowniczym drogi, którzy zginęli, walcząc ze skalnymi ścianami. Dzięki setkom pakistańskich żołnierzy droga do Skardu została od czasów podróży Dervli Murphy na tyle ulepszona, że mogły nią jeździć ciężarówki z posiłkami wspierającymi wojnę przeciwko Indiom. Ale lawiny i osuwiska skalne, zniszczony asfalt niespodziewanie rozpadający się nad przepaścią oraz zbyt mało przestrzeni, żeby samochody mogły się wymijać, sprawiały, że co roku dziesiątki pojazdów wypadały z trasy.

Dekadę później, w epoce po jedenastym września, Amerykanie często pytali Mortensona, czy nie obawia się w tym rejonie zagrożenia ze strony terrorystów. Odpowiadał im zawsze: „Jeśli mam zginąć w Pakistanie, będzie to z powodu wypadku drogowego, a nie jakiejś bomby czy kuli. Prawdziwe niebezpieczeństwo czyha tam na drogach".

Poczuł zmianę jakości światła, zanim jeszcze zauważył, gdzie się znajduje. Późnym popołudniem zjeżdżali z łoskotem po długim zboczu, a w powietrzu zapanowała jasność. Klaustrofobiczne ściany wąwozu zaczęły się rozszerzać, aż w końcu otworzyły się na wielką przestrzeń doliny Skardu otoczonej łańcuchami skalnych olbrzymów o zaśnieżonych szczytach. Gdy Mohammed zjechał na płaski teren i mógł nieco przyspieszyć, wartki strumień Indusu uspokoił się i zamienił w błotniste szerokie rozlewisko. Wzdłuż rzeki grzały się w popołudniowym słońcu płowe piaszczyste wydmy. Greg pomyślał, że gdyby nie patrzeć na bijącą po oczach biel zaśnieżonych szczytów wznoszących się nad wydmami, można by pomyśleć, że jest się na Półwyspie Arabskim.

Obsadzone morelami i orzechami włoskimi przedmieścia Skardu stanowiły wyraźny znak, że odyseja dobiegła kresu. Wwożąc szkołę do miasta, Mortenson machał do pracujących przy zbiorze owoców mężczyzn w charakterystycznych dla regionu białych wełnianych topi na głowach, a oni z uśmiechem machali do niego. Za ciężarówką biegły dzieci, wykrzykując słowa aprobaty dla podobizny Imrana Chana oraz dla cudzoziemca siedzącego nad wizerunkiem ich idola. Oto triumfalny powrót, tak jak go sobie wyobrażał od momentu, gdy zasiadł do pisania pierwszego z pięciuset osiemdziesięciu listów. Kiedy ciężarówka brała kolejny zakręt, Mortenson był przekonany, że właśnie rozpoczyna się szczęśliwe zakończenie jego przygody w Baltistanie.

Rozdział ósmy

Braldu daje w kość

Ufaj Bogu, ale uwiąż wielbłąda.

Znak napisany odręcznie przy wejściu do bazy lotniczej
Piątego Dywizjonu w Skardu

Pierwsza gałąź topoli uderzyła Mortensona po twarzy, zanim zdążył się uchylić. Druga zdarła mu z głowy koc, który został na drzewie. Greg położył się płasko na dachu ciężarówki i patrzył na Skardu, które wyłaniało się z tunelu pni drzew owiniętych płótnem dla ochrony przed żarłocznymi kozami.

Nad pędzącym bedfordem przeleciał nisko i powoli zielony śmigłowiec wojskowy zmierzający z lodowca Baltoro w stronę bazy lotniczej Piątego Dywizjonu w Skardu. Mortenson dostrzegł przymocowane do płóz nosze, a na nich owiniętą płótnem postać ludzką. Pomyślał, że Étienne po ich akcji ratunkowej leciał tą samą trasą – ale żywy.

U stóp wznoszącej się ponad dwieście metrów nad miastem góry Karpoćo, zwanej też Skałą Skardu, na której stał sprawujący pieczę nad miastem zrujnowany fort, musieli się zatrzymać, by przepuścić stado owiec idących przez targowisko. Zatłoczona ulica pełna straganów oferujących piłki do futbolu, tanie chińskie swetry oraz elegancko ułożone importowane skarby – puszki angielskiego kakao i amerykańskiej oranżady – wydawała się niezwykle kosmopolityczna w porównaniu z ogłuszającą pustką Wąwozu Indusu.

Ta szeroka żyzna dolina, tylko gdzieniegdzie przysypana piaskiem, oferowała wytchnienie wędrowcom zmęczonym ciasnymi kanionami, dawniej stanowiła więc przystanek dla karawan kupców zmierzających z Kargilu (obecnie położonego w indyjskiej części Kaszmiru) do Azji Centralnej. Jednak od czasu podziału Indii i zamknięcia granicy Skardu zostało pozostawione samo sobie na nieprzystępnych peryferiach kraju – dopóki się nie przeobraziło w centrum dostawców sprzętu dla ekspedycji zmierzających w stronę lodowych olbrzymów Karakorum.

Mohammed zjechał na pobocze, choć nie na tyle, żeby przepuścić kilka jadących za nimi terenówek, po czym wychylił się z okna, by spytać Mortensona o dalszą drogę, próbując przekrzyczeć rozszalałe klaksony. Greg zszedł ze swojego tronu i wcisnął się do szoferki.

Dokąd jechać? Korphe było oddalone o osiem godzin jazdy terenówką w głąb Karakorum, a nie było przecież możliwości, żeby tam zadzwonić i powiedzieć, że przyjechał spełnić swoją obietnicę. Wydało mu się, że osobą, która może załatwić transport materiałów do budowy szkoły w górę doliny Braldu, będzie Ćangazi – organizator górskich wycieczek, który pomógł im zorganizować wyprawę na K2. Zatrzymali się przed elegancko pobielonym ogrodzeniem, a Mortenson zapukał do pokaźnych drzwi z pomalowanego na zielono drewna.

Drzwi otworzył Mohammed Ali Ćangazi we własnej osobie. Ubrany był w śnieżnobiały wykrochmalony salwar kamiz, jakby ogłaszał, że nie zniża się do wykonywania brudnych prac. Jak na przedstawiciela ludu Balti był dość wysoki. Jeśli dodać do tego starannie przystrzyżoną brodę, szlachetny kształt nosa i przenikliwe brązowe oczy obwiedzione niebieskim pigmentem, cała postać wyglądała dość niesamowicie. W języku balti słowo „ćangazi" znaczy „członek rodziny Czyngis-chana", a w potocznym języku może oznaczać kogoś przerażająco bezwzględnego. „Ćangazi to prawdziwy kombinator – mówi Mortenson. – Oczywiście wtedy tego nie wiedziałem".

– Doktor Greg! – zawołał Ćangazi, obejmując potężnego Amerykanina w czułym uścisku. – Co pan tu robi? Sezon już się skończył!

– Przywiozłem szkołę! – oznajmił chytrze Mortenson, oczekując lawiny gratulacji. Po zejściu z K2 przedyskutował swoje plany z Ćangazim, który pomógł mu oszacować koszt materiałów; teraz jednak zdawał się nie mieć pojęcia, o czym Greg mówi. – Kupiłem wszystko, czego potrzeba na szkołę, i przywiozłem tutaj z Pindi.

Ćangazi wciąż zdawał się nie rozumieć.

– Teraz już za późno, żeby cokolwiek budować. I dlaczego nie kupił pan materiałów w Skardu?

Mortenson nie zdawał sobie sprawy, że istniała taka możliwość. Podczas gdy zastanawiał się, co odpowiedzieć, rozległ się ryk klaksonu bedforda. Mohammed chciał już rozładować ciężarówkę i ruszać w drogę powrotną do Rawalpindi. Jego pomocnicy zdążyli zdjąć płótna i liny mocujące ładunek. Ćangazi spojrzał z podziwem na cenną górę materiałów.

– Może pan to wszystko złożyć u mnie – zaproponował. – A potem napijemy się herbaty i zastanowimy, co zrobić z tą pana szkołą.

Obrzucił spojrzeniem Grega, krzywiąc się na widok pokrytego smarem ubrania, czarnej od brudu twarzy i zmierzwionych włosów Amerykanina, po czym dodał:

– Ale najpierw może się pan umyje.

Niedźwiedziowaty pomocnik podał Gregowi pion i poziomicę, wciąż starannie owinięte szmatką Abdula. Podczas gdy pod okiem coraz bardziej rozentuzjazmowanego Ćangaziego wyładowywano kolejne worki cementu oraz mocne płyty ze sklejki, służący o imieniu Jakub przyniósł Gregowi garnek wody zagrzanej na butli gazowej – prawdopodobnie podwędzonej jakiejś ekspedycji. Mortenson odpakował świeży kawałek mydła „Tybetański śnieg", które ofiarował mu gospodarz, i wziął się za szorowanie ciała pokrytego brudem czterodniowej podróży.

Ogarnięty nagłym niepokojem chciał sprawdzić, czy na pewno ilość materiałów się zgadza, ale Ćangazi odwiódł go od tego zamiaru, twierdząc, że później będzie na to czas. Przy dźwiękach nawoływania muezina gospodarz zaprowadził gościa do swojego biura, gdzie służący rozłożyli miękki, prawie nieużywany śpiwór na plecionym łóżku, które ustawili między biurkiem a podniszczoną mapą świata.

– Proszę teraz odpocząć – powiedział Ćangazi tonem nieznoszącym sprzeciwu. – Zobaczymy się po wieczornej modlitwie.

Mortenson obudził się, słysząc podniesione głosy w przyległym pomieszczeniu. Gdy zobaczył bezlitosne górskie słońce przedzierające się przez szyby, zorientował się, że znów go ścięło i przespał całą noc, aż do rana. W sąsiednim pokoju siedział po turecku na podłodze, obok nietkniętej, zimnej już filiżanki herbaty, zagniewany, nieduży, ale mocno zbudowany Balt, w którym Greg rozpoznał Achmalu, kucharza towarzyszącego ich wyprawie na K2. Achmalu wstał i udał, że pluje Ćangaziemu pod nogi, co jest u ludu Balti najstraszniejszą obrazą, zaraz potem jednak zauważył stojącego w drzwiach Mortensona.

– Doktor Girek! – zawołał, a wyraz jego twarzy zmienił się tak szybko, jak nagle rozbłyskująca w słońcu górska grań. Podbiegł do Grega rozpromieniony i objął go zwyczajowym niedźwiedzim uściskiem. Siedząc przy herbacie i pochłaniając sześć tostów z białego chleba, do których Ćangazi z dumą podał nie wiadomo skąd wytrzaśnięty słoiczek austriackiego dżemu z borówek, Mortenson zdał sobie sprawę, że rozpoczęło się przeciąganie liny między rywalami o jego względy. Po Skardu rozniosła się już najwyraźniej wieść o przybyciu Amerykanina z materiałami na budowę szkoły. Achmalu, jako człowiek, który przez kilka miesięcy przygotowywał dla Grega posiłki, przyszedł po swoją działkę.

– Doktor Girek, obiecał pan, że przyjedzie odwiedzić moją wioskę – powiedział Achmalu.

Była to prawda, rzeczywiście Greg coś takiego obiecał.

– Załatwiłem samochód, który zawiezie pana do Chane – oznajmił kucharz. – Możemy już jechać.

– Może jutro albo pojutrze... – odparł Greg.

Rozejrzał się wokół. Poprzedniego wieczoru rozładowano tu bedforda wypełnionego materiałami budowlanymi za ponad siedem tysięcy dolarów, a teraz nigdzie nie było nawet jednego młotka, ani w tym pokoju, ani w następnym, ani na widocznym przez okno dziedzińcu.

– Ale cała wioska na pana czeka! – naglił Achmalu. – Przygotowaliśmy specjalny poczęstunek!

Nie chcąc się mierzyć z poczuciem winy, jakie wzbudziłoby w nim narażenie miejscowych na zmarnowanie uczty, na którą ledwo było ich stać, Mortenson w końcu ustąpił. Ćangazi poszedł z nim w stronę wynajętej przez Achmalu terenówki i wcisnął się na tylne siedzenie, nie czekając, aż zostanie rozważona kwestia jego zaprosin.

Twarda nawierzchnia drogi skończyła się zaraz za Skardu.

– Jak daleko jest Chane? – spytał Greg, gdy rdzawoczerwona toyota land cruiser zaczęła podskakiwać na kamieniach niewiele mniejszych od jej opon, jadąc po wąskiej serpentynie prowadzącej w stronę występu skalnego nad Indusem.

– Bardzo daleko – powiedział Ćangazi z grymasem niezadowolenia na twarzy.

– Bardzo blisko – zaoponował Achmalu. – Tylko trzy godziny, może siedem.

Mortenson ze śmiechem rozparł się na honorowym miejscu obok kierowcy. Powinien był wiedzieć, że w Baltistanie nie należy nikogo pytać o czas podróży. Na miejscu ładunkowym za jego plecami rosło napięcie między dwoma mężczyznami, wyczuwalne równie mocno jak bezlitosne trzęsienie toyoty. Przed sobą jednak, przez pajęczynę pęknięć na przedniej szybie, widział wznoszącą się na pięć tysięcy metrów panoramę pogórza Karakorum, okrutnie tnącą niewinnie błękitne niebo połamanymi brunatnymi zębami. Poczuł się niewypowiedzianie szczęśliwy. Przez kilka godzin tłukli się wzdłuż jednej z odnóg Indusu, dopóki nie odbiła ona na południe, w stronę Indii. Wówczas zaczęli podjeżdżać w górę doliny Huśe z nurtem rzeki Śjok. Zimna błękitna woda spływająca z lodowca huczała, uderzając o głazy, które stosunkowo niedawno (z geologicznego punktu widzenia) oderwały się w wyniku erozji od ścian skalnych otaczających z obu stron wąską dolinę. Droga stawała się coraz gorsza, a zwisająca z lusterka wstecznego laminowana trójwymiarowa pocztówka, przedstawiająca wielki czarny sześcian Kaaby w Mekce, raz za razem uderzała w przednią szybę niczym bijący pokłony w modlitwie żarliwy muzułmanin.

Hadżar, wielki czarny kamień wbudowany w ścianę świątyni Kaaba, uważany jest za meteoryt. Wielu muzułmanów wierzy, że spadł na Ziemię w czasach Adama jako dar od Boga, a jego czarny jak smoła kolor oznacza zdolność do wchłaniania grzechów wiernych, którzy mają szczęście dotknąć jego niegdyś białej powierzchni. Patrząc w górę na wiszące nad drogą usiane głazami skarpy, Greg miał nadzieję, że lecące z nieba skały wybiorą sobie jakiś inny moment, żeby rozbić się o ziemię.

Potężne brązowe ząbkowane ściany otaczały terasy, na których sąsiadowały ze sobą pola kartofli i pszenicy. Przypominało to mury obronne twierdzy o konstrukcji przekraczającej granice ludzkiej wyobraźni. Późnym popołudniem dotarli w miejsce, gdzie dolina Huśe ścieśniała się w wąską przełęcz, nad którą zbierała się mgła. Dzięki długim miesiącom spędzonym na studiowaniu map topograficznych Karakorum w czasie kolejnych burz śnieżnych, jakie musiał przeczekać w bazie pod K2, Greg pomimo braku widoczności wiedział, że za skałami przed nimi leży jeden z najpotężniejszych szczytów świata, Maśarbrum, wznoszący się na wysokość 7821 metrów.

W przeciwieństwie do większości pozostałych olbrzymów środkowego Karakorum, Maśarbrum był dobrze widoczny od południa, z miejsca, które niegdyś było klejnotem w koronie brytyjskich Indii, Kaszmiru. Z tego powodu w roku 1856 niejaki Thomas George Montgomerie, porucznik Królewskich Wojsk Inżynieryjnych, nazwał tę wielką szarą ścianę wznoszącą się ponad śniegi K1, czyli Karakorum 1, jako pierwszy szczyt tego nieprzystępnego rejonu, którego wysokość był w stanie dokładnie zmierzyć. Jego wyższy i bardziej nieuchwytny sąsiad, położony dwadzieścia kilometrów dalej na północny wschód, został w związku z tym automatycznie nazwany K2, z powodu późniejszej daty jego „odkrycia". Mortenson gapił się w mgłę, za którą w roku 1960 Amerykanie George Bell, Willi Unsoeld i Nick Clinch z pomocą Pakistańczyka, kapitana Dźaweda Achtara, po raz pierwszy zdobyli Maśarbrum, i próbował siłą woli nakłonić stożkowaty szczyt, by przebił się przez chmury. Góra jednak szczelnie opatuliła się białą szatą, przez którą przebijało jedynie światło odbite od bieli ogromnych, wiszących na zboczach lodowców.

Samochód zatrzymał się przy przerzuconym nad rzeką Śjok moście, trzeba było więc wysiąść. Mortenson nigdy nie czuł się komfortowo, przekraczając tutejsze uplecione z sierści jaków konstrukcje, jako że tworzono je z myślą o Baltach, którzy byli zwykle o połowę od niego lżejsi. Na dodatek zaraz za nim pchali się Achmalu i Ćangazi, potężnie trzęsąc mostem. Greg z trudem utrzymywał się na nogach – ściskając w dłoniach poręcze, ostrożnie jak linoskoczek przesuwał stopy o rozmiarze czterdzieści osiem po pojedynczym plecionym sznurze oddzielającym go od rwącego potoku piętnaście metrów niżej. Most był śliski od spryskującej go wody, a Greg tak mocno koncentrował się na swoich stopach, że do ostatniej chwili nie zauważył tłumu czekającego po drugiej stronie mostu, aby go przywitać.

Maleńki brodaty Balt ubrany w czarne spodnie z goreteksu i pomarańczową koszulkę z napisem „Alpiniści zachodzą wysoko" pomógł Gregowi bezpiecznie stanąć na twardej ziemi wioski Chane. Był to Dźandźungpa, który pracował jako wysokościowy tragarz dla rozrzutnej holenderskiej ekspedycji na K2 w czasie, gdy Mortenson również się tam wspinał. Dźandźungpa posiadał niezwykły dar zjawiania się z wizytą w bazie dokładnie wtedy, gdy jego przyjaciel Achmalu podawał obiad. Mimo drobnych przywar i brawury Balta Mortenson lubił jego towarzystwo. Wyciągał z niego zawsze opowieści na temat licznych ekspedycji, które prowadził w górę Baltoro. Na tyle oswojony z kulturą Zachodu, żeby umieć podać cudzoziemcowi rękę bez przywoływania Boga, Dźandźungpa prowadził teraz Mortensona przez wąskie uliczki między domkami z kamieni i gliny, ujmując go za łokieć, gdy przekraczali pełne nieczystości rowy irygacyjne.

Za przewodnikiem i rosłym przybyszem szła procesja ponad dwudziestu mężczyzn, za nimi zaś podążały jeszcze dwie brązowe kozy z błaganiem w żółtych ślepiach. Cała grupa skręciła przy pobielonym domu i zaczęła się wspinać po drabinie z wyciosanych bali w stronę, z której dolatywał zapach gotującego się kurczaka.

Greg dał się posadzić na poduszkach, które gospodarz od niechcenia otrzepał z kurzu. Mężczyźni z wioski Chane zebrali się w niedużej izbie i usiedli w kręgu na wypłowiałym kwiecistym dywanie. Ze swojego miejsca Greg miał piękny widok ponad dachami sąsiednich domów na kamienny kanion, który zapewniał wiosce wodę pitną oraz nawadniał jej pola.

Synowie gospodarza rozłożyli między siedzącymi różowy impregnowany obrus i zaczęli układać u stóp cudzoziemca talerze pełne smażonego kurczaka, surówki z rzepy oraz potrawki z baraniego móżdżku i wątróbki. Gospodarz zaczekał, aż Mortenson wgryzie się w kawałek kurczaka, zanim rozpoczął przemowę.

– Pragnę podziękować panu Girekowi Mortensonowi za to, że nas zaszczycił, przyjeżdżając tu, żeby zbudować szkołę dla wioski Chane – powiedział Dźandźungpa.

– Dla Chane? – wychrypiał Mortenson, niemal dławiąc się kurczakiem.

– Tak, szkoła dla Chane, tak jak pan obiecał – powiedział Dźandźungpa, patrząc uważnie na zebranych wokół mężczyzn, jakby wygłaszał podsumowanie przed ławą przysięgłych. – Szkoła wspinaczki.

Mortenson próbował za wszelką cenę coś z tego zrozumieć. Patrzył kolejno na twarze mężczyzn, szukając na nich znaków, że wszystko to jest tylko bardzo wyrafinowanym żartem. Lecz pobrużdżone oblicza mieszkańców Chane wyglądały równie statecznie jak skalne ściany za oknem, stojące niewzruszenie w zachodzącym słońcu. Starał się przypomnieć sobie miesiące spędzone na K2. Owszem, wielokrotnie rozmawiał z Dźandźungpą o potrzebie zapewnienia szkoleń ze wspinaczki lokalnym tragarzom, którzy często nie znali nawet najbardziej podstawowych technik ratownictwa górskiego. Dźandźungpa często rozwodził się nad tym, jak wiele obrażeń odnoszą tragarze i jak mało się im płaci. Greg pamiętał dokładnie, że opisywał swoją wioskę i zapraszał go w odwiedziny. Był jednak przekonany, że nie było nigdy mowy o szkole. Ani żadnej obietnicy.

– Sahibie, proszę nie słuchać Dźandźungpy. To wariat – powiedział Achmalu, a Mortensona zalała fala ulgi. – On mówi: „szkoła wspinaczki" – kontynuował Achmalu, kręcąc głową. – Nam tu jest potrzebna zwykła szkoła, dla dzieci, a nie żeby Dźandźungpa sobie postawił wielki dom. Taką szkołę powinien pan zbudować.

Uczucie ulgi zniknęło tak szybko, jak się pojawiło. Greg spojrzał na rozpartego na miękkiej poduszce po lewej stronie Ćangaziego, z lekkim uśmiechem delikatnie odrywającego palcami mięso z nogi kurczaka. Próbował nawiązać z nim kontakt wzrokowy w nadziei, że Ćangazi coś powie i położy kres temu nieporozumieniu, ale tymczasem w izbie wybuchła gwałtowna kłótnia w języku balti między dwiema frakcjami opowiadającymi się za Achmalu i Dźandźungpą. Pobliskie dachy zajęły kobiety – osłonięte szalami przed przenikliwym wiatrem dmącym z Maśarbrumu nasłuchiwały przebiegu coraz głośniejszej awantury.

– Niczego nie obiecywałem – próbował się przebić Mortenson, najpierw po angielsku, a gdy nikt nie zwrócił na to uwagi, również w balti. Ale okazało się, że największa osoba w izbie jest dla pozostałych zupełnie niewidoczna. Starał się więc śledzić tok dyskusji, na ile potrafił. Wielokrotnie słyszał, jak Achmalu wyzywa Dźandźungpę od chciwców. Ten jednak odpierał każdy atak, powtarzając, że Mortenson złożył mu obietnicę.

Gdy minęła już ponad godzina, Achmalu nagle wstał i pociągnął Grega za ramię, po czym – jakby możliwe było pokierowanie wynikiem rozmów poprzez przeniesienie ich na własny grunt – poprowadził Amerykanina do swojego domu. Za nimi po drabinie ruszyli wciąż przekrzykujący się mężczyźni. Przeskoczyli błotnisty rów irygacyjny, po czym po schodach weszli do domu. Kiedy cała grupa usadowiła się w izbie, nastoletni syn Achmalu, który był pomocnikiem kucharza w czasie wyprawy na K2, zaczął układać u nóg przybysza nowe potrawy. Surówkę z rzepy dekorował wianuszek polnych kwiatów, a na wierzchu baranich flaczków pływały błyszczące nerki. Poza tym posiłek był niemal identyczny jak uczta w domu Dźandźungpy.

Syn gospodarza nałożył nerkę, największy rarytas, na miseczkę z ryżem i z chytrym uśmiechem podał ją Mortensonowi, zanim zajął się obsługiwaniem pozostałych gości. Greg odsunął nerkę na bok i jadł tylko pływający w tłustym sosie ryż, ale nikt chyba nawet tego nie zauważył – wielki Amerykanin znów stał się niewidzialny. Mężczyźni jedli równie łapczywie, jak zapalczywie się kłócili; wydawać się mogło, że poprzednia uczta i rozpętana przy okazji kłótnia w ogóle nie miały miejsca. Wszystkie racje każdej ze stron musiały zostać od nowa dokładnie wyłożone, tak jak mięso kurczaka i barana musiało być ponownie dokładnie oddzielone od kości i zjedzone.

Gdy kłótnia trwała już czwartą godzinę, a Grega zaczęły piec oczy z powodu kłębiącego się w izbie dymu nikotynowego, wdrapał się na dach i oparł o snop świeżo zebranej gryki, który zapewnił mu osłonę przed wiatrem.

Wschodzący księżyc tlił się, przezierając przez poszarpany grzbiet górski na wschodzie. Wiatr odsłonił szczyt Maśarbrumu, a Mortenson przez długi czas przyglądał się ostrym graniom szczytu, niesamowicie wyrazistym w blasku księżyca. Wiedział, że zaledwie kawałek dalej wznosi się ogromna piramida K2. Czuł wyraźnie jej obecność. „Jak prosto było przyjechać do Baltistanu z ekspedycją – pomyślał. – Wszystko było jasne. Skup się na szczycie, który widzisz przed sobą, zorganizuj ludzi i zaopatrzenie i nie zajmuj się niczym innym, aż wejdziesz na górę. Albo aż poniesiesz porażkę".

Przez wielki kwadratowy otwór w dachu ulatywał dym z papierosów i łajna jaków palonego w izbie poniżej. Do miejsca, gdzie siedział Greg, dochodził smród dymu oraz psujące mu nastrój kłótliwe głosy mężczyzn. Wyjął z plecaka cienką kurtkę, położył głowę na snopie gryki i przykrył się kurtką jak kocem. Niemal okrągły księżyc całkiem się wyłonił zza poszarpanego grzbietu. Balansował na szczycie ściany skalnej niczym wielki biały głaz, który lada chwila może spaść i zmiażdżyć wioskę.

„Proszę bardzo, możesz sobie spadać" – pomyślał Mortenson i zasnął.

Rano południowa ściana Maśarbrumu znów chowała się za chmurami. Mortenson na zesztywniałych nogach zszedł z dachu, a na dole zastał Ćangaziego ze szklanką mleka. Greg uparł się, żeby natychmiast wraz z Ćangazim wracać do Skardu, zanim rozpocznie się kolejna tura posiłków i kłótni. Dżandźungpa i Achmalu też wpakowali się do samochodu, żeby przypadkiem nie stracić szansy na wygranie sporu, gdyby Amerykanin dał drapaka.

Przez całą drogę do Skardu na twarzy Ćangaziego malował się uśmieszek satysfakcji. Greg przeklinał się w duchu, że zmarnował tyle czasu. Gdy wrócili, w mieście panował zimowy chłód – jakby przyroda chciała podkreślić, że skończyła się już pogoda odpowiednia do budowania szkół. Otaczające miasto szczyty zasłonięte były chmurami, które zamiast lunąć potężnym deszczem i się rozejść, niespiesznie raczyły ziemię nieustającą mżawką.

Plastikowe osłonki opuszczone na okna terenówki niezbyt dobrze chroniły przed deszczem – gdy wreszcie zaparkowali przed domem Ćangaziego, Greg był kompletnie przemoczony.

– Bardzo proszę – powiedział Ćangazi, patrząc na ubłocone ubranie swojego gościa. – Każę Jakubowi zagrzać wody.

– Zanim się tym zajmiemy, musimy sobie parę rzeczy wyjaśnić – powiedział Mortenson, niezbyt dobrze kryjąc zdenerwowanie. – Po pierwsze, gdzie są wszystkie materiały, które przywiozłem na szkołę? Nigdzie ich nie widzę!

Ćangazi stał w miejscu z wyrazem niebiańskiego spokoju na twarzy, niczym jakiś czcigodny prorok.

– Kazałem je przenieść do mojego drugiego biura – wyjaśnił.

– Przenieść?!

– Tak, przenieść. W bezpieczniejszą okolicę – dodał tonem niezadowolenia, jakby musiał tłumaczyć coś oczywistego.

– A co jest nie tak z tą okolicą? – dopytywał Greg.

– Kręci się tu zbyt wielu złodziejaszków.

– Chcę natychmiast tam pojechać i wszystko obejrzeć – oznajmił Mortenson, prostując się groźnie i robiąc krok w stronę Ćangaziego.

Mohammed Ali Ćangazi zamknął oczy i splótł dłonie, elegancko krzyżując kciuki. Potem otworzył oczy, jakby miał nadzieję, że natrętnego Amerykanina już przed nim nie będzie.

– Jest późno, a mój pomocnik poszedł już z kluczami do domu – powiedział. – Poza tym muszę się umyć i przygotować do wieczornej modlitwy. Ale obiecuję, że jutro będzie pan w stu procentach usatysfakcjonowany. Wspólnymi siłami damy sobie radę z wiejskimi krzykaczami i weźmiemy się do roboty przy pana szkole.

Mortenson obudził się z pierwszym brzaskiem. Owinąwszy się śpiworem Ćangaziego jak szalem, wyszedł na mokrą ulicę. Otaczającą miasto koronę pięciotysięczników wciąż zasłaniały wiszące nisko chmury. Skardu bez panoramy gór w tle wydawało się nieprawdopodobnie brzydkie – widać było tylko zawalone śmieciami nieczynne targowisko oraz niskie budynki z pustaków lub suszonych cegieł. Z perspektywy Kalifornii Skardu wydawało się wspaniałą stolicą mitycznego górskiego królestwa, a zamieszkujący je ludzie szlachetni i czyści. Teraz jednak, stojąc w mżącym deszczu, Greg zastanawiał się, czy przypadkiem nie wymyślił sobie tego Baltistanu, który nosił w sercu. Czy aby ze szczęścia, że w ogóle przeżył zejście z K2, nie wyidealizował tego miejsca i tych ludzi, zapomniawszy użyć krytycznego rozumu?

Potrząsnął głową, jakby próbował pozbyć się tych myśli, ale go nie opuszczały. Korphe znajdowało się zaledwie sto dwanaście kilometrów na północ, lecz wydawało się oddalone o lata świetlne. Postanowił jednak, że znajdzie swoje materiały, a potem jakoś dostanie się do Korphe. Przebył tak długą drogę, że musiał w coś wierzyć – postanowił, że będzie wierzył w tamto nękane problemami miejsce zawieszone nad wąwozem Braldu. Musi tam dojechać, zanim straci nadzieję.

Przy śniadaniu Ćangazi był niezwykle usłużny. Sam dolewał Gregowi herbaty i zapewniał go, że jak tylko przyjedzie kierowca, zaraz ruszą w drogę. Zanim jednak zajechał do nich zielony land cruiser, zjawili się też Dźandźungpa i Achmalu, którzy spędzili noc w tanim motelu dla kierowców ciężarówek. Cała drużyna w milczeniu ruszyła razem w drogę.

Jechali na zachód przez wydmy. Gdy skończył się piasek, na brzegu pól worki świeżo zebranych kartofli oczekiwały na transport. Były tak wielkie, że Greg w pierwszej chwili wziął je za stojących we mgle ludzi. Wiatr się nasilił i rozpędził w kilku miejscach chmury. Na niebie można było teraz gdzieniegdzie dostrzec zaśnieżone zbocza niczym światełko nadziei. Gregowi poprawił się nieco humor.

Po półtorej godziny odbili od głównej drogi. Zarzucając bokami na koleinach, dojechali w końcu do skupiska sporych i na oko dość wygodnych domów z kamieni i gliny, osłoniętych rachitycznymi wierzbami. Było to Kuardu, rodzinna wioska Ćangaziego. Poprowadził swą dziwaczną kompanię przez zagrodę, obutą w sandał stopą przeganiając owce na bok, i dalej, na piętro największego domu wioski.

W pokoju usiedli nie na tradycyjnych przykurzonych wzorzystych poduszkach, lecz na fioletowych i zielonych matach samopompujących Thermarest. Ściany były udekorowane dziesiątkami oprawionych fotografii Ćangaziego (który dzięki śnieżnobiałemu odzieniu rzucał się od razu w oczy), pozującego z zarośniętymi nieco członkami francuskich, japońskich, włoskich i amerykańskich ekspedycji. Mortenson zauważył na jednym zdjęciu siebie w drodze na K2, wesoło obejmującego Ćangaziego ramieniem. Trudno mu było uwierzyć, że zdjęcie to zostało zrobione zaledwie przed rokiem. Własna twarz patrząca na niego ze zdjęcia zdawała się należeć do kogoś o dziesięć lat młodszego. Przez otwarte drzwi do kuchni widział kobiety, które coś smażyły na dwóch kuchenkach turystycznych klasy wysokogórskiej.

Ćangazi zniknął na chwilę w sąsiednim pokoju, po czym wrócił w szarym włoskim kaszmirowym swetrze włożonym na tradycyjny strój. Do pomieszczenia weszło pięciu starszych mężczyzn z długimi brodami i wilgotnymi czapeczkami z brązowej wełny na głowach. Z entuzjazmem rzucili się ściskać Gregowi dłoń, po czym zajęli miejsca na matach. Dołączyło do nich jeszcze pięćdziesięciu mężczyzn, którzy stłoczyli się wokół leżącej na podłodze ceraty.

Ćangazi dyrygował paradą służących, którzy stawiali między mężczyznami tyle potraw, że Mortenson musiał siedzieć ze stopami wywiniętymi w tył, by zrobić dla nich miejsce – a wciąż przynoszono nowe. Kilka pieczonych kurczaków, rzodkiew i rzepa powycinane w rozety, wielki kopiec biriani* z orzechami i rodzynkami, pakora** z kalafiora w ziołowym cieście oraz ogromna ilość jaczego mięsa duszonego w sosie z ziemniakami i papryczkami chili. Mortenson jeszcze nigdy nie widział w Baltistanie tyle jedzenia, a niepokój, który próbował w sobie stłumić podczas jazdy samochodem, nagle w nim wezbrał, aż zrobiło mu się niedobrze.

– Co my tu robimy, Ćangazi? – spytał. – Gdzie moje materiały?

Ćangazi nałożył kawał mięsa jaka na obfitą porcję biriani i postawił talerz przed Mortensonem, zanim mu odpowiedział.

– To starszyzna naszej wioski – wyjaśnił, wskazując pięciu brodatych mężczyzn. – Tu, w Kuardu, mogę panu obiecać, że nie będzie żadnych kłótni. Wszyscy się już zgodzili, żeby pana szkoła została wybudowana w naszej wiosce jeszcze przed zimą.

Mortenson wstał bez słowa i zrobił krok nad postawionym przed nim jedzeniem. Wiedział, jak wielkim nietaktem jest nie przyjąć oferowanej gościnności. Wiedział też, że niewybaczalne jest, jeśli ktoś odwróci się plecami do starszyzny i na dodatek brudnymi stopami przejdzie nad jedzeniem, ale po prostu musiał wyjść.

Biegł, dopóki nie opuścił wioski, po czym rozgorączkowany ruszył dalej po stromej pasterskiej ścieżce. Pędząc w górę, czuł, że serce wali mu w piersi jak młot, ale nie dawał sobie chwili wytchnienia – biegł, aż poczuł takie zawroty głowy, że krajobraz zaczął wirować wokół niego. Na polance, z której roztaczał się widok na Kuardu, padł bez tchu na ziemię. Od śmierci Christy nie zdarzyło mu się płakać. Ale tam, sam na smaganym wiatrem kozim pastwisku, schował twarz w dłoniach i z wściekłością próbował pohamować łzy, które nie chciały się zatrzymać.

Kiedy w końcu podniósł wzrok, ujrzał kilkanaścioro małych dzieci gapiących się na niego zza drzewa morwy. Przyprowadziły na pastwisko stadko kóz, lecz na widok dziwnego angreziego, który siedział w błocie i szlochał, zapomniały o zwierzętach, a te powędrowały dalej w górę. Mortenson wstał i podszedł do dzieci, otrzepując ubranie.

Ukłąkł przy najstarszym chłopcu, na oko jedenastoletnim.

---

*   Biriani – potrawa z ryżu z mięsem, warzywami i przyprawami.
** Pakora – kawałki warzyw zanurzone w cieście i smażone w głębokim oleju.

– *What... are... you?* – spytał nieśmiało chłopiec, wyciągając dłoń w stronę nieznajomego. Drobna dłoń całkiem zginęła w zetknięciu z wielką łapą Amerykanina.

– *I am Greg. I am good** – powiedział Mortenson.

– *I am Greg. I am good* – powtórzyły chórem wszystkie dzieci.

– *No, I am Greg. What is your name?*** – spróbował jeszcze raz.

– *No, I am Greg. What is your name* – powtórzyły dzieci ze śmiechem.

Mortenson postanowił przejść na język balti.

– *Min takpo Greg. Nga Amerika in. Kiri min takpo in?****

Dzieci klasnęły w dłonie zachwycone, że angrezi mówi po ludzku. Greg uścisnął każdemu po kolei rączkę, kiedy się przedstawiały. Dziewczynki ostrożnie owijały sobie dłonie chustami przed podaniem ręki niewiernemu. Potem stanął plecami do drzewa morwowego i rozpoczął lekcję.

– *Angrezi* – powiedział, wskazując na siebie. – *Foreigner.*

– *Foreigner!* – krzyknęły dzieci chórem.

Greg pokazywał kolejno swój nos, włosy, uszy, oczy i usta. Na dźwięk każdego nowego słowa dzieci chórem je powtarzały, po czym wybuchały śmiechem.

Pół godziny później, gdy znalazł go Ćangazi, Mortenson klęczał razem z dziećmi, rysując na ziemi tabliczkę mnożenia gałązką drzewa morwowego.

– Doktor Greg, prosimy zejść. Proszę do nas przyjść. Napić się herbaty. Musimy porozmawiać – prosił Ćangazi.

– Nie mamy o czym rozmawiać, dopóki nie zabierze mnie pan do Korphe – odparł Mortenson, wciąż przyglądając się liczącym dzieciom.

– Korphe jest daleko i jest tam bardzo brudno. Pan lubi nasze dzieci. Dlaczego nie zbuduje pan tutaj szkoły?

– Nie – powiedział Greg, wycierając dłonią liczbę narysowaną przez poważną dziewięcioletnią dziewczynkę i rysując poprawny wynik. – Sześć razy sześć to trzydzieści sześć.

– Sahibie, prosimy.

– Korphe – powiedział Mortenson. – Dopóki się tam nie dostanę, nie mamy o czym rozmawiać.

---

* Jestem Greg. Jestem dobry.
** Nie, ja jestem Greg. Jak ty masz na imię?
*** Mam na imię Greg. Jestem z Ameryki. Jak masz na imię?

Po prawej mieli rzekę pieniącą się wokół głazów wielkich jak domy. Ich land cruiserem trzęsło i zarzucało, jakby się poruszali po brunatnym potoku, a nie po „drodze" ciągnącej się wzdłuż północnego brzegu rzeki Braldu. Achmalu i Dźandźungpa w końcu się poddali. Po zdawkowym, pełnym rezygnacji pożegnaniu złapali terenówkę, która zawiozła ich z powrotem do Skardu, nie mieli bowiem specjalnej ochoty w pogoni za Mortensonem trafić aż do doliny Braldu. W ciągu ośmiu godzin, jakie zajęła podróż land cruiserem do Korphe, Greg miał dużo czasu, żeby sobie wszystko przemyśleć. Ćangazi wyciągnął się na leżącym na tylnym siedzeniu worku ryżu basmati, opuścił na oczy białą wełnianą czapeczkę i spał (lub udawał, że śpi) przez całą drogę, nie zważając na wstrząsy.

Gregowi żal się zrobiło Achmalu. Chciał tylko, żeby dzieci z jego wioski miały szkołę, której nie zapewniał im rząd Pakistanu. Lecz złość, jaką wzbudziły w Gregu nieuczciwe podchody Dźandźungpy i Ćangaziego, przysłoniła uczucie wdzięczności względem Achmalu za długie miesiące pracy bez jednej skargi w bazie pod K2, nadając mu barwę goryczy, brunatnej jak woda najbrzydszej rzeki świata, którą właśnie mijali.

Być może był dla tych ludzi zbyt surowy – w końcu jednak dzieliła go od nich ogromna przepaść ekonomiczna. Czy to możliwe, że Amerykanin, nawet jeśli nie ma stałego zatrudnienia, a swoje rzeczy trzyma w przechowalni, przypomina bijący po oczach neonowy znak dolara ludziom żyjącym w najuboższym regionie jednego z najbiedniejszych państw świata? Postanowił, że jeśli mieszkańcy Korphe również rozpoczną walkę o jego skromne zasoby, będzie miał dla nich więcej cierpliwości. Wysłucha ich racji, zje tyle posiłków, ile będzie konieczne, zanim zacznie się upierać, że szkoła ma służyć wszystkim, a nie tylko naczelnikowi czy innej osobie.

Gdy dojechali do miejsca, gdzie tylko rzeka oddzielała ich od Korphe, dawno już się ściemniło. Mortenson wyskoczył z samochodu i próbował wypatrzeć kogoś na drugim brzegu rzeki, ale nie był w stanie nic dojrzeć. Ćangazi kazał kierowcy zatrąbić i zapalić reflektory. Greg wszedł w snop ich światła i machał w kierunku ciemności, aż dobiegł go głos wołający z przeciwnego brzegu. Kierowca ustawił samochód w stronę rzeki. W świetle reflektorów obserwowali niedużego mężczyznę w zawieszonej nad rzeką skrzynce, który ciągnąc za linę, przesuwał się w ich stronę.

Mortenson zdołał rozpoznać twarz syna naczelnika wioski, Twahy, zaledwie na chwilę przed tym, jak chłopak wyskoczył ze skrzynki i rzucił się z nim witać. Twaha objął Amerykanina w pasie i ścisnął, głowę przytulając do jego piersi. Czuć było od niego zapach dymu i potu. Kiedy w końcu zwolnił uścisk, z radością spojrzał w twarz Grega.

– Mój ojciec Hadżi Ali mówić, że Bóg przysłać pana kiedyś z powrotem. Hadżi Ali wie wszystko.

Twaha pomógł przybyszowi wcisnąć się w skrzynkę. „To naprawdę było coś w rodzaju skrzynki – wspomina Greg. – Takiej sporej skrzynki na owoce zbitej kilkoma gwoźdźmi. Trzeba było pociągać za czarną od smaru linę i nie zwracać uwagi na trzaski mechanizmu. Oraz nie myśleć o tym, co samo się nasuwało: jeśli lina pęknie, polecisz na dół. Jak polecisz na dół, to po tobie".

Mortenson powoli przeciągał się wzdłuż rozhuśtanej na mroźnym wietrze stumetrowej liny. Czuł w powietrzu wilgoć niesioną przez wiatr od rzeki. Zaś trzydzieści metrów pod sobą słyszał roztrzaskujący się o głazy ślepy żywioł, chociaż go nie widział. Później dzięki światłom reflektorów dostrzegł w dali setki ludzi, którzy zebrali się na skarpie, żeby go powitać. Wyglądało na to, że cała ludność Korphe zebrała się nad rzeką. Po prawej stronie, w najwyższym punkcie urwiska, stała postać, której nie dało się z nikim pomylić. Hadżi Ali przypominał granitowy posąg – z szeroko rozstawionymi nogami i pokaźną brodatą głową spoczywającą jak głaz na szerokich ramionach przyglądał się nieporadnym staraniom Grega, aby się przedostać na drugi brzeg.

Wnuczka przywódcy wioski, Dźahan, dobrze pamięta ten wieczór: „Wielu himalaistów składa tutejszym ludziom obietnice, ale gdy wracają do swoich domów, to o nich zapominają. Dziadek wielokrotnie nam mówił, że w przypadku doktora Grega będzie inaczej. Że on wróci. Byliśmy jednak zdumieni, że wrócił tak szybko. Kolejny raz mnie zdziwiło, jaki jest wielki. Nikt z naszych ludzi tak nie wygląda. To było dla mnie ogromne zaskoczenie".

Podczas gdy Dźahan i reszta wioski przyglądali się przybyszowi, Hadżi Ali złożył na głos podziękowanie Bogu za bezpieczne sprowadzenie Amerykanina z powrotem do ich wioski, a potem uściskał wielgachnego gościa. Grega najbardziej zadziwiło to, że głowa człowieka, który w jego wspomnieniach jawił się jako potężna figura, sięga mu ledwie do piersi.

Przy huczącym ogniu u Hadżi Alego, w tym samym miejscu, gdzie kiedyś trafił zagubiony i całkiem wyczerpany, teraz czuł się jak w domu. Uszczęśliwiony siedział w otoczeniu ludzi, o których myślał przez te wszystkie miesiące zmarnowane na pisanie wniosków o granty oraz listów, gdy próbował za wszelką cenę znaleźć sposób, aby tu wrócić i oznajmić, że dotrzyma danego słowa. Nie mógł się doczekać, kiedy będzie mógł przekazać gospodarzowi wiadomość, ale najpierw trzeba było się poddać ceremoniałom miejscowej gościnności.

Z tajemnej skrytki w głębi domu Sakina wyciągnęła wiekową paczkę ciasteczek z cukrem, które podała Gregowi na wyszczerbionej tacce razem z jego herbatą z masłem. Mortenson połamał ciastka na drobne kawałeczki, wziął jeden, a tackę podał dalej, żeby zebrani tłumnie mężczyźni też mogli się poczęstować.

Hadżi Ali zaczekał, aż Mortenson wypije herbatę, po czym z uśmiechem uderzył go w kolano.

– *Cizalej*?! – zawołał identycznie jak wtedy, gdy Mortenson zawędrował do Korphe po raz pierwszy.

Tym razem jednak Greg nie przybył tutaj zagubiony i wyczerpany. Przez rok ciężko pracował, żeby tu wrócić z dobrą wiadomością, której wygłoszenia wreszcie nie musiał odwlekać.

– Przywiozłem wszystko co potrzebne na szkołę – powiedział w języku balti dawno przygotowaną kwestię. – Drewno, cement i narzędzia. Wszystko jest w tej chwili w Skardu.

Spojrzał na Ćangaziego, który moczył właśnie w herbacie kawałek ciasteczka. Podekscytowany tą chwilą Greg nawet do niego czuł teraz sympatię. W końcu przecież Ćangazi przywiózł go tutaj – nawet jeśli nie od razu.

– Wróciłem, żeby dotrzymać słowa – dodał Mortenson, patrząc Hadżi Alemu w oczy. – I mam nadzieję, że wkrótce będziemy mogli zacząć budowę, *inszallah*.

Hadżi Ali włożył dłoń w kieszeń kamizelki, bezwiednie przesuwając w niej kawałek suszonego mięsa kozła skalnego.

– Doktorze Greg – powiedział w języku balti. – Dzięki łaskawemu błogosławieństwu Boga wrócił pan do Korphe. Wierzyłem, że tak się stanie, i powtarzałem to tak często, jak często wiatr wieje w dolinie Braldu. Dlatego podczas gdy pan był w Ameryce, wszyscy tutaj rozmawialiśmy o szkole. Bardzo chcemy, żeby w Korphe powstała szkoła – ciągnął, patrząc Mortensonowi prosto w oczy. – Ale oto co postanowiliśmy. Zanim kozioł górski wejdzie na K2, musi się nauczyć przekraczać rzekę. Zanim będziemy mogli postawić szkołę, musimy zbudować most. Teraz w Korphe potrzebny jest most.

– *Zamba*? – powtórzył Mortenson z nadzieją, że zaszło jakieś straszne nieporozumienie. Być może przyczyną jest jego niedoskonała znajomość języka balti. – *A bridge?* – powiedział po angielsku, żeby się upewnić, czy dobrze rozumie.

– *Yes, big bridge.* Z kamienia – potwierdził Twaha. – Żebyśmy mogli przenieść szkołę do wioski.

Mortenson pił herbatę, intensywnie myśląc. A potem wypił kolejną.

ROZDZIAŁ DZIEWIĄTY

NARÓD DOKONAŁ WYBORU

Przyjaciele moi, czemuż to na piękne oczy
pięknych pań nie potrzeba zezwolenia?
Przecież strzelają w nas niczym kule.
Tną nie gorzej niż miecz.

Graffiti na najstarszym na świecie wizerunku Buddy
wyrzeźbionym w skale w dolinie Satpary w Baltistanie

NA LOTNISKU w San Francisco kłębił się tłum matek gorączkowo ściskających swe dzieci. Zbliżało się Boże Narodzenie, w związku z czym tysiące wyczerpanych nerwowo pasażerów popychało się nawzajem, pędząc na pokłady samolotów z nadzieją, że dolecą na czas do swoich rodzin. W zatęchłym powietrzu czuć było wysoki poziom paniki rosnący za każdym razem, gdy ledwo słyszalny głos dolatujący z głośników terminalu obwieszczał opóźnienie kolejnego samolotu.

Mortenson przeszedł do taśmy bagażowej i czekał, aż jego sfatygowany niemal pusty marynarski worek pojawi się wśród przepełnionych walizek. Gdy wreszcie zarzucił go sobie na ramię, rozejrzał się jeszcze wokół z nadzieją, że dostrzeże gdzieś twarz Mariny, podobnie jak czynił wcześniej, na górnym poziomie, zaraz po wylądowaniu samolotu z Bangkoku. Do twarzy przyrósł mu już nieznaczny uśmiech, charakterystyczny dla osób oczekujących powitania na lotnisku, ale wciąż nie widział jej ciemnych włosów w zebranym wokół tłumie.

Cztery dni wcześniej dzwonił do niej z urzędu telefonicznego w Rawalpindi i choć połączeniu towarzyszyły głośne trzaski, był przekonany, że zapowiedziała, iż wyjedzie po niego na lotnisko. Tyle że zamówioną przez niego sześciominutową rozmowę rozłączono, zanim zdążył powtórzyć godzinę swojego przylotu. Za bardzo martwił się stanem swoich finansów, żeby się szarpnąć na kolejne połączenie. Teraz więc wybrał numer Mariny w automacie telefonicznym na lotnisku. Odezwała się poczta głosowa.

– Cześć, skarbie – powiedział, świadom sztucznej beztroski w swoim głosie. – Mówi Greg. Wesołych świąt! Co u ciebie? Tęsknię. Bez problemów doleciałem do San Francisco, teraz więc chyba wsiądę w kolejkę i przyjadę do...
– Cześć, Greg – usłyszał Marinę, która podniosła słuchawkę.
– Cześć. Wszystko w porządku? – spytał. – Masz dziwny głos.
– Słuchaj, musimy porozmawiać. Od twojego wyjazdu wszystko się pozmieniało. Możemy pogadać?
– Jasne – odparł. Skóra swędziała go od potu. Minęły już trzy dni, odkąd brał prysznic. – Jadę do domu – powiedział i się rozłączył.
Po nieudanej próbie ruszenia z budową szkoły obawiał się powrotu do domu. Lecz podczas długiego lotu nad Pacyfikiem jego obawę równoważyły ciepłe myśli o Marinie, Blaise i Danie. Pocieszał się, że leci zobaczyć się z osobami, które kocha – a nie tylko uciec od poniesionej klęski.
Podjechał autobusem do najbliższej stacji kolejki podmiejskiej, wsiadł w pociąg, a w San Francisco przesiadł się do tramwaju jadącego w stronę dzielnicy Outer Sunset. Wciąż myślał o słowach, które powiedziała Marina przez telefon, próbując nadać im jakieś znaczenie poza tym, które się samo narzucało – że chce od niego odejść. Zdał sobie sprawę, że zanim zadzwonił do niej z Rawalpindi, przez kilka miesięcy się nie odzywał. Ale chyba rozumiała, że nie mógł sobie pozwolić na rozmowy międzynarodowe, by nie roztrwonić budżetu szkoły? Wynagrodzi jej to czekanie. Za resztki pieniędzy na koncie w Berkeley zabierze ją i dziewczynki na jakąś wycieczkę.
Zanim dojechał w okolice, w których mieszkała Marina, minęły dwie godziny, a słońce zdążyło już zatonąć w wodach szarzejącego oceanu. W twarz wiała mu silna morska bryza. Minął kilka rzędów zadbanych tynkowanych domków przystrojonych świątecznymi lampkami, po czym wszedł po schodach do jej mieszkania.
Marina zamaszyście otworzyła drzwi, objęła go na powitanie jedną ręką, po czym stanęła w progu, ewidentnie nie zapraszając go do środka.
– Powiem to od razu – oświadczyła.
Czekał z workiem zawieszonym na ramieniu.
– Znów się zaczęłam spotykać z Mariem.
– Z Mariem?
– Znasz go. Anestezjolog z uniwersytetu. – Greg stał w miejscu i patrzył na nią nierozumiejącym wzrokiem. – Mój były chłopak. Pamiętasz, opowiadałam ci, że kiedyś...

Marina mówiła dalej. Prawdopodobnie przypominała mu, że kilka razy spotkał się z Mariem, opowiadała o wspólnie spędzonych w ambulatorium wieczorach – jego imię jednak nijak się Gregowi nie kojarzyło. Patrzył na jej usta. „Te usta... – pomyślał. – Najpiękniejsza część jej ciała". Nie mógł się skupić na słowach, które wypowiadały, dopóki nie usłyszał: „Więc zarezerwowałam ci pokój w motelu".

Marina coś jeszcze mówiła, ale Mortenson obrócił się na pięcie i poszedł na spotkanie drapieżnej bryzy. Zrobiło się już całkiem ciemno, a marynarski worek, na który wcześniej niemal nie zwracał uwagi, nagle stał się tak ciężki, że Greg nie był pewien, czy zdoła przenieść go jeszcze kawałek dalej. Na szczęście na rogu pulsował czerwony neon Beach Motel niczym domagająca się opatrzenia otwarta rana.

W przesiąkniętym dymem papierosowym, wyłożonym sztuczną boazerią pokoju, do którego został skierowany, gdy pożegnał się z resztką pieniędzy, jakie miał przy sobie, wziął prysznic, a potem zaczął szukać w worku podróżnym czystej koszulki, w której mógłby spać. Zdecydował się na najmniej poplamioną, jaką udało mu się znaleźć, i nie zgasiwszy światła ani telewizora, zasnął jak kamień.

Godzinę później ze stanu całkowitej nieświadomości, w której człowiekowi nic się nawet nie śni, wyrwało go walenie do drzwi. Usiadł na łóżku i rozejrzał się po pokoju, sądząc, że wciąż jest w Pakistanie. Z telewizora jednak dochodził język angielski – przemawiał właśnie niejaki Newt Gingrich. Ale udekorowany amerykańską flagą napis na ekranie wydał się Mortensonowi tak niezrozumiały, że równie dobrze mógł być próbką jakiegoś egzotycznego języka: „RZECZNIK DYSCYPLINARNY MNIEJSZOŚCI OGŁASZA ZWYCIĘSTWO REPUBLIKANÓW".*

Mortenson chwiejnym krokiem, jakby pokój unosił się na falach oceanu, podszedł do drzwi i je otworzył. Na korytarzu stała Marina otulona jego ulubioną żółtą kurtką z goreteksu.

– Przepraszam. Nie tak to sobie wyobrażałam – powiedziała, nerwowo przyciskając jego kurtkę do piersi. – Czy wszystko w porządku?

– No... chyba... nie – wymamrotał Mortenson.

---

* W listopadzie 1994 roku Partia Republikańska po raz pierwszy od roku 1954 zdobyła większość w Izbie Reprezentantów Kongresu USA. Newtowi Gingrichowi, który za czasów dominacji Partii Demokratycznej sprawował urząd rzecznika dyscyplinarnego mniejszości, przypisuje się znaczny wkład w to zwycięstwo.

– Spałeś?

– Tak.

– Słuchaj, nie chciałam, żeby to tak wyszło. Ale nie miałam jak się z tobą skontaktować, gdy byłeś w Pakistanie.

Przez otwarte drzwi do pokoju wpadało zimne powietrze. Mortenson stał w samej bieliźnie i zaczął się trząść.

– Wysyłałem ci pocztówki.

– Informując mnie o kosztach belek sufitowych oraz cenie wynajęcia ciężarówki do Skardu. Bardzo romantycznie. Ani razu nie wspomniałeś nic o nas, wiecznie tylko przesuwałeś datę swojego powrotu do domu.

– Kiedy zaczęłaś się widywać z Mariem? – Z trudem oderwał wzrok od ust Mariny i spróbował spojrzeć jej w oczy. Zaraz jednak się zreflektował i popatrzył w dół. Jej oczy też nie były bezpieczne.

– To nie ma znaczenia – powiedziała. – Z twoich kartek było jasno widać, że jak tylko wyjechałeś, przestałam dla ciebie istnieć.

– To nieprawda – rzucił Mortenson, zastanawiając się, czy aby na pewno.

– Nie chcę, żebyś mnie znienawidził. Nienawidzisz mnie?

– Jeszcze nie – odparł.

Marina opuściła ręce i ciężko westchnęła. W prawej dłoni trzymała butelkę likieru Baileys. Podała mu ją. Była w połowie pusta.

– Jesteś świetnym facetem, Greg – powiedziała Marina. – Żegnaj.

– Cześć – rzekł Mortenson i szybko zamknął drzwi, żeby nie zdążyć powiedzieć czegoś, czego by potem żałował.

Stał w pustym pokoju, trzymając w ręku w połowie pustą butelkę. Czy może w połowie pełną? Zresztą i tak nie pijał takich rzeczy – sądził, że Mari na powinna znać go na tyle, aby to wiedzieć. Mortenson rzadko pił alkohol, na pewno nie w samotności, a słodkich likierów wprost nie cierpiał.

Z telewizora dolatywał ostry, pewny siebie głos, mówiący w udzielanym wywiadzie: „Rozpoczęliśmy drugą amerykańską rewolucję. Mogę teraz uroczyście przysiąc, że posiadając republikańską większość w Kongresie, Amerykanie rozpoczną nowe życie. Naród dokonał wyboru".

Mortenson podszedł do stojącego w kącie pokoju metalowego kosza na śmieci. Był wielki i zniszczony, musiał od lat przyjmować brudy zostawiane przez tysiące ludzi, którzy mieli wątpliwe szczęście nocować w tym pokoju. Przez chwilę trzymał butelkę nad koszem, po czym ją puścił. Trzasnęła o metalowe dno niczym zatrzaskujące się pancerne drzwi. Wyczerpany padł na łóżko.

Jego myśli krążyły teraz między bólem rozstania a problemami finansowymi. Po świętach, gdy próbował wypłacić w banku dwieście dolarów, kasjer powiedział mu, że zostały mu na koncie tylko osiemdziesiąt trzy.

Mortenson zadzwonił do swojego przełożonego w ambulatorium uniwersyteckiego centrum medycznego, licząc, że będzie mógł szybko dostać jakiś dyżur, zanim jego sytuacja finansowa stanie się dramatyczna.

– Mówiłeś, że wrócisz na Święto Dziękczynienia – usłyszał. – A nie było cię nawet na Boże Narodzenie. Jesteś jednym z naszych najlepszych pracowników, Greg, ale jeśli nie pojawiasz się w pracy, nie mamy z ciebie wiele pożytku. Zwalniam cię.

W uszach Mortensona dźwięczało usłyszane pierwszego wieczoru zdanie, które przez kolejne dni z goryczą powtarzał sobie pod nosem: „Naród dokonał wyboru".

Obdzwonił kilku znajomych z kręgu wspinaczkowego, aż w końcu znalazł kąt do spania w klubie, gdzie mógł nocować, dopóki nie wymyśli, co ze sobą zrobić. Przez miesiąc spał na podłodze w korytarzu na piętrze rozpadającego się zielonego domu w stylu wiktoriańskim na Lorina Street w Berkeley. Na parterze do późna trwały mocno zakrapiane imprezy studentów lokalnego uniwersytetu oraz alpinistów wracających z Yosemite. Leżąc w śpiworze na korytarzu, Greg starał się nie słuchać odgłosów seksu uprawianego za cienkimi ścianami. Gdy spał, przechodzili nad nim ludzie zmierzający w stronę łazienki.

Osoba o kwalifikacjach pielęgniarskich rzadko ma dłuższe trudności ze znalezieniem pracy. To tylko kwestia odpowiedniej motywacji. Po kilku deszczowych dniach, gdy niewyspany jeździł komunikacją miejską na rozmowy w sprawie pracy, dotkliwie odczuwając brak La Bamby, zatrudniono go do pracy na najmniej pożądanych nocnych dyżurach w Centrum Urazowym San Francisco oraz na oddziale oparzeń szpitala Alta Bates w Berkeley.

Udało mu się zaoszczędzić dość pieniędzy, żeby wynająć pokój na trzecim piętrze bez windy przy mało reprezentacyjnej Wheeler Street w Berkeley. Właścicielem był niejaki Witold Dudziński, polski majster-klepka. Mortenson spędził z nim kilka towarzyskich wieczorów, podczas których Dudziński kopcił jak smok i bezustannie pociągał z nieoznakowanych niebieskich butelek polskiej wódki, które kupował hurtem. Choć na początku Greg z zainteresowaniem słuchał czułych monologów na temat papieża Jana Pawła II, szybko się przekonał, że po wypiciu odpowiedniej ilości wódki Dudzińskiemu jest wszystko jedno, czy ktoś go słucha czy nie. W kolejne wieczory Mortenson przeważnie siedział więc w swoim pokoju, próbując nie myśleć o Marinie. „Nie pierwszy raz rzuciła mnie dziewczyna – wspomina – ale tym razem było inaczej. To naprawdę bolało. I nie mogłem nic zrobić, musiałem jakoś to przetrzymać i zaczekać, aż czas zaleczy ranę".

Zdarzały się noce, gdy życie łaskawie pozwalało Mortensonowi rzucić się w wir zdarzeń i zapomnieć o kłopotach. Widząc przed sobą wymagającą natychmiastowej pomocy pięciolatkę, której niemal całą klatkę piersiową pokrywają poparzenia trzeciego stopnia, trudno się użalać nad własnym losem. Szybka i sprawna praca mająca pomóc i uśmierzyć ból dawała mu głęboką satysfakcję, zwłaszcza że pracował w świetnie wyposażonym zachodnim szpitalu, gdzie wszelkie możliwe leki, aparatura oraz opatrunki były na wyciągnięcie ręki, a nie oddalone o osiem godzin jazdy terenówką po trudno przejezdnej drodze, jak w ciągu tych siedmiu tygodni, które spędził w Korphe.

Siedząc przy palenisku u Hadżi Alego, po tym jak naczelnik przekazał mu druzgocącą wiadomość o konieczności zbudowania mostu, Greg miał wrażenie, że jego umysł szaleje niczym zwierzę próbujące wyszarpnąć się z potrzasku, stopniowo jednak gonitwa myśli słabła, aż w końcu poczuł zdumiewający spokój. Zdawał sobie sprawę, że osiągnął kres swej podróży – za Korphe rozciągała się już tylko kraina lodu. Gdyby w rozpaczy wybiegł na zewnątrz, tak jak zrobił w Kuardu, gdy pojawiły się komplikacje, niczego by to nie rozwiązało – dalej nie było już dokąd iść. Widział coraz szerszy uśmiech na twarzy Čangaziego, który prawdopodobnie żywił przekonanie, że właśnie wygrał bój o szkołę Mortensona.

Mimo rozczarowania nie mógł się gniewać na mieszkańców Korphe. Most był im rzeczywiście potrzebny. Jak miał zamiar wybudować szkołę? Wozić każdą deskę, każdy arkusz blachy falistej rozklekotanym koszykiem kołyszącym się niepewnie nad rzeką Braldu? Czuł raczej złość na siebie, że lepiej wszystkiego nie zaplanował. Postanowił zostać dłużej w Korphe, żeby zrozumieć, co jeszcze musi zrobić, by zrealizować swoją misję. Tyle już przeszkód pokonał na drodze do tej wioski – no cóż, najwyraźniej ma przed sobą jeszcze jedną.

– Opowiedzcie mi o tym moście – poprosił w końcu, przerywając napiętą ciszę w pełnym mężczyzn domu Hadżi Alego. – Czego potrzebujemy? Jak mamy zacząć?

Początkowo miał jeszcze nadzieję, że budowa mostu jest przedsięwzięciem, które można przeprowadzić szybko i niskim nakładem kosztów.

– Musimy eksplozja, dużo dynamitu. I ciąć dużo kamieni – powiedział po angielsku syn Hadżi Alego, Twaha.

Potem nastąpił spór w języku balti na temat tego, czy lepiej wykorzystać skały z okolicy czy przywieźć samochodami terenowymi materiał z dalszych części doliny. Wywiązała się ostra dyskusja dotycząca konkretnej lokalizacji najlepszej jakości granitu. Co do innych kwestii wśród mężczyzn panowała idealna zgoda – trzeba zakupić w Skardu i przewieźć do Gilgitu deski i stalowe liny, co będzie kosztować kilka tysięcy dolarów. Kolejne tysiące będą potrzebne na opłacenie fachowców. Tysiące dolarów, których Greg już nie miał.

Mortenson powiedział im, że większość pieniędzy wydał już na szkołę, będzie więc musiał wrócić do Ameryki i spróbować zebrać więcej pieniędzy na budowę mostu. Oczekiwał, że mężczyźni z Korphe będą tak samo zdruzgotani jak on. Jednak dla nich czekanie było równie naturalnym elementem życia jak oddychanie rozrzedzonym powietrzem na wysokości trzech tysięcy metrów. Przez pół roku w izbach zadymionych od palącego się w ogniu łajna jaków czekali, aż pogoda poprawi się na tyle, żeby mogli znów wyjść na zewnątrz. Tutejszy myśliwy potrafił przez kilka dni tropić jednego kozła górskiego, godzina po godzinie krążąc po górskich ścieżkach, aż uda mu się podejść na tyle blisko, by zaryzykować wystrzelenie jedynej kuli, na więcej bowiem go nie stać. Pan młody musiał nieraz czekać wiele długich lat, zanim dwunastoletnia dziewczynka, którą wybrali dla niego rodzice, dorośnie na tyle, żeby mogła opuścić swoją rodzinę. Pakistański rząd przez kilka ostatnich dekad obiecywał ludziom z doliny Braldu szkołę, a oni wciąż na nią czekali. Cierpliwość należała do ich największych cnót.

– S e n k j u w e r m a c z. – Hadżi Ali próbował podziękować Mortensonowi po angielsku.

A Gregowi trudno było znieść fakt, że ktoś mu jeszcze dziękuje za totalne schrzanienie sprawy. Przycisnął staruszka do piersi, wdychając bijący od niego zapach dymu i mokrej wełny. Hadżi Ali z rozpromienioną twarzą zawołał siedzącą w kuchni Sakinę, by nalała gościowi kolejną filiżankę herbaty z masłem, której smak z każdym łykiem coraz bardziej przypadał Gregowi do gustu.

Poprosił Ćangaziego, żeby wrócił do Skardu sam. Z niekłamaną satysfakcją spostrzegł wyraz szoku, jaki na chwilę pojawił się na jego twarzy, zanim szybko odzyskał nad nią panowanie. Greg miał zamiar przed powrotem do domu dowiedzieć się możliwie dużo na temat budowy mostu w Korphe.

Wraz z Hadżi Alim pojechał samochodem terenowym w dół rzeki, by przyjrzeć się mostom położonym niżej w dolinie. Po powrocie do wioski narysował w swoim zeszycie wstępny projekt konstrukcji, o którą prosili mieszkańcy. Spotykał się też ze starszyzną wioski, aby omówić kwestię ziemi, na której miałaby zostać wybudowana szkoła, kiedy już, *inszallah*, wróci z Ameryki.

Gdy wiejący w dolinie wiatr zaczął unosić kryształki śniegu, które opadały na Korphe, sygnalizując nadejście długich miesięcy spędzanych przy palenisku, Mortenson rozpoczął serię pożegnań. W połowie grudnia, gdy minęły już ponad dwa miesiące, odkąd wraz z Ćangazim pojawił się w wiosce, nie mógł dłużej odwlekać wyjazdu. Obszedłszy połowę domów w Korphe, aby wypić z mieszkańcami pożegnalną herbatę, ruszył z powrotem wzdłuż Braldu przeładowaną terenówką, którą mocno trzęsło na wertepach. Wraz z nim jechało jedenastu mężczyzn z Korphe, którzy się uparli, że odwiozą go do Skardu. Byli upchnięci na siedzeniach tak ciasno, że ilekroć samochód pokonywał przeszkodę, razem podskakiwali, opierając się na sobie nawzajem.

Wracając pieszo z dyżuru w szpitalu do swojego nieumeblowanego pokoju w przesiąkniętym dymem mieszkaniu Dudzińskiego, w szarych godzinach między nocą a porankiem, kiedy świat zdaje się zupełnie niezamieszkany, Mortenson poczuł się zmęczony samotnością. Jego życie nagle stało się nieznośnie odległe od wiejskiej atmosfery braterstwa, jaka panowała w Korphe. Ale zatelefonować do Jeana Hoerni, jedynego człowieka, który byłby w stanie sfinansować jego powrót do Pakistanu... Nie, ta perspektywa zbyt go onieśmielała, żeby poważnie zaczął ją rozważać.

Przez całą zimę ćwiczył na ściance wspinaczkowej w klubie City Rock, w rejonie hurtowni między Berkeley a Oakland. Dojazd tam był teraz znacznie trudniejszy niż w czasach, gdy miał La Bambę, mimo to regularnie wsiadał do autobusu nie tylko po to, żeby dbać o kondycję, ale też z potrzeby towarzystwa. Kiedy przygotowywał się do wejścia na K2 i robił wszystko, by osiągnąć maksymalną sprawność, dla członków klubu stał się bohaterem. Teraz jednak wystarczyło, że otworzył usta, a już opowiadał o jakiejś porażce – niezdobytym szczycie, utraconej kobiecie, niezbudowanej szkole i moście.

Kiedy pewnej nocy bardzo późno wracał piechotą do domu, po drugiej stronie ulicy przed jego domem napadło na niego czterech chłopaczków, którzy mieli nie więcej niż czternaście lat. Jeden niepewną ręką przystawił mu do piersi pistolet, a pozostali przeszukiwali kieszenie.

– Ja pierdzielę, skubaniec ma tylko dwa dolary – jęknął przywódca gangu, chowając banknoty do kieszeni i oddając Gregowi pusty portfel. – Że też musieliśmy trafić na najbardziej spłukanego białego kolesia w Berkeley!

Spłukany. Załamany. Złamany. Nadeszła wiosna, a Mortenson dalej pogrążał się w depresji. Przed oczami miał pełne nadziei twarze mężczyzn z Korphe, którzy odprowadzali go na autobus do Islamabadu przekonani, że, *inszallah*, niedługo wróci z pieniędzmi. Jak to możliwe, że tak w niego wierzyli, skoro on sam nie bardzo w siebie wierzył?

Któregoś majowego popołudnia Greg leżał na swoim śpiworze, myśląc o tym, że naprawdę już przydałoby się go uprać. Zastanawiał się, czy zdoła odbyć wycieczkę do pralni automatycznej, kiedy zadzwonił telefon. W słuchawce odezwał się głos doktora Louisa Reicharda. W roku 1978 Reichardt i jego kolega Jim Wickwire byli pierwszymi Amerykanami, którzy zdobyli K2. Przed wyprawą na „okrutny szczyt" Mortenson zadzwonił do niego po radę i od tamtej pory zdarzało im się nieczęsto, ale serdecznie rozmawiać.

– Jean mi mówił o twoim pomyśle na szkołę – powiedział Reichardt. – Jak ci idzie?

Mortenson wszystko mu opowiedział, od pięciuset osiemdziesięciu listów począwszy, a skończywszy na wąskim gardle, jakim się okazała konieczność wybudowania mostu. Przy okazji niespodziewanie opowiedział też zatroskanemu starszemu mężczyźnie o swoich kłopotach natury osobistej: o utracie kobiety, pracy oraz – co napełniało go największymi obawami – poczucia sensu w życiu.

– Weź się w garść, Greg – powiedział Reichardt. – Jasne, napotkałeś kilka poważnych przeszkód, ale podjęte przez ciebie wyzwanie jest dużo trudniejsze od wejścia na K2.

W ustach Lou Reicharda te słowa dużo znaczyły. Dla Mortensona był on bohaterem. Wśród himalaistów bezustannie krążyły opowieści o tym, przez co musieli przejść z Wickwire'em, zanim udało im się zdobyć szczyt.

Wickwire po raz pierwszy próbował zdobyć K2 w roku 1975, zaś uczestniczący w wyprawie fotograf, Galen Rowell, napisał książkę o ich mozolnym trudzie, dokumentując jedną z najbardziej gorzkich porażek w historii wspinaczki wysokogórskiej. Trzy lata później Wickwire wrócił na K2 z Reichardtem i zaczęli się wspinać po budzącym grozę zachodnim grzbiecie. Gdy od szczytu dzieliło ich zaledwie tysiąc metrów, dalszą drogę uniemożliwiła im lawina. Zamiast się jednak wycofać, przetrawersowali zboczem na wysokości siedmiu i pół tysiąca metrów na tradycyjną, bardziej uczęszczaną trasę, grzbiet Abruzzi, i wbrew wszelkim oczekiwaniom dotarli na szczyt. Reichardtowi kończył się tlen, więc wiedziony zdrowym rozsądkiem od razu rozpoczął spieszną drogę w dół. Wickwire został jednak na szczycie nieco dłużej, próbując doprowadzić zaparowany obiektyw aparatu do stanu używalności, żeby zrobić zdjęcie i nacieszyć się osiągnięciem celu, do którego zmierzał od wielu lat. Niewiele brakowało, a błędna ocena sytuacji kosztowałaby go życie.

Nie miał latarki czołowej, nie był więc w stanie po ciemku schodzić trudną technicznie ścianą – musiał spędzić noc na wysokości, na jakiej rzadko ktoś nocuje. Skończył mu się tlen, doznał poważnych odmrożeń, dopadło go zapalenie płuc i opłucnej, porobiły mu się też grożące śmiercią zakrzepy w płucach. Reichardt oraz reszta ekipy z trudem podtrzymywali go przy życiu, zapewniając mu bezustanną opiekę medyczną do czasu, gdy udało się go ewakuować śmigłowcem do szpitala, a następnie do domu w Seattle, gdzie poddano go poważnej operacji płuc, aby usunąć zakrzepy.

Lou Reichardt wiedział więc to i owo na temat wyrzeczeń, jakich wymaga osiąganie trudnych celów. Jego stwierdzenie, że droga, którą próbuje podążać Mortenson, należy do naprawdę wymagających, napełniło Grega poczuciem, że może jednak nie poniósł klęski. Po prostu nie dokończył jeszcze swojej wspinaczki. Na razie.

– Zadzwoń do Jeana i opowiedz mu wszystko, co mi powiedziałeś – poradził mu Reichardt. – Poproś go, żeby sfinansował budowę mostu. Zapewniam cię: stać go na to.

Po raz pierwszy od powrotu do Ameryki Mortenson poczuł, że wraca mu choć część dawnej wiary w siebie. Rozłączył się, po czym wyciągnął zastępującą mu książkę telefoniczną plastikową torebkę, w której zaczął szukać skrawka papieru z numerem Hoerniego. „Nie schrzań tego" – napisane było na kartce. No cóż, może coś schrzanił. A może i nie. To zależy, z kim się rozmawia. Tak czy inaczej, zaczął wybierać numer. I zadzwonił.

Rozdział dziesiąty

Budowanie mostów

Pośród majestatu łańcuchów górskich, poza granicą egzystencji,
gdzie człowiek może być gościem, ale nigdy mieszkańcem,
życie nabiera nowego znaczenia [...], lecz góry nie są szlachetne;
zbyt często zapominamy, jakie są okrutne.
Tych co się ośmielą tam zapuścić, z pełną obojętnością
smagają śniegiem, kamieniami, wiatrem oraz chłodem.

George Schaller, *Kamienie milczenia*

Męski głos po drugiej stronie linii brzmiał tak, jakby musiał pośród trzasków i zakłóceń przedzierać się przez pół świata – choć tak naprawdę nie mogło go dzielić od Grega więcej niż dwieście kilometrów.

– Proszę powtórzyć! – mówił mężczyzna.

– *Salam alejkum* – próbował przekrzyczeć zakłócenia Mortenson. – Chcę kupić pięć szpul stalowej liny, po sto pięćdziesiąt metrów każda. Potrójny splot. Będzie pan miał tyle?

– Oczywiście – odparł mężczyzna i nagle połączenie znacznie się poprawiło. – Pięćdziesiąt tysięcy rupii za szpulę. Odpowiada panu?

– A mam jakiś wybór?

– Nie – zaśmiał się sprzedawca. – Na Obszarach Północnych nikt oprócz mnie nie dysponuje taką ilością liny. Mogę zapytać o nazwisko szanownego pana?

– Mortenson. Greg Mortenson.

– Skąd pan dzwoni, panie Greg? Jest pan tu, w Gilgicie?

– Nie, w Skardu.

– A czy mogę spytać, na co panu tyle liny?

– W zaprzyjaźnionej wiosce w dolinie Braldu nie ma mostu. Chcę pomóc go zbudować.

– Aha, pan jest Amerykaninem, tak?

– Tak.

– Słyszałem o pana moście. Czy drogi do wioski są przejezdne?

– Jeśli nie zacznie padać, można przejechać samochodem terenowym. Będzie pan w stanie dostarczyć te liny?

– *Inszallah*.

Jeśli Bóg pozwoli. Zdecydowanie lepsza odpowiedź niż „nie". Dla Mortensona, który bez efektu zdążył już zadzwonić w kilkanaście miejsc, były to cudowne słowa. Zresztą tylko tak można realistycznie odpowiedzieć na pytanie dotyczące możliwości transportu na Obszarach Północnych. Zamówił więc linę, ostatni, najtrudniejszy do zdobycia element konieczny, by rozpocząć budowę mostu. Był dopiero początek czerwca 1995 roku. Jeśli nie pojawią się poważne przeszkody, do zimy uda się pewnie skończyć most, a następnej wiosny zacząć budowę szkoły.

Choć Mortenson tak bardzo się obawiał rozmowy z Hoernim, uczony potraktował go zaskakująco życzliwie, po czym wypisał mu czek na kolejne dziesięć tysięcy dolarów. „Wiesz, moim byłym żonom zdarzało się więcej wydać podczas jednego weekendu" – powiedział. Potem jednak wymusił na Gregu obietnicę: „Zbuduj tę szkołę jak najszybciej. A kiedy skończysz, przywież mi zdjęcie. Czas ucieka, a ja nie będę żył wiecznie". Uszczęśliwiony Greg zapewnił go, że tak zrobi.

– Ten człowiek ma linę? – spytał Ćangazi.

– Tak.

– Ile będzie kosztować?

– Tyle ile pan mówił. Osiemset dolarów za szpulę.

– Dostarczy ją na górę?

– *Inszallah* – powiedział Mortenson, odkładając słuchawkę na widełki telefonu stojącego na biurku Ćangaziego. Teraz, gdy miał od Hoerniego pieniądze i wziął się ponownie do roboty, znów chętnie korzystał z pomocy Ćangaziego. Prowizja, jaką Balt pobierał w rupiach za każdą transakcję, niewiele znaczyła w zestawieniu z rozległą siatką kontaktów, którą dysponował. Pracował kiedyś jako policjant i robił wrażenie, że zna wszystkich w mieście. Kiedy zaś Ćangazi wystawił mu kwit na wszystkie materiały budowlane wzięte na przechowanie, Greg nie widział powodu, by nie skorzystać z jego umiejętności.

Przez tydzień spał na plecionym łóżku u Ćangaziego w biurze, pod starą mapą świata, która wywoływała w nim uczucie nostalgii, ponieważ wciąż opisywała Tanzanię jako Tanganikę. W wolnych chwilach Ćangazi zabawiał go opowieściami o swoich przygodach. Przez całe lato panowała wyjątkowo piękna pogoda, interesy szły więc bardzo dobrze. Ćangazi wyposażył kilka ekspedycji, w tym próbujących zdobyć K2 Niemców i Japończyków oraz grupę Włochów przymierzających się do drugiego wejścia na Gaszerbrum IV. W związku z tym miał teraz poutykane w każdym kącie biura batony proteinowe z niemieckimi napisami, niczym wiewiórka robiąca zapasy na zimę. Zaś za jego biurkiem skrzynka japońskich napojów energetycznych Pocari Sweat opierała się o kilka pudeł włoskich sucharków.

Jednak z zamorskich przysmaków Ćangazi najbardziej sobie cenił te, które na imię miały Hildegund albo Isabella. Mimo że w domu w dalekim Rawalpindi skrywał żonę i pięcioro dzieci, zaś dom wynajęty w pobliżu posterunku komisarza policji w Skardu zamieszkiwała jego druga żona, Ćangazi przez cały sezon turystyczny posilał się przy szwedzkim stole oferującym szeroki wybór apetycznych miłośniczek trekkingu i wspinaczki, które coraz liczniej przybywały w te okolice.

Gospodarz wytłumaczył Gregowi, w jaki sposób godzi swe podboje z żarliwie wyznawanym islamem. W chwili gdy na horyzoncie pojawiała się kolejna Inge lub Aiko, ruszał do meczetu, aby prosić swego mułłę o zezwolenie na mutę, czyli małżeństwo czasowe. Zwyczaj ten wciąż cieszył się sporą popularnością w szyickich częściach Pakistanu, stanowiąc furtkę dla żonatych mężczyzn zmuszonych przez dłuższy czas radzić sobie bez przyjemności oferowanych przez żonę, na przykład z powodu walk wojennych czy dalekich podróży. Ćangazi jednak od rozpoczęcia sezonu w maju dostał już kilka takich zezwoleń. Lepiej uświęcić w oczach Allaha nawet krótki związek, niż po prostu uprawiać seks, tłumaczył rozochocony gospodarz.

Greg spytał, czy kobiety, których mężowie wyjeżdżają, również mogą prosić o zezwolenie na mutę.

– Oczywiście, że nie – oburzył się Ćangazi, kręcąc głową na tak naiwne pytanie, po czym poczęstował gościa włoskim sucharkiem, idealnym do moczenia w herbacie.

Skoro lina była już zamówiona i pozostawało czekać na jej dostawę, Mortenson wykupił miejsce w samochodzie terenowym zmierzającym do Askole. W dolinie Śigaru jechali przez tunele z dojrzewających jabłoni i moreli. Powietrze było tak przejrzyste, że poszarpane rdzawożółte granie pięciotysięczników na pogórzu Karakorum wydawały się bliskie na wyciągnięcie ręki. Droga zaś była w tak dobrym stanie, jak tylko może być szlak wyryty na zboczu urwiska i usiany głazami.

Kiedy jednak skręcili w dolinę Braldu, pojawiły się za nimi niskie chmury, po czym ich wyprzedziły, przesuwając się spiesznie na południe. Mogło to tylko oznaczać nadchodzący znad Indii monsun. Zanim dojechali na miejsce, wszyscy w odkrytej terenówce byli przemoczeni i ochlapani szarym błotem. Mortenson wysiadł na ostatnim przystanku, zaraz przed Askole. Lał rzęsisty deszcz, tworząc jeszcze większe wyboje na błotnistej drodze. Do Korphe pozostało kilka godzin drogi pieszo, kierowcę zaś trudno było przekonać, żeby jechał dalej po ciemku. Mortenson, więc chcąc nie chcąc, musiał przenocować na miejscu, na workach ryżu w sklepie przy domu naczelnika wioski, Hadżi Mehdiego. Przez całą noc oganiał się od szczurów, które próbowały się wspinać na jego posłanie z zalanej wodą podłogi.

Rano wciąż lało jak z cebra, a kierowca zgodził się już zawieźć ładunek z powrotem do Skardu. Mortenson ruszył więc w drogę piechotą. Ciągle nie potrafił polubić Askole. Ze względu na lokalizację na początku szlaku ekspedycji zmierzających na położony nieco dalej na północ lodowiec Baltoro, wioska ta narażona była na najgorszego rodzaju kontakty między przybyszami z Zachodu (którzy potrzebowali wynająć tragarzy lub dokupić jeszcze jakieś zapasy, o których wcześniej zapomnieli) a wszelkiej maści kombinatorami (którzy tylko czekali, jak by tu dobrze zarobić na tak dogodnej sytuacji). Jak w wielu miejscowościach na obrzeżach cywilizacji, kupcy z Askole oferowali towar po zawrotnych cenach i nie byli skłonni się targować.

Brnąc po kolana w wodzie uliczką między zaokrąglonymi ścianami domów z kamienia i gliny, Greg poczuł, że ktoś go chwyta z tyłu za koszulę. Odwrócił się i zobaczył chłopca. Na jego głowie roiło się od wszy. Chłopiec wyciągał rękę w stronę angreziego. Nie znał angielskiego nawet na tyle, żeby poprosić o pieniądze czy długopis, ale jego intencja była całkiem jasna. Mortenson wyjął z plecaka jabłko i podał je chłopcu, który z miejsca rzucił je w płynącą uliczką wodę.

Przechodząc obok pola na północ od Askole, Mortenson musiał zasłonić nos połą koszuli, tak nieznośny otaczał go smród. W tym miejscu biwakowały liczne ekspedycje zmierzające w stronę Baltoro, a w powietrzu unosił się potworny odór zalegających dokoła ludzkich nieczystości.

Rozmyślał o niedawno przeczytanej książce pod tytułem „Starożytna przyszłość", napisanej przez Helenę Norberg-Hodge, która przeżyła siedemnaście lat w górach nieco na południe od Baltistanu, w regionie Ladakh, bardzo podobnym, ale odciętym od Pakistanu granicą, którą kolonialna potęga niefrasobliwie podzieliła pasmo gór. Po niemal dwóch dekadach badań nad kulturą regionu autorka książki doszła do wniosku, że zachowanie tradycyjnego stylu życia miejscowych mieszkańców, którzy od stuleci tworzyli rozległe rodziny żyjące w harmonii z naturą, dałoby im więcej szczęścia niż „poprawianie" ich standardu życia nieprzemyślanymi ulepszeniami.

„Kiedyś wydawało mi się, że droga w kierunku «postępu» jest nieunikniona i niepodważalna – pisała. – Godziłam się na to, że przez środek lasu poprowadzono drogę, a w miejscu gdzie wcześniej stała dwustuletnia świątynia, wybudowano bank ze szkła i stali [...], nie oburzał mnie też fakt, że z każdym dniem życie stawało się coraz szybsze i coraz trudniejsze. Teraz uważam inaczej. W Ladakhu nauczyłam się, że istnieje wiele możliwych dróg wiodących w przyszłość. Miałam też szczęście zobaczyć, jak może wyglądać inny, rozsądniejszy sposób życia: egzystencja oparta na wspólnej ewolucji człowieka i ziemi, na której żyje".

Norberg-Hodge twierdzi, że ludzie przyjeżdżający z Zachodu nie powinni ślepo narzucać tradycyjnym społecznościom nowoczesnych „udogodnień", lecz wręcz przeciwnie – to kraje uprzemysłowione mogłyby się od tych starych kultur wiele nauczyć na temat budowania harmonijnego społeczeństwa. „Przekonałam się – pisze autorka – że silne więzi społeczne oraz bliski związek z ziemią potrafią wzbogacić ludzkie życie daleko bardziej niż dobra materialne i zaawansowana technologia. Nauczyłam się, że istnieje inny sposób na życie".

Idąc dalej śliskim od deszczu wąwozem, z rozszalałą rzeką Braldu po prawej, Mortenson zastanawiał się, jak wybudowany przez niego most wpłynie na wioskę odciętą dotąd od świata. „Życie mieszkańców Korphe było ciężkie, ale też całkowicie jeszcze niezepsute – mówi. – Wiedziałem, że dzięki wybudowaniu mostu droga do szpitala zajmie im kilka godzin, a nie kilka dni, i znacznie łatwiej będzie im sprzedawać płody rolne. Martwiłem się jednak, co przyniesie wiosce przychodzący do niej tym mostem świat zewnętrzny".

Mężczyźni z Korphe wyszli po niego na brzeg Braldu i przeprawili go na drugą stronę w wiszącym na linie koszyku. Po obu stronach rzeki, w miejscach gdzie miały stanąć filary mostu, piętrzyły się ogromne stosy grubo ciosanego granitu czekające na rozpoczęcie budowy. Hadżi Ali w końcu przekonał Mortensona, że jeśli mają ściągać kamienie z daleka, przewozić je przez rzekę i uzależniać się od kapryśnych lokalnych dróg, które mogą skomplikować transport, lepiej będzie wykorzystać skaliste skarpy położone zaledwie kilkaset metrów od planowanego mostu po obu stronach rzeki. W Korphe brakowało rozmaitych dóbr materialnych, ale kamienia na pewno było pod dostatkiem.

Mortenson szedł przez zamokłą wioskę na czele procesji zmierzającej w stronę domu Hadżi Alego, gdzie miało się odbyć spotkanie organizacyjne w sprawie budowy mostu. Między dwoma domami drogę zablokował im długowłosy czarny jak. Tahira, dziesięcioletnia córka Husseina, najlepiej wykształconego mężczyzny w Korphe, ciągnęła zwierzę za uzdę przywiązaną do kółka w nosie, próbując je nakłonić do zejścia z drogi. Ale jak miał inne sprawy do załatwienia. Niespiesznie spuścił w błoto wielki parujący kopiec, po czym poszedł w kierunku domu Tahiry. Dziewczynka szybko odgarnęła opadającą z głowy białą chustkę i zaczęła pospiesznie lepić placki z łajna jaka. Następnie z plaskiem przylepiała je do ściany pobliskiego domu, gdzie schły pod okapem – nie mogła dopuścić, by cenny opał został wymyty przez deszcz.

U Hadżi Alego na powitanie Sakina ujęła Mortensona za rękę, a on zdał sobie sprawę, że po raz pierwszy dotknęła go tutejsza kobieta. Uśmiechnęła się buńczucznie, patrząc mu prosto w oczy, jakby wiedziała, jak duże to dla niego zaskoczenie. W rewanżu przeszedł przez próg jej „kuchni", na którą składało się okrągłe palenisko z kamieni, kilka półek oraz położona na zawalonym przedmiotami klepisku krzywa deska służąca do krojenia. Kucnął przy stercie drewna i przywitał się z wnuczką Sakiny, Dźahan, która nieśmiało się uśmiechnęła, po czym włożyła w usta swoją bordową chustę i schowała się za nią.

Sakina ze śmiechem próbowała przegonić intruza ze swojego królestwa, on jednak wyjął z zaśniedziałej mosiężnej puszki garść tamburoku, zielonej górskiej herbaty o ziołowym smaku, po czym napełnił poczerniały dzbanek rzeczną wodą, którą nalał z czterdziestolitrowego plastikowego kanistra. Dodał jeszcze kilka kawałków drewna do tlącego się ognia i nastawił dzbanek z herbatą.

Sam nalał starszyźnie Korphe gorzkiej zielonej herbaty, a następnie wziął filiżankę i usiadł na poduszce między Hadżi Alim a paleniskiem, z którego dochodził gryzący w oczy dym jaczego łajna. „To był dla babci wielki szok, kiedy doktor Greg wszedł do jej kuchni – opowiada Dźahan. – Ale traktowała go już wtedy jak jedno ze swoich dzieci, więc jakoś to przeżyła.

Potem zmieniła nieco poglądy i zaczęła się droczyć z dziadkiem, że on też powinien się nauczyć pomagać trochę w kuchni, tak jak jego amerykański syn". Jeśli chodziło o pilnowanie interesów Korphe, Hadżi Ali nie miał sobie równych. „Zawsze mnie zdumiewało, jak ten człowiek bez pomocy telefonu, radia i elektryczności zawsze wiedział, co się dzieje w dolinie Braldu i nie tylko" – mówi Mortenson.

Hadżi Ali przekazał zebranej grupie, że dwa samochody terenowe wiozące liny dotarły na odległość trzydziestu kilometrów od Korphe, dalej jednak nie mogą jechać, ponieważ drogę zablokowała kamienna lawina. Możliwe, że droga nie zostanie odblokowana przez kilka tygodni, ponieważ przy tej pogodzie nie można liczyć, że ze Skardu przyjedzie ciężki sprzęt. Proponuje zatem, by wszyscy sprawni mężczyźni z wioski zakasali rękawy i przynieśli linę do Korphe, dzięki czemu wkrótce będzie można rozpocząć budowę mostu.

Z entuzjazmem, którego Mortenson nie spodziewał się po mężczyznach ruszających na tak wyczerpującą misję, trzydziestu pięciu mieszkańców wioski, poczynając od nastolatków, a kończąc na Hadżi Alim i jego srebrnobrodych rówieśnikach, cały następny dzień szli w deszczu, po czym zawrócili i kolejne dwanaście godzin nieśli liny do Korphe. Każda ze szpul ważyła grubo ponad trzysta kilogramów – trzeba było dziesięciu chłopa, by unieść grube bale, na które nawlekli szpule.

Greg chciał mieć swój udział w niesieniu liny, ale ponieważ był co najmniej o głowę wyższy od pozostałych, bardzo przekrzywiał ładunek, mógł więc jedynie przyglądać się pracy innych. Nikomu to nie przeszkadzało. Większość tych ludzi regularnie pracowała w roli tragarzy, dźwigając równie poważne ciężary po lodowcu Baltoro.

Mężczyźni szli raźno naprzód, żując naswar, czyli mocny tytoń, którego nieskończone pokłady wydobywał z kieszeni kamizelki Hadżi Ali i rozdawał innym. Twaha, który niósł ciężar ramię w ramię z ojcem, z uśmiechem wyjaśnił Mortensonowi, że ciężka praca mająca na celu poprawę życia w wiosce jest czystą przyjemnością w porównaniu z podążaniem za nieuchwytnymi celami zagranicznych himalaistów.

Po powrocie do wioski zrobili głębokie wykopy pod fundamenty na obu błotnistych brzegach rzeki. Tyle że monsun trwał i przy takiej wilgoci nie można było wylewać betonu. Twaha wraz z grupą młodszych mężczyzn zaproponował, że skoro i tak muszą czekać, aż przestanie padać, urządzą polowanie na kozła skalnego. Poprosili Grega, by do nich dołączył.

Mortenson nie czuł się specjalnie dobrze przygotowany na wysokogórską wycieczkę – miał tylko adidasy, kurtkę, salwar kamiz i tani chiński sweter z akrylu kupiony na bazarze w Skardu. Jednak żaden z pozostałych sześciu mężczyzn nie był lepiej wyposażony. Twaha, syn naczelnika, miał na nogach parę solidnych brązowych półbutów ze skóry, które podarował mu jakiś turysta. Stopy dwóch innych mężczyzn były ciasno obwiązane kawałkami skóry, a pozostałym za obuwie starczały plastikowe sandały.

W nieustającym deszczu ruszyli na północ od Korphe, przez dojrzewające pola gryki zasianej na każdym skrawku ziemi, do którego udało się doprowadzić wodę. Rozwinięte już kłosy, przypominające miniaturowe kolby kukurydzy, kołysały się na cienkich łodyżkach pod ciężarem atakujących je wielkich kropel deszczu. Twaha z dumą niósł na ramieniu jedyny egzemplarz broni palnej, jaki posiadali – brytyjski muszkiet z początków epoki kolonialnej. Greg nie mógł uwierzyć, że zamierzają powalić kozła górskiego tego rodzaju obiektem muzealnym.

Zauważył most, który przeoczył w drodze powrotnej z K2 – zwisającą smętnie konstrukcję uplecioną z sierści jaków i zawieszoną między ogromnymi głazami po dwóch stronach Braldu. Widok ten napełnił go radością. Most prowadził do Askole i pozwalał ominąć miejsce, które obecnie zaczynał uważać za swój drugi dom. Miał wrażenie, że patrzy na alternatywną, mniej interesującą drogę swego życia, którą poszedłby, gdyby los nie zaprowadził go do Korphe.

Szli w górę, a nad nimi wznosiły się ściany kanionu. Teraz zarówno deszcz, jak i krople rozpryskiwane przez spienioną rzekę moczyły ich równie dokładnie. Ścieżka prowadząca po stromej ścianie kanionu mogła przyprawić o zawrót głowy. Kolejne pokolenia ludu Balti umacniały ją przed erozją, klinując płaskie kamienie na niepewnej półce skalnej. Mężczyźni z Korphe, którzy nieśli tylko lekkie kosze na plecach, szli po tym ruchomym półmetrowym występie skalnym z taką pewnością, jakby nadal spacerowali po płaskich polach. Mortenson jednak stawiał każdy krok bardzo ostrożnie, opierając się o ścianę kanionu, po której wodził koniuszkami palców. Cały czas miał świadomość, że upadek oznaczałby lot przez sześćdziesiąt metrów prosto w odmęty Braldu.

Rzeka była w tym miejscu tak brzydka, jak piękne były lodowe szczyty, które ją zrodziły. Plącząc się pośród przypominających katakumby czarnych i burych głazów, przepływając przez wilgotne wnęki, do których rzadko zaglądało światło dnia, błotnista Braldu wyglądała jak wijący się wąż. Trudno było uwierzyć, że te ponure strugi błota stanowią źródło życia dla mijanych wcześniej złotych kłosów oraz pozostałych plonów Korphe.

Gdy dotarli do lodowca Biafo, deszcz ustał. Przez chmury przebiło się kilka promieni słońca, które zalały żółtym światłem położony na wschodzie szczyt Bachor Das, pięciotysięcznik, który towarzysze Mortensona nazywali K2 Korphe, jako że prostą formą piramidy przypominał swego położonego nieco dalej większego brata, a dla mieszkańców Korphe stanowił rodzaj górującego nad ich domami bóstwa. W tych wysokogórskich dolinach islam nigdy do końca nie wyparł starszych, animistycznych wierzeń. Dla mężczyzn z Korphe widok skąpanej w promieniach słońca góry stanowił znak, że polowanie będzie pomyślne. Pod kierunkiem Twahy odmówili formułę mającą udobruchać bóstwa Karakorum, obiecując im, że zabiorą tylko jednego kozła.

Żeby go jednak znaleźć, musieli wspiąć się wysoko. George Schaller, słynny biolog pracujący w terenie, przez wiele lat tropił kozła skalnego i pokrewne mu gatunki w Himalajach i Karakorum. W roku 1973 w wyprawie przez zachodni Nepal celem badań nad życiem nachurów* towarzyszył mu Peter Matthiessen, który w genialnej książce pod tytułem „Pantera śnieżna" opisał ich długą wędrówkę przez wysokie góry, nadając jej wymiar pielgrzymki.

Wielkie góry świata wymagają czegoś więcej niż tylko zachwytu nad ich fizycznym pięknem. W swojej własnej książce „Kamienie milczenia" George Schaller wyznaje, że wypady w Karakorum, które nazywał „najsurowszym łańcuchem górskim na Ziemi", były dla niego nie tylko wyprawami badawczymi, ale też duchową odyseją. „Podróże te pełne są trudów i rozczarowań – pisze. – [Ale] góry budzą apetyt na więcej. Chciałem poznawać Karakorum dalej".

Schaller przemierzał ten sam wąwóz dwie dekady wcześniej, zbierając informacje na temat kozłów skalnych i dzikich owiec, jak również tere-

---

* Nachur (bharal, owca niebieska) – rzadki gatunek ssaka z rodziny krętorogich, budową przypominający owcę. Występuje m.in. w Himalajach.

nów, które w jego mniemaniu powinny zostać przez pakistański rząd objęte ochroną jako Park Narodowy Karakorum. Podczas długich dni spędzonych przy teleskopie nieraz łapał się jednak na czystym podziwie dla niezwykłych zdolności adaptacyjnych, jakimi wykazał się kozioł skalny w tych wyjątkowo trudnych warunkach.

Kozioł skalny, zwany też koziorożcem alpejskim, jest wielkim, potężnie umięśnionym zwierzęciem o charakterystycznych długich zakrzywionych rogach, które Baltowie cenią niemal tak samo jak jego mięso. Schaller zaobserwował, że kozły pasą się wyżej niż jakiekolwiek inne zwierzęta w Karakorum. Pewność kroku pozwala im zapuszczać się wysoko, skakać po wąskich półkach skalnych na wysokości pięciu tysięcy metrów poza zasięgiem drapieżników, czyli wilków i pantery śnieżnej. Docierają do granic wegetacji i dokładnie czyszczą skały z wysokogórskich traw i pędów – przez dziesięć do dwunastu godzin dziennie muszą szukać jedzenia, by utrzymać swoją masę ciała.

Twaha zatrzymał się na skraju brudnego lodu stanowiącego krawędź jęzora lodowca Biafo i wyjął niewielki okrągły przedmiot z kieszeni wiśniowego polaru podarowanego mu przez Mortensona podczas jego pierwszej wizyty w Korphe. Był to tomar, czyli „znak odwagi". Zgodnie z tradycją ludu Balti, na szyi każdego noworodka zawieszano tomar, aby odegnać złe duchy, które obwiniano za boleśnie wysoką śmiertelność wśród tutejszych dzieci. Nie do pomyślenia było również udanie się w drogę po pełnej niebezpieczeństw ruchomej rzece lodu bez tego rodzaju zabezpieczenia. Twaha przywiązał misternie upleciony z rdzawoczerwonej i ciemnopomarańczowej wełny medalion do suwaka przy kurtce Grega. Każdy z pozostałych mężczyzn przed wejściem na lodowiec również sprawdził, czy jego tomar jest na właściwym miejscu.

Przemierzając lodową pustynię wraz z grupą Baltów polujących w celu zdobycia pożywienia, a nie w ramach zachodniej ekspedycji o nieco bardziej skomplikowanych motywach, Mortenson widział wszystko w zupełnie nowym świetle. Nic dziwnego, że strzeliste szczyty ośmiotysięczników aż do połowy dwudziestego wieku pozostawały niezdobyte. Przez tysiące lat ludziom mieszkającym najbliżej tych gór nawet przez myśl nie przeszło, żeby się na nie wspinać. Całą ich energię pochłaniało znajdowanie w trudnych warunkach dostatecznej ilości pożywienia i opału, żeby przetrwać na dachu świata.

W tym sensie Baltów niewiele różniło od kozła, którego tropili.

Szli na zachód, ostrożnie stawiając kroki pośród ruchomych lodowych płyt oraz głębokich rozlewisk turkusowej wody. Z głębi rozpadlin niosło się echo, a ciszę naruszał tylko trzask spadających głazów, które obrywały się w wyniku ciągłych zmian temperatury. Kawałek dalej na północ, ukryty pośród niskich chmur, chował się przerażający masyw siedmiotysięcznika Bajntha Brag, zwanego Ludożercą, który został zdobyty jeden jedyny raz w roku 1977 przez Brytyjczyków Chrisa Boningtona oraz Douga Scotta. Ale podczas zejścia doświadczyli zemsty Ludożercy – Scott złamał obie nogi i musiał się czołgać, aby dotrzeć z powrotem do bazy.

Lodowiec Biafo wznosi się na wysokość pięciu tysięcy metrów przy zbiorniku Śnieżne Jezioro (Snow Lake), po czym łączy się ze schodzącym w dolinę Hunzy lodowcem Hispar. Mierząc od jednego końca do drugiego, połączone lodowce liczą sto dwadzieścia kilometrów. Poza biegunem północnym i południowym jest to najdłuższa zlodowaciała połać na Ziemi. Tę naturalną autostradę w dawnych czasach wykorzystywały ludy Hunza, które napadały tędy na dolinę Braldu. Lecz teraz drużyna myśliwych miała całą przestrzeń dla siebie, jeśli nie liczyć widocznych gdzieniegdzie śladów pantery śnieżnej, wskazywanych przez Twahę z wielką ekscytacją, oraz dwóch smętnych orłosępów brodatych, które z zaciekawieniem krążyły nad głowami myśliwych, unosząc się w nieruchomym powietrzu.

W wyniku wielogodzinnego spaceru w adidasach po kruchym lodzie Mortensonowi szybko przemarzły stopy. Wówczas Hussein, ojciec Tahiry, wyjął ze swojego bagażu wiązkę słomy i wyłożył nią buty Mortensona. Dzięki temu chłód stał się nieco znośniejszy. Nieco. Greg zastanawiał się, jak bez namiotów i śpiworów zamierzają w tych warunkach przenocować. Ale Baltowie polowali na lodowcu Biafo na długo przed pojawieniem się wyposażonych w najnowocześniejszy sprzęt przybyszy z Zachodu.

Kolejne noce spędzali w jaskiniach położonych w morenie bocznej lodowca, znanych miejscowym tak dobrze jak sieć zbiorników wodnych karawanie Beduinów. W każdej z jaskiń zostawiono wcześniej trochę suchego chrustu oraz gałązki bylicy i jałowca na podpałkę. Mężczyźni wydobyli spod ciężkich kamieni worki ryżu i soczewicy zostawione tam podczas poprzednich wizyt. Wraz z pieczonymi na kamieniach z ogniska podpłomykami zwanymi kurba zapewniało im to dość pożywienia, żeby kontynuować polowanie.

Po czterech dniach znaleźli pierwszego kozła, a raczej leżący na płaskiej skale szkielet dokładnie wyczyszczony przez orłosępy czy też panterę śnieżną. Wysoko na półce skalnej nad kośćmi zwierzęcia Twaha wypatrzył pasące się stado szesnastu kozłów i zawołał: „Skiin! Skiin!", co w języku balti oznacza kozła skalnego. Na kapryśnym niebie rysował się kontur wielkich zakręconych rogów, stado było jednak za daleko, by rozpocząć polowanie. Twaha podejrzewał, że lawina ściągnęła kozła na dół, zdecydowanie niżej, niż zwykle się pasą. Oderwał białą czaszkę z rogami od kręgosłupa i zamocował ją przy plecaku Grega – na pamiątkę.

Lodowiec Biafo drąży wśród niebotycznych szczytów wąwóz głębszy od Wielkiego Kanionu Kolorado. Podeszli do miejsca, gdzie spotyka się on z długim północnym grzbietem masywu Latok, który odparł już ataki kilkunastu ekspedycji. Dwa razy zakradali się pod wiatr w stronę stada kozłów, zanim jednak zdołali podejść na odległość strzału, zwierzęta wyczuwały ich, budząc w Gregu podziw dla ich instynktu.

Na chwilę przed zmierzchem siódmego dnia wędrówki Twaha wypatrzył wielkiego byka na występie skalnym dwadzieścia metrów nad ich głowami. Nasypał prochu do muszkietu, dodał stalową kulę i ubił wszystko w lufie. Mortenson wraz z pozostałymi mężczyznami schował się za jego plecami, za skałą, która zasłaniała ich przed czujnym wzrokiem zwierzęcia. Twaha rozłożył podpórkę przymocowaną do lufy muszkietu, oparł ją o głaz i próbował cicho odciągnąć kurek – ale nie dość cicho. Kozioł obrócił się w ich stronę. Byli na tyle blisko, że widzieli, jak jego długa broda stroszy się w panice. Greg dostrzegł, że gdy Twaha pociągał za spust, jego usta poruszały się w modlitwie.

Ogłuszający huk wywołał deszcz spadających ze skał kamyków. Proch kompletnie osmalił twarz Twahy, który wyglądał teraz jak umorusany górnik. Greg sądził, że nie udało mu się trafić kozła, ten bowiem wciąż stał w miejscu. Zaraz jednak przednie nogi zwierzęcia się ugięły, a w zimnym powietrzu dało się dostrzec parę buchającą z rany w szyi ofiary. Kozioł jeszcze dwa razy próbował się podnieść, lecz po chwili przewrócił się na bok.

– Allahu akbar! – krzyknęli mężczyźni z Korphe jednym głosem.

Rozbieranie mięsa zaczęło się po ciemku. Potem zanieśli kawałki zwierzęcia do jaskini i rozpalili ognisko. Hussein pewną ręką dzierżył zagięty nóż wielkości swojego przedramienia. Na jego pociągłej, inteligentnej, ale smutnej twarzy malował się wyraz pełnej koncentracji, gdy czyścił wątrobę i dzielił ją między towarzyszy. Greg nie zachwycał się wprawdzie smakiem mięsa, ale cieszył się, że jest ciepłe. Hussein jako jedyny spośród mieszkańców Korphe w swoim czasie opuścił dolinę Braldu i skończył dwanaście klas w dalekim nizinnym Lahaurze. Teraz, pochylony nad ciałem zabitego zwierzęcia w jaskini, z przedramionami pobłyskującymi krwią, wydawał się nieskończenie odległy od tamtych dni nauki na gorących pendżabskich równinach. Greg zdał sobie sprawę, że właśnie Hussein byłby doskonałym nauczycielem w szkole w Korphe. Byłby w stanie przerzucić most między dwoma światami.

Zanim myśliwi powrócili do Korphe, monsun się wycofał i nastała piękna słoneczna pogoda. Wmaszerowali do wioski witani jako bohaterowie. Przewodził im Twaha, trzymając w górze łeb świeżo zabitego kozła. Z tyłu szedł Greg z przytroczoną czaszką ofiary lawiny, której rogi sterczały mu nad głową niczym jego własne poroże.

Mężczyźni rozdawali kawałeczki koźlego tłuszczu zebranym tłumnie dzieciom, które wkładały smakowite kąski do buzi i ssały jak cukierki. Kilkaset kilo mięsa przyniesionego przez myśliwych w koszach podzielono między ich rodziny, a następnie ugotowano. Z mózgu zwierzęcia przygotowano potrawkę z ziemniakami i cebulą. Na koniec zaś Hadżi Ali dodał przyniesione przez syna rogi kozła do zawieszonej nad wejściem do domu kolekcji trofeów stanowiących dowód, że dawniej i on miał dość wigoru, by chodzić na polowania.

Mortenson pokazał swoje rysunki niżej położonych mostów nad Braldu pewnemu pakistańskiemu inżynierowi wojskowemu w stolicy regionu, Gilgicie. Inżynier przyjrzał się szkicom, zaproponował kilka zmian umacniających konstrukcję i rozrysował szczegółowy plan nowego mostu, zaznaczając dokładnie miejsca prowadzenia lin. Według jego planu na brzegach miały stanąć dwa dwudziestometrowe filary z kamienia zwieńczone betonowymi łukami o szerokości pozwalającej przejechać zaprzęgom ciągniętym przez jaki; między nimi zaś, dwadzieścia metrów nad znakiem wysokiej wody, miał wisieć most długości niemal dziewięćdziesięciu metrów.

Mortenson wynajął w Skardu doświadczoną ekipę kamieniarzy, którzy mieli dopilnować budowy filarów. Mieszkańcy Korphe czwórkami unosili kamienne bloki i z wielkim wysiłkiem umieszczali je równo na ułożonej przez kamieniarzy warstwie cementu. Dzieci przychodziły popatrzeć na budowę i krzyczały słowa zachęty swoim ojcom i wujkom, którzy czerwieniejąc z wysiłku, unosili w górę kamienie. W końcu po dwóch stronach rzeki stanęły dwa trzypoziomowe filary o szerokich podstawach i nieco węższych szczytach.

Dzięki pięknej pogodzie długie dni pracy upływały przyjemnie, a Mortenson mógł się napawać widocznymi postępami robót, gdy co wieczór mierzył, ile kamiennych bloków udało im się dodać do konstrukcji danego dnia. Przez niemal cały lipiec mężczyźni budowali most, a kobiety doglądały upraw, teraz zaś wraz z dziećmi patrzyły z dachów, jak nad rzeką wyrastają kamienne wieże.

Przed nadejściem klaustrofobicznej pory zimowej mieszkańcy Korphe starają się jak najwięcej czasu spędzać na powietrzu. Rodziny przeważnie spożywają swoje dwa posiłki dziennie na dachach domów. Mortenson uwielbiał po dniu ciężkiej pracy popić miskę soczewicy z ryżem mocną herbatą i wraz z rodziną Hadżi Alego wygrzewać się na słońcu, gawędząc przy tym z innymi rodzinami, również odpoczywającymi na swoich dachach.

Helena Norberg-Hodge z podziwem cytuje króla innego wysokogórskiego kraju, Bhutanu, który twierdzi, że prawdziwą miarą sukcesu państwa nie jest produkt narodowy brutto, lecz „szczęście narodowe brutto". Greg miał poczucie, że ci ludzie, siedząc na suchych nasłonecznionych dachach w otoczeniu zebranych owoców, jedząc, paląc i gawędząc równie beztrosko jak paryżanie na tarasach ulicznych kafejek, pomimo wszystkich braków mają klucz do zupełnie nieskomplikowanej tajemnicy szczęścia, które w krajach rozwiniętych ginie równie szybko jak prastare puszcze.

W nocy samotni mężczyźni, tacy jak Twaha i Greg, korzystali z łagodnej pogody i spali pod gołym niebem. Mortenson potrafił już płynnie posługiwać się językiem balti, więc gdy Korphe zapadało w sen, oni we dwóch jeszcze długo siedzieli i rozmawiali. Ich ulubionym tematem były kobiety. Greg wielkimi krokami zbliżał się do czterdziestki, Twaha zaś miał niebawem ukończyć trzydzieści pięć lat.

Opowiadał Gregowi, jak bardzo tęskni za swoją żoną Rhokią. Minęło już dziewięć lat, odkąd ją stracił przy porodzie ich jedynego dziecka, Dźahan.

– Była bardzo piękna – mówił, gdy leżeli, patrząc na Drogę Mleczną tak gęsto usianą gwiazdami, że zdawały się przykrywać ich niczym szal. – Miała drobną twarz, jak Dźahan, zawsze była roześmiana i rozśpiewana. Była jak mały świstak.

– Chcesz się jeszcze raz ożenić? – spytał Greg.

– O, z tym nie będzie problemu – wyjaśnił Twaha. – Któregoś dnia zostanę naczelnikiem wioski, zresztą już teraz mam dużo ziemi. Na razie jednak nie kocham żadnej kobiety. Ale czasem... sobie używam – dodał przebiegle, ściszając głos.

– Można to robić bez ślubu? – zdziwił się Amerykanin. Zastanawiał się nad tym, odkąd zjawił się w Korphe, ale dotąd nie miał dość odwagi, żeby kogoś spytać.

– Oczywiście – odparł Twaha. – Z wdowami. W Korphe jest wiele wdów.

Greg pomyślał o ciasnej izbie na dole, w której nocą tłoczyło się na poduszkach kilkunastu członków rodziny.

– Ale gdzie... no wiesz...

– W handhoku oczywiście – powiedział Twaha. Każdy dom w Korphe miał na dachu krytą słomą budkę, w której przechowywano ziarno. – Chcesz, żebym ci znalazł wdowę? Myślę, że co najmniej kilka od dawna się podkochuje w doktorze Gregu.

– Dziękuję. To chyba nie byłby dobry pomysł.

– Masz w swojej wiosce ukochaną? – spytał Twaha.

Mortenson opowiedział mu więc o kilku najważniejszych sercowych porażkach ostatniej dekady swojego życia, kończąc na Marinie. Opowiadając o niej, zauważył, że niedawna rana wydaje się już niemal całkiem zabliźniona.

– Aha, zostawiła cię, bo nie masz domu – zadecydował Twaha. – To się często dzieje w Baltistanie. Ale teraz możesz jej powiedzieć, że masz dom, a nawet prawie ukończony most w Korphe.

– To nie jest kobieta, z którą pragnę być – rzekł Mortenson i zdał sobie sprawę, że naprawdę tak myśli.

– W takim razie lepiej szybko się postaraj o właściwą kobietę – rzucił Twaha. – Zanim się zrobisz stary i tłusty.

W dniu kiedy przeciągnęli pierwszą linę między filarami, wracający z Baltoro tragarze przynieśli wiadomość, że zbliża się grupa Amerykanów. Mortenson siedział na głazie na północnym brzegu rzeki z planami inżyniera w ręku. Nadzorował pracę dwóch grup mężczyzn, którzy z pomocą jaków naciągali główne liny i mocowali je do filarów na tyle mocno, na ile się dało bez użycia narzędzi elektrycznych. Później najzwinniejszy z nich przeszedł po linie w tę i z powrotem, mocując zaciskami liny wspomagające w miejscach wskazanych przez inżyniera.

Północnym brzegiem rzeki nadchodził potężny Amerykanin w białej bejsbolówce na głowie, podpierając się kijkiem. U jego boku szedł przystojny, dobrze umięśniony miejscowy przewodnik dbający o jego bezpieczeństwo. „W pierwszej chwili pomyślałem sobie: «To dopiero kawał faceta siedzi tam na skale» – wspomina George McCown. – Nie mogłem wykombinować, co to za gość. Miał długie włosy i tradycyjny lokalny strój, ale od razu było widać, że nie jest Pakistańczykiem". Mortenson zsunął się z głazu i wyciągnął rękę do swego krajana. – George McCown? – spytał, a przybysz z niedowierzaniem skinął głową. – W takim razie najlepsze życzenia z okazji urodzin! – Uśmiechnął się szeroko, podając mężczyźnie zaklejoną kopertę.

George McCown wraz z Lou Reichardtem i Sir Edmundem Hillarym zasiadał w zarządzie American Himalayan Foundation. Na sześćdziesiąte urodziny urządził sobie trekking pod K2 razem ze swoimi dziećmi, Danem i Amy. Odwiedzili bazę ekspedycji, w której sponsorowaniu McCown miał swój udział. Kartkę urodzinową od zarządu fundacji przysłano do Askole, a stamtąd przekazano Mortensonowi, uznawszy, że jeden Amerykanin jakoś znajdzie drugiego.

McCown sprawował niegdyś funkcję prezesa Boise Cascade Home and Land Corporation, gdzie w ciągu sześciu lat zwiększył obroty ze stu milionów do sześciu miliardów dolarów, choć zaraz potem firma się podzieliła i rozpadła. To doświadczenie dało mu do myślenia. W latach osiemdziesiątych założył w Menlo Park w Kalifornii własną firmę inwestycyjną i zaczął skupywać odłamki spółek, które zbyt się rozrosły i stały się niewydolne. Obecnie wciąż jeszcze wracał do formy po operacji kolana, zaś po kilku tygodniach spędzonych na lodowcu w niepewności, czy kolano pozwoli mu w ogóle wrócić do cywilizacji, widok Mortensona ogromnie go ucieszył. „Po miesiącu z dala od domu w miejscu, które nie zawsze jest specjalnie przyjazne, nagle miałem możliwość porozmawiać z kimś niebywale kompetentnym – mówi McCown. – Byłem naprawdę uszczęśliwiony tym spotkaniem".

Greg opowiedział mu, jak dzięki publikacji Toma Vaughana w biuletynie American Himalayan Foundation udało mu się zdobyć fundusze na most i szkołę. Obaj byli zachwyceni tym przypadkowym spotkaniem. „Greg to facet, który od razu wzbudza sympatię i zaufanie – mówi McCown. – Jest bardzo prostolinijny. Taki dobroduszny olbrzym. Kiedy patrzyłem na tych wszystkich ludzi pracujących z nim nad budową mostu, było dla mnie jasne, że go kochają. Funkcjonował tam jako swój, a ja nie mogłem wyjść z podziwu, jak Amerykaninowi się to udało".

Mortenson przedstawił się opiekunowi McCowna w języku balti, a ten odpowiedział w urdu – nie był bowiem Baltem, lecz należał do plemienia Wachów z dalekiej doliny Carpursonu przy granicy afgańskiej. Nazywał się Faisal Baig.

Greg spytał swego krajana, czy nie wyświadczyłby mu przysługi. „Sam kierowałem pracami w Korphe i brakowało mi jakiegoś oparcia – tłumaczy. – Chciałem, żeby ludzie czuli, że nie tylko ja chcę im pomóc, że w Ameryce jest więcej takich osób".

„Wcisnął mi do rąk gruby plik rupii – wspomina McCown – i poprosił, żebym udawał wielkiego szefa z Ameryki. Więc odegrałem tę rolę. Chodziłem po terenie budowy, niby to doglądając prac, wypłacałem ludziom należne im pieniądze, chwaliłem za dobrą robotę i zachęcałem, żeby dali z siebie wszystko i jak najszybciej skończyli budowę".

McCown poszedł dalej, za swoją rodziną. Okazało się jednak, że przeciągnięte tego dnia liny połączyły nie tylko północny i południowy brzeg Braldu. Ponieważ w Pakistanie stopniowo robiło się dla cudzoziemców coraz bardziej niebezpiecznie, Faisal Baig zaproponował Gregowi, że zostanie jego ochroniarzem. McCown zaś, choć powrócił do swojej kalifornijskiej siedziby, został jednym z najważniejszych orędowników Mortensona.

Pod koniec sierpnia, dziesięć tygodni po rozpoczęciu prac w błotnistej wówczas ziemi, Mortenson stanął na środku kołyszącego się niemal dziewięćdziesięciometrowego mostu, podziwiając potężne trzypoziomowe filary na obu jego krańcach oraz sieć lin podtrzymujących całą konstrukcję. Hadżi Ali podał mu ostatnią deskę do wykończenia mostu, ale Greg uparł się, że naczelnik Korphe powinien położyć ostatni element. Nurmadhar uniósł deskę w górę, dziękując miłosiernemu Bogu za łaskawe zesłanie do ich wioski cudzoziemca, po czym ukląkł i umieścił drewienko w ostatnim prześwicie, przez który widać było spienioną rzekę. Kobiety i dzieci, zebrane w miejscu górującym nad południowym brzegiem, zaczęły wznosić entuzjastyczne okrzyki.

Mortenson znów został bez grosza, a że nie chciał korzystać z resztek funduszy, jakie mu zostały na szkołę, musiał się przygotować do podróży powrotnej do Berkeley i spędzić tam zimę, zarabiając pieniądze na powrót do Pakistanu. Ostatniej nocy w Korphe siedział na dachu z Twahą, Husseinem i Hadżi Alim, ustalając na lato ostateczne plany prac przy kopaniu fundamentów pod szkołę. Hussein wcześniej już zaproponował, że przekaże szkole płaski kawałek ziemi należącej do jego żony Hawy. Był stamtąd piękny widok na K2 Korphe, który mógł być dla dzieci inspiracją, aby mierzyć wysoko. Greg przystał na propozycję pod jednym warunkiem – że Hussein zgodzi się być pierwszym nauczycielem w Korphe. Opili umowę mocno posłodzoną na tę okazję herbatą i uścisnęli sobie dłonie. Potem jeszcze długo po zmroku z entuzjazmem rozprawiali o szkole.

Dwieście metrów niżej, pośrodku rzeki Braldu, migotały lampy w rękach mieszkańców Korphe, gdy zaciekawieni chodzili w tę i z powrotem nad rzeką, która jeszcze niedawno całkiem ich odcinała od szerokiego świata – świata, do którego Greg z ociąganiem musiał powrócić.

ROZDZIAŁ JEDENASTY

SZEŚĆ DNI

W twym sercu jest świeca gotowa, by ją zapalić.
W twej duszy jest próżnia gotowa, by ją wypełnić.
Czujesz to, prawda?

Rumi

NA ODDZIALE oparzeń szpitala Alta Bates na ekranach migały czerwone i zielone diody. Choć była czwarta rano, a on wyczerpany siedział w pielęgniarskiej dyżurce, bezskutecznie próbując znaleźć wygodną pozycję na plastikowym krześle zaprojektowanym z myślą o kimś znacznie mniejszych gabarytów, Mortenson był w nastroju, którego rzadko doświadczał, odkąd wyrzucił butelkę baileysa do motelowego kosza na śmieci – czuł się szczęśliwy.

Nieco wcześniej nałożył krem z antybiotykiem na dłonie dwunastoletniego chłopca przyciśniętego przez ojczyma do rozżarzonego piecyka, a potem świeży opatrunek. Rany chłopca szybko się goiły – przynajmniej fizycznie. Poza tym niewiele się tej nocy działo. „Nie trzeba jeździć na drugi koniec świata, żeby czuć się użytecznym – myślał Greg. – Tu też mogę ludziom pomagać". Ale każdy dyżur, a wraz z nim rosnący stan konta, zbliżał go do dnia, w którym miał powrócić do budowy szkoły w Korphe.

Znów mieszkał w pokoju u Witolda Dudzińskiego, w związku z czym teraz, siedząc na niemal opustoszałym oddziale, cieszył się, że może spędzić spokojną noc z dala od oparów wódki i dymu papierosowego. Jego szkarłatny fartuch pielęgniarski niewiele się różnił od piżamy, a światło było na tyle przygaszone, że mógł się zdrzemnąć. Gdyby tylko krzesło na to pozwoliło...

Po dyżurze półprzytomny Greg wracał do domu. Czarne niebo na horyzoncie ponad krawędzią Berkeley Hills zaczynało błękitnieć, gdy pił gęstą kawę, pogryzając lukrowane ciastko w kambodżańskiej cukierni. Stojącą przed domem furgonetkę Dudzińskiego blokował stojący na jezdni czarny saab. Zaś na rozłożonym siedzeniu kierowcy, z twarzą częściowo zasłoniętą kaskadą ciemnych włosów, zza których wyłaniały się tylko wydatne usta, spała doktor Marina Villard. Mortenson oblizał palce z lukru, po czym otworzył drzwi od strony kierowcy.

Marina poderwała się, przeciągnęła i pocierając ramiona, próbowała się dobudzić.

– Nie odbierasz telefonu – powiedziała.

– Pracowałem.

– Zostawiłam ci kilka wiadomości. Możesz je skasować.

– Co tu robisz?

– Nie cieszysz się, że mnie widzisz?

„Niespecjalnie" – pomyślał Greg.

– Jasne – powiedział. – Co u ciebie?

– Szczerze mówiąc, nie za dobrze.

Opuściła osłonę przeciwsłoneczną i w lusterku dokładnie obejrzała swoją twarz, po czym nałożyła świeżą warstwę czerwonej szminki.

– Co się stało z Mariem? – spytał Greg.

– To była pomyłka.

Mortenson nie wiedział, co zrobić z rękami. Kubek z kawą postawił na dachu jej samochodu, a teraz trzymał ręce sztywno opuszczone.

– Tęsknię za tobą – powiedziała Marina. Pociągnęła za dźwignię przy swoim biodrze, żeby podnieść oparcie, w wyniku czego zagłówek uderzył ją w tył głowy. – Au!... Ty za mną nie?

Greg poczuł, że w żyłach buzuje mu coś silniejszego od zaaplikowanej w cukierni kofeiny. Tak się zjawić, jakby nigdy nic, po tylu miesiącach? Po tych wszystkich nocach, kiedy on, leżąc w śpiworze na brudnej podłodze u Dudzińskiego, przewracał się z boku na bok i próbował zapomnieć o niej i o swoim świeżo zdobytym i zaraz utraconym życiu rodzinnym, żeby wreszcie zasnąć?

– Rozdział zamknięty – oznajmił, zatrzasnął drzwi przed nosem Mariny Villard i ruszył schodami w zawiesisty smród dymu i rozlanej wódki. Zaraz potem zasnął jak kamień.

Teraz, gdy przez górny odcinek rzeki Braldu przerzucony został most, a materiały budowlane (na które przyciśnięty do muru Ćangazi wystawił pokwitowanie) miały lada chwila zamienić się w szkołę, gdy nie miał już poczucia, że chowa się przed światem w melinie Dudzińskiego, tylko po prostu oszczędza, by wrócić do Pakistanu i dokończyć swoją pracę, Greg chętnie rozmawiał z każdym, kogo coś łączyło z Karakorum.

Zadzwonił do Jeana Hoerniego, który przysłał mu bilet na samolot do Seattle i poprosił, by przywiózł ze sobą zdjęcia mostu. W luksusowym apartamencie z niesamowitym widokiem na jezioro Waszyngton oraz piętrzące się dalej Góry Kaskadowe Mortenson spotkał się z człowiekiem, który przez telefon tak bardzo go onieśmielał. Naukowiec był drobnej budowy, miał zwisający wąsik i ciemne oczy, którymi przyglądał się Gregowi przez za duże okulary. Nawet jako siedemdziesięciolatek wciąż miał dużo wigoru charakterystycznego dla urodzonych alpinistów. „Na początku obawiałem się Jeana – mówi Mortenson. – Uchodził za dość nieokrzesanego. Dla mnie jednak był zawsze bardzo miły".

Greg rozpakował swój żeglarski worek, a po chwili razem z Hoernim pochylali się nad stolikiem do kawy, oglądając zdjęcia, plany architektoniczne i mapy, które opadały na kremowy dywan. Hoerni sam dwa razy odbył trekking do bazy pod K2, dyskutował więc z Gregiem o wioskach takich jak Korphe, których nie było na mapie. A także z wyraźną przyjemnością dodał czarnym markerem kolejny obiekt na jednej z map – nowy most na rzece Braldu.

„Jean od razu bardzo polubił Grega – wspomina wdowa po naukowcu, Jennifer Wilson, która później została członkiem zarządu Instytutu Azji Centralnej. – Podobało mu się, że jest taki nieporadny i nie przypomina typowego biznesmena. Cieszył się, że Greg działa we własnym imieniu. Jean sam był przedsiębiorcą i szanował ludzi porywających się na trudne zadania. Kiedy przeczytał o Gregu w biuletynie AHF, powiedział: «Przecież Amerykanie troszczą się o buddystów, nie o muzułmanów. Tego faceta nikt nie będzie chciał wesprzeć. Będę musiał mu pomóc»... Jean dużo w życiu osiągnął – ciągnie wdowa. – Ale wyzwanie, jakim była budowa szkoły w Korphe, ekscytowało go nie mniej niż praca naukowa. Czuł się naprawdę związany z tym regionem. Kiedy Greg od nas wyszedł, Jean powiedział: «Myślę, że pomysł tego młodego człowieka ma pięćdziesiąt procent szans na powodzenie. Ale jeśli uda się doprowadzić rzecz do końca, to świetnie»".

Po powrocie do Berkeley Mortenson zadzwonił do George'a McCowna, żeby powspominać, jak to dziwnym zrządzeniem losu spotkali się po drugiej stronie globu, na szlaku prowadzącym przy górnym odcinku rzeki Braldu. McCown zaprosił Grega na zjazd American Himalayan Foundation na począsteczku września, dodając, że sam Sir Edmund Hillary ma wygłosić prelekcję. Greg obiecał, że się tam zobaczą.

W środę 13 września 1995 roku Mortenson, ubrany w brązową wełnianą marynarkę sportową po ojcu, bojówki i zniszczone skórzane mokasyny, które nosił bez skarpetek, zjawił się w hotelu Fairmont. Ten elegancki przybytek usadowił się na szczycie wzniesienia Nob Hill, w jedynym miejscu w San Francisco, gdzie krzyżują się wszystkie linie tramwajów linowych – doskonała lokalizacja dla wieczoru, który miał połączyć najróżniejsze wątki składające się na los Grega Mortensona.

W roku 1945 w hotelu Fairmont spotkali się dyplomaci z pięćdziesięciu krajów, aby podpisać Kartę Narodów Zjednoczonych, dokument założycielski ONZ. Pięćdziesiąt lat później w złotej Sali Weneckiej zebrał się równie wielokulturowy tłum z okazji dorocznego bankietu charytatywnego American Himalayan Foundation. Przy barze tłoczyli się elegancko ubrani inwestorzy i zarządcy funduszy inwestycyjnych ramię w ramię z alpinistami, którzy czuli się wyraźnie nieswojo w nudnych marynarkach i krawatach. Błyszczące czarnym aksamitem kobiety z wyższych sfer San Francisco śmiały się z żartów opowiadanych przez buddyjskich mnichów odzianych w pomarańczowe szaty.

Przy wejściu do sali Mortenson pochylił głowę, aby przyjąć khatę – biały jedwabny tybetański szal, który zawieszono mu na szyi. Wyprostował się, dotknął tkaniny i zaczął się rozglądać po sali, z której dochodził gwar niemal tysiąca ożywionych głosów. Dookoła pełno było ludzi zrzeszonych w organizacji, czego sam Mortenson dotąd jeszcze nie zaznał, poczuł się więc nieco wyalienowany. Zaraz jednak pomachał do niego George McCown – pochylał się przy barze, rozmawiając z niższym od siebie mężczyzną, w którym Mortenson rozpoznał Jeana Hoerniego. Podszedł do nich i obu uścisnął.

– Właśnie mówiłem George'owi, że musi ci przekazać trochę funduszy – powiedział Hoerni.

– Hm, powinno mi jeszcze starczyć na szkołę, jeśli będę oszczędnie gospodarować – odparł Mortenson.

– Nie na szkołę – zaprotestował Hoerni. – Dla ciebie! Z czego masz zamiar żyć, dopóki nie skończysz budowy?

Mortenson nie bardzo wiedział, co na to odpowiedzieć. Poczuł, że krew napływa mu do policzków.

– Mam to milczenie uznać za zgodę? – spytał McCown.

– Przynieś mu koktajl – roześmiał się Hoerni. – Greg chyba zaraz zemdleje.

Podczas bankietu pewien elegancki dziennikarz siedzący koło Mortensona przy stole był tak zbulwersowany jego gołymi kostkami, że poszedł mu kupić parę skarpetek w hotelowym sklepiku. Poza tym zdarzeniem Mortenson niewiele zapamiętał z całego przyjęcia poza tym, że jadł w otępieniu, nie mogąc uwierzyć, iż jego problemy finansowe nagle się rozpłynęły jak za dotknięciem czarodziejskiej różdżki.

W dalszej części wieczoru niezatarte wrażenie pozostawiła na Gregu przemowa jednego z jego idoli – na scenę, powłócząc nogami, wszedł Sir Edmund Hillary. Przypominał bardziej pszczelarza, którym niegdyś był, niż celebrytę, któremu brytyjska królowa nadała tytuł szlachecki. Mawiał o sobie „Ed from the Edge",* miał krzaczaste brwi, na które opadała rozwichrzona czupryna, a do tego okropne zęby. W wieku siedemdziesięciu pięciu lat ten najsłynniejszy obywatel Nowej Zelandii miał już spory brzuszek i nie wyglądał na kogoś, kto byłby w stanie dziarskim krokiem wejść na jakikolwiek ośmiotysięcznik. Lecz dla zgromadzonego na sali tłumu entuzjastów wspinaczki był żywą legendą.

Hillary rozpoczął swoje wystąpienie od pokazania slajdów z pionierskiej wyprawy na Everest w roku 1953. Miały przejaskrawione, nienaturalne barwy, typowe dla pierwszych kolorowych fotografii, i pokazywały młodego Sir Edmunda, opalonego i mrużącego oczy w słońcu. Sam bohater bagatelizował swój ówczesny wyczyn, twierdząc, że przy odrobinie szczęścia wielu innych śmiałków mogło zdobyć Everest, zanim udało się to jemu i Tenzingowi Norgayowi.

– Miałem dużo entuzjazmu i takie sobie umiejętności, a do tego trochę wyobraźni i sporo determinacji; byłem gotów dać z siebie wszystko – powiedział słuchającej w skupieniu publiczności. – Byłem zwykłym facetem. To tylko media próbowały zrobić ze mnie bohatera. Nauczyłem się jednak przez lata, że jeśli się nie słucha tych bzdur, jakie o człowieku wygadują, można wyjść z całego zamieszania bez strat.

Po obowiązkowych fotkach Everestu Hillary poświęcił sporo czasu zdjęciom z lat sześćdziesiątych i siedemdziesiątych, na których potężni ludzie

---

* „Ed from the Edge" – Ed(mund) z krańca (świata); „the Edge" to żartobliwe określenie Nowej Zelandii.

Zachodu i drobni Szerpowie razem pracują, budując szkoły i kliniki w Nepalu. Na jednym ze zdjęć zrobionym podczas pierwszej akcji humanitarnej – ukończonej w roku 1961 szkoły o trzech salach – Hillary z nagim torsem i młotkiem w ręku idzie kocim krokiem po belce na dachu. Przez cztery dekady, jakie upłynęły od momentu, gdy stanął na szczycie świata, Hillary ani na chwilę nie osiadł na laurach. Przeciwnie – często wracał w Himalaje, gdzie jego młodszy brat Rex wspomagał go w budowie dwudziestu siedmiu szkół, dwunastu klinik i dwóch małych lotnisk, które umożliwiały lepsze zaopatrzenie regionu Khumbu. Grega ogarnęła taka fala ekscytacji, że nie mógł usiedzieć w miejscu. Przepraszając, wstał od stołu i przeszedł na tył sali, gdzie słuchał dalej Hillary'ego, chodząc w tę i z powrotem. Czuł się rozerwany między pragnieniem pochłonięcia każdego słowa a nieodpartą chęcią, by wsiąść w najbliższy samolot, lecieć do Pakistanu i z miejsca zabrać się do dalszej pracy.

– Nie wiem, czy chciałbym, aby pamiętano mnie za coś szczególnego – ciągnął Hillary. – Wejście na Everest dało mi ogromną satysfakcję. Ale dużo cenniejsze było dla mnie budowanie szkół i klinik, które stały się źródłem satysfakcji nieporównanie większej od tej, jaką daje postawienie stopy na wielkiej górze.

Mortenson poczuł, że ktoś dotyka jego ramienia, więc się odwrócił. Stała przed nim uśmiechnięta ładna kobieta w czarnej sukience. Miała krótkie rude włosy i wydawała mu się mgliście znajoma. „Wiedziałam, kim jest Greg – mówi Tara Bishop. – Słyszałam, czego próbuje dokonać, i spodobał mi się jego uśmiech, więc po prostu do niego podeszłam".

Zaczęli ze sobą rozmawiać, a wymiana zdań potoczyła się płynnie, gładko, nieprzerwanym ciągiem – okazało się, że mają mnóstwo wspólnych zainteresowań, każdy zatem wątek rodził wątki kolejne. Tak rozpoczęli rozmowę, której nie skończyli do dziś.

Szeptali sobie do ucha, by nie przeszkadzać innym, wciąż zasłuchanym w słowa Sir Edmunda, toteż stali bardzo blisko siebie. „Greg twierdzi, że wręcz położyłam mu głowę na ramieniu – opowiada Tara. – Ja tego nie pamiętam, ale całkiem możliwe. Zrobił na mnie ogromne wrażenie. Pamiętam, że patrzyłam na jego wielkie silne dłonie i miałam ochotę ich dotknąć".

Ojciec Tary, Barry Bishop, fotograf „National Geographic", wszedł na Everest 22 maja 1963 roku jako członek pierwszej amerykańskiej wyprawy na najwyższy szczyt świata. Drogę na szczyt wybrał, oglądając zdjęcia trasy zrobione przez swojego przyjaciela, Sir Edmunda Hillary'ego. Bishop tak opisał w „National Geographic" tę wyczerpującą wspinaczkę: „Co robimy, gdy w końcu docieramy na szczyt i padamy zmęczeni? Płaczemy. Bez żadnych już zahamowań płaczemy jak dzieci. Z radości, że udało nam się wejść na najpotężniejszą z gór, ale też z ulgą, że zakończył się koszmar wspinaczki". Poczucie ulgi okazało się nieco przedwczesne. Gdy schodzili ze szczytu, niewiele brakowało, a Bishop ześlizgnąłby się z półki skalnej i poleciał na sam dół, aż do Tybetu. Oprócz tego skończył mu się tlen, wpadł w lodową szczelinę i doznał tak poważnych odmrożeń, że kilku Szerpów parami musiało go znosić do wioski Namcze Bazar, skąd zabrano go śmigłowcem do szpitala w Katmandu. Koniec końców Bishop stracił w tej wyprawie koniuszki małych palców u rąk i wszystkie palce u nóg, ale jego szacunek dla pionierów takich jak Hillary, którzy przed nim dotarli na szczyt Everestu, nie zmalał ani na jotę. Pisał o tym następująco: „W szpitalnej ciszy zastanawiałem się nad lekcją, jaką dała nam ta wyprawa. Mount Everest to góra potężna, surowa i nieprzyjazna. Jeśli ktoś rzuca jej wyzwanie, rozpoczyna się wojna. Aby śmiałek mógł przeprowadzić atak, musi posiadać umiejętności i bezwzględność godne operacji wojskowej. Kiedy zaś bitwa dobiega końca, góra pozostaje niezwyciężona. Nie ma prawdziwych zwycięzców, są tylko ci, którym udało się przeżyć".

Barry Bishop przeżył i wrócił do Waszyngtonu, gdzie prezydent Kennedy z honorami podjął całą bohaterską ekipę w Ogrodzie Różanym Białego Domu. W roku 1968 Barry zapakował żonę Lilę, syna Brenta i córkę Tarę do samochodu z przyczepą kempingową, po czym przejechał z całą rodziną trasę z Amsterdamu do Katmandu. Na dwa lata przenieśli się do miejscowości Dźumla w zachodnim Nepalu, gdzie Barry prowadził badania do doktoratu na temat starożytnych szlaków handlowych. Zaglądał do nich George Schaller w drodze na swoje wyprawy badawcze dotyczące ginącej natury Nepalu.

Udało mu się przeżyć i tę przygodę, po której wraz z całą rodziną wrócił znów do Waszyngtonu, gdzie objął stanowisko przewodniczącego Komisji ds. Badań i Odkryć „National Geographic". Tara pamięta, że do ich domu wpadał czasem zaprzyjaźniony z ojcem Ed Hillary – wówczas obaj niestrudzeni himalaiści spędzali leniwie wieczór przed telewizorem, pijąc tanie piwo, wspominając Everest i oglądając po kilka wypożyczonych westernów, które obaj uwielbiali. W roku 1994 Barry przeprowadził się wraz z żoną do Bozemanu w stanie Montana, gdzie w piwnicy domu stworzył jedną z najwspanialszych na świecie prywatnych kolekcji książek o Himalajach.

Niestety, nie udało mu się przeżyć wycieczki do San Francisco. Rok wcześniej jechał z żoną samochodem na tę samą imprezę, doroczny bankiet charytatywny American Himalayan Foundation. W miejscowości Pocatello w stanie Idaho jego ford explorer przy prędkości stu trzydziestu kilometrów na godzinę wpadł w poślizg, zjechał z drogi i cztery razy dachował, na koniec lądując w piaszczystym rowie. Matka Tary miała zapięte pasy, dzięki czemu nic jej się nie stało. Ojciec nie zapiął swoich, więc od razu wyrzuciło go z samochodu. Zmarł w wyniku obrażeń głowy.

Tara Bishop niespodziewanie dla samej siebie opowiedziała tę historię zupełnie nieznajomemu mężczyźnie stojącemu koło niej w zaciemnionej sali balowej. Opowiedziała mu, że w samochodzie było mnóstwo jej rysunków z dzieciństwa i pamiętników, które ojciec miał jej przywieźć. Że obcy ludzie na miejscu wypadku pozbierali cenne pamiątki porozrzucane po autostradzie i wszystko jej oddali. Że razem z bratem Brentem pojechali w to miejsce, by zawiesić na przydrożnych krzewach flagi modlitewne i wylać butelkę ulubionego przez ojca dżinu Bombay Sapphire na wciąż zabarwiony krwią piasek. „Najdziwniejsze było to, że wydawało mi się to zupełnie naturalne – mówi Tara. – Zwierzanie się Gregowi miało dla mnie więcej sensu niż wszystkie inne rzeczy, jakie robiłam od śmierci ojca".

Kiedy w Sali Weneckiej, gdzie niegdyś Tony Bennett po raz pierwszy zaśpiewał swój przebój „Zostawiłem serce w San Francisco", zapaliły się światła, Mortenson poczuł, że jego serce rwie się do kobiety, którą przed chwilą poznał. „Tara była tej nocy na wysokich obcasach, za którymi nigdy specjalnie nie przepadałem – wspomina Greg. – Pod koniec wieczoru rozbolały ją nogi, więc włożyła glany. Nie wiem dlaczego, ale rzuciło mnie to na kolana. Poczułem się jak nastolatek. Patrząc na Tarę ubraną w czarną sukienkę i wielkie buciory nabrałem przekonania, że to kobieta dla mnie".

Razem poszli się przywitać z Sir Edmundem, który złożył Tarze kondolencje z powodu śmierci ojca. „To było niesamowite – mówi Mortenson. – Bardziej absorbowała mnie świeżo poznana Tara niż rozmowa z człowiekiem, który przez szereg lat był moim idolem".

Greg przedstawił Tarę Jeanowi Hoerniemu i George'owi McCownowi, po czym dołączyli do tłumu wylewającego się z sali do hotelowego lobby. „Tara wiedziała już wtedy, że nie mam samochodu, zaproponowała więc, że mnie podwiezie do domu – opowiada Greg. – Wprawdzie umówiłem się wcześniej z przyjaciółmi, że mnie zabiorą, ale nie przyznałem się do tego i machnąłem na nich ręką, byle tylko z nią być".

Mortenson przybył do hotelu Fairmont w stanie, do którego zdążył się już przyzwyczaić – spłukany i samotny. Wychodził natomiast z obietnicą rocznego wynagrodzenia i ramię w ramię ze swoją przyszłą żoną.

W czasie gdy przemierzali szarym volvo Tary ulice dzielnicy finansowej San Francisco, a potem stali w korku na autostradzie 101, żeby przejechać przez Bay Bridge, Mortenson opowiadał Tarze historię swojego życia. O dzieciństwie w Moshi, drzewie pieprzowym, szpitalu ojca i szkole matki. O śmierci Christy, a potem ojca. Wysoko nad wodami Zatoki San Francisco, jadąc w stronę dzielnicy Oakland Hills nęcącej światłami niczym nieodkryta konstelacja, Greg budował kolejny most, splatając ze sobą zdarzenia, z których powstać miała sieć łącząca losy dwojga ludzi.

Zaparkowali pod mieszkaniem Dudzińskiego.

– Zaprosiłbym cię do środka, ale jest tam dość koszmarnie – powiedział Greg.

Przez kolejne dwie godziny siedzieli więc w samochodzie i rozmawiali: o Baltistanie i przeszkodach, jakie Greg musiał pokonać, żeby zbudować szkołę w Korphe, i o bracie Tary, Brencie, który planował własną wyprawę na Everest. „Pamiętam, że kiedy siedziałam w samochodzie obok niego, przyszła mi do głowy bardzo klarowna myśl – wspomina Tara. – Nawet jeszcze się nie dotknęliśmy, ale pamiętam, że pomyślałam: «Oto mężczyzna, z którym spędzę resztę życia». Było to bardzo spokojne, cudowne uczucie".

– Czy pogniewasz się, jeśli cię stąd porwę? – spytała Tara.

W jej kawalerce, zaadaptowanym garażu w Rockridge, urokliwej dzielnicy Oakland, Tara nalała wina do dwóch kieliszków i obdarowała Grega pierwszym pocałunkiem, który trwał bez końca. Tashi, terrier tybetański Tary, biegał między ich nogami, wściekle obszczekując intruza.

– Witaj w moim życiu – powiedziała Tara, odrywając usta od warg Grega, by spojrzeć mu w oczy.

– Witaj w moim sercu – odrzekł Greg i objął Tarę.

Następnego ranka, w czwartek, pojechali z powrotem na drugą stronę Bay Bridge, na lotnisko. Mortenson miał rezerwację na niedzielny lot British Airways do Pakistanu. Razem opowiedzieli swoją historię agentce linii lotniczych, która dała się oczarować i zmieniła rezerwację na następną niedzielę, nie naliczając dodatkowej opłaty.

Tara przygotowywała w tym czasie doktorat w California School of Professional Psychology, chciała bowiem pracować jako psycholog kliniczny. Zaliczyła już wszystkie zajęcia, mogła więc swobodnie dysponować swoim czasem. Mortenson zaś nie miał już żadnych dyżurów w szpitalu, więc każdą chwilę każdego dnia spędzali razem upojeni swoim nieoczekiwanym szczęściem. Starym volvo Tary pojechali do Santa Cruz, gdzie zatrzymali się u krewnych Grega, blisko plaży. „Greg był niesamowity – wspomina Tara. – Nie miał żadnych oporów, by dzielić się ze mną swoim życiem i swoją rodziną. Wcześniej byłam w różnych okropnych związkach, a tu nagle zdałam sobie sprawę: «Aha, więc tak to jest, kiedy się trafi na właściwą osobę»".

W niedzielę, gdy samolot do Pakistanu odleciał bez Grega na pokładzie, jechali z powrotem do San Francisco przez płowe wzgórza gdzieniegdzie zieleniące się grupkami dębów o splątanych konarach.

– To kiedy bierzemy ślub? – spytała Tara, spoglądając na swojego pasażera, mężczyznę, którego poznała zaledwie cztery dni wcześniej.

– Może we wtorek? – zaproponował Greg.

We wtorek 19 września Greg Mortenson, ubrany w bojówki, kremową koszulę z surowego jedwabiu i haftowaną tybetańską kamizelkę, wszedł do ratusza w Oakland, trzymając za rękę swoją narzeczoną, Tarę Bishop. Panna młoda miała na sobie lniany żakiet i krótką spódniczkę w kwiaty. Ze względu na gust mężczyzny, który wkrótce miał zostać jej mężem, zostawiła w domu czółenka na obcasie i poszła do ślubu w płaskich sandałkach. „Sądziliśmy, że tylko podpiszemy papiery i dostaniemy akt ślubu, a całą ceremonię odbędziemy później, kiedy Greg wróci z Pakistanu" – mówi Tara.

Ale ratusz w Oakland zapewniał pełen pakiet usług. W ramach osiemdziesięciu trzech dolarów opłaty miejski sędzia poprowadził młodą parę do sali, gdzie kazano im stanąć pod łukiem z białych sztucznych kwiatów przymocowanych do tablicy ogłoszeń. Pracująca w sekretariacie sędziego kobieta w średnim wieku o latynoskiej urodzie i imieniu Margarita zaoferowała, że będzie ich świadkiem, i przez całą ceremonię płakała.

W sześć dni po pierwszych szeptach w zaciemnionej sali balowej hotelu Fairmont Greg Mortenson i Tara Bishop złożyli sobie przysięgę małżeńską. „Kiedy sędzia doszedł do kwestii: «w bogactwie i w biedzie», oboje z Gregiem parsknęliśmy śmiechem – opowiada Tara. – Zdążyłam przed ślubem zobaczyć jego pokój u Dudzińskiego i wiedziałam, że Greg co noc zdejmuje poduszki z kanapy, żeby na czymś miękkim rozłożyć swój śpiwór. Pamiętam, że do głowy przyszły mi jednocześnie dwie myśli: «Wychodzę za mężczyznę, który nie ma nawet łóżka» i „«Boże, jak ja go kocham!»".

Nowożeńcy obdzwonili kilkoro przyjaciół, by zaprosić zszokowanych rozmówców do włoskiej restauracji w San Francisco celem oblania szczęśliwego zdarzenia. James Bullock, jeden z przyjaciół Grega, pracował jako motorniczy tramwajów linowych i zaproponował, żeby się spotkali na wybrzeżu, przy pętli tramwajowej na Embarcadero. Zjawili się tam w godzinach szczytu, a James kazał im wsiąść do zatłoczonego czerwono-złotego wagonu, po czym dał sygnał dzwonkiem i ogłosił pozostałym pasażerom, że w wagonie jadą nowożeńcy. Tramwaj z łoskotem jechał przez dzielnicę finansową miasta, a mieszkańcy San Francisco obsypywali młodą parę deszczem cygar, monet i gratulacji.

Gdy James dojechał na ostatni przystanek, zamknął drzwi tramwaju i zabrał nowożeńców na prywatną przejażdżkę po San Francisco, przez całą drogę obwieszczając dzwonkiem wielkie wydarzenie. Unoszący się na niewidzialnej podziemnej linie wagon wspiął się na Nob Hill, minął hotel Fairmont i pojechał dalej eleganckimi stromymi ulicami, z których rozciąga się najbardziej hipnotyzujący widok w San Francisco. Stojąc pod rękę ze świeżo poślubioną żoną, Greg patrzył, jak zachodzące za mostem Golden Gate słońce muska pocałunkiem fale Pacyfiku i nadaje wyspie Angel rubinową barwę, która odtąd na zawsze miała stać się dla niego kolorem absolutnego szczęścia. Poczuł nienaturalne zmęczenie w okolicy policzków i zdał sobie sprawę, że od sześciu dni bez przerwy się uśmiecha. „Kiedy ludzie słyszą opowieść o naszym ślubie, zawsze są zszokowani – mówi Mortenson. – Lecz dla mnie nie było nic dziwnego w tym, że pobraliśmy się po sześciu dniach znajomości. Podobnie zrobili moi rodzice i dobrze na tym wyszli. Zadziwiające jest dla mnie raczej to, że w ogóle udało mi się spotkać Tarę. Znalazłem tę jedyną osobę na świecie, którą los mi przeznaczył".

W następną niedzielę Greg spakował swój żeglarski worek, wetknął do kieszeni kurtki torebkę pełną banknotów studolarowych, wsiadł w samochód i pojechał na lotnisko. Zaparkował przy hali odlotów, ale nie mógł się zmusić, by wysiąść z samochodu. Spojrzał na żonę, która się uśmiechała, myśląc o tym samym co on.

– Zapytam – powiedział Greg. – Ale nie wiem, czy mi drugi raz pozwolą.

Mortenson przekładał wylot jeszcze dwukrotnie, za każdym razem jechał z bagażem na lotnisko, na wypadek gdyby się jednak nie udało. Niepotrzebnie się martwił. W agencji British Airways historia Grega i Tary szybko przekształciła się w romantyczną legendę, a pracownicy chętnie naginali zasady regulaminu, żeby dać Mortensonowi więcej czasu na lepsze poznanie się z żoną. „To były bardzo szczególne dwa tygodnie, czas tylko dla nas – opowiada Mortenson. – Nikt nie wiedział, że wciąż jestem w mieście, a my zabarykadowaliśmy się w mieszkaniu Tary, próbując nadrobić zaległości z tych wszystkich lat, kiedy się nie znaliśmy".

„W końcu zebrałam się na odwagę i zadzwoniłam do mamy – mówi Tara. – Była akurat w Nepalu, miała ruszać na trekking". A Lila Bishop wspomina: „Kiedy Tara zadzwoniła do mnie do Katmandu, kazała mi usiąść. Takiego telefonu się nie zapomina. Córka bez przerwy używała słowa «cudownie», ale w moich uszach dzwoniło wciąż «sześć dni»".

„Powiedziałam: «Mamo, właśnie wyszłam za najcudowniejszego mężczyznę na świecie». Było słychać po jej głosie, że jest zszokowana. Zorientowałam się, że w pierwszej chwili podeszła do tego sceptycznie, ale zaraz zebrała się w sobie i postanowiła się cieszyć z mojego szczęścia. «No cóż – usłyszałam – masz trzydzieści jeden lat i pocałowałaś już w życiu wiele żab. Jeśli sądzisz, że to twój książę, z pewnością tak właśnie jest»".

Gdy szare volvo po raz czwarty zaparkowało przed stanowiskiem British Airways, Mortenson ucałował na pożegnanie kobietę, która była mu już tak bliska, jakby znał ją od zawsze, i z workiem żeglarskim na plecach poszedł do stanowiska linii lotniczych.

– Na pewno tym razem chce pan już lecieć? – droczyła się z nim pracownica agencji. – Czy na pewno wie pan, co robi?

– Och, z całą pewnością dobrze wiem, co robię – powiedział Greg, odwracając się, by ostatni raz pomachać przez szybę żonie. – Jeszcze nigdy życiu nie byłem niczego tak pewien.

Rozdział dwunasty

Lekcje Hadżi Alego

Przekonanie, że nasze uprzemysłowione społeczeństwo
może się czegoś nauczyć od „prymitywnych" mieszkańców Himalajów,
pewnie wielu osobom wyda się absurdalne.
Lecz nasze poszukiwania sensownej przyszłości wciąż zataczają krąg, powracając do pradawnego związku między człowiekiem a ziemią,
wzajemnej zależności, której stare kultury nigdy nie zatraciły.

Helena Norberg-Hodge

Wejścia do domu Ćangaziego w Skardu bronił człowiek, który nawet jak na przedstawiciela ludu Balti był niskiego wzrostu. Asystent Ćangaziego, Jakub, miał gładką twarz i drobną budowę dwunastoletniego chłopca, choć był już mężczyzną po trzydziestce. Stanął jednak Mortensonowi na drodze, nie dając mu wejść do środka.

Greg wyjął z plecaka foliową torebkę, w której trzymał wszystkie ważne dokumenty, i chwilę w niej grzebał, zanim znalazł sporządzony przez Ćangaziego dokument wyszczególniający wszystkie materiały na budowę szkoły.

– Muszę odebrać te rzeczy – powiedział, pokazując Jakubowi listę.

– Pan Ćangazi jest w Pindi – brzmiała odpowiedź.

– Kiedy wróci do Skardu?

– Za miesiąc, najdalej dwa – rzekł Jakub, próbując zamknąć drzwi.

– Proszę wtedy przyjść.

Mortenson przytrzymał drzwi ręką.

– Zadzwońmy do niego – powiedział.

– Nie da się – odparł Jakub. – Linia jest zepsuta.

Mortenson napomniał się w duchu, że nie wolno mu okazywać złości. Czy każdy, kto pracuje dla Ćangaziego, posiada dostęp do nieprzebranego arsenału wymówek swojego szefa? Greg zastanawiał się, czy dalej naciskać czy przyjść raz jeszcze z policją, kiedy zza pleców Jakuba wyłonił się dostojny starszy mężczyzna w brązowej czapeczce z wyjątkowo delikatnej wełny i o starannie przystrzyżonym wąsie. Był to Ghulam Parwi, księgowy, którego Ćangazi zatrudnił do uporządkowania swoich rachunków. Parwi miał dyplom jednej z najlepszych szkół handlowych Pakistanu, Uniwersytetu Karaczi. Wykształcenie czyniło go wśród Baltów kimś wyjątkowym, do tego zaś był powszechnie znanym i szanowanym w Skardu pobożnym szyitą, znawcą świętych pism. Jakub z szacunkiem usunął się starszemu mężczyźnie z drogi.

– Czym mogę panu służyć? – spytał Parwi najelegantszą angielszczyzną, jaką kiedykolwiek zdarzyło się Gregowi słyszeć w Skardu.

Mortenson się przedstawił, wyłuszczył problem i pokazał wystawione przez Ćangaziego pokwitowanie.

– Ciekawa sprawa – orzekł Parwi, kręcąc głową. – Próbuje pan zbudować szkołę dla tutejszych dzieci, a Ćangazi, choć wie, że byłbym takim przedsięwzięciem niezmiernie zainteresowany, ani słowem mi o tym nie wspomniał. Bardzo ciekawa sprawa.

Parwi przez jakiś czas sprawował funkcję dyrektora organizacji o nazwie SWAB (Social Welfare Association Baltistan, czyli Towarzystwo Opieki Społecznej Baltistanu). Pod jego kierownictwem udało się zbudować dwie szkoły podstawowe na obrzeżach Skardu, zanim fundusze obiecane przez pakistański rząd nagle przestały dopływać, co zmusiło go do poszukiwania jakichkolwiek zleceń na prowadzenie księgowości. Zatem po jednej stronie zielonych drewnianych drzwi stał cudzoziemiec z funduszami, dzięki którym szkoła w Korphe mogła stać się rzeczywistością, a po drugiej człowiek najlepiej w całym Pakistanie przygotowany do tego, żeby mu pomóc – i hołubiący takie same cele.

– Mógłbym zmarnować kolejne dwa tygodnie nad księgami Ćangaziego, choć i tak niewiele by z tego wynikło, tak są poplątane – powiedział Parwi, okręcając szyję beżowym szalem. – Może więc zobaczymy, co się dzieje z pana materiałami?

Nie chcąc się sprzeciwiać Parwiemu, Jakub zawiózł ich land cruiserem Ćangaziego na zaniedbany plac budowy w pobliżu brzegu Indusu, półtora kilometra na południowy zachód od miasta. Stał tam szkielet hotelu, który Ćangazi zaczął wznosić, zanim skończyły mu się pieniądze. Przysadzisty budynek z suszonej cegły nie miał dachu i stał pośród morza śmieci wrzucanych tu przez trzymetrowy płot zwieńczony poskręcanym drutem kolcza-stym. Przez nieoszklone okna widać było przykryte niebieskimi płachtami sterty materiałów budowlanych. Mortenson zatrząsł grubą kłódką na bramie i spojrzał pytająco na Jakuba.

– Tylko pan Ćangazi ma klucz – wyjaśnił asystent, unikając wzroku Amerykanina.

Następnego popołudnia Mortenson wrócił w to miejsce z Parwim, któ-ry wyjął z bagażnika taksówki potężne obcęgi. Gdy podszedł z nimi do bra-my, drzemiący na kamieniu uzbrojony strażnik poderwał się i zdjął z ramie-nia przerdzewiałą strzelbę, która wyglądała bardziej na teatralny rekwizyt niż prawdziwą broń. „Najwyraźniej nagle się okazało, że można zadzwonić do Rawalpindi" – pomyślał Greg.

– Nie mogą panowie tu wejść – powiedział strażnik w języku balti. – Ten budynek został sprzedany.

– Ćangazi może sobie nosić białe szaty, ale widzę, że to człowiek o wy-jątkowo czarnym sercu – powiedział Parwi do Mortensona przepraszającym tonem.

Jego ton daleki był od przepraszającego, kiedy się zwrócił do pilnują-cego bramy strażnika. Mowa balti potrafi być ostra, gardłowa; Parwi atako-wał strażnika słowami niczym kamieniarz ciosający dłutem głaz, dopóki nie udało mu się uszczerbić jego kamiennej woli na tyle, by zszedł im z drogi. Gdy w końcu Parwi zamilkł i uniósł obcęgi, strażnik odłożył strzelbę, wyjął z kieszeni klucz do kłódki i poprowadził ich do środka.

W wilgotnych pomieszczeniach niedokończonego hotelu Greg uniósł niebieskie płachty i znalazł pod nimi około dwóch trzecich swojego cemen-tu, drewna i blachy falistej. Nigdy nie odnalazł reszty materiałów przywiezio-nych ciężarówką z Rawalpindi, ale to, co odzyskał, wystarczało, by rozpocząć budowę. Z pomocą Parwiego udało mu się załatwić transport materiałów samochodem terenowym do Korphe. „Bez Ghulama Parwiego nic bym nie zdołał w Pakistanie załatwić – mówi Mortenson. – Ojcu udało się zbudować szpital, bo miał obok siebie Johna Moshiego, mądrego zdolnego partnera z Tanzanii. Parwi jest dla mnie takim Johnem Moshim. Gdy próbowałem zbudować pierwszą szkołę, tak naprawdę nie miałem pojęcia, za co się biorę. Parwi mi pokazał, jak się to wszystko robi".

Zanim Mortenson udał się terenówką do Korphe, gorąco uścisnął dłoń Parwiego i podziękował mu za pomoc.

– Proszę mi dać znać, gdybym jeszcze był panu potrzebny – powiedział Parvi, lekko się kłaniając. – To, co pan robi dla dzieci w Baltistanie, jest naprawdę chwalebne.

Kamienne bloki bardziej przypominały ruiny starożytnego miasta niż budulec, z którego miała powstać szkoła. Greg stał na otwartej przestrzeni powyżej rzeki Braldu i choć piękna jesienna pogoda pozwalała podziwiać piramidę K2 Korphe w oddali, nie odczuwał entuzjazmu na myśl o czekającym go zadaniu.

Zanim wyjechał z Korphe poprzedniej zimy, wbił w zamarzniętą ziemię szpilki od namiotu, a między nimi rozciągnął czerwono-niebieskie nylonowe linki wyznaczające plan pięciu sal, jakie miała mieć jego wymarzona szkoła. Zostawił Hadżi Alemu dość gotówki na wynajęcie w niżej położonych wioskach robotników, którzy mieli pomóc w pracach nad pozyskaniem kamieni i przeniesieniem ich na miejsce budowy. Spodziewał się, że gdy przyjedzie do Korphe, zastanie przynajmniej wykopane fundamenty. Tymczasem gdy przyszedł z Hadżi Alim na plac budowy, zobaczył jedynie leżące w szczerym polu dwie sterty kamieni.

Trudno mu było ukryć rozczarowanie. Z powodu czterech wycieczek z żoną na lotnisko, a potem walki o odzyskanie materiałów budowlanych, dotarł do Korphe w połowie października, niemal miesiąc po terminie ustalonym rok wcześniej z Hadżi Alim. „W tym tygodniu powinni już stawiać ściany" – pomyślał. Zwrócił jednak swoją złość do wewnątrz, winiąc siebie za taki stan rzeczy. Nie mógł przecież wiecznie jeździć do Pakistanu. Był teraz żonaty, musiał zacząć normalne życie zawodowe. Chciał dokończyć tę szkołę, by jakoś wszystko sobie poukładać. Teraz zaś kolejny raz budowa miała zostać zawieszona na czas zimy. Mortenson ze złością kopnął leżący na ziemi kamień.

– O co chodzi? – spytał Hadżi Ali w języku balti. – Nasz doktor Greg wygląda jak rozłoszczony młody baran.

Mortenson wziął głęboki oddech.

– Dlaczego nie rozpoczęliście budowy? – rzucił w końcu.

– Kiedy doktor Greg wrócił do swojej wioski, rozmawialiśmy o jego planach – powiedział Hadżi Ali. – I uznaliśmy, że byłoby nieroztropnie marnować jego pieniądze, żeby opłacić tych leniuchów z Mundźungu i Askole. Wiedzą, że szkołę buduje bogaty cudzoziemiec, będą więc mało pracować, a dużo się kłócić. Sami więc przygotowaliśmy kamienie. Zajęło nam to całe lato, bo wielu naszych mężczyzn musiało też dorabiać jako tragarze. Ale proszę się nie martwić, pana pieniądze są bezpiecznie ukryte w moim domu.

– Nie pieniądze mnie martwią – odparł Mortenson. – Miałem po prostu nadzieję, że przed zimą położymy dach, żeby dzieci wreszcie miały gdzie się uczyć.

Hadżi Ali położył dłoń na ramieniu Grega i ojcowskim gestem ścisnął bark niecierpliwego Amerykanina.

– Dziękuję miłosiernemu Bogu za wszystko, co pan dla nas zrobił – powiedział z uśmiechem. – Ale mieszkańcy Korphe żyją bez szkoły od sześciuset lat. Jedna zima chyba nie zrobi im wielkiej różnicy?

Gdy przez korytarze z oczekujących na młóckę snopów pszenicy szli razem do domu naczelnika, Greg musiał co kilka metrów przystawać, aby się przywitać z wieśniakami, którzy na jego widok rzucali niesione zbiory i pędzili go uściskać. Idące z pól kobiety pochylały się, wysypując kłosy z koszów na plecach, a potem znów szły z sierpami, by zebrać kolejną porcję zboża. Na głowach miały pokryte plewami wełniane czapeczki, w które powplatana była niebiesko-czerwona nylonowa linka Mortensona. „W Korphe nic się nie marnuje" – pomyślał Greg.

Leżąc tej nocy wraz z Twahą na dachu Hadżi Alego i patrząc w gwiazdy, wspomniał, jak bardzo czuł się samotny, gdy poprzednim razem leżał w tym samym miejscu. Przed oczami stanęła mu Tara, jakże uroczo machająca mu na pożegnanie przez szybę na lotnisku, i zaczęło go rozpierać tak potężne uczucie szczęścia, że nie mógł go zachować dla siebie.

– Twaha, nie śpisz jeszcze? – spytał.

– Jeszcze nie.

– Muszę ci coś powiedzieć. Ożeniłem się.

Mortenson usłyszał trzask, po czym zmrużył oczy oślepione snopem światła z latarki, którą przywiózł przyjacielowi z Ameryki. Twaha siedział obok niego, przyglądając się jego twarzy oświetlonej nowym sprzętem, żeby sprawdzić, czy Greg nie żartuje.

Później zaś latarka wylądowała na ziemi, a Mortenson poczuł na swoich ramionach grad uderzeń pięści przyjaciela składającego mu w ten sposób gratulacje. W końcu Twaha z radosnym westchnieniem padł na posłanie.

– Hadżi Ali mówił, że doktor Greg wygląda teraz inaczej – powiedział ze śmiechem. – On naprawdę wie wszystko.

Twaha bawił się przez chwilę włącznikiem latarki, zapalając i gasząc żarówkę.

– Mogę spytać, jak ma na imię?

– Tara.

– Ta... ra. – Twaha powoli wymówił słowo, które w języku balti oznacza gwiazdę, jakby ważąc to słowo na języku. – Jest urocza twoja Tara?

– Tak – powiedział Mortenson, czując, że się rumieni. – Urocza.

– Ile kóz i baranów musiałeś dać jej ojcu?

– Jej ojciec nie żyje, podobnie jak mój – wyjaśnił Greg. – Poza tym w Ameryce nie płacimy za pannę młodą.

– Płakała, kiedy żegnała się z matką?

– Powiedziała matce o mnie dopiero po ślubie.

Twaha przez chwilę milczał zadumany nad egzotycznymi zwyczajami ślubnymi Amerykanów.

W trakcie pobytów Grega w Pakistanie zaproszono go na kilkadziesiąt ślubów. Szczegóły tradycji Baltów różniły się nieco w poszczególnych wioskach, ale główny punkt każdej ceremonii był zawsze ten sam – ból panny młodej, która musi na zawsze opuścić swoją rodzinę. „Podczas ślubu zwykle następuje uroczysta chwila, w której panna młoda i jej matka kurczowo trzymają się siebie nawzajem i głośno płaczą – opowiada Mortenson. – Ojciec pana młodego przekazuje rodzinie panny młodej kolejne worki mąki i torby cukru, jak również obietnice kóz i baranów, zaś ojciec panny młodej zaplata ręce na piersi i odwraca się tyłem, żądając więcej i więcej. Kiedy w końcu uzna, że cena jest odpowiednia, odwraca się znów przodem i kiwa głową. Wówczas zaczyna się szaleństwo. Widywałem, jak mężczyźni z rodziny pana młodego dosłownie siłą próbują oderwać pannę młodą od matki, podczas gdy obie kobiety krzyczą i zawodzą. Młoda dziewczyna, która opuszcza wioskę tak odciętą od świata jak Korphe, dobrze wie, że może już nigdy nie zobaczyć swojej rodziny".

Następnego ranka oprócz zwyczajowych ćapati i lassi Mortenson znalazł na swoim talerzu cenne gotowane jajko. Stojąca w drzwiach kuchni Sakina patrzyła na niego i uśmiechała się z dumą. Hadżi Ali obrał jajko Grega, wyjaśniając: „Jajko daje mężczyźnie siłę, żeby mógł robić dużo dzieci", a Sakina zachichotała, zasłaniając twarz szalem.

Hadżi Ali zaczekał cierpliwie, aż gość wypije drugą filiżankę herbaty z mlekiem. Na jego okolonych brodą ustach pojawił się najpierw nieznaczny, a potem szeroki uśmiech.

– Chodźmy budować szkołę! – powiedział.

Greg Mortenson

Zdjęcie K2 wykonane przez Mortensona podczas nieudanej próby zdobycia ośmiotysięcznika w roku 1993.

Mortenson (trzeci od prawej, w czapce z daszkiem) przed wejściem na trudny
zachodni grzbiet K2 wraz ze Scottem Darsneyem (pierwszy z prawej) oraz
przywódcami wyprawy: Danielem Mazurem (drugi od prawej) i Jonathannem
Prattem (pierwszy z lewej)

Muzafer Ali, słynny tragarz z ludu
Balti, który bezpiecznie przeprowadził
Mortensona przez lodowiec Baltoro

Hadźi Ali, naczelnik
wioski Korphe i mentor
Mortensona.

Mortenson w Tanzanii z siostrami Kari (pośrodku) i Sonją
oraz przyjacielem rodziny, Johnem Haule'em

Mortenson z Sir Edmundem Hillarym (w środku) i Jeanem Hoernim,
założycielem Instytutu Azji Centralnej, na bankiecie American Himalayan
Foundation, gdzie Greg poznał swoją przyszłą żonę, Tarę Bishop

Greg Mortenson

Mężczyźni z Korphe, z śerem Tachim na czele, niosą przez niemal trzydzieści kilometrów belki stropowe do budowy szkoły, gdy jedyną drogę doliny Braldu zablokowało osuwisko.

Budowa szkoły w Korphe

Mortenson z uczennicami szkoły w Chandej

Inauguracja szkoły w Huśe

Mortenson w Skardu z pracownikami i przyjaciółmi Instytutu Azji Centralnej. W pierwszym rzędzie na dole: Saidullah Baig (po lewej), Sarfraz Chan. W drugim rzędzie (od lewej): Mohammed Nazir, Faisal Baig, Ghulam Parwi, Greg Mortenson, Apo Mohammed, Mehdi Ali, Suleman Minhas

Mortenson z żoną, Tarą Bishop, i dziewięciomiesięczną córką Amirą na Przełęczy Chajberskiej. Zdjęcie zostało wykorzystane na rodzinnej kartce bożonarodzeniowej z napisem „Pokój na ziemi"

Sajed Abbas, najwyższy szyicki przywódca duchowy północnego
Pakistanu, zapewniający wielkie wsparcie misji Mortensona

Mortenson i Twaha w Korphe nad grobem ojca Twahy, Hadżi Alego

Mortenson z dziećmi z Korphe

Dolina Huśe

Aslam, naczelnik wioski Huśe, z córką Śakilą, pierwszą wykształconą kobietą
w dolinie Huśe

David Oliver Relin z Ibrahimem, członkiem starszyzny wioski Huśe

Dźahan, pierwsza wykształcona kobieta z Korphe, w Skardu, gdzie kontynuuje naukę

David Oliver Relin

Mortenson opowiada Mary Bono, członkini Izby Reprezentantów Stanów Zjednoczonych, o najnowszych postępach swojej misji w Afganistanie

David Oliver Relin

David Oliver Relin na osobistym lądowisku dla śmigłowców prezydenta Muszarrafa w Islamabadzie, przed wylotem w stronę Obszarów Północnych starym śmigłowcem Alouette

Mortenson z Sadharem Chanem, komendantem z Badachszanu

Wszedł na dach i zwołał wszystkich mężczyzn z Korphe, żeby zebrali się w meczecie. Mortenson, niosąc pięć łopat, które udało mu się odzyskać od Ćangaziego, szedł za Hadżi Alim błotnistymi uliczkami w stronę meczetu, a po drodze dołączali do nich wychodzący ze wszystkich domostw mężczyźni. Lokalny meczet przez wieki dostosowywał się do zmiennych warunków, podobnie jak wypełniające go szeregi wiernych. Lud Balti nie posiadał tradycji pisanej, co kompensował mu jednak przekazywany z pokolenia na pokolenie przekaz ustny. Każdy miejscowy potrafił wyrecytować listę swoich przodków dziesięć lub dwadzieścia pokoleń wstecz. Każdy znał też legendę dotyczącą tej zabytkowej drewnianej budowli o ścianach umocnionych gliną. Stała w tym miejscu od niemal pięciuset lat – początkowo jako świątynia buddyjska, zanim w Baltistanie pojawił się i umocnił islam.

Mortenson po raz pierwszy w życiu przekroczył próg meczetu. Podczas poprzednich wizyt w Korphe zachowywał pełen szacunku dystans wobec świątyni oraz duchowego przywódcy wioski, śera Tachiego, nie był bowiem pewien, jak mułła odnosi się do faktu, że po okolicy kręci się niewierny, w dodatku taki, który chce stworzyć miejscowym dziewczynkom możliwość edukacji. Teraz jednak śer Tachi uśmiechnął się do przybysza i poprowadził go do dywanika modlitewnego z tyłu sali. Mułła był szczupłym mężczyzną o szpakowatej brodzie. Podobnie jak większość mieszkańców tutejszych gór, wyglądał na o wiele więcej niż swoje czterdzieści parę lat.

Tubalny głos śera Tachiego, który pięć razy dziennie zwoływał rozsianych po całej okolicy wiernych bez pomocy sprzętu nagłaśniającego, wypełnił cały meczet. Mułła poprowadził specjalną modlitwę, prosząc Boga o błogosławieństwo i wsparcie przy budowie szkoły. Mortenson modlił się tak, jak nauczył go krawiec, krzyżując ręce na piersiach i zginając się w pasie. Mężczyźni z Korphe natomiast trzymali ręce sztywno po bokach i kładli się na ziemi niemal plackiem. Greg zdał sobie sprawę, że krawiec nauczył go modlić się po sunnicku.

Kilka miesięcy wcześniej Mortenson czytał w prasie w Islamabadzie o najnowszej eskalacji przemocy między sunnitami a szyitami. Autobus do Skardu jechał przez Wąwóz Indusu w Karakorum, a gdy minął Ćilas, rejon zdominowany przez sunnitów, drogę zablokowało kilkunastu zamaskowanych mężczyzn z kałasznikowami w ręku. Kazali pasażerom wysiąść, a następnie oddzielili szyitów od sunnitów i na oczach żon i dzieci podcięli gardła osiemnastu szyickim mężczyznom. A teraz Greg modlił się w stylu sunnickim w sercu szyickiego Pakistanu. Dobrze wiedział, że w konflikcie między zwaśnionymi odłamami islamu ludzie nieraz ginęli za znacznie mniejsze przewinienia. „Rozdzierały mnie dwa pragnienia: szybko nauczyć się modlić na sposób szyicki, ale też wykorzystać okazję, aby się przyjrzeć prastarym buddyjskim rzeźbom na ścianach świątyni" – opowiada Mortenson.

Patrząc na rzeźby, w końcu doszedł do wniosku, że skoro Baltowie na tyle szanują kulturę buddyjską, żeby praktykować swą surową wiarę pośród ekstrawaganckich buddyjskich swastyk i kół życia, muszą być chyba na tyle tolerancyjni, żeby przymknąć oko na niewiernego, który modli się tak, jak nauczył go pewien krawiec.

Tym razem linkę dostarczył Hadżi Ali – nie z niebiesko-czerwonego nylonu, tylko tradycyjnie pleciony sznurek. Wraz z Mortensonem odmierzył właściwe długości, zamoczył sznurek w wapnie, po czym wedle starej lokalnej metody zaznaczył linie mającej powstać budowli. Ojciec i syn naciągali sznurek i uderzali nim o podłoże, pozostawiając białe linie na ubitej ziemi tam, gdzie miały stanąć ściany szkoły. Mortenson rozdał przyniesione łopaty, a potem, zmieniając się z pozostałymi pięćdziesięcioma mężczyznami, przez całe popołudnie wytrwale kopali, aż wydrążyli rów o szerokości i głębokości metra, wyznaczający granice budynku szkoły.

Kiedy skończyli, Hadżi Ali skinął głową w kierunku dwóch wielkich kamieni przygotowanych specjalnie na tę okazję, a sześciu mężczyzn uniosło je w górę i ledwo idąc, przetaszczyło w stronę rowu, żeby w końcu opuścić w rogu przyszłego budynku, naprzeciw K2 Korphe. Wówczas naczelnik wioski kazał przyprowadzić barana.

Twaha zdecydowanym krokiem się oddalił, a potem wrócił z ogromnym popielatym zwierzęciem o szlachetnie zakrzywionych rogach. „Barana trzeba zwykle ciągnąć, żeby w ogóle się ruszył – mówi Greg – ale to był baran numer jeden w Korphe, tak wielki, że to on ciągnął Twahę, który za wszelką cenę starał się dotrzymać kroku zwierzęciu prowadzącemu go na własną egzekucję".

Twaha zatrzymał barana przy położonych w rogu kamieniach i złapał go za rogi. Delikatnie odwrócił głowę zwierzęcia w stronę Mekki, podczas gdy śer Tachi wyśpiewywał opowieść o tym, jak Bóg nakazał Abrahamowi złożyć w ofierze własnego syna, a gdy ten przeszedł próbę lojalności, pozwolił mu zamiast dziecka zabić barana. Historia ta przedstawiona jest w Koranie w postaci bardzo podobnej do tego, co zawiera Tora i Pismo Święte. „Patrząc na tę scenę jakby żywcem wyjętą z opowieści biblijnych, których słuchałem w szkółce niedzielnej, przekonałem się, jak dużo wspólnego mają ze sobą nasze religie, jak wiele z ich odmiennych tradycji posiada wspólne korzenie" – mówi Mortenson.

Rolę kata powierzano w Korphe Hussainowi, doświadczonemu tragarzowi o budowie zapaśnika sumo, choć oczywiście wzrostem nieodbiegającemu od tutejszej ludności. Tragarzy najmowało się zwykle do noszenia ładunków o wadze dwudziestu pięciu kilogramów, Hussain słynął zaś z tego, że nosił trzy razy tyle – właściwie nie schodził poniżej siedemdziesięciu kilogramów. Wyjął z pochwy czterdziestocentymetrowy nóż i przyłożył go delikatnie do sierści sterczącej na gardle barana. Ser Tachi uniósł nad głową zwierzęcia odwrócone wnętrzem do góry dłonie i poprosił Boga o zgodę na odebranie mu życia. Potem skinął głową na znak, że drżący na gardle barana nóż może iść w ruch.

Hussain rozstawił szerzej stopy, zapierając się, po czym wbił nóż prosto w tchawicę zwierzęcia i przeciągnął go ku aorcie szyjnej. Strumień gorącej krwi trysnął na kamienie, po czym stopniowo słabł, w miarę jak serce barana przestawało bić. Postękując z wysiłku, Hussain przepiłował kręgi szyjne ofiary, a następnie Twaha ujął głowę za rogi i uniósł w górę. Greg patrzył w oczy zwierzęcia, które zdawały się odpowiadać spojrzeniem równie żywym jak w chwili, gdy Hussain wziął do ręki nóż.

Kobiety przygotowały ryż i dahl, podczas gdy mężczyźni obdarli barana ze skóry i rozebrali na części. „Nic więcej tego dnia nie zrobiliśmy – mówi Mortenson. – Tak naprawdę w ogóle tamtej jesieni niewiele już udało się zrobić. Hadżi Alemu spieszyło się, żeby szkołę poświęcić, ale niekoniecznie zaraz zbudować. Urządzono po prostu wielką ucztę. Dla ludzi, którzy jedzą mięso tylko kilka razy w roku, taki posiłek był znacznie ważniejszą sprawą niż budowa szkoły".

Każdy z mieszkańców Korphe dostał kawałek mięsa. Kiedy już wyssano szpik z ostatniej kości, Mortenson dołączył do grupy mężczyzn rozpalających ognisko w miejscu, gdzie już niedługo miał nadzieję zobaczyć dziedziniec ukończonej szkoły. Nad K2 Korphe wznosił się księżyc, a mieszkańcy wioski tańczyli wokół ognia i uczyli Grega fragmentów uwielbianego w całych Himalajach i Karakorum wielkiego poematu epickiego o królu Gesarze oraz wprowadzali go w przebogaty repertuar tradycyjnych pieśni ludu Balti.

Mężczyźni z wioski razem z Amerykaninem tańczyli niczym derwisze i śpiewali o walczących ze sobą górskich królestwach, okrucieństwie przybywających z Afganistanu pasztuńskich wojowników, jak również o bitwach między radżami Baltistanu a dziwacznymi europejskimi zdobywcami, którzy najpierw przybyli z Zachodu w czasach Aleksandra, a potem w towarzystwie najemnych Gurkhów, z położonych na wschód i południe brytyjskich Indii. Kobiety, przyzwyczajone już do obecności niewiernego, stały z rozświetlonymi twarzami na skraju blasku rzucanego przez ognisko, klaskały w dłonie i śpiewały razem z mężczyznami.

Mortenson uświadomił sobie, że Baltowie posiadają własną historię i bogatą tradycję. Brak form pisanych nie czyni ich kultury ani trochę mniej realną. Tym otaczającym ognisko twarzom potrzebny był nie tyle nauczyciel, ile pomoc. Szkoła zaś była miejscem, w którym lokalna społeczność mogła sama sobie pomagać. Greg przyjrzał się placowi, na którym miała stanąć szkoła – na razie nie było tam nic prócz skropionego byczą krwią rowu. Może i nie udało mu się zbyt wiele osiągnąć przed powrotem do czekającej w Ameryce żony, ale podczas tej tanecznej nocy wizja szkoły osiągnęła w jego umyśle masę krytyczną – stała się dla niego czymś realnym. Widział przed sobą ukończony budynek tak wyraźnie jak skąpaną w świetle księżyca bryłę K2 Korphe. Odwrócił się znów w stronę ognia.

Właściciel mieszkania, które wynajmowała Tara, nie zgodził się, by w jej wygodnej kawalerce w garażu zamieszkała para. Greg przewiózł więc część rzeczy żony do pokoju u Dudzińskiego, a pozostały jej dobytek umieścił w swoim schowku. Widok jej książek i lamp obok figurek słoni po ojcu wydał mu się właściwym obrazem procesu, w ramach którego jego życie zaczynało się przeplatać z życiem żony – niczym słonie idące gęsiego z trąbą opartą o ogon poprzednika albo kable jej lamp opadające na jego skrzynki.

Tara wypłaciła trochę pieniędzy z niewielkiego spadku po ojcu i kupili średniej wielkości tapczan. Wypełnił on niemal całą ich niewielką sypialnię. Mortenson nie mógł się nadziwić pozytywnym zmianom w swoim życiu, jakie przyniosło małżeństwo. Oto po raz pierwszy, odkąd przyjechał do Kalifornii, przyszło mu porzucić śpiwór i spać w normalnym łóżku. Jak również po raz pierwszy od wielu lat miał kogoś, z kim mógł przedyskutować odyseję rozpoczętą w dniu, kiedy trafił do Korphe. „Im więcej Greg opowiadał o swoich działaniach, tym wyraźniej zdawałam sobie sprawę, jak wielkie spotkało mnie szczęście – mówi Tara. – Pracy w Pakistanie oddawał się z wielką pasją, która przechodziła też na wszystkie inne aspekty jego życia".

Jean Hoerni także nie mógł się nadziwić pasji, z jaką Mortenson poświęcał czas ludziom w Karakorum. Zaprosił Grega i Tarę, by spędzili Święto Dziękczynienia u niego w Seattle. Wraz z żoną, Jennifer Wilson, zaserwowali wystawny posiłek, który przywiódł Gregowi na myśl uczty wyprawiane na jego cześć w Baltistanie na etapie przeciągania liny i walk o to, gdzie ma powstać szkoła. Hoerni pragnął wszystkiego się dowiedzieć, Greg opowiedział więc o podstawianych samochodach, dwóch przyjęciach w Chane, mięsie z całego jaka ofiarowanym przez Čangaziego w Kuardu, aż wreszcie dotarł z opowieścią do sytuacji bieżącej. Nawet nie ruszył swojego jedzenia, za to z pełnym zaangażowaniem opowiadał o kopaniu fundamentów pod szkołę, zabiciu barana i długiej nocy tańców przy ognisku.

Niebawem okazało się, że w to Święto Dziękczynienia Mortenson naprawdę miał losowi za co dziękować.

– Posłuchaj – powiedział Hoerni, gdy usiedli przed kominkiem z wielkimi kielichami czerwonego wina w ręku. – Oddajesz się całym sercem pracy w tych górach i wygląda na to, że radzisz sobie nie najgorzej. Nie chciałbyś się tym zająć na poważnie? Dzieci z tych wiosek, których mieszkańcy próbowali cię przekupić, też potrzebują szkół. A nikt w świecie wspinaczki nawet nie kiwnie palcem, żeby pomóc muzułmanom. Zbyt są pochłonięci pomaganiem Szerpom i Tybetańczykom, w ogóle buddystom. Co byś powiedział, gdybym założył fundację i mianował cię jej dyrektorem? Mógłbyś co roku budować nową szkołę. Co ty na to?

Greg ścisnął dłoń Tary. Pomysł wydał mu się tak doskonały, że bał się cokolwiek powiedzieć, by Hoerni przypadkiem nagle nie zmienił zdania. Napił się jeszcze wina.

Tej zimy Tara zaszła w ciążę. Skoro dziecko było w drodze, pokój w zadymionym mieszkaniu Dudzińskiego stał się zupełnie nieadekwatny do potrzeb rodziny. Lila Bishop, matka Tary, która w środowisku wspinaczkowym słyszała same zachwyty nad Mortensonem, zaprosiła młode małżeństwo do swojego uroczego domku w stylu Arts and Crafts w historycznym centrum Bozemanu w stanie Montana. Gregowi od razu przypadł do gustu rustykalny charakter miasteczka położonego u stóp dzikiego pasma gór Gallatin. Uznał, że mieszkanie w Berkeley wiązało się z okresem jego życia poświęconym wspinaczce, który już się zakończył. Lila Bishop zaproponowała, że pożyczy im trochę pieniędzy, by mogli wpłacić zaliczkę na położony w pobliżu niewielki dom.

Wczesną wiosną Greg ostatni raz zamknął drzwi schowka numer 114 w samoobsługowej przechowalni w Berkeley i razem z żoną pojechał wypożyczoną furgonetką do Bozemanu. Wprowadzili się do zgrabnego parterowego domku położonego dwie przecznice od domu matki Tary. Posesja miała ogrodzone podwórze, na którym bezpiecznie mogły bawić się dzieci, z dala od dymu z papierosów kupowanych na czarno przez polskiego majsterklepkę i uzbrojonych w pistolety gangów czternastolatków.

Gdy w maju 1996 roku Mortenson wypełniał formularz wizowy na lotnisku w Islamabadzie, zatrzymał się na chwilę przy rubryce „zawód". Przez szereg lat wpisywał w niej „alpinista". Tym razem nabazgrał wielkimi literami: „dyrektor Instytutu Azji Centralnej". Nazwę fundacji zaproponował Hoerni, w którego zamyśle instytucja ta miała się rozrosnąć równie szybko jak zakładane przez niego firmy produkujące półprzewodniki, stopniowo obejmując pomocą humanitarną ziemie poza granicami Pakistanu, kolejne „-stany", których całkiem sporo leżało przy krzyżujących się trasach jedwabnego szlaku. Greg nie był aż takim optymistą. Zbyt wiele trudu kosztowało go budowanie jednej szkoły, żeby mógł sobie wyobrazić przedsięwzięcie o skali, jaką widział Hoerni. Dostał jednak gwarancję rocznego wynagrodzenia w wysokości 21 798 dolarów oraz upoważnienie do podejmowania długoterminowych działań.

Po przyjeździe do Skardu posłał wiadomość do wioski Muzafera, proponując mu stałe wynagrodzenie, jeśli zgodzi się przyjechać do Korphe i pomóc przy budowie szkoły. Zanim ruszył w dalszą drogę, odwiedził też Ghulama Parwiego, który mieszkał wśród zieleniących się roślinnością wzgórz na południu Skardu. Jego ogrodzone murem domostwo mieściło się zaraz obok bogato zdobionego meczetu, którego budowę na ziemi ofiarowanej przez ojca osobiście wspierał. Usiedli przy herbacie w ogrodzie Parwiego, w otoczeniu kwitnących jabłoni i moreli, a Mortenson przedstawił swój skromny plan na najbliższą przyszłość: skończyć szkołę w Korphe, a w następnym roku zbudować kolejną gdzieś indziej w Baltistanie. Następnie poprosił Parwiego, żeby zechciał się przyłączyć do przedsięwzięcia. Z upoważnienia Hoerniego zaproponował mu niewielką pensję jako uzupełnienie zarobków z prowadzenia księgowości. „Od razu widziałem, jak wielkie jest serce tego człowieka – mówi Parwi. – Obaj pragnęliśmy tego samego dla dzieci z Baltistanu. Jak miałbym mu odmówić?".

Razem z Machmalem, doświadczonym murarzem, którego przedstawił mu Parwi w Skardu, w piątek po południu Mortenson przyjechał do Korphe. Idąc ku wiosce nowym mostem, ze zdziwieniem zobaczył idącą z naprzeciwka grupkę kilkunastu kobiet w odświętnych szalach i butach, które wkładały tylko na specjalne okazje. Ukłoniły mu się na powitanie, ale prędko poszły dalej – w odwiedziny do rodzin w sąsiednich wioskach na piątkową modlitwę. „Teraz, gdy przed zmrokiem mogły wrócić do domu, kobiety z Korphe zaczęły w każdy piątek odwiedzać swoje rodziny – wyjaśnia Mortenson. – Most umocnił związki matek i córek, dzięki czemu kobiety poczuły się znacznie szczęśliwsze i mniej samotne. Kto by pomyślał, że zwykły most może dać kobietom tyle wolności?"

W najwyższym miejscu na drugim brzegu rzeki Braldu stał jak zwykle posągowy Hadżi Ali w towarzystwie Twahy i Dźahan. Niedźwiedzim uściskiem powitał swego amerykańskiego syna i ciepło pozdrowił gościa przybyłego z wielkiego miasta.

Greg z wielką radością zauważył, że zza pleców naczelnika wyłania się nieśmiało jego stary przyjaciel Muzafer. On również uścisnął Grega serdecznie, a gdy znów spojrzeli na siebie, z szacunkiem przyłożył rękę do serca. Nie dało się nie zauważyć, że przez czas, jaki upłynął od ich ostatniego spotkania, tragarz ogromnie się postarzał, nie tryskał też już zdrowiem jak dawniej.

– *Jong ćiina jot?* Jak się masz? – spytał z troską Mortenson, używając tradycyjnego pozdrowienia w języku balti.

„Dzięki miłosiernemu Bogu miałem się wtedy całkiem dobrze – relacjonuje dziesięć lat później Muzafer cichym głosem stopniowo głuchnącego starszego człowieka. – Byłem tylko nieco zmęczony".

Wieczorem, przy posiłku u Hadżi Alego składającym się z dahlu z ryżem, Greg dowiedział się, że Muzafer miał za sobą osiemnaście bohaterskich dni. Jedyną drogę ze Skardu do Korphe po raz kolejny zablokowało osuwisko, więc ponadsześćdziesięcioletni już Muzafer, dopiero co wróciwszy z dwustukilometrowej wyprawy w tę i z powrotem po Baltoro z japońską ekspedycją, poprowadził grupę kilku tragarzy, z których każdy taszczył czterdziestokilogramowy wór cementu w górę rzeki, aż do Korphe. Niepozorny z wyglądu stary tragarz zrobił ponad dwadzieścia kursów z takim obciążeniem, pracując bez jedzenia dzień i noc, byle tylko cement dotarł na plac budowy, zanim przyjedzie Mortenson.

„Gdy po raz pierwszy spotkałem pana Grega Mortensona na lodowcu Baltoro, był to bardzo przyjazny rozmowny człowiek – opowiada Muzafer. – Ciągle żartował i otwierał serce przed takimi biedakami jak tragarze. Kiedy go zgubiłem, wiedziałem, że może zginąć tam, na lodzie, więc całą noc nie spałem i modliłem się do Boga, żeby mi pozwolił go uratować. A kiedy znów go odnalazłem, przysiągłem sobie, że na ile tylko będę mógł, zawsze będę go chronić. Od tamtej pory pan Greg bardzo dużo zrobił dla nas, Baltów. Jestem biednym człowiekiem, który może zaoferować mu tylko modlitwę. Oraz siłę swoich pleców, którą z radością oddawałem, żeby mógł zbudować tę szkołę. Potem, kiedy po noszeniu cementu wróciłem do naszej wioski, żona spojrzała na mnie i spytała: «Co ci się stało? Byłeś w więzieniu?»" – dodaje Muzafer z chrapliwym śmiechem.

Następnego ranka jeszcze przed świtem Mortenson chodził w tę i z powrotem po dachu Hadżi Alego. Pełnił teraz rolę dyrektora instytucji, miał szerszy zakres odpowiedzialności niż tylko zbudowanie jednej szkoły w odciętej od świata wiosce. Wiara, jaką pokładał w nim Jean Hoerni, ciążyła mu mocno. Musiał zrobić wszystko, żeby budowy nie zakłócały już spotkania i bankiety – trzeba było jak najszybciej doprowadzić ją do końca.

Wkrótce cała wioska zebrała się na placu budowy, a Greg zjawił się z pionem, poziomicą i księgą rachunkową w ręku. „Rozpoczęcie budowy przypominało dyrygowanie orkiestrą – mówi Mortenson. – Najpierw dynamitem rozrywaliśmy wielkie głazy na drobniejsze kamienie. Następnie ludzie prześlizgiwali się przez całe to zamieszanie niczym pieśń, niosąc kamienie murarzom. Machmalowi wystarczało zaledwie kilka uderzeń dłutem, żeby wyczarować z kamieni niesamowicie równe kostki. Kobiety nosiły wodę z rzeki, a potem mieszały ją z cementem w dziurach, które wykopaliśmy w ziemi. Murarze układali cegły w równe rzędy, nakładając na nie kielnią cement, tak że ściany pomału zaczynały rosnąć. Na koniec do pracy przystępowała chmara wiejskich dzieci, które wbijały drobne kamyki w szczeliny między cegłami".

„Bardzo chcieliśmy pomagać przy budowie – opowiada Tahira, córka Husseina, nauczyciela, która miała wówczas dziesięć lat. – Ojciec powiedział, że ta szkoła będzie dla nas czymś szczególnym, choć ja nie wiedziałam, co to w ogóle jest szkoła. Przyszłam więc popatrzeć na budowę, którą żyła cała wioska, no i pomóc. Cała moja rodzina pomagała".

„Doktor Greg przywiózł ze swojego kraju książki – dodaje Dżahan, wnuczka Hadżi Alego, która miała wówczas dziewięć lat i później razem z Tahirą i całym pierwszym rocznikiem ukończyła szkołę w Korphe. – Na ilustracjach były szkoły, więc miałam jakieś wyobrażenie o tym, co budujemy. Doktor Greg wydawał mi się bardzo wytworny, miał takie czyste ubranie. Dzieci na ilustracjach też były bardzo czyste. Pamiętam, że pomyślałam sobie: «Może jak pójdę do tej szkoły, to też kiedyś będę taka elegancka?»".

Przez cały czerwiec ściany szkoły rosły, ponieważ jednak każdego dnia połowa ekipy nie stawiała się do pracy, musząc doglądać swoich pól i zwierząt, postępy nie były tak szybkie, jak oczekiwał Greg. „Próbowałem być twardym, ale sprawiedliwym przełożonym – opowiada. – Cały dzień, od wschodu do zachodu słońca, byłem na budowie, sprawdzając poziomicą, czy ściany są równe, i pionem, czy stoją prosto. Zawsze miałem przy sobie notatnik i pilnowałem, żeby każda rupia była należycie rozliczona. Nie chciałem zawieść Jeana Hoerniego, więc goniłem ludzi do ciężkiej pracy".

Pewnego słonecznego popołudnia na początku sierpnia Hadżi Ali dotknął ramienia pilnującego budowy Grega i poprosił go, żeby się kawałek przeszli. Starszy mężczyzna przez pół godziny prowadził ekshimalaistę pod górę, idąc dziarskim krokiem, w którym nie potrafił mu dorównać znacznie młodszy Amerykanin. Greg miał poczucie, że ucieka mu cenny czas pracy, zanim więc zatrzymali się na występie skalnym wysoko ponad wioską, ciężko dyszał – nie tylko z powodu zmęczenia, ale też z nerwów na myśl, ile działań odbywa się teraz na dole bez jego nadzoru.

Hadżi Ali zaczekał, aż oddech Grega się uspokoi, po czym poprosił go, żeby spojrzał na rozciągającą się przed nimi panoramę gór. Powietrze miało charakterystyczną przejrzystość spotykaną tylko wysoko w górach. W dali za K2 Korphe srogie lodowe szczyty wewnętrznego pasma Karakorum cięły bezbronne błękitne niebo. Leżąca trzysta metrów poniżej wioska Korphe, otoczona zielonymi polami jęczmienia, wydawała się z tej perspektywy maleńka i krucha niczym tratwa ratunkowa unosząca się na morzu skał.

Hadżi Ali podniósł rękę i położył dłoń na ramieniu Grega.

– Te góry są tu od bardzo, bardzo dawna – powiedział. – I my też.

Sięgnął po swoje bogato zdobione brązowe topi z owczej wełny, jedyny atrybut władzy, jaki naczelnikowi Korphe zdarzało się nosić, i umieścił ją na swoich siwych włosach.

– Górom nie można mówić, co mają robić – powiedział z powagą, która poraziła Grega nie mniej niż rozciągający się przed nim widok. – Trzeba się nauczyć ich słuchać. Teraz więc ja proszę, żebyś ty mnie posłuchał. Dzięki wielkiej łasce wszechmocnego Boga zrobiłeś dla moich ludzi bardzo wiele, i ogromnie to doceniamy. Teraz jednak proszę, żebyś zrobił dla mnie jeszcze jedno.

– Co tylko trzeba – zapewnił Greg.

– Usiądź na miejscu. I przestań gadać – rzekł Hadżi Ali. – Doprowadzasz wszystkich do szału.

„A potem wyciągnął rękę, zabrał mi pion, poziomicę i notatnik i wrócił z nimi do Korphe – opowiada Mortenson. – Szedłem za nim przez całą drogę do jego domu, zastanawiając się w nerwach, co ten człowiek robi. A on wyjął klucz, który zawsze nosił na rzemyku na szyi, otworzył drewnianą szafkę pokrytą starymi buddyjskimi płaskorzeźbami i zamknął w niej moje przybory razem z kawałkiem suszonego mięsa kozła górskiego, muzułmańskim różańcem i starym brytyjskim muszkietem. Następnie poprosił Sakinę, żeby zrobiła nam herbaty".

Greg pół godziny czekał niecierpliwie, aż Sakina zaparzy paiju ća. Hadżi Ali przesuwał palcami po kartach Koranu, który był dla niego najcenniejszym przedmiotem w domu, przerzucał kartki i poruszał ustami, wymawiając bezgłośnie arabskie modlitwy, zapatrzony w głąb siebie.

Kiedy już mieli w rękach porcelanowe czarki gorącej herbaty z masłem, Hadżi Ali ponownie się odezwał.

– Jeśli chcesz dobrze wykonywać swoją pracę w Baltistanie, musisz uszanować nasze obyczaje – powiedział, dmuchając na parującą herbatę. – Kiedy pierwszy raz pijesz z nami herbatę, pozostajesz jeszcze nieznajomym. Za drugim razem stajesz się honorowym gościem. Ale za trzecim razem stajesz się członkiem rodziny, a my dla rodziny potrafimy zrobić wszystko, nawet oddać życie. – Położył rękę na dłoni gościa. – Doktorze Greg, musisz znaleźć czas na wypicie trzech filiżanek herbaty. Owszem, nie mamy wykształcenia, ale nie jesteśmy głupi. Żyjemy tu od lat, przetrwaliśmy stulecia.

„Tego dnia Hadżi Ali przekazał mi najważniejszą lekcję w moim życiu – mówi Mortenson. – My, Amerykanie, sądzimy, że wszystko trzeba załatwiać jak najszybciej. Jesteśmy krajem ekspresowych lunchów i dwuminutowych treningów futbolowych. Nasi przywódcy, posługując się doktryną „szok i przerażenie", zdołali zakończyć wojnę w Iraku, zanim się na dobre zaczęła. Hadżi Ali nauczył mnie, że trzeba mieć czas na wypicie trzech filiżanek herbaty, zwolnić i na pielęgnowanie relacji z ludźmi poświęcić równie dużo czasu jak na budowę szkół. Nauczył mnie, że od ludzi, z którymi pracuję, mogę się nauczyć znacznie więcej, niż sam mam im do przekazania".

Trzy tygodnie później, mimo że Greg został zdegradowany z funkcji przełożonego do roli obserwatora, ściany szkoły prześcignęły wzrostem Amerykanina i pozostało tylko położenie dachu. Nie udało się odzyskać belek stropowych, które podwędził Ćangazi, Mortenson wrócił więc do Skardu dopilnować wraz z Parwim zakupu i przygotowania na tyle wytrzymałego drewna, żeby się nie załamało pod grubą czapą śnieżną, jaka szczelnie pokrywa Korphe przez najcięższy okres zimy.

Jak można było przewidzieć, trzydzieści kilometrów od Korphe samochody wiozące belki stropowe zatrzymało kolejne osuwisko. „Kiedy następnego ranka zastanawialiśmy się z Parwim, co robić, zobaczyliśmy nadciągający w naszą stronę tuman kurzu – opowiada Mortenson. – Hadżi Ali jakimś sposobem dowiedział się o naszych kłopotach i mężczyźni z Korphe szli całą noc, żeby do nas dołączyć. Przybyli na miejsce, klaszcząc w dłonie, ze śpiewem na ustach, w nadzwyczajnie dobrych humorach, zważywszy, że całą noc nie spali. I ze zdumieniem stwierdziłem, że przyszedł wraz z nimi śer Tachi, który się uparł, że poniesie pierwszą partię belek".

„Od wiejskich przywódców duchowych oczekuje się, że nie będą się zniżać do pracy fizycznej – tłumaczy Greg. – On jednak nie chciał ustąpić i koniec końców poprowadził kolumnę trzydziestu pięciu mężczyzn dźwigających belki przez trzydzieści kilometrów do Korphe. Śer Tachi w dzieciństwie przechodził polio, w związku z czym nieco kulał, ta przeprawa musiała go więc naprawdę dużo kosztować. Lecz prowadził nas przez dolinę Braldu, z uśmiechem dźwigając swój ciężar. Konserwatywny mułła najwyraźniej chciał w ten sposób okazać, że popiera budowę szkoły dla dzieci z wioski, nawet dla dziewczynek".

Nie wszyscy mieszkańcy doliny Braldu podzielali jednak pogląd śera Tachiego. Tydzień później Greg obejmował ramieniem Twahę, podziwiając kunszt, z jakim Machmal i jego drużyna mocują belki stropowe, kiedy z dachów Korphe doszło ostrzegawcze wołanie. Obserwujący okolicę chłopcy zauważyli grupę obcych, którzy przekraczali właśnie most, zmierzając w stronę wioski.

Mortenson wszedł za Hadżi Alim na skarpę powyżej mostu. Zobaczył zmierzających w ich stronę pięciu mężczyzn. Przodem szedł przywódca, a za nim czterech krzepkich osiłków dzierżących topolowe kije, którymi miarowo uderzali w otwarte dłonie w rytm swoich kroków. Przywódcą był chudy, niezbyt zdrowo wyglądający starszy mężczyzna, który wspinając się na skarpę, podpierał się laską. Zatrzymał się, wbrew zasadom grzeczności, czterdzieści metrów od naczelnika Korphe, zmuszając Hadżi Alego, by podszedł go powitać.

Twaha pochylił się do ucha Mortensona, szepcząc:

– To Hadżi Mehdi. Niedobrze.

Mortenson słyszał już co nieco o tym człowieku, naczelniku Askole. „Stwarzał pozory pobożnego muzułmanina – opowiada – ale rządził gospodarką doliny Braldu niczym rasowy mafioso. Pobierał procent od każdej owcy, kozy czy kury, jaką sprzedawali miejscowi, a ekspedycje obdzierał ze skóry, windując ceny za potrzebne im towary. Jeśli ktokolwiek sprzedał przybyszom choćby jajko i nie zapłacił naczelnikowi jego działki, mógł się rychło spodziewać wizyty uzbrojonych w kije pachołków".

Hadżi Ali uścisnął nurmadhara Askole, ten jednak nie przyjął jego zaproszenia na herbatę.

– Będę mówić tutaj, żeby wszyscy mnie dobrze słyszeli – powiedział Mehdi, kierując swe słowa do zebranego na skarpie tłumu. – Słyszałem, że do waszej wioski przybył niewierny, żeby zatruć umysły muzułmańskich dzieci, chłopców i dziewcząt, swoimi naukami. Bóg zabrania edukacji dziewcząt. A ja zabraniam budowy tej szkoły.

– Dokończymy naszą szkołę – odparł spokojnie Hadżi Ali – czy nam tego zabronisz czy nie.

Mortenson zrobił krok do przodu w nadziei, że jakoś uda się rozładować wiszący w powietrzu konflikt.

– Może napijemy się herbaty i porozmawiamy.

– Wiem, kim jesteś, kafirze – rzekł Mehdi, używając najgorszego ze słów oznaczających niewiernego. – I nie mam ci nic do powiedzenia. A czy ty nie jesteś muzułmaninem? – zwrócił się groźnie do Hadżi Alego. – Jest tylko jeden Bóg. Kto jest dla ciebie ważniejszy, Bóg czy ten tutaj kafir?

Hadżi Ali położył dłoń na ramieniu Grega.

– Nikt inny nie przyszedł dotąd pomóc moim ludziom. Co rok płacę ci pieniądze, ale niczego dla mojej wioski nie zrobiłeś. Ten człowiek jest lepszym muzułmaninem od ciebie. Zasługuje na moje oddanie znacznie bardziej niż ty.

Osiłki Mehdiego nerwowo jeździły palcami po swoich kijach. Przywódca podniósł dłoń, żeby ich uspokoić.

– Skoro się upierasz, żeby tu powstała szkoła tego niewiernego, musisz zapłacić odpowiednią cenę – oświadczył, przymykając powieki. – Żądam dwunastu największych baranów waszej wioski.

– Jak sobie życzysz – powiedział Hadżi Ali, odwracając się tyłem do Mehdiego, by podkreślić, jak bardzo ten się poniżył, żądając łapówki. – Przyprowadźcie barany! – zawołał.

„Trzeba wiedzieć, że w tych okolicach baran jest niczym pierworodny syn, najlepsza krowa i rodzinny pieszczoszek w jednym – wyjaśnia Mortenson. – Najświętszym obowiązkiem najstarszych synów jest dbać o barana rodziny. Ci chłopcy byli zdruzgotani".

Hadżi Ali pozostał odwrócony tyłem do przybyszów, aż nadciągnęło dwunastu chłopców ciągnących za sobą dorodne zwierzęta o grubych rogach i ciężkich kopytach. Przyjął od nich uzdy i związał barany razem. Wszyscy chłopcy płakali, przekazując nurmadharowi Korphe swoje najcenniejsze skarby. Hadżi Ali poprowadził kolumnę ryczących żałośnie baranów ku Mehdiemu i bez słowa rzucił mu uzdę. Potem obrócił się na pięcie i poprowadził mieszkańców Korphe na teren budowy szkoły.

„To była największa lekcja pokory, jaką przeżyłem – opowiada Mortenson. – Hadżi Ali lekką ręką przekazał temu bandycie największe bogactwo swojej wioski, ale uśmiechał się, jakby właśnie wygrał los na loterii".

Hadżi Ali stanął przed budynkiem, nad którego wzniesieniem wszyscy mieszkańcy wioski tak ciężko pracowali. Na tle K2 Korphe stała niewzruszenie szkoła o równych kamiennych ścianach, już otynkowanych i pomalowanych na żółto, z mocnymi drewnianymi drzwiami gotowymi się oprzeć najgorszej pogodzie. Dzieci z Korphe już nigdy nie miały się uczyć na zamarzniętej ziemi.

– Nie smućcie się – powiedział naczelnik zdruzgotanym wieśniakom.

– Jeszcze długo po tym, jak te barany zostaną zabite i zjedzone, nasza szkoła wciąż będzie stała. Hadżi Mehdi ma dzisiaj co jeść. Ale nasze dzieci już zawsze będą miały dostęp do edukacji.

Gdy zapadł zmrok, a w izbie nurmadhara migotał płomień ognia, Hadżi Ali skinął na Grega, by koło niego usiadł. Wziął do rąk swój mocno już podniszczony, poplamiony Koran i uniósł, żeby oświetlał go blask z paleniska.

– Czy widzisz, jak piękny jest ten Koran? – spytał.

– Tak – odpowiedział Greg.

– Nie potrafię go czytać. W ogóle nie umiem czytać. To największy smutek mojego życia. Zrobię wszystko, żeby dzieci z mojej wioski nigdy nie musiały zaznać tego uczucia. Zapłacę każdą cenę, żeby mogły dostać edukację, na jaką zasługują.

„Siedząc tam obok niego – podsumowuje Mortenson – zdałem sobie sprawę, że wszystkie trudy, jakie przeszedłem od chwili, gdy obiecałem, że zbuduję tę szkołę, przez cały ten czas, gdy usilnie próbowałem ją ukończyć, wszystko to było niczym w porównaniu z poświęceniem, na jakie gotów był ten człowiek, by zapewnić swojej wiosce lepszą przyszłość. Obok mnie siedział sędziwy analfabeta, który rzadko kiedy opuszczał swoją wioskę w głębi Karakorum, ale był przy tym najmądrzejszym człowiekiem, jakiego w życiu spotkałem".

ROZDZIAŁ TRZYNASTY

„NIECH UŚMIECH NIE BĘDZIE LEDWIE WSPOMNIENIEM"

Wazirowie są najliczniejszym, ale też najmniej cywilizowanym
plemieniem pogranicza. To naród rozbójników i zabójców,
o którym jak najgorsze mniemanie mają
sąsiadujące z nim plemiona mahometan. Opisywani są
jako lud miłujący wolność i przemoc, porywczy i niefrasobliwy,
dumny i próżny. Prowadzący osiadły tryb życia
mahometanie uważają ich przeważnie za barbarzyńców.

Encyclopaedia Britannica, wydanie z roku 1911

Z POŁOŻONEGO na drugim piętrze pokoju w przerobionym na hotel rozpadającym się budynku haweli* Mortenson obserwował beznogiego chłopca, który przesuwał się na drewnianej płozie pośród chaosu bazaru Chajber. Wyglądał na nie więcej niż dziesięć lat, a blizny na kikutach nóg pozwalały się domyślać, że jest ofiarą miny. Z głową na wysokości rur wydechowych przejeżdżających ulicą taksówek chłopak z wielkim trudem przesuwał się przez tłum klientów zebranych wokół wózka, na którym starzec w turbanie mieszał w kociołku herbatę z kardamonem. Kawałek dalej, gdzie wzrok chłopca sięgnąć już nie mógł, Mortenson dostrzegł kierowcę, który wsiadł do furgonetki załadowanej protezami kończyn, po czym uruchomił silnik.

Greg pomyślał, że temu chłopcu bardzo by się przydała para protez upchniętych w furgonetce niczym drewno na opał, ale prawie na pewno nigdy jej nie zdobędzie, ponieważ najprawdopodobniej jakiś miejscowy Cangazi podwędził je organizacji dobroczynnej. Nagle spostrzegł, że furgonetka

---

* Haweli – rodzaj dawnej rezydencji arystokratów i bogatych kupców w Pakistanie i północnych Indiach.

cofa, jadąc prosto na chłopca. Nie znał najpopularniejszego w tych okolicach języka paszto, krzyknął więc „Uwaga!" w urdu z nadzieją, że chłopiec zrozumie. Niepotrzebnie się jednak martwił. Dzięki wysoce rozwiniętemu instynktowi samozachowawczemu, jakże niezbędnemu, jeśli chce się przetrwać na ulicach Peszawaru, chłopiec wyczuł niebezpieczeństwo i niczym krab przemknął szybko na krawężnik.

Peszawar to stolica pakistańskiego Dzikiego Zachodu, położona na ostatnim odcinku Grand Trunk Road. Widząc, że szkoła w Korphe jest już niemal ukończona, Mortenson postanowił przyjechać do tego miasta pogranicza w nowej roli dyrektora Instytutu Azji Centralnej.

Przynajmniej tak sobie wciąż powtarzał.

Peszawar jest również bramą wjazdową do Przełęczy Chajberskiej, historycznej trasy łączącej Pakistan z Afganistanem. Uczniowie licznych w Peszawarze madras wymieniali właśnie książki na kałasznikowy i bandoliery, a następnie maszerowali na drugą stronę granicy, przyłączając się do ruchu grożącego obaleniem powszechnie znienawidzonych władz Afganistanu.

W sierpniu 1996 ta armia składająca się w znacznej mierze z nastolatków, zwących się talibami, czyli „uczniami islamu", rozpoczęła nieoczekiwaną ofensywę, opanowując Dżalalabad, duże miasto po afgańskiej stronie Przełęczy Chajberskiej. Funkcjonariusze straży granicznej grzecznie się usunęli, gdy na drugą stronę ruszyły ciężarówki pełne tysięcy brodatych chłopców w turbanach, z oczami obwiedzionymi ciemną surmą, dzierżących w dłoniach Korany i kałasznikowy.

W przeciwną stronę płynęła równie liczna fala wycieńczonych, uciekających przed przemocą uchodźców, od których wkrótce pękały w szwach błotniste obozy zorganizowane na obrzeżach Peszawaru. Mortenson miał zamiar już dwa dni wcześniej wyruszyć na poszukiwanie nowych miejsc pod budowę szkół, lecz wiszące w powietrzu napięcie zatrzymało go w mieście. W herbaciarniach aż huczało od wieści o błyskawicznych zwycięstwach talibów. Pogłoski mknęły przez miasto szybciej od kul, które z radości raz za razem, dniem i nocą, wystrzeliwano w niebo z karabinów: oddziały talibów zbierają się na przedmieściach Kabulu – albo może nawet zajęły już stolicę; prezydent Nadżibullah, przywódca skorumpowanego postsowieckiego reżimu, uciekł do Francji – lub został stracony na stadionie piłkarskim.

Prosto w rozszalałą burzę samolotem czarterowym Ariana Airlines przyleciał siedemnasty syn zamożnej saudyjskiej rodziny. Gdy z walizkami pełnymi niewiadomego pochodzenia banknotów studolarowych, w towarzystwie świty bojowników podobnie jak on zaprawionych we wcześniejszych kampaniach przeciw Sowietom w Afganistanie, Osama bin Laden wylądował w nieczynnej bazie lotniczej w pobliżu Dżalalabadu; był podobno w paskudnym nastroju. W wyniku nacisków Stanów Zjednoczonych i Egiptu przyszło mu opuścić wygodną rezydencję w Sudanie. Pozbawiony sudańskiego obywatelstwa, musiał sobie poszukać nowego schronienia i wybrał Afganistan, kraj pogrążony w chaosie, co akurat bardzo mu odpowiadało. Nie był natomiast zachwycony brakiem wygód. Początkowo skarżył się talibom na marne warunki zakwaterowania, jakie mu zapewnili, potem jednak skierował nagromadzoną wściekłość ku ludziom, których obciążał odpowiedzialnością za swoje wygnanie – ku Amerykanom.

Kiedy Greg Mortenson bawił w pobliskim Peszawarze, w tym samym tygodniu Osama wydał pierwszą odezwę nawołującą do zbrojnej walki przeciw Amerykanom. Jego „Deklaracja otwartego dżihadu przeciw Amerykanom okupującym kraj dwóch świętych miejsc" (czyli Arabię Saudyjską, gdzie stacjonowało pięć tysięcy amerykańskich żołnierzy) nawoływała do atakowania Amerykanów w każdym miejscu i okolicznościach i „czynienia im tyle krzywdy, ile się tylko da".

Podobnie jak większość obywateli USA, Mortenson nie słyszał jeszcze o Osamie. Czuł jednak, że znalazł się w doskonałym punkcie umożliwiającym śledzenie rozgrywającej się na jego oczach historii – i nie miał ochoty opuszczać miasta. Nie było też łatwo znaleźć odpowiedniego towarzysza podróży, który zapewniłby mu bezpieczeństwo. Przed wyjazdem z Korphe Mortenson rozmawiał o swoich planach z Hadżi Alim, który udzielił mu następującej rady: „Musisz mi jedno obiecać. Nie udawaj się nigdzie sam. Znajdź godnego zaufania gospodarza, najlepiej naczelnika wioski, i zaczekaj, aż zaprosi cię do domu na herbatę. Tylko w ten sposób będziesz bezpieczny".

Jednak znalezienie w Peszawarze kogoś godnego zaufania okazało się trudniejsze, niż Mortenson początkowo sądził. Miasto stanowiło centrum gospodarki czarnorynkowej, w którym gromadziły się tłumnie różnego rodzaju podejrzane typy. Siłą napędową był tutaj handel opium, bronią i dywanami, a napotykani jak dotąd mężczyźni robili wrażenie równie podłych jak tani hotel, w którym się zatrzymał.

Rozpadający się budynek haweli, w którym spędził pięć ostatnich nocy, był niegdyś domem bogatego kupca, a pokój Mortensona służył jako punkt obserwacyjny dla mieszkających tu kobiet. Wychodząca na ulicę ażurowa ścianka z bogato rzeźbionego piaskowca umożliwiała kobietom przypatrywanie się zdarzeniom ulicznym bez konieczności pokazywania się i łamania pardy.* Greg bardzo sobie cenił swój punkt obserwacyjny za ażurową przesłoną. Rano hotelowy ćokidar ostrzegł go, że ze względów bezpieczeństwa cudzoziemcom zaleca się nie pokazywać na ulicach. Był właśnie piątek, czas modlitwy dżumma, kiedy to mułłowie wygłaszali najbardziej płomienne kazania w meczetach pełnych nabuzowanych młodych mężczyzn. Religijne uniesienie w połączeniu z wiadomościami o przemocy w Afganistanie mogło dać nieprzewidziane efekty dla cudzoziemca, który by się przypadkiem znalazł w krzyżowym ogniu strzałów. Greg usłyszał pukanie do drzwi i poszedł otworzyć. Do pokoju wszedł inny gość hotelowy, Badam Gul, z papierosem w ustach, pakunkiem pod pachą i tacą z herbatą w ręku. Mortenson poznał go poprzedniego wieczoru w hotelowym lobby, gdzie obaj słuchali radia BBC podającego najświeższe wiadomości na temat szturmujących Kabul talibów.

Gul powiedział, że pochodzi z Waziristanu i ma intratne zajęcie polegające na zbieraniu w całej Azji Centralnej rzadkich okazów motyli i przekazywaniu ich europejskim muzeom. Greg domyślał się, że częste przekraczanie granic umożliwia mu przewóz również innych dóbr, ale nie dopytywał już o szczegóły. Kiedy Gul się zorientował, że Mortenson chce odwiedzić jego rodzinne strony położone na południe od Peszawaru, zaproponował, że może pełnić rolę przewodnika po swojej rodzinnej wiosce o nazwie Ladha. Hadżi Alemu pewnie by się to nie spodobało, ale Tara za miesiąc miała rodzić, gładko ogolony Gul na oko wydawał się porządnym człowiekiem, a Greg nie miał czasu, żeby wybrzydzać.

Gul nalał herbaty, potem odwinął pakunek z gazety pełnej zdjęć brodatych chłopaczków pozujących przed ruszeniem na wojnę. Greg wziął do rąk duży biały salwar kamiz bez kołnierzyka, za to udekorowany na piersi eleganckim srebrnym haftem, oraz szarą kamizelkę.

– Tak noszą Wazirowie – powiedział Gul, odpalając kolejnego papierosa od niedopałka. – Kupić największy na cały bazar. Pan może teraz płacić?

---

* Parda – praktyka nakazująca kobietom zakrywanie ciała od stóp do czubka głowy w miejscach publicznych.

Gul dokładnie przeliczył pieniądze, zanim schował je do kieszeni. Umówili się, że wyjadą o brzasku. Mortenson zamówił u operatora trzyminutową rozmowę i powiedział Tarze, że na kilka dni pojedzie w miejsce, gdzie nie ma telefonów. Obiecał, że wróci na czas, by powitać na świecie ich pierwsze dziecko.

O brzasku zszedł ostrożnie po schodach pełen obaw, czy w jego nowym ubraniu nie popękają szwy – koszulę miał napiętą na piersi do granic wytrzymałości, a nogawki spodni sięgały mu ledwie do połowy łydek. Szara toyota sedan już czekała. Gul z przepraszającym uśmiechem wytłumaczył mu, że został nagle wezwany w interesach do Afganistanu. Miał jednak dobrą wiadomość – kierowca, pan Chan, pochodził z małej wioski w pobliżu Ladhy i zgodził się zabrać tam Amerykanina. Gregowi przemknęła przez głowę myśl, żeby się wycofać, ale w końcu ostrożnie wsiadł do samochodu.

Gdy o wschodzie słońca samochód zmierzał na południe, Greg odchylił białą koronkową zasłonkę, która chroniła tylne siedzenie przed ciekawskimi spojrzeniami. Za ginącym w oddali miastem wznosiły się potężne zaokrąglone szańce fortu Bala Hisar, który drzemał w ognistym blasku słońca niczym uśpiony wulkan mający lada chwila się przebudzić.

Sto kilometrów na południe od miasta wjechali do Waziristanu, najbardziej nieposkromionego regionu Północno-Zachodniej Prowincji Pogranicznej, terytoriów plemiennych stanowiących strefę buforową między Pakistanem a Afganistanem. Wazirowie byli ludem zupełnie odrębnym od otaczających go kultur, co silnie działało Gregowi na wyobraźnię. „Chyba po części dlatego tak mnie ciągnęło do ludu Balti, że żyją oni na absolutnym marginesie społecznym – mówi Greg. – Pakistański rząd korzysta z ich zasobów i talentów, ale bardzo niewiele oferuje w zamian, nie dając im nawet prawa głosu".

W odczuciu Mortensona Wazirowie również byli grupą zmarginalizowaną. Odkąd Jean Hoerni mianował go dyrektorem nowo utworzonej organizacji, Greg starał się za wszelką cenę zdobyć taką wiedzę, jakiej sam by oczekiwał od kogoś o tak niepasującym mu do własnej osoby tytule. Przez całą zimę bywał z Tarą u położnej oraz tapetował i urządzał pokoik na górze, w którym niebawem miało zamieszkać ich dziecko, w wolnych chwilach czytał zaś wszystko, co tylko znalazł na temat Azji Centralnej. Szybko się przekonał, jakie jest prawdziwe oblicze tego regionu zamieszkanego przez nieposkromione wspólnoty plemienne upchnięte w arbitralnie wyznaczone przez

Europejczyków granice państw, które niespecjalnie się liczyły z podstawową przynależnością etniczną własnych obywateli. Najsilniej poruszali jego wyobraźnię właśnie Wazirowie. Nie podporządkowywali się ani władzom Pakistanu, ani Afganistanu, czuli się Pasztunami, i tylko z przedstawicielami tej grupy gotowi byli zawierać sojusze. Od czasów Aleksandra Macedońskiego najeźdźcy spotykali się tu z zaciekłym oporem. Z każdą klęską większych i lepiej niż lokalna partyzantka uzbrojonych oddziałów atakujących Waziristan rosła zła sława tej okolicy. Sam Aleksander, gdy stracił tutaj setki żołnierzy, zarządził, że jego wojska mają od tej pory szerokim łukiem omijać tę ziemię „diabłów pustyni". Nie lepiej poradzili sobie Brytyjczycy, którzy przegrali dwie wojny z Wazirami czy też ogólniej rozumianym ludem Pasztunów.

W roku 1893 oddziały rannych Brytyjczyków wycofały się z Waziristanu za Linię Duranda, stworzoną przez siebie granicę oddzielającą brytyjskie Indie od Afganistanu, pociągniętą przez środek terytoriów Pasztunów w ramach imperialnej polityki „dziel i rządź". Nikomu jednak nie udało się jeszcze podbić Wazirów. Choć administracyjnie Waziristan od roku 1947 należy do Pakistanu, niewielki wpływ, jaki udaje się czasem stołecznym władzom wywrzeć na miejscowy lud, jest zasługą łapówek przekazywanych plemiennym przywódcom oraz obecności mocno ufortyfikowanych jednostek wojskowych, których zakres kontroli ogranicza się do terenów widocznych przez celownik karabinu.

Greg podziwiał naród, który tak zaciekle stawiał opór potęgom tego świata. Przed wyprawą na K2 czytał podobnie krytyczne opisy dotyczące Bałtów, co skłaniało go do refleksji, że być może Wazirowie są w podobny sposób oczerniani. Nieraz słyszał, że Bałtowie wrogo się odnoszą do obcych i są wybitnie nieprzyjaźni. Obecnie wiedział już, jak dalekie od prawdy są tego rodzaju twierdzenia. Oto więc jechał na spotkanie innych wyrzutków, którym mógł się przysłużyć.

Zanim wjechali do właściwego Waziristanu, minęli sześć posterunków wojskowych. Mortenson był przekonany, że zostaną zatrzymani i zawróceni z drogi. Za każdym razem wartownicy odsuwali zasłonę w samochodzie i przyglądali się wielkiemu spoconemu cudzoziemcowi w idiotycznie ciasnym stroju, i za każdym razem Chan sięgał do kieszeni skórzanej kamizelki, którą mimo upału stale nosił, i odliczał odpowiednią kwotę, żeby puszczono ich w dalszą drogę na południe.

Pierwszym wrażeniem, jakie towarzyszyło Gregowi w Waziristanie, był podziw dla ludzi, którym udało się przetrwać w takich warunkach geograficznych. Jechali żwirową drogą przez płaską pustynną dolinę usianą czarnymi kamieniami, które przyciągały słoneczne promienie i zdawały się drżeć w upale, nadając przestrzeni charakter gorączkowego majaku.

Połowa brunatnych, wyglądających na martwe gór, położonych kilkanaście kilometrów na zachód, należała wedle map do Pakistanu, druga połowa do Afganistanu. „Brytyjczycy wykazali się poczuciem humoru, wytyczając granicę w tak nieprzystępnym terenie" – pomyślał Mortenson. Pięć lat później amerykańscy żołnierze przekonali się, jak bezcelowe jest tropienie partyzantów świetnie obeznanych z tymi górami, w których jaskinie są równie liczne jak szczyty, a każda z nich służy od pokoleń kursującym na tych terenach przemytnikom. Leżący po drugiej stronie granicy labirynt Tora Bora całkowicie udaremnił amerykańskim jednostkom specjalnym wytropienie Osamy bin Ladena i zablokowanie jemu i jego towarzyszom z Al-Kaidy drogi do Waziristanu – tak przynajmniej twierdzi miejscowa ludność, która ponoć zapewniała Osamie schronienie.

Kiedy minęli już pole czarnych kamieni, Mortenson miał wrażenie, że przeniósł się w czasie i znalazł na terytorium zwaśnionych średniowiecznych państw-miast. Dawne forty brytyjskie, obecnie zajmowane przez pakistańskich żołnierzy, których wysyłano tu na rok ciężkiej służby, były porządnie umocnione. Po obu stronach drogi na kamiennej wyżynie piętrzyły się domostwa Wazirów, niemal całkiem zasłonięte przez sześciometrowe mury z suszonej gliny zwieńczone wieżami strzelniczymi. Początkowo Greg mylnie sądził, że samotne postaci stojące nieruchomo na wieżach to strachy na wróble, dopóki nie podjechali na tyle blisko, że mógł dojrzeć uzbrojonego mężczyznę, który śledził przez celownik karabinu ich sunący przez dolinę samochód.

U Wazirów praktyka pardy obejmowała nie tylko kobiety, ale w ogóle wszystkich – cała społeczność skrywała się przed wzrokiem obcych. Od co najmniej 600 roku przed naszą erą opierali się wpływom z zewnątrz za murami swych domostw, pragnąc, aby ich kraj był równie nieskalany i niedostępny jak ich kobiety.

Mijali przysadziste budynki fabryk, w których zręczni lokalni rzemieślnicy produkowali wierne kopie najróżniejszych modeli światowej broni palnej. Na obiad zatrzymali się w Bannunie, największym mieście regionu, gdzie z trudem się przebijali przez gęstwę furgonetek i wózków zaprzęgniętych w osły. Kierowca udał się na poszukiwanie sklepu, który by sprzedawał jego ulubioną markę papierosów, zaś Greg w herbaciarni próbował na tyle wyprostować kości, na ile pozwalało mu ubranie, oraz zagaić rozmowę z zebranymi wokół stołu starszymi mężczyznami, dokładnie takimi, z jakimi polecił mu się kontaktować Hadżi Ali. Jednak próby komunikacji w języku urdu wywołały na twarzach mężczyzn jedynie zdziwione spojrzenia. Greg obiecał sobie, że gdy wróci do domu, będzie musiał poświęcić trochę czasu na naukę języka paszto.

Po drugiej stronie pylistej ulicy za wysokim murem mieściła się ufundowana przez Saudyjczyków Madrassa-I-Arabia, gdzie dwa lata później niejaki John Walker Lindh, znany jako „amerykański talib", przyjechał studiować fundamentalistyczny odłam islamu zwany wahabizmem. Lindh, który pochodził z rześkiego Marin County na wybrzeżu Kalifornii, podobno szybko opadł z sił w konfrontacji z bezlitosnym słońcem Waziristanu, w związku z czym szybko się przedostał do Afganistanu, by kontynuować badania w górach, gdzie klimat był zdecydowanie łagodniejszy – w madrasie również finansowanej przez Saudyjczyka, Osamę bin Ladena.

Przez całe popołudnie jechali w głąb Waziristanu, a Greg ćwiczył kilka uprzejmych powitań w języku paszto, których uczył go kierowca.

„Trudno sobie wyobrazić równie surowy krajobraz – wspomina Mortenson. – Zarazem jednak było w tej pustce coś niezwykle pięknego. Zbliżaliśmy się do centrum terytoriów plemiennych. Cieszyłem się, że udało nam się tak daleko dojechać".

Kawałek na południe od miejscowości Ladha, gdy słońce opadało już na Afganistan, dojechali do Kot Langarchelu, rodzinnej wioski Chana. Składały się na nią dwa sklepy po dwóch stronach meczetu z piaskowca otoczone senną atmosferą charakterystyczną dla wszystkich miejsc na krańcach świata. Pośrodku drogi odpoczywała zakurzona łaciata koza z tak szeroko rozłożonymi nogami, że wyglądała na ofiarę wypadku drogowego. Chan krzyknął słowa powitania do mężczyzn siedzących przy magazynie z tyłu większego z dwóch sklepów, oni zaś zaproponowali mu, żeby na noc bezpiecznie zaparkował samochód w magazynie.

Kiedy Greg znalazł się w środku, z miejsca poczuł się nieswojo. Na skrzynkach siedziało sześciu Wazirów ze skrzyżowanymi na piersiach bandolierami. Mężczyźni palili haszysz z wielkiej fajki wodnej o kilku szyjkach. Przy ścianach stały stosy wyrzutni rakietowych i granatników przeciwpancernych oraz całe skrzynki błyszczących od nowości karabinów AK-47. Zza skrzynek wieloowocowych napojów Gatorade i kosmetyków Oil of Olay sterczały anteny wojskowych radiostacji polowych. Mortenson zdał sobie sprawę, że nieświadomie znalazł się w bastionie wielkiej i dobrze zorganizowanej organizacji przemytniczej.

Wazirowie, tak jak inni Pasztuni, przestrzegają zasad kodeksu honorowego pasztunwali, który obejmuje takie pojęcia jak badal, czyli zemsta rodowa, oraz obrona zan, zar i zamin – rodziny, majątku i ziemi. Obowiązuje również nanawatai, czyli nakaz gościnności i udzielania ochrony gościom, którzy zjawią się w poszukiwaniu pomocy. Sztuczka polega na tym, żeby zjawić się jako gość, a nie najeźdźca. Mortenson w swoim idiotycznym stroju wysiadł z samochodu i ze wszystkich sił próbował wyglądać na gościa, jako że zbyt niebezpiecznie byłoby szukać po zmroku innego noclegu. „Wykorzystałem wszystko, czego się nauczyłem w Baltistanie, i każdego z mężczyzn powitałem tak uprzejmie, jak tylko umiałem – opowiada. – Za pomocą paru słów, których Chan mnie nauczył po drodze, spytałem, jak się mają ich rodziny i czy wszyscy są zdrowi".

Wielu Wazirów walczyło ramię w ramię z amerykańskimi siłami specjalnymi, żeby przegonić Sowietów z pasztuńskiej części Afganistanu. Do chwili, gdy na okoliczne wzgórza miał polecieć grad amerykańskich bomb, było jeszcze pięć lat, więc Wazirowie wciąż z życzliwością przyjmowali na swoich ziemiach obywateli USA.

Najbardziej niechlujny spośród przemytników, którego skóra zdawała się wydzielać haszysz zamiast potu, zaproponował Gregowi, żeby się poczęstował dymem z fajki. Mortenson odmówił najgrzeczniej jak umiał. „Pewnie powinienem był trochę wypalić na znak przyjaźni, ale nie chciałem się nabawić jeszcze większej paranoi" – wspomina.

Chan rozmawiał z najstarszym członkiem bandy, wysokim mężczyzną w różowawych okularach przeciwsłonecznych i z gęstym czarnym wąsem, niczym nietoperz unoszącym się nad jego górną wargą. Podniesionymi głosami dyskutowali o tym, gdzie przenocować przybysza. Kiedy skończyli, kierowca pociągnął z fajki i zwrócił się w stronę Grega.

– Hadżi Mirza uprzejmie prosi do domu – powiedział, wypuszczając z ust dym.

Napięcie ściskające ramiona Grega pod opiętą koszulą ustąpiło. Został uznany za gościa, więc wszystko będzie w porządku.

Pół godziny szli w ciemności pod górę, mijając obwieszone dojrzewającymi owocami figowce, które pachniały równie słodko jak unoszące się z ubrań Wazirów opary haszyszu. Cała grupa szła w ciszy, którą przerywał jedynie rytmiczny stuk kolb karabinów o pasy z amunicją. Na horyzoncie gasła pomału krwawa łuna zachodzącego nad Afganistanem słońca. Na szczycie wzgórza stanęli przy murze domostwa. Hadżi Mirza coś krzyknął, na co odryglowano od wewnątrz zasuwę i pomału otwarto ogromne drewniane drzwi w wysokim na sześć metrów murze z suszonej gliny. Zaskoczony strażnik przyglądał się Gregowi w świetle lampy naftowej, a wyraz jego twarzy sugerował, że chętnie by wpakował w cudzoziemca cały magazynek swojego karabinu ot tak, na wszelki wypadek. Hadżi Mirza burknął coś srogo, na co strażnik zszedł na bok i pozwolił wszystkim przejść.

„Po jednym dniu drogi ze współczesnego świata miałem naprawdę wrażenie, że znaleźliśmy się w średniowiecznej rzeczywistości – opowiada Mortenson. – Nie musieliśmy przekraczać fosy, ale gdy znaleźliśmy się w środku, i tak miałem wrażenie, żeśmy ją przekroczyli".

Otaczały ich potężne mury, a wielkie pokoje były słabo oświetlone migoczącymi lampami. Piętnaście metrów nad dziedzińcem wznosiła się wieża strzelnicza, z której snajperzy mogli spokojnie trafić każdego, kto by spróbował się zbliżyć bez zaproszenia.

Greg i jego kierowca zostali poprowadzeni do wyłożonego dywanami pokoju pośrodku zabudowań. Zanim przyniesiono tradycyjną zieloną herbatę z kardamonem, kierowca osunął się na poduszkę, zarzucił sobie na głowę skórzaną kamizelkę i zaczął donośnie chrapać, zostawiając Mortensona samego w niezbyt komfortowej sytuacji. Hadżi Mirza poszedł dopilnować przygotowywanego posiłku, a Greg przez dwie godziny popijał herbatę w towarzystwie czterech mężczyzn z obstawy, aż wreszcie podano kolację.

– *Mahnam do dije* – zapowiedział posiłek Hadżi Mirza.

Aromat jagnięciny wywabił Chana spod kamizelki. Choć wydawał się człowiekiem całkiem już miastowym, na widok pieczonego mięsa tak jak pozostali Wazirowie wyciągnął zza pazuchy sztylet. Sługa postawił też na podłodze parujący półmisek „pilawu po kabulsku", czyli ryżu z marchewką, goździkami i rodzynkami, lecz mężczyźni w ogóle nie zwracali na to danie uwagi, tak byli zaabsorbowani pożeraniem zwierzęcia, które atakowali długimi sztyletami, odrywając delikatne mięso od kości i wpychając je sobie do ust ostrzami noży.

„Dotąd wydawało mi się, że Baltowie jedzą z prawdziwym apetytem – mówi Mortenson. – Tym razem byłem jednak świadkiem najbardziej pierwotnego, barbarzyńskiego posiłku. Po jakichś dziesięciu minutach rozrywania mięsa i głośnego chrząkania z jagnięcia zostały same kości, a mężczyźni, bekając, ocierali brody z tłuszczu".

Wazirowie, jęcząc z przejedzenia, położyli się na poduszkach i zapalili fajki z haszyszem oraz papierosy. Greg przyjął od jednego z mężczyzn papierosa przesiąkniętego zapachem jagnięciny i pokornie wypalił go do końca, jak przystało na honorowego gościa. Zanim nadeszła północ, powieki zaczęły mu ciężko opadać. Jeden z mężczyzn rozłożył dla niego matę na podłodze. „Nie poradziłem sobie chyba najgorzej" – pomyślał Mortenson. Przed oczami pojawiał mu się i gasł obraz mężczyzn w turbanach. Udało mu się nawiązać kontakt z jednym przynajmniej członkiem starszyzny plemiennej, choć co prawda odurzonym haszyszem. Jutro poprosi, aby go przedstawił kolejnym członkom starszyzny, i zacznie dopytywać, co by wioska powiedziała na szkołę.

Krzyki wdzierały się w sen Grega stopniowo. Na chwilę przed przebudzeniem był znów w Chane, gdzie Dźandźungpa wrzeszczał na Achmalu, przekonując go, że wiosce bardziej potrzebna jest szkoła wspinaczki niż zwykła, dla dzieci. Przebudziwszy się w końcu, usiadł i próbował zrozumieć, co się dzieje. Przed jego twarzą wisiała lampa naftowa, której światło tworzyło groteskowe cienie kołyszące się na ścianach. Zaraz za lampą Mortenson dojrzał lufę karabinu wymierzonego, jak nagle zdał sobie sprawę, prosto w swoją pierś. Momentalnie odzyskał nieco przytomności.

Zza karabinu wyłaniała się postać dzikiego mężczyzny w szarym turbanie i o zmierzwionej brodzie, który wrzeszczał coś w języku zupełnie obcym Gregowi. Była druga w nocy. Mortenson zdążył przespać tylko dwie godziny, więc trudno mu było zrozumieć, co się dookoła dzieje. Bardziej się przejmował utratą cennego snu niż obecnością ośmiu nieznajomych mierzących do niego z broni palnej i szarpiących go za ramiona.

Poderwali go na nogi i zaczęli ciągnąć w kierunku drzwi. Mortenson próbował dostrzec w mrocznym pokoju Chana lub Hadżi Mirzę, lecz wyglądało na to, że jest sam na sam z bandą uzbrojonych obcych. Silne dłonie trzymały go za oba bicepsy, prowadząc w stronę odryglowanych drzwi w otaczającym dom murze. Ktoś narzucił mu od tyłu na głowę rozwinięty turban i mocno zawiązał. „Pamiętam, że pomyślałem wtedy: «Co niby miałbym zobaczyć w tych ciemnościach?»" – wspomina Mortenson.

W podwójnej teraz ciemności prowadzili go ścieżką w dół, ponaglając i stawiając na nogi, gdy idąc w klapkach, potykał się o kamienie. Kiedy doszli do drogi, wepchnęli go na platformę furgonetki i usadowili się za nim. „Jechaliśmy jakieś czterdzieści pięć minut – opowiada Mortenson. – Wreszcie całkiem się rozbudziłem i trząsłem się, trochę z zimna, bo jechaliśmy odkrytą furgonetką przez pustynię, a trochę ze strachu".

Napierający na niego mężczyźni ostro się kłócili w języku paszto. Greg mógł tylko podejrzewać, że spierają się, co z nim zrobić. Ale dlaczego w ogóle go pojmali? I gdzie była uzbrojona straż Hadżi Mirzy, kiedy ta zgraja wpadła do pokoju, nie oddając nawet jednego strzału? Nagle Mortensona uderzyła myśl, że ci mężczyźni mogli być w zmowie z Hadżi Mirzą. Napierający na niego porywacze cuchnęli dymem i potem. Z każdą kolejną minutą Greg czuł, że jadąc w noc, oddala się od możliwości zobaczenia jeszcze kiedykolwiek swojej żony.

Furgonetka zjechała z szosy i przez jakiś czas telepała się pod górę drogą pełną kolein. Mortenson poczuł, jak kierowca gwałtownie naciska hamulec, aż furgonetką zarzuciło, zanim się zatrzymała. Silne ręce ściągnęły go na ziemię. Usłyszał, że ktoś mocuje się z zamkiem, a potem otwierają się spore metalowe drzwi. Potykając się, przeszedł przez nie, cały czas ściskany boleśnie za ramiona, i dalej przez korytarz, w którym ich kroki niosły się echem, do jakiegoś pomieszczenia. Usłyszał, jak ciężkie zewnętrzne drzwi się zatrzaskują. Potem zdjęto mu przepaskę z oczu.

Znajdował się w pustym wysokim pomieszczeniu o wymiarach trzy na sześć metrów. Na parapecie zasłoniętego od zewnątrz pojedynczego okienka migotała lampa naftowa. Odwrócił się w stronę mężczyzn, którzy go tu wprowadzili, próbując opanować panikę i na tyle uspokoić umysł, by wymyślić jakieś zgrabne zdanie i spróbować pozyskać ich sympatię – ale zobaczył tylko zamykające się za nimi ciężkie drzwi. Przez grube drewno usłyszał ponury dźwięk zatrzaskującej się kłódki.

W spowitym ciemnością rogu pokoju dostrzegł koc i cienką matę. Pierwotny instynkt podpowiedział mu, że sen będzie dla niego lepszy od chodzenia w tę i z powrotem po pomieszczeniu i zamartwiania się o swój los. Położył się więc na zbyt krótkiej dla niego macie, przykrył się zatęchłym wełnianym kocem i zapadł w głęboki nieprzerwany sen.

Kiedy otworzył oczy, ujrzał dwóch porywaczy, którzy siedzieli w kucki przy jego posłaniu. Przez zabite deskami okno przeświecało światło dnia.

– *Czaj* – powiedział mężczyzna bliżej niego, nalewając mu letniej zielonej herbaty.

Greg pił z plastikowego kubka, starając się okazywać entuzjazm. Uśmiechał się do mężczyzn, a przy okazji przyglądał im się. Mieli surowy wygląd ludzi, którzy większość życia spędzili na dworze, często cierpiąc niedostatek. Domyślał się, że obaj są grubo po pięćdziesiątce; ich brody były zmierzwione i gęste jak zimowe futro wilka. Przez całą szerokość czoła mężczyzny, który podał mu herbatę, biegła głęboka czerwona bruzda. Greg uznał ją za ślad zostawiony przez odłamek pocisku lub też rowek wyryty przez kulę, która o mały włos nie odebrała mu życia. Doszedł do wniosku, że to mudżahedini, weterani wojny partyzanckiej przeciwko Sowietom. Ale kim teraz byli? I co zamierzali z nim zrobić?

Opróżnił kubek z herbatą i pokazał na migi, że chciałby pójść do toalety. Mężczyźni zarzucili kałasznikowy na ramiona i wyprowadzili go na dziedziniec. Sześciometrowe mury dokładnie zasłaniały krajobraz, a na wieży strzelniczej w odległym rogu można było dostrzec strażnika. Mężczyzna ze szramą na czole pokazał lufą karabinu wejście do wygódki z dziurą w podłodze. Greg chciał zamknąć za sobą drzwi, ale drugi z mężczyzn przytrzymał je stopą i wszedł za nim do środka, podczas gdy jego towarzysz obserwował ich z zewnątrz. „Byłem przyzwyczajony do korzystania z tego rodzaju toalet, wyposażonych zwykle tylko w kubełek wody – mówi Mortenson. – Ale załatwiać się na oczach dwóch innych mężczyzn, podcierać się i tak dalej... to było jednak mocno stresujące".

Kiedy skończył, mężczyźni skierowali lufy karabinów znów w stronę, z której przyszli, i poprowadzili go z powrotem do celi. Usiadł po turecku na posłaniu i próbował z nimi porozmawiać. Strażników jednak niespecjalnie interesowało, co próbował im przekazać za pomocą gestów. Stanęli przy drzwiach, palili haszysz i nie zwracali na niego najmniejszej uwagi. „Zacząłem łapać doła – wspomina Mortenson. – Wiedziałem, że ta sytuacja może trwać bardzo długo, co wydawało się jeszcze gorsze, niż gdyby od razu ze mną skończyli".

Zabite deskami okno nie wpuszczało wiele światła, a lampa słabo świeciła, pomieszczenie pogrążone więc było w półmroku. Załamanie wzięło górę nad strachem – Greg położył się i zapadł w sen. Przez kolejne godziny pogrążony był w przerywanym półśnie.

Kiedy za którymś razem odzyskał przytomność, zauważył, że koło jego posłania coś leży na podłodze. Sięgnął i podniósł wymięte czasopismo „Time" z listopada 1979 roku, czyli liczące już siedemnaście lat. Na okładce napisane było: „Sprawdzian silnej woli", a krzykliwy obrazek pod spodem ukazywał gniewne oblicze ajatollaha Chomeiniego zawieszonego niczym zjawa nad zdjęciem zrezygnowanego Jimmy'ego Cartera.

Mortenson przerzucał podniszczone strony pisma podającego szczegółowe opisy zajęcia amerykańskiej ambasady w Teheranie przez islamskich studentów, którzy wzięli cały personel na zakładników. Ze ściśniętym żołądkiem oglądał zdjęcia bezbronnych Amerykanów z opaskami na oczach w rękach fanatycznego, szydzącego tłumu. Zastanawiał się, czy czasopismo zostało tu położone, żeby dać mu do myślenia, czy był to raczej uprzejmy gest gospodarzy, którzy nie mieli żadnych innych materiałów w języku angielskim. Rzucił ukradkowe spojrzenie na swoich strażników, by sprawdzić, czy na ich twarzach maluje się jakiś nowy wyraz, lecz pogrążeni byli w cichej rozmowie w oparach haszyszu, wciąż chyba niespecjalnie zainteresowani jego osobą.

Nie miał nic innego do roboty, więc czytał. Pochylając strony w stronę światła rzucanego przez lampę, zapoznał się z raportem specjalnym dotyczącym gehenny amerykańskich zakładników w Teheranie. Szczegółowe relacje zdawało pięć sekretarek oraz siedmiu czarnoskórych strażników, których zwolniono niedługo po zajęciu ambasady. Mortenson dowiedział się, że czarnoskórych zakładników zwolniono podczas konferencji prasowej pod transparentem głoszącym: „Uciśnieni Czarni! Amerykański rząd jest naszym wspólnym wrogiem!".

Jeden ze strażników, sierżant Ladell Maples, relacjonował, że zmuszono go, aby nagrał oświadczenie o swoim poparciu dla irańskiej rewolucji, pod groźbą zastrzelenia, jeśli coś powie nie tak.

Sekretarka Kathy Jean Gross, która mówiła trochę po persku, powiedziała, że udało jej się pozyskać sympatię jednej ze strażniczek, nie wiedziała jednak, czy to dzięki temu została zwolniona.

Mortenson czytał o tym, że zakładnikom kazano spać na podłodze ze związanymi rękami i nogami. Rozwiązywano ich na posiłki, gdy szli do toalety lub na papierosa, jeśli byli palący. „Time" cytował słowa innej sekretarki, Elizabeth Montagne, która mówiła: „Niektórzy z nas tak bardzo pragnęli być rozwiązani na dłużej, że nawet jeśli wcześniej byli niepalący, zaczynali palić".

Raport specjalny kończył się słowami, które zespół dziennikarzy „Time'a" musiał uważać za ponurą wizję przyszłości: „Biały Dom bierze pod uwagę przygnębiającą, ale całkiem realną możliwość, że zakładnicy spędzą święta Bożego Narodzenia pod okiem bojowników Chomeiniego w teherańskiej ambasadzie". Czytając tę prognozę po siedemnastu latach, Greg wiedział coś, czego dziennikarze w listopadzie 1979 nawet nie podejrzewali – że dopiero gdy przeminą kolejne święta Bożego Narodzenia, skończy się trwająca czterysta czterdzieści cztery dni gehenna amerykańskich zakładników.

Odłożył czasopismo. Jego na razie nikt nie związał ani nie groził mu, że go zastrzeli. Mogło być gorzej. Jednak perspektywa spędzenia w tej mrocznej celi czterystu czterdziestu czterech dni była zbyt straszna, by w ogóle brać ją pod uwagę. Postanowił, że choć nie zna języka, znajdzie jakiś sposób, aby pójść tropem Kathy Jean Gross – będzie musiał nawiązać kontakt z pilnującymi go mężczyznami.

Bez apetytu zjadł obiad składający się z soczewicy i pilawu po kabulsku, a potem przez większość drugiej nocy leżał na swoim posłaniu, rozważając i odrzucając kolejne strategie przetrwania. Przeczytał w raporcie, że irańscy porywacze podejrzewali, iż niektórzy z zakładników współpracują z CIA. Czy może z tego powodu go porwano? Czy podejrzewano, że jest agentem wysłanym na przeszpiegi, aby się czegoś dowiedzieć o mało do tej pory znanym ruchu talibów? Było to całkiem możliwe, jednak ograniczona znajomość języka uniemożliwiała mu wytłumaczenie, na czym polega jego praca dla pakistańskich dzieci, uznał więc, że tą drogą niczego nie zwojuje.

Czy zatrzymano go dla okupu? Chociaż wciąż się trzymał nadziei, że Wazirowie tak naprawdę mają jak najlepsze intencje, są tylko opacznie rozumiani, musiał przyznać, że pieniądze mogły być tutaj motywem. Ale jeśli tak, to znów wskutek słabej znajomości paszto nie potrafiłby im wytłumaczyć, jak śmiesznie mało ma pieniędzy. A może porwano go jako niewiernego, który ośmielił się wkroczyć na teren fundamentalistów? Zastanawiał się nad tym, podczas gdy jego strażnicy spali głębokim narkotycznym snem, i uznał, że to całkiem możliwe. Zaś on, dzięki pewnemu krawcowi, miał szansę bez słów wpłynąć na swój wizerunek w oczach porywaczy.

Drugiego ranka, gdy strażnicy przynieśli mu herbatę, był gotów.

– *Al-Quran?* – spytał, pokazując na migi przerzucanie stron świętej księgi.

Strażnicy z miejsca go zrozumieli, jako że język arabski jest używany do celów religijnych w całym świecie muzułmańskim. Mężczyzna ze szramą na czole powiedział coś niezrozumiałego w paszto, co Mortenson uznał za sygnał, że jego życzenie zostało przyjęte.

Jednak dopiero popołudniem trzeciego dnia zjawił się starszy mężczyzna, którego Greg uznał za miejscowego mułłę, trzymając w rękach oprawiony w zielony aksamit zakurzony Koran. Mortenson na wszelki wypadek podziękował w urdu, ale pod opadającymi powiekami starca nie mignął błysk zrozumienia. Greg położył księgę na swoim posłaniu i wykonał wudu, rytualne obmywanie bez użycia wody, zanim w nabożnym skupieniu ją otworzył.

Następnie pochylił się nad świętą księgą, udając, że czyta, i po cichu wymawiając modlitwę, której się nauczył w pracowni krawieckiej pod okiem manekina. Posiwiały mułła kiwnął głową z aprobatą i zostawił Mortensona samego ze strażnikami. Greg pomyślał o Hadżi Alim, tak samo jak on nieznającym arabskiego, a jednak czule przewracającym strony Koranu. Uśmiechnął się na tę myśl, ciepło wspominając mądrego staruszka.

Od tej pory modlił się pięć razy dziennie, ilekroć usłyszał nawoływanie z pobliskiego meczetu. Modlił się po sunnicku na sunnickiej ziemi i ślęczał nad Koranem. Ale nawet jeśli jego plan przyniósł jakiś efekt, zachowanie strażników nie uległo żadnej zmianie. W chwilach gdy nie udawał, że czyta Koran, szukał ukojenia w czasopiśmie „Time".

Postanowił unikać artykułów na temat zakładników w Teheranie, zauważył bowiem, że za każdym razem wywołują w nim eskalację niepokoju. Zamiast tego potrafił pół godziny wpatrywać się w ujmujący profil słynnego już wówczas Ronalda Reagana, który właśnie ogłosił chęć ubiegania się o prezydenturę, a na łamach „Time'a" powiedział: „Czas przestać się martwić, czy inni nas darzą sympatią, i zadbać o to, żeby świat znów nas zaczął szanować – żeby żaden dyktator już nigdy nie zajął naszej ambasady i nie porywał naszych obywateli". Greg pomyślał, że wprawdzie za rządów prezydenta Clintona świat zdawał się darzyć Amerykę coraz większym szacunkiem, ale niby jak miałoby to pomóc jemu w tej sytuacji? Nawet gdyby jakiś rodzimy dyplomata mógł wykorzystać dobrą koniunkturę, aby go uwolnić, przecież nikt nawet nie wiedział, gdzie Mortenson w ogóle przebywa.

Niepostrzeżenie minął dzień czwarty i piąty, odznaczone tylko zmienną intensywnością światła przebijającego się przez deski w oknie. W nocy po dziedzińcu niosły się krótkie ostre serie strzałów z karabinów maszynowych, na które w podobnie urywany sposób odpowiadał strażnik czuwający na wieży.

W ciągu dnia Greg próbował cokolwiek dojrzeć przez szczeliny w oknie. Jednak widok na gołą ścianę otaczającego budynek muru nie pozwalał zająć niczym umysłu znudzonego pustką celi. Mortenson nie wiedział już, co robić, czym się zająć. Ileż razy można czytać zamieszczoną w czasopiśmie miażdżącą krytykę uprzedzeń kulturowych zawartych w teście inteligencji Stanford-Binet czy też pełną uniesienia relację dotyczącą wielkiego sukcesu, jakim się okazała uprawa słoneczników w Dakocie Północnej? Jedynym wytchnieniem w tej sytuacji były reklamy. To one stanowiły okno na znajomą cywilizację.

Prawdopodobnie jakoś w środku piątej nocy niewoli Greg poczuł, że do jego stóp zbliża się czarna fala, która stopniowo zaczyna sięgać mu do kolan, grożąc, że zaraz zaleje go całego rozpaczą. Tęsknił za Tarą jak za utraconą częścią ciała. Powiedział jej, że wróci za dzień lub dwa, a teraz był zdruzgotany faktem, że nie ma jak jej pocieszyć. Oddałby wszystko, by zobaczyć zrobione w dzień ślubu zdjęcie – obejmował ją na tle tramwaju, który zabrał ich na magiczną przejażdżkę. Tara uśmiechała się rozpromieniona, z wyrazem absolutnego szczęścia na twarzy. Przeklinał się, że w hotelu w Peszawarze zostawił portfel w żeglarskim worku.

Siłą woli odpychał od siebie czarną falę i przeglądał czasopismo, szukając jakiegokolwiek oparcia w ciepłym suchym świecie, który za sobą zostawił. Długo przyglądał się reklamie chevroleta kombi oraz siedzącej na miejscu pasażera ślicznej matce, która uśmiechała się, słuchając dwojga uroczych dzieci usadowionych na tylnej kanapie bezpiecznego ekonomicznego samochodu o wnętrzu wyłożonym drewnianymi panelami.

Przez niemal dwie godziny wpatrywał się w rozkładówkę zachęcającą do kupna aparatów fotograficznych Kodak. Z gałązek choinki zwisały zamiast dekoracji zdjęcia bezsprzecznie szczęśliwej rodzinki. Stateczny dziadzio, ciepło otulony puszystym czerwonym szlafrokiem, uczył słodkiego blondaska, jak używać nowo otrzymanej wędki. Rozpromieniona mamusia przyglądała się swym rumianym pociechom, które odpakowywały hełmy futbolowe i bawiły się z pociesznymi szczeniaczkami. Mimo że Greg w dzieciństwie spędzał Boże Narodzenie w Afryce, a jedyną namiastką prawdziwej choinki było w ich domu małe sztuczne drzewko, które co roku odkurzali na tę okazję, ze wszystkich sił trzymał się tej liny ratunkowej rzuconej ze znajomego świata, świata innego niż śmierdząca naftą cela i złowrogie postacie strażników.

O świcie szóstego dnia Mortenson desperacko wpatrywał się w reklamę irygatora jamy ustnej Waterpik. Hasło brzmiało: „Niech uśmiech nie będzie ledwie wspomnieniem", zaś tekst pod spodem podawał beznamiętne informacje na temat „bakterii zwanej płytką nazębną, która osadza się i rozwija poniżej linii dziąseł", ale Mortenson nie zwracał już uwagi na słowa. Zdjęcie trzech pokoleń stabilnej amerykańskiej rodziny stojącej na werandzie porządnego domu z cegły było dla niego niemal nie do zniesienia. Wszyscy ludzie na obrazku mieli błyszczące w uśmiechu zęby i opierali się o siebie nawzajem, dając do zrozumienia, że darzą się miłością i troską, uczuciami, którymi Greg darzył Tarę, ale którymi jego tutaj nikt nie zaszczycał.

Wyczuł czyjąś obecność przy swoim posłaniu, zanim dostrzegł przybysza. Podniósł wzrok i spojrzał w oczy potężnego mężczyzny o siwej brodzie przyciętej na modłę uczonych mężów. Mężczyzna uśmiechnął się, pozdrawiając go w paszto, potem zaś powiedział po angielsku:

– To pan jest pewnie tym Amerykaninem.

Mortenson wstał, żeby uścisnąć mu dłoń, i nagle ściany pomieszczenia się zakołysały. Przez cztery ostatnie dni, gdy stopniowo pogrążał się w depresji, odmawiał przyjęcia czegokolwiek poza ryżem i herbatą. Mężczyzna złapał go za ramiona i przywrócił do pionu, a potem zawołał, by przyniesiono śniadanie.

Pomiędzy kolejnymi kęsami ćapati Mortenson nadrabiał zaległości po sześciu dniach milczenia. Kiedy zapytał uprzejmego przybysza o jego nazwisko, mężczyzna przez chwilę milczał znacząco, a potem powiedział, żeby mówić na niego Chan, co w Waziristanie znaczy tyle co „Kowalski".

Choć należał do plemienia Wazirów, Chan zdobył wykształcenie w brytyjskiej szkole w Peszawarze i mówił po angielsku z wyniesionym z niej eleganckim akcentem. Nie wyjaśnił przyczyny swojego przybycia, ale można się było domyślić, że został wezwany, aby Amerykanina przepytać. Mortenson opowiedział mu o swojej pracy w Baltistanie, ciągnąc opowieść przy kolejnych kubkach zielonej herbaty. Wyjaśnił, że jego zamiarem było zbudować jeszcze wiele szkół dla najbardziej zaniedbanych przez państwo dzieci Pakistanu, przyjechał więc tutaj, aby się przekonać, czy istnieje zapotrzebowanie na jego usługi.

Z niepokojem czekał na reakcję Chana, licząc, że jego zatrzymanie okaże się nieporozumieniem i wkrótce będzie mógł ruszyć w drogę powrotną do Peszawaru. Jednak siedzący przed nim niedźwiedziowaty mężczyzna nie okazywał nic, co mogłoby zwiastować koniec niewiadomej. Wziął do ręki egzemplarz „Time'a" i w zamyśleniu przerzucał kartki, widać jednak było, że myślami jest gdzie indziej. Zatrzymał się przy reklamie amerykańskiej armii, co dla Mortensona było niepokojącym sygnałem. Wskazując palcem obrazek przedstawiający kobietę w moro obsługującą polową radiostację, Chan spytał:

– Amerykańskie wojsko wysyła teraz kobiety do walki?

– Zazwyczaj nie – odpowiedział Greg, próbując dyplomatycznie wybrnąć z sytuacji. – Ale w naszej kulturze kobiety mogą swobodnie wybierać, czym się chcą zajmować.

Poczuł, że nawet tak ostrożna odpowiedź zawierała ziarno obrazy. Gorączkowo poszukiwał tematu, który mógłby ich jakoś zbliżyć.

– Moja żona spodziewa się niebawem syna – powiedział. – Muszę wrócić do domu, żeby go powitać na świecie.

Kilka miesięcy wcześniej Tara miała badanie USG, podczas którego Mortenson zobaczył zamazany wodnisty obraz ich nienarodzonej jeszcze córki. „Wiedziałem jednak, że dla muzułmanina narodziny syna są wielkim wydarzeniem – mówi. – Nie chciałem kłamać, ale pomyślałem, że może narodziny syna będą dla nich dobrym powodem, żeby mnie uwolnić".

Chan nadal przyglądał się podejrzliwie reklamie amerykańskiej armii, jakby nic nie słyszał.

– Powiedziałem żonie, że szybko wrócę do domu – ciągnął Mortenson. – Na pewno bardzo się martwi. Czy mogę do niej zadzwonić, żeby ją uspokoić?

– Tu nie ma telefonów – rzekł człowiek mówiący o sobie Chan.

– A gdyby mnie pan zabrał na posterunek pakistańskiej armii? Nie mógłbym stamtąd zadzwonić?

Chan westchnął.

– Obawiam się, że to niemożliwe.

Potem spojrzał Gregowi prosto w oczy, zawieszając wzrok, jakby chciał dać do zrozumienia, że rozumie jego sytuację, choć nie może tego otwarcie przyznać.

– Proszę się nie martwić – powiedział, zbierając naczynia po herbacie i szykując się do wyjścia. – Wszystko będzie w porządku.

Popołudniem ósmego dnia Chan znów odwiedził Mortensona.

– Lubi pan futbol? – spytał.

Mortenson przez chwilę się zastanawiał, czy w pytaniu ukryty jest jakiś haczyk, ale uznał, że chyba nie.

– Jasne. Grałem w futbol w college'u, to znaczy na uniwersytecie – powiedział, poprawiając się, żeby mówić brytyjskim, a nie amerykańskim angielskim. Wówczas zdał sobie sprawę, że mowa jest o europejskiej piłce nożnej, a nie o futbolu amerykańskim.

– W takim razie zabawimy dziś pana meczem – rzekł Chan, wskazując Gregowi drzwi. – Proszę ze mną.

Mortenson przeszedł za szerokimi plecami Chana przez odryglowaną bramę i po raz pierwszy od tygodnia miał okazję rozejrzeć się po okolicy, co przyprawiło go o zawrót głowy. Na dole schodzącej wzgórzem żwirowej drogi, obok minaretów sypiącego się meczetu, widać było szosę przecinającą dolinę. Nieco dalej, w odległości nie większej niż trzy kilometry, sterczały umocnione wieże posterunku pakistańskiej armii. Greg przez chwilę zastanawiał się, czy nie ruszyć biegiem w tamtą stronę, ale zaraz przypomniał sobie snajpera na wieży swojego więzienia. Poszedł więc za Chanem pod górę. Wyszli na szerokie kamieniste pole, na którym dwie drużyny młodych brodatych mężczyzn, których Greg nigdy wcześniej nie widział, zaskakująco sprawnie grały w piłkę nożną, za bramki mając puste skrzynki po amunicji.

Chan poprowadził go do białego plastikowego krzesełka, które ustawiono z boku boiska jako miejsce honorowego gościa. Mortenson posłusznie patrzył na graczy wzbijających tumany kurzu, który osiadał na ich przepoconych tradycyjnych strojach. Nagle z wieży strzelniczej dobiegł krzyk – wartownik dostrzegł ruch na posterunku wojskowym.

– Ogromnie mi przykro – powiedział Chan, prowadząc Mortensona z powrotem za wysoki mur jego więzienia.

Tej nocy Greg bezskutecznie próbował zasnąć. Sądząc po sposobie bycia i szacunku okazywanym mu przez innych, Chan najprawdopodobniej był dowódcą któregoś z tworzonych właśnie oddziałów talibów. Ale co to oznaczało dla Mortensona? Czy mecz był znakiem, że wkrótce go uwolnią, czy też raczej odpowiednikiem ostatniego papierosa?

O czwartej rano, kiedy po niego przyszli, nastąpiła godzina prawdy. Chan własnoręcznie zawiązał mu oczy, okrył ramiona kocem i delikatnie poprowadził za ramię do pełnej mężczyzn furgonetki. „Wtedy, przed jedenastym września, ścinanie głów cudzoziemcom nie było jeszcze w modzie – wspomina Mortenson. – Wydawało mi się, że zostać zastrzelonym to nie najgorszy sposób odejścia z tego świata. Ale nie mogłem znieść myśli, że Tara będzie musiała sama wychowywać nasze dziecko i prawdopodobnie nigdy się nie dowie, co się ze mną stało. Mogłem sobie wyobrazić jej ciągłą niepewność i ból, i to wydawało mi się w tym wszystkim najstraszniejsze".

Na smaganej wiatrem platformie furgonetki ktoś poczęstował Grega papierosem, on jednak odmówił. Nie musiał już robić sympatycznego wrażenia, a nie chciał, żeby ostatnią rzeczą, jaką poczuje w ustach, był smak nikotyny. Przez całe pół godziny drogi wciąż owijał się szczelniej kocem, ale nie mógł przestać się trząść. Kiedy jednak furgonetka skręciła na polną drogę, zbliżając się do kakofonii strzałów karabinowych, zaczął się pocić.

Kierowca zaciągnął hamulec, gdy furgonetka zatrzymała się pośród ogłuszającego hałasu kilkudziesięciu strzelających bez przerwy karabinów maszynowych. Chan zdjął Mortensonowi przepaskę z oczu i przycisnął go do piersi.

– No widzi pan? – powiedział. – Mówiłem, że wszystko będzie dobrze.

Ponad ramieniem Chana Greg dostrzegł setki brodatych Wazirów, którzy tańczyli wokół ognisk, strzelając z broni w niebo. Na ich oświetlonych ogniem twarzach Greg ze zdumieniem ujrzał nie żądzę krwi, lecz zachwyt.

Grupa mężczyzn, która przyjechała razem z nim, wyjąc z radości, wyskoczyła z furgonetki i zaraz dołączyła swoje strzały do radosnej kanonady. Musiało być niedługo przed świtem, ale widać było zawieszone nad ogniem kociołki i pieczone kozy.

– O co tu chodzi? – krzyknął Mortenson, idąc za Chanem w tłum tańczących mężczyzn, nie wierząc, że osiem dni ciągłego poczucia zagrożenia tak nagle się urwało. – Co ja tu robię?

– Najlepiej będzie, jeśli panu za dużo nie powiem – krzyknął Chan pośród nieustających strzałów. – Powiedzmy, że rozważaliśmy inne... ewentualności. Powstał spór, który mógł się skończyć naprawdę poważnym problemem. Ale teraz wszystko zostało rozstrzygnięte przez dżirgę, więc świętujemy. Potem zaś zabierzemy pana z powrotem do Peszawaru.

Mortenson wciąż nie bardzo potrafił w to uwierzyć, ale pierwsza garść rupii pomogła mu nabrać przekonania, że jego niedola w końcu dobiegła kresu. Podszedł do niego strażnik ze szramą na czole. Jego szeroko uśmiechniętą twarz opromieniał blask ogniska i wypalony haszysz. W dłoni miał plik banknotów sturupiowych, równie obszarpanych i brudnych jak on, które zaraz wcisnął Mortensonowi do kieszeni na piersi.

Grega zupełnie zatkało, zwrócił się więc do Chana z nadzieją, że wytłumaczy mu, o co chodzi.

– To na pana szkoły! – krzyknął mu Chan do ucha. – Żeby mógł pan, *inszallah*, zbudować ich jak najwięcej!

Dziesiątki innych Wazirów zaprzestawało na chwilę strzelania, żeby objąć Mortensona, przynieść mu kilka gorących kawałków mięsa i złożyć podobne datki. W miarę jak nadchodził świt, a jego brzuch i kieszeń szybko się napełniały, Greg czuł, że strach, który przez ostatnie osiem dni ściskał mu piersi, stopniowo ustępuje.

Kozi tłuszcz ciekł mu po ośmiodniowym zaroście, gdy z lekką głową, zachęcany przez Wazirów okrzykami, dołączył do tańców, wykonując stare tanzańskie kroki, które o dziwo, wciąż jeszcze pamiętał. Był to taniec absolutnego szczęścia, któremu dał się całkiem pochłonąć jako człowiek znów obdarowany wolnością.

Rozdział czternasty

Równowaga

Pozorne przeciwieństwo życia i śmierci zostaje przecięte.
Nie bój się, nie rzucaj do ucieczki.
Nie ma już form ani niczego, co miałoby w nich być zawarte.
Wszystko rozwiewa się w olśniewającej niezmierzonej wolności.

Z Pieśni Gesara, króla wojownika

Lakier małego samochodu zaparkowanego na podjeździe domu Mortensona w Montanie ledwo prześwitywał przez warstwę błota. Tablicę rejestracyjną ozdabiał za to napis: „DZIECIOWÓZ".

Greg wszedł do przytulnego domku, jak zwykle nie mogąc się nadziwić, że ten uroczy stary budynek należy do niego. Położył na stole torby pełne smakołyków, o których marzyła Tara – świeżych owoców i kilku różnych pudełek lodów Häagen-Dazs – i poszedł szukać żony.

Znalazł ją w niewielkiej sypialni na górze w towarzystwie potężnej kobiety.

– Przyszła Roberta, kochanie – powiedziała leżąca na brzuchu Tara.

Mortenson po trzymiesięcznym pobycie w Pakistanie przebywał w Bozemanie dopiero od tygodnia, wciąż więc nie mógł się przyzwyczaić do widoku swojej drobnej żony przypominającej obecnie ogromną dojrzałą brzoskwinię. Greg skinął głową siedzącej na brzegu łóżka położnej.

– Dzień dobry.

– Witam – powiedziała Roberta nosowym głosem charakterystycznym dla mieszkańców Montany. – Może powiem w skrócie, o czym sobie tutaj dyskutowałyśmy. Zastanawiałyśmy się, gdzie ma się odbyć poród. Tara powiedziała, że chciałaby urodzić waszą córeczkę tutaj, w łóżku. A ja się zgodziłam. W tym pokoju jest bardzo dobra, spokojna energia.

– W porządku – rzekł Greg, biorąc żonę za rękę.

Czuł, że to dobre rozwiązanie. Jako były pielęgniarz znał dobrze szpitale i wolał, żeby jego żona jak najmniej miała z nimi do czynienia. Roberta dała im swój numer telefonu i powiedziała, by zadzwonili do jej domku w górach w pobliżu Bozemanu o dowolnej porze dnia lub nocy, kiedy tylko zaczną się skurcze.

Przez kolejne dni Greg nadskakiwał Tarze, aż w końcu miała dość jego ciągłej uwagi i zaczęła go wysyłać na spacery, aby się w tym czasie spokojnie zdrzemnąć. Po pobycie w Waziristanie jesienne piękno pełnego drzew Bozemanu wydawało się wręcz nierzeczywiste. Spacerował niespieszne po uroczych uliczkach w okolicach ich domu i zadbanych parkach, w których studenci bawili się z psami, rzucając im frisbee. Był to idealny sposób na odreagowanie ośmiu dni spędzonych w dusznym pomieszczeniu.

Gdy wrócił wreszcie do hotelu w Peszawarze z kieszeniami wypchanymi ofiarowanymi mu przez Wazirów różowymi banknotami sturupiowymi o łącznej wartości niemal czterystu dolarów, Mortenson zabrał zdjęcie Tary do urzędu telefonicznego i trzymając je przed sobą, zadzwonił do żony –xw Ameryce był akurat środek niedzielnej nocy.

Tara nie spała.

– Cześć, kochanie, nic mi nie jest – powiedział pośród trzasków na linii.

– Gdzie byłeś? Co się stało?

– Zostałem zatrzymany.

– Jak to: zatrzymany? Przez rząd? – W głosie Tary wyraźnie brzmiał strach.

– Trudno to wytłumaczyć – powiedział, nie chcąc przestraszyć żony jeszcze bardziej. – Ale wracam do domu. Zobaczymy się za kilka dni.

Podczas trzech długich lotów do domu wciąż wyjmował z portfela zdjęcie Tary i długo się w nie wpatrywał, pochłaniając ten widok niczym lekarstwo.

Tymczasem w Montanie Tara również próbowała dojść do siebie. „Przez pierwsze dni jego milczenia, myślałam sobie: «No tak, to cały Greg, zupełnie stracił poczucie czasu». Ale po tygodniu byłam w zupełnej rozsypce. Chciałam nawet zadzwonić do Departamentu Stanu, rozmawiałam o tym z matką, ale wiedziałam, że Greg jest na terenie zamkniętym i mój telefon mógł wywołać międzynarodową aferę. Czułam się zupełnie bezradna, byłam sama i w ciąży, dawałam się ogarnąć zupełnej panice. Kiedy w końcu zadzwonił z Peszawaru, zaczęłam już pomału dopuszczać do siebie myśl, że może nie żyć".

O siódmej rano 13 września 1996 roku, dokładnie rok od pamiętnego wieczoru w hotelu Fairmont, Tara poczuła pierwszy skurcz.

Dwanaście po siódmej wieczorem, przy dźwiękach puszczonych przez Grega z kasety śpiewów tybetańskich mnichów, na świecie zjawiła się Amira Eliana Mortenson. Amira, bo słowo to znaczy „przywódczyni" w języku perskim; Eliana, bo oznacza to „dar Boży" w języku czaga używanym przez jedno z plemion w rejonie Kilimandżaro. Imię to nosiła też ukochana zmarła siostra Grega, Christa Eliana Mortenson.

Kiedy położna już wyszła, Greg leżał w łóżku, przytulając żonę i córkę, której zawiązał na szyi wielobarwny tomar otrzymany od Hadżi Alego. Potem zaś z pewnym trudem zaczął się mocować z korkiem pierwszej butelki szampana, jaką w życiu kupił.

– Daj mi to – powiedziała ze śmiechem Tara, po czym wymieniła dziecko na butelkę.

Podczas gdy żona odkorkowywała szampana, Greg nakrył delikatną główkę córeczki swoją dużą dłonią. Poczuł tak intensywne szczęście, że aż łzy napłynęły mu do oczu. Trudno mu było uwierzyć, że zarówno tamte osiem dni w śmierdzącej naftą celi, jak i ta chwila w przytulnej sypialni domu przy zadrzewionej ulicy, w cieple życia rodzinnego, współistnieją na tym samym świecie.

– O co chodzi? – spytała Tara.

– Cii – powiedział Greg, wygładzając jej zmarszczone niepokojem czoło, a potem biorąc z jej rąk kieliszek szampana. – Cii.

Telefon z Seattle był dowodem, że nasz świat nieustannie zmierza do stanu równowagi. Jean Hoerni chciał dokładnie wiedzieć, kiedy będzie mógł zobaczyć zdjęcie ukończonej szkoły w Korphe. Greg opowiedział mu o porwaniu i planach powrotu do Pakistanu po kilku tygodniach, które chciał spędzić z nowo narodzoną córką.

Głos Hoerniego był tak ostry i nieprzyjemny, że Greg spytał, czy coś go niepokoi. Hoerni najpierw się obruszył, ale potem przyznał, że wykryto u niego mielofibrozę, śmiertelny rodzaj białaczki. Lekarze powiedzieli, że najprawdopodobniej zostało mu kilka miesięcy życia.

– Muszę przed śmiercią zobaczyć tę szkołę – powiedział Hoerni. – Obiecaj, że przywieziesz mi zdjęcie tak szybko, jak to możliwe.

– Obiecuję – rzekł Mortenson z gardłem ściśniętym wiadomością o rychłym odejściu tego zawziętego, pełnego przekory człowieka, który z jakiegoś powodu postanowił wiązać swe nadzieje z kimś tak mało nadającym się na bohatera jak Greg.

W Korphe było tej jesieni pogodnie, ale wyjątkowo zimno. Miejscowe rodziny musiały ze względu na pogodę wcześniej niż zwykle zaprzestać przesiadywania na dachach i przenieść się w krąg ciepła wokół paleniska. Greg po ledwie paru tygodniach spędzonych z rodziną musiał się od niej oderwać, by dotrzymać obietnicy danej Hoerniemu. Codziennie razem z mężczyznami z Korphe zarzucał koc na ubranie i wspinał się na mury szkoły, żeby mocować ostatnie belki stropowe. Nerwowym wzrokiem wciąż zerkał na niebo, martwiąc się, czy śnieg po raz kolejny nie uniemożliwi zakończenia budowy.

Twaha pamięta, że zaskoczyło go, z jaką łatwością Amerykanin przyzwyczaił się do zimowych chłodów w Korphe. „Wszyscy się martwili, jak doktor Greg będzie spał w środku w dymie, ze zwierzętami, ale on nie zwraca na takie rzeczy uwagi – mówi. – Przekonaliśmy się, że ma szczególne zwyczaje, nie jak inni Europejczycy. Nie trzeba mu dobrego jedzenia ani wygód. Jadł, co matka dała, i spał z nami w dymie, jak jeden z nas. Dlatego, że doktor Greg tak grzecznie się zachowuje i nigdy nie kłamie, moi rodzice i ja bardzośmy go pokochali".

Któregoś wieczoru, gdy Hadżi Ali po kolacji włożył do ust kawałek tytoniu do żucia, Greg z zakłopotaniem opowiedział mu historię swojego porwania. Nurmadhar wypluł prymkę do ognia, żeby wyraźniej się wysłowić.

– Pojechałeś sam! – krzyknął z wyrzutem. – Nie zaczekałeś, aż cię zaprosi naczelnik wioski! Jeśli masz się ode mnie czegoś nauczyć, to zapamiętaj jedno: nigdy nie wybieraj się sam do nowych miejsc w Pakistanie! Musisz mi to obiecać.

– Obiecuję – powiedział Greg, dodając kolejne zobowiązanie do ciężaru przyrzeczeń, jakie wymuszali na nim ostatnio starsi mężczyźni.

Hadżi Ali oderwał nowy kawałek tytoniu i z namysłem żuł.

– Gdzie chcesz zbudować nową szkołę? – spytał.

– Myślałem, żeby pojechać do doliny Huśe – powiedział Mortenson. – Odwiedzić tam kilka wiosek i zobaczyć...

– Mogę ci udzielić jeszcze jednej rady? – przerwał mu Hadżi Ali.

– Oczywiście.

– Zostaw to nam. Zwołam spotkanie starszyzny doliny Braldu i zobaczymy, która z wiosek jest gotowa oddać za darmo ziemię i pracę rąk swoich mieszkańców, żeby zbudować szkołę. Tym sposobem nie będziesz musiał latać po całym Baltistanie jak wrona, podjadając trochę tu, a trochę tam – zakończył ze śmiechem.

„I tak raz jeszcze niepiśmienny stary Balt nauczył człowieka Zachodu, jak zadbać o rozwój tego «zacofanego» regionu – mówi Mortenson. – Od tamtej pory przy wszystkich kolejnych przedsięwzięciach miałem w pamięci rady Hadżi Alego i rozbudowywałem sieć szkół małymi krokami, od wioski do wioski, od jednej do drugiej doliny, udając się tam, gdzie już kogoś znaliśmy, zamiast próbować przeskakiwać w miejsca, gdzie nie miałem żadnych kontaktów, jak w Waziristanie".

Na początku grudnia wszystkie okna szkoły w Korphe były już uszczelnione, w każdej z czterech sal lekcyjnych zawieszono tablice. Pozostało tylko przybicie blachy falistej na dachu. Aluminiowe arkusze miały ostre krawędzie i mogły stanowić zagrożenie, gdy szamotał nimi wiatr hulający po wąwozie. W czasie pracy Greg trzymał więc pod ręką apteczkę, z której zdążył już kilka razy skorzystać, opatrując rany wynikłe z nagłego kontaktu z latającą blachą.

Ibrahim, który też pracował na budowie, któregoś dnia zawołał siedzącego na dachu Amerykanina, krzycząc, że potrzebna jest pilna pomoc medyczna. Greg przyjrzał się potężnemu przystojnemu tragarzowi, szukając ran ciętych, lecz mężczyzna chwycił go za nadgarstek i poprowadził do swojego domu.

– Chodzi o moją żonę, sahibie – powiedział drżącym głosem. – Urodziła dziecko, ale nie jest dobrze.

Ibrahim prowadził jedyny sklep w Korphe, który mieścił się w dodatkowym pokoju w jego domu, gdzie mieszkańcy wioski mogli kupić herbatę, mydło, papierosy i inne potrzebne drobiazgi. W stajni na parterze, pod mieszkalnymi izbami domu, leżała jego żona Rhokia w otoczeniu niespokojnych owiec i zrozpaczonych członków rodziny. Greg dowiedział się, że Rhokia dwa dni temu urodziła córeczkę i od tamtej pory nie doszła do siebie. „W pomieszczeniu unosiła się straszna woń gnijącego mięsa" – wspomina Mortenson.

W świetle lampy naftowej zbadał chorą, która leżała na zakrwawionej słomie. Za pozwoleniem Ibrahima zmierzył jej puls, który był niepokojąco wysoki. „Była nieprzytomna i całkiem szara na twarzy – mówi Mortenson. – Po porodzie łożysko nie zostało wydalone, teraz więc groziła jej śmierć z powodu zakażenia".

Oszalała z rozpaczy siostra Rhokii trzymała na ręku półprzytomną dziewczynkę, która – jak Mortenson szybko się zorientował – sama też była bliska śmierci. Ponieważ rodzina sądziła, że Rhokia cierpi z powodu zatrucia, nie podano jej dziecka do piersi. „Karmienie piersią stymuluje macicę, która wydala łożysko – tłumaczy Mortenson. – Kazałem więc podać dziecko matce do piersi, a jej samej dałem antybiotyk, żeby opanować zakażenie".

Jednak w ciągu następnych kilku godzin, choć dziecko pomału zaczynało odzyskiwać siły, matka wciąż leżała na słomie, w chwilach przytomności jęcząc z bólu. „Wiedziałem, co trzeba zrobić – opowiada Mortenson. – Ale niepokoiłem się, jak przyjmie to Ibrahim".

Greg poprosił gospodarza na stronę. Ibrahim był jednym z najbardziej „światowych" mieszkańców Korphe. Nosił długie włosy i gładko golił twarz, próbując się upodobnić do zagranicznych członków ekspedycji, którym dźwigał bagaże. Mimo to pozostawał Baltem. Mortenson wyjaśnił mu po cichu, że musi sięgnąć w głąb jego żony i wydobyć na zewnątrz powód jej choroby.

Ibrahim położył dłonie na ramionach Amerykanina i powiedział mu, żeby robił co trzeba. Następnie przytrzymał lampę naftową, gdy Mortenson mył ręce zagrzaną w czajniku wodą, a potem sięgnął w głąb miednicy Rhokii i wyjął z niej rozkładające się łożysko.

Nazajutrz Mortenson zobaczył z dachu szkoły Rhokię, która chodziła po wiosce, przemawiając pieszczotliwie do swojej całkiem zdrowej córeczki zawiniętej w koc. „Byłem szczęśliwy, że mogłem się przysłużyć rodzinie Ibrahima – mówi Mortenson. – Dla Balta pozwolenie, by cudzoziemiec, do tego niewierny, miał tak intymny kontakt z jego żoną, wymaga niezwykłego aktu wiary i zaufania. Czułem się zaszczycony, że miejscowi do tego stopnia mi zaufali".

Od tego dnia Greg zauważył, że kobiety z Korphe na znak błogosławieństwa wyciągniętymi rękami zataczają kręgi w powietrzu, gdy przechodzi koło ich domów.

Po południu 10 grudnia 1996 roku Greg Mortenson razem z Twahą, Husseinem i radosną ekipą budowlaną siedział w kucki na dachu szkoły w Korphe i wbijał ostatni gwóźdź w gotowy już budynek, podczas gdy pierwsze płatki śniegu wirowały wokół jego zaczerwienionych zziębniętych rąk. Rozentuzjazmowany Hadżi Ali stał na dziedzińcu, patrząc na ukończone dzieło.

– Prosiłem wszechmocnego Boga, żeby wstrzymał śnieg, dopóki nie skończycie – zawołał, uśmiechając się od ucha do ucha. – A on w swej nieskończonej mądrości wysłuchał mojej prośby! A teraz chodźcie napić się herbaty!

Tego wieczoru przy świetle płonącego w izbie ognia Hadżi Ali otworzył szafkę i oddał Mortensonowi jego poziomicę, pion i notatnik. Potem zaś podał mu księgę rachunkową. Mortenson przejrzał ją i ze zdumieniem zobaczył kolejne strony zapisane równymi kolumnami liczb. To było coś, co mógł z dumą pokazać Jeanowi Hoerniemu. „Mieszkańcy Korphe rozliczyli każdą wydaną na szkołę rupię, sumując koszty każdej cegły, gwoździa, deski, a także wypłacanych honorariów – mówi Mortenson. – Posługiwali się starym brytyjskim systemem księgowym z czasów kolonialnych i poradzili sobie dużo lepiej, niż ja bym potrafił".

Wkrótce Greg siedział już w terenówce wiozącej go doliną Braldu do Skardu, skąd miał ruszyć do Islamabadu i w dalszą drogę do domu. Samochód z trudem przedzierał się przez zamieć śnieżną, która zwiastowała nadejście prawdziwej zimy, biorącej teraz we władanie całe pasmo Karakorum. Kierowca, starszy mężczyzna z bielmem na jednym oku, co kilka minut sięgał ręką na zewnątrz, by odgarnąć lód zbierający się na pozbawionej wycieraczek szybie. Samochód ślizgał się po oblodzonym skalnym występie nad zasłoniętą szalejącym śniegiem przepaścią, na której dnie płynęła rzeka Braldu. Pasażerowie ściskali się nawzajem dla otuchy za każdym razem, gdy kierowca puszczał kierownicę i unosił ręce w górę, wznosząc modły do Boga, aby pomógł im przetrwać zamieć.

Drogę przesłaniał śnieg lecący poziomo z prędkością osiemdziesięciu kilometrów na godzinę. Mortenson ściskał w wielkich dłoniach kierownicę, próbując utrzymać samochód na niewidocznej drodze. Jazda z Bozemanu do szpitala w Hailey w stanie Idaho, w którym leżał Jean Hoerni, normalnie nie powinna trwać więcej niż siedem godzin, ale oni jechali już dwanaście. Kiedy wyjeżdżali z domu, kilka delikatnych płatków śniegu opadało między nagimi gałęziami drzew. Teraz zaś była już dziesiąta wieczór, a oni znajdowali się w środku wściekłej zamieci, mając przed sobą jeszcze ponad sto kilometrów drogi.

Mortenson oderwał na chwilę wzrok od śniegu za oknem i zerknął niespokojnie na zamocowany na tylnym siedzeniu fotelik dziecięcy, w którym spała Amira. Można uznać, że jadąc przez zamieć śnieżną w Baltistanie, ryzykował tylko swoje życie, pomyślał. Ale ciągnąć żonę i dziecko przez tę wyludnioną śnieżną pustynię tylko po to, żeby dostarczyć zdjęcie umierającemu mężczyźnie, było niewybaczalną głupotą – zwłaszcza że dzieliło ich tylko kilka kilometrów od miejsca wypadku, w którym zginął ojciec Tary.

Pod osłoną billboardu ogłaszającego, że wjeżdżają właśnie do Parku Narodowego „Kratery Księżycowe", można było dostrzec fragment pobocza.

Mortenson zjechał więc z drogi i zaparkował tyłem do wiatru, by przeczekać zamieć. Tak się spieszył na spotkanie z Hoernim, że zapomniał dolać do chłodnicy płynu przeciw zamarzaniu, teraz więc bał się, że jeśli wyłączy silnik, samochód już nie ruszy. Przez dwie godziny patrzył na śpiącą Tarę i Amirę, jednocześnie pilnując wskaźnika zużycia paliwa, aż w końcu zamieć osłabła na tyle, że mogli ruszyć w dalszą drogę.

Kiedy w końcu zostawił zaspaną żonę i córkę w domu Hoerniego w Hailey, pojechał do Centrum Medycznego Blaine County. W szpitalu, zbudowanym głównie w celu leczenia kontuzji narciarzy przyjeżdżających do pobliskiego zimowego kurortu Sun Valley, było tylko osiem sal, zaś teraz, gdy sezon dopiero się rozpoczął, w siedmiu z nich nie było pacjentów. Mortenson przemknął na palcach obok śpiącej w recepcji pielęgniarki i poszedł w stronę światła wydobywającego się na korytarz z ostatnich drzwi po prawej.

Hoerni siedział w łóżku, choć była druga w nocy.

– Znów się spóźniłeś – powiedział.

Greg poruszył się niepewnie w drzwiach. Zdumiało go, jak szybko posunęła się choroba Hoerniego. Już przedtem miał ostre rysy twarzy, ale teraz wręcz przeświecały przez nią kości, tak że Greg miał wrażenie, iż rozmawia z czaszką.

– Jak się czujesz, Jean? – spytał, wchodząc do środka, po czym położył dłoń na ramieniu Hoerniego.

– Masz to cholerne zdjęcie? – warknął chory.

Greg położył plecak na łóżku, ostrożnie, żeby nie uszkodzić wątłych nóg naukowca, tych nóg górskiego wędrowca, które zaledwie przed rokiem niosły go po trasie wokół góry Kailasz w Tybecie. Włożył w kościste dłonie Hoerniego szarą kopertę i obserwował wyraz jego twarzy, gdy naukowiec ją otwierał.

Jean Hoerni wyjął z koperty dużą odbitkę, którą Greg zamówił w Bozemanie, i trzymał ją w drżących dłoniach. Zmrużył oczy, żeby lepiej się przyjrzeć zdjęciu szkoły w Korphe, które Mortenson zrobił w dzień wyjazdu.

– *Magnifique*! Wspaniała! – powiedział, kiwając głową na znak aprobaty dla solidnego żółtego budynku o świeżo pomalowanych na czerwono listwach wykończeniowych, po czym zaczął wodzić palcem po sylwetkach siedemdziesięciu obdartych, ale uśmiechniętych uczniów, którzy mieli rozpocząć edukację w tym budynku.

Podniósł słuchawkę stojącego przy łóżku telefonu i wezwał dyżurującą pielęgniarkę. Kiedy stanęła w drzwiach, powiedział jej, żeby przyniosła gwóźdź i młotek.

– Ale po co, skarbie? – spytała sennym głosem.

– Żeby powiesić zdjęcie szkoły, którą właśnie zbudowałem w Pakistanie.

– Obawiam się, że tego nie możemy zrobić – powiedziała pielęgniarka łagodnym głosem, wyćwiczonym w kojeniu zszarganych nerwów pacjentów.

– Przepisy nie pozwalają.

– Jak będzie trzeba, kupię cały ten szpital! – mruknął Hoerni, podrywając się z łóżka, żeby ją przestraszyć i skłonić do działania. – Proszę mi natychmiast przynieść młotek!

Pielęgniarka wróciła po chwili ze zszywaczem w ręku.

– To najmocniejsze narzędzie, jakie znalazłam – powiedziała.

– Zdejmij tamto ze ściany i powieś to – zarządził Hoerni.

Mortenson zdjął ze ściany akwarelkę przedstawiającą dwa kotki bawiące się kłębkiem wełny, wyciągnął haczyk, na którym wisiała, i nie zważając na odpryskujący tynk, przybił zszywaczem zdjęcie szkoły w Korphe, żeby Hoerni mógł na nie stale patrzeć.

Odwrócił się, by spojrzeć na chorego, który pochylał się nad telefonem, prosząc operatora informacji międzynarodowej o numer pewnej osoby w Szwajcarii.

– *Salut!* – powiedział w końcu z dumą do swojego genewskiego przyjaciela z dzieciństwa. – *C'est moi, Jean.* Właśnie zbudowałem szkołę w Karakorum. A co ty zrobiłeś przez ostatnie pięćdziesiąt lat?

Hoerni miał domy w Szwajcarii i w Sun Valley, postanowił jednak umrzeć w Seattle.

Przed świętami Bożego Narodzenia został przeniesiony do Virginia Mason Hospital na szczycie wzgórza Pill w Seattle. Ze swojego szpitalnego pokoju przy dobrej pogodzie miał widok na zatokę Elliot i ostre szczyty półwyspu Olympic. Jednak uczony, z dnia na dzień coraz słabszy, przez większość czasu wpatrywał się w akt prawny, który miał stale przy sobie, na stoliku przy łóżku.

„Jean spędził ostatnie dni życia, zmieniając swój testament – mówi Mortenson. – Kiedy tylko się na kogoś wkurzył, a stale się na kogoś wkurzał, zaraz wyciągał swój magiczny czarny flamaster i wykreślał tę osobę z testamentu. Potem zaś o dowolnej porze dnia i nocy dzwonił do swojego prawnika, Franklina Montgomery'ego, aby się upewnić, że dopilnuje pozbawienia tej osoby udziału w spadku".

Mortenson po raz ostatni w życiu pełnił funkcję dyżurnego pielęgniarza. Zostawił rodzinę w Montanie i przez całą dobę przebywał z Hoernim – kąpał go, podawał mu basen, poprawiał cewnik, ciesząc się, że dzięki swoim umiejętnościom może ulżyć w ostatnich dniach życia uczonego.

Zamówił też kolejne duże zdjęcie szkoły w Korphe, które oprawił w ramki i powiesił nad szpitalnym łóżkiem. Podłączył również do telewizora w pokoju kamerę wideo, którą podarował mu Hoerni przed ostatnim wyjazdem do Pakistanu, by obejrzał nakręcone w Korphe sceny z życia codziennego.

„Jean nie odchodził po cichu – mówi Mortenson. – Był wściekły, że umiera". Lecz kiedy leżał w łóżku, trzymając Grega za rękę, i oglądał film z Korphe, na którym dzieci niedoskonałym angielskim śpiewały słodkimi głosikami piosenkę o Mary i owieczce, cała jego złość się rozpływała.

Hoerni ściskał dłoń Mortensona z zadziwiającą siłą umierającego człowieka. „Powiedział mi, że kocha mnie jak syna – mówi Mortenson. – W jego oddechu czuć już było słodką ketonową woń typową dla umierających, wiedziałem więc, że nie zostało mu dużo czasu".

„Jean był sławny dzięki swym odkryciom naukowym – opowiada wdowa, Jennifer Wilson. – Ale myślę, że nie mniej uwagi poświęcił tej małej szkole w Korphe. Dawała mu poczucie, że naprawdę coś po sobie na tym świecie zostawia".

Hoerni chciał też mieć pewność, że Instytut Azji Centralnej stoi na równie solidnej podstawie jak szkoła w Korphe. Zanim jeszcze udał się do szpitala, zapisał więc założonej przez siebie fundacji milion dolarów.

W dzień Nowego Roku Mortenson wrócił ze stołówki i zastał Hoerniego w spodniach i kaszmirowej marynarce. Chory właśnie wyciągał sobie z ramienia kroplówkę.

– Muszę na kilka godzin pojechać do domu – oświadczył. – Zadzwoń po limuzynę.

Mortenson przekonał osłupiałego lekarza, by pozwolił choremu pod jego opieką opuścić szpital, a następnie zamówił czarnego lincolna, który zawiózł ich do apartamentu naukowca na brzegu jeziora Waszyngton. Hoerni był już tak słaby, że nie mógł utrzymać w ręku słuchawki telefonu, więc przerzucał tylko strony oprawionej w skórę książki adresowej i prosił Mortensona o zamówienie kwiatów dla kilku dawno utraconych przyjaciół.

– *Bon*, dobrze – powiedział, gdy zamówili już ostatni bukiet. – Teraz mogę umierać. Zabierz mnie z powrotem do szpitala.

Dwunastego stycznia 1997 roku długie i pełne kontrowersji życie wizjonera, który przyczynił się do stworzenia przemysłu półprzewodników oraz Instytutu Azji Centralnej, osiągnęło kres. W następnym miesiącu Greg Mortenson pierwszy raz w życiu kupił sobie porządny garnitur i wygłosił mowę przed tłumem składającym się z rodziny i byłych współpracowników Hoerniego podczas nabożeństwa żałobnego w kaplicy Uniwersytetu Stanforda, w samym sercu Doliny Krzemowej, w której rozwoju Hoerni miał spory udział.

– Jean Hoerni umiał patrzeć w przyszłość i z pomocą nowych technologii prowadził nas prosto w dwudziesty pierwszy wiek – mówił do zgromadzonych żałobników. – Ale miał też rzadki dar patrzenia wstecz i wyciągania ręki do ludzi, których życie przez setki lat niewiele się zmieniło.

Rozdział piętnasty

MORTENSON W RUCHU

Nie uderzenia młota, lecz tańcząca woda
Wyśpiewuje doskonały kształt kamieni.

Rabindranath Tagore

O TRZECIEJ w nocy, siedząc w „biurze" Instytutu Azji Centralnej mieszczącym się w garażu domu Mortensonów w Bozemanie, Greg dowiedział się, że mułła położonej w dolinie Braldu wioski Ćakpo wydał przeciwko niemu fatwę. W Skardu było właśnie późne popołudnie, a Ghulam Parwi krzyczał do słuchawki telefonu, który Mortenson kazał założyć w jego domu.

– Jemu nie chodzi o islam! – ryczał Parwi. – To oszust, który chce pieniędzy! Nie ma żadnych podstaw, żeby ogłaszać fatwę!

Rozwścieczony głos Parwiego sugerował, że problem jest poważny, ale zaspanemu Gregowi, siedzącemu w piżamie w domu po drugiej stronie kuli ziemskiej z nogami opartymi wygodnie o grzejnik, trudno było poczuć wzburzenie, którego problem najwyraźniej wymagał.

– Czy może pan pójść z nim porozmawiać, zobaczyć, czy coś się da załatwić? – spytał.

– Musi pan przyjechać. On nie zgodzi się na spotkanie, jeśli nie będę mógł mu zaoferować walizki pełnej rupii. Chce pan, żebym to zrobił?

– Nie dajemy łapówek i nie będziemy ich dawać – wyjaśnił Greg, tłumiąc ziewnięcie, by nie urazić rozmówcy. – Musimy znaleźć innego mułłę, stojącego wyżej niż ten. Zna pan kogoś takiego?

– Niewykluczone – powiedział Parwi. – Jutro tak jak zwykle? Zadzwoni pan o tej samej porze?

– Tak, do usłyszenia – rzekł Greg. – *Chuda hafiz*. Niech Bóg ma pana w opiece.

– *Chuda hafiz* – odparł Parwi i się rozłączył.

Trzynastogodzinna różnica czasu między Bozemanem i Baltistanem narzuciła Mortensonowi rytm dnia, którego miał się trzymać przez najbliższą dekadę. Chodził spać przed dziewiątą, po wykonaniu „porannych" telefonów do Azji. Budził się o drugiej lub trzeciej nad ranem, żeby się skontaktować z Pakistańczykami, zanim zamkną biura. Był tak pochłonięty prowadzeniem Instytutu, że rzadko zdarzało mu się przespać więcej niż pięć godzin.

Greg wszedł po cichu na górę, do kuchni, zaparzył dzbanek kawy i wrócił z nim do piwnicy, by napisać pierwszy tego dnia e-mail.

Do: Członkowie Zarządu Instytutu Azji Centralnej
Temat: Fatwa przeciw Gregowi Mortensonowi
Treść: Pozdrowienia z Bozemanu! Przed chwilą rozmawiałem z naszym nowym pakistańskim kierownikiem projektu, Ghulamem Parwim. (Przesyła podziękowania, telefon działa sprawnie!). Dowiedziałem się od niego, że miejscowy śer (przywódca religijny), któremu nie podoba się, że chcemy edukować dziewczynki, właśnie wydał na mnie fatwę, żeby powstrzymać nasz Instytut przed budową kolejnych szkół w Pakistanie. Przypominam, że fatwa to coś w rodzaju religijnego orzeczenia. W Pakistanie co prawda obowiązuje prawo świeckie, ale nie mniej ważny jest szariat, czyli islamskie prawo, takie jakie obowiązuje w Iranie.

W małych górskich wioskach, w których pracujemy, miejscowy mułła, nawet jeśli jest nieuczciwy, ma więcej władzy niż pakistański rząd. Parwi spytał, czy chcę zaoferować łapówkę. (Moja odpowiedź: „Nie ma mowy!"). W każdym razie ten śer może nam przysporzyć sporo kłopotów. Poprosiłem Parwiego, żeby się dowiedział, czy jakiś znaczniejszy mułła nie mógłby unieważnić tej fatwy. Napiszę, jeśli coś będę wiedział. Cała ta sytuacja oznacza jednak, że prawdopodobnie wkrótce będę musiał wrócić do Pakistanu, żeby wszystko wyjaśnić. *Inszallah*. Pozdrowienia, Greg.

Jean Hoerni zapisał Mortensonowi 22 315 dolarów, którą to sumę wedle szacunków naukowca Greg na początku wyłożył w Pakistanie z własnej kieszeni. Odchodząc, nałożył też na niego zupełnie nową rolę – dyrektora organizacji dobroczynnej posiadającej na koncie niemal milion dolarów. Mortenson poprosił wdowę po Hoernim, Jennifer Wilson, by przyjęła stanowisko w nowo utworzonym zarządzie Instytutu. Ściągnął też do zarządu Toma Vaughana, pulmonologa i miłośnika wspinaczki, który mu pomógł przeżyć najczarniejszy okres w Berkeley, oraz doktora Andrew Marcusa, szefa Wydziału Nauk o Ziemi Uniwersytetu Stanu Montana. Zupełnie nieoczekiwanie do członków zarządu dołączyła też kuzynka Jennifer Wilson, Julia Bergman.

W październiku 1996 roku Julia Bergman podróżowała z grupą przyjaciół po Pakistanie. Wynajęli w Skardu wielki rosyjski helikopter Mi-17 z nadzieją, że uda im się rzucić okiem na K2. W drodze powrotnej pilot spytał, czy mają ochotę zobaczyć, jak wygląda typowa górska wioska. Wylądowali kawałeczek od Korphe, a kiedy miejscowi chłopcy dowiedzieli się, że Julia jest Amerykanką, wzięli ją za rękę i poprowadzili do niecodziennej nowej atrakcji turystycznej – zbudowanej przez innego Amerykanina solidnej żółtej szkoły, pierwszego takiego budynku w małej wiosce o nazwie Korphe.

„Spojrzałam na tabliczkę, która informowała, że fundatorem szkoły był Jean Hoerni, mąż mojej kuzynki Jennifer – opowiada Julia. – Jennifer opowiadała mi, że Jean próbuje zbudować szkołę gdzieś w Karakorum, ale fakt, że wylądowaliśmy dokładnie w tym miejscu, wydawał się czymś więcej niż czystym przypadkiem. Nie jestem osobą religijną, ale miałam wrażenie, że znalazłam się tam za sprawą wyższych sił. Po prostu się popłakałam".

Kilka miesięcy później, na pogrzebie Hoerniego, Julia Bergman przedstawiła się Mortensonowi.

– Byłam tam! – oznajmiła, mocno obejmując zdziwionego Grega. – Widziałam tę szkołę!

– A, to pani jest tą blondynką z helikoptera – powiedział Mortenson, kręcąc głową z niedowierzaniem. – Słyszałem, że w wiosce była jakaś cudzoziemka, ale wydało mi się to mało prawdopodobne.

– Myślę, że stało się to nie bez powodu. Tak po prostu miało być. Chciałabym jakoś pomóc. Co mogłabym zrobić?

– Hm, chciałbym zebrać trochę książek i stworzyć dla szkoły w Korphe bibliotekę – rzekł Mortenson.

Julia po raz kolejny poczuła, że prowadzi ją przeznaczenie.

– Jestem z zawodu bibliotekarką.

Po wysłaniu e-maila do członków zarządu Mortenson wziął się za pisanie listów z prośbami o radę w kwestii fatwy: do bardzo pomocnego przedstawiciela rządowego, którego spotkał podczas ostatniej podróży, oraz do Mohammeda Niaza, kuratora oświatowego w Skardu. Później zaś klęknął i w słabym świetle stojącej na biurku lampy zaczął szukać w zalegających na podłodze stertach książek przetłumaczonego z perskiego traktatu o zastosowaniu islamskiego prawa we współczesnym społeczeństwie. Gdy go wreszcie znalazł, zatopił się w lekturze. Zdążył wypić cztery filiżanki kawy, zanim usłyszał kroki Tary nad głową.

Tara siedziała przy stole w kuchni z Amirą przy piersi i dużym kubkiem latte w dłoni. Mortenson nie chciał zakłócać tej spokojnej chwili złymi wiadomościami. Najpierw więc pocałował żonę na dzień dobry, a dopiero potem powiedział:

– Będę musiał wyjechać wcześniej, niż zamierzałem.

W mroźny marcowy ranek poplecznicy Mortensona spotkali się przy herbacie w lobby hotelu Indus. Miejsce to idealnie odpowiadało potrzebom Grega, w związku z czym stało się jego nieoficjalną siedzibą w Skardu. W przeciwieństwie do rozmaitych turystycznych przybytków ukrytych pośród malowniczych krajobrazów w okolicach miasta, ten czysty i niedrogi hotel stał sobie zwyczajnie przy głównej drodze Skardu, między biurem Ćangaziego a stacją benzynową, kilka metrów od przemykających w drodze powrotnej do Islamabadu bedfordów.

W lobby, pod tablicą, na której himalaiści umieszczali zdjęcia ze swoich wypraw, stały dwa długie drewniane stoły, doskonałe, żeby przy nich odbywać długie narady przy herbacie, jakże ważne dla załatwiania interesów w tym mieście. Tego ranka przy jednym ze stołów siedziało ośmiu ludzi wspierających działania Mortensona. Wszyscy nakładali chiński dżem na doskonałe hotelowe ćapati oraz popijali herbatę z mlekiem posłodzoną tak, jak lubił Parwi – do bólu.

Mortenson nie mógł się nadziwić, jak sprawnie udało mu się ściągnąć tych mężczyzn z różnych krańców północnego Pakistanu, mimo że w ich odciętych od świata górskich dolinach nie było telefonów. Zdarzało się, że od chwili gdy przez kierowcę terenówki wysyłał wiadomość, do momentu gdy wzywana osoba zjawiała się w Skardu, mijał tydzień, lecz w czasach poprzedzających erę telefonów satelitarnych nie było innego sposobu komunikacji między poszczególnymi miejscami, które oddzielały od siebie trudne do przebycia górskie trasy.

Z położonej sto pięćdziesiąt kilometrów na wschód doliny Huśe przybył Muzafer wraz z kolegą, doświadczonym tragarzem i sławnym kucharzem ekspedycji, znanym jako „Apo", czyli „Stary" Razak. Obok nich przy gwarnym stole pochłaniali śniadanie Hadżi Ali i Twaha, zadowoleni, że mieli okazję się wyrwać z położonej na północ od miasta, wciąż jeszcze przysypanej śniegiem doliny Braldu. Tego ranka w lobby zjawił się jeszcze Faisal Baig, który właśnie przyjechał z oddalonej o trzysta mil na zachód, leżącej przy samej afgańskiej granicy, nieprzystępnej doliny Ćarpursonu.

Sam Mortenson przyjechał do Skardu dwa dni wcześniej, mając za sobą dwie doby jazdy autobusem po Karakoram Highway w towarzystwie najnowszego członka swojej przedziwnej ekipy, czterdziestoletniego taksówkarza z Rawalpindi, Sulemana Minhasa, który zabrał go z lotniska w Islamabadzie zaraz po powrocie z Waziristanu.

W drodze do hotelu Mortenson opowiedział mu szczegóły swojego zatrzymania, na co Suleman, oburzony, że jego krajanie przejawili tak koszmarny brak gościnności, przyjął wobec Amerykanina postawę opiekuna. Namówił go, aby się zatrzymał w niedrogim pensjonacie w Islamabadzie, położonym w znacznie lepszym miejscu niż jego poprzednia kwatera, hotel Chjaban, gdzie całą okolicę w ostatnim czasie terroryzowały wybuchy bomb, do których dochodziło niemal zawsze po piątkowej modlitwie.

Przez kolejne dni Suleman codziennie odwiedzał Grega, przynosząc mu torebki pełne słodyczy i leki przeciw przywiezionym z Waziristanu pasożytom. Zabierał go też na posiłki do swojego ulubionego stoiska z potrawami z grilla po kabulsku. Kiedy Mortenson ruszał do domu, w drodze na lotnisko taksówkę Sulemana zatrzymała policja, on zaś z taką lekkością zagadał z władzą, skutecznie ją przekonując, aby ich puszczono, że Mortenson z miejsca zaproponował mu pracę lokalnego fiksera Instytutu Azji Centralnej.

Teraz zaś Suleman siedział obok Mortensona w hotelowym lobby niczym uśmiechnięty Budda, z ramionami skrzyżowanymi nad zaczątkiem brzuszka, paląc przywiezione przez Grega marlboro i zabawiając towarzystwo opowieściami z życia wielkomiejskiego taksówkarza. Suleman, narodowości pendżabskiej tak jak znaczna część obywateli Pakistanu, nigdy wcześniej nie był w górach, mógł jednak swobodnie toczyć swe barwne opowieści zadowolony, że otaczający go mężczyźni, pochodzący z peryferii jego świata, oprócz swych ojczystych języków znają także urdu.

Za szybą hotelu przeszedł w swych białych szatach Mohammed Ali Ćangazi. Na jego widok stary Apo Razak z nieskrywanym rozbawieniem pochylił się nad stołem i opowiedział zebranym, że podobno Ćangaziemu udało się zaliczyć z osobna dwie niemieckie siostry, które znalazły się w Skardu w ramach jednej ekspedycji.

– Tak, widzę, że to bardzo pobożny człowiek – powiedział Suleman w urdu, dla podkreślenia swoich słów teatralnie kiwając głową. – Musi się chyba modlić sześć razy dziennie. I sześć razy dziennie myć się tu! – dodał, wskazując na swoje podbrzusze.

Spontaniczny ryk śmiechu był dla Mortensona oznaką, że instynkt, który kazał mu zebrać wokół siebie tak niecodzienną grupę indywiduów, i tym razem go nie zawiódł.

Muzafer oraz mężczyźni z Korphe byli szyitami, podobnie jak mieszkańcy Skardu – Ghulam Parwi i kamieniarz Machmal. Apo Razak, uchodźca z okupowanego przez Indie Kaszmiru, był sunnitą, podobnie jak Suleman. Zaś potężny dostojny Faisal Baig należał do odłamu ismailitów. „Siedzieliśmy sobie razem, śmiejąc się i spokojnie pijąc herbatę – opowiada Mortenson. – Niewierny oraz przedstawiciele trzech walczących ze sobą odłamów islamu. Pomyślałem: «Skoro tak dobrze się dogadujemy, możemy wiele zdziałać». Brytyjska polityka mówiła: «Dziel i rządź». A ja mówię: «Jednocz i rządź»".

Ghulam Parwi, którego gniew zdążył już ostygnąć, rzeczowo relacjonował zebranej grupie historię fatwy. Poinformował też Mortensona, że umówił go na spotkanie z Sajedem Abbasem Riswim, najwyższym szyickim przywódcą duchowym północnego Pakistanu.

– Abbas to dobry człowiek, ale podejrzliwy wobec cudzoziemców – wyjaśnił Parwi. – Kiedy zobaczy, że szanuje pan islam i nasze obyczaje, może być wielce pomocny, *inszallah*.

Parwi powiedział również, że Mohammed, rywalizujący z szerem Ćakpo uczony w piśmie, wraz ze swoim synem złożył prośbę o budowę w ich wiosce, Hemasilu, szkoły Instytutu Azji Centralnej, w związku z czym wysłał list do Najwyższej Rady Ajatollahów w Kom, prosząc naczelnych przywódców duchowych Iranu, czyli najwyższy autorytet w świecie szyickim, żeby zdecydowali, czy fatwa została słusznie wydana.

Hadżi Ali oznajmił, że spotkał się ze starszyzną całej doliny Braldu, i razem postanowili, że następnym miejscem, w którym powinna stanąć nowa szkoła, jest wyjątkowo biedna wioska Pachora, której naczelnikiem jest jego bliski przyjaciel, Hadżi Muzin.

Machmal, kamieniarz, który tak doskonale wykonał swoją pracę w Korphe, poprosił o szkołę dla swojej rodzinnej wioski Ranga położonej na obrzeżach Skardu. Powiedział też, że cała jego bliższa i dalsza rodzina, w której wszyscy są doświadczonymi fachowcami, jest gotowa zaangażować się w prace budowlane, aby je szybko ukończyć.

Mortenson pomyślał, jak szczęśliwy byłby Hoerni, gdyby mógł usiąść przy takim stole. Miał wciąż jeszcze w uszach radę uczonego – żeby nie mieć za złe przedstawicielom wiosek, że próbują za wszelką cenę doprowadzić do zbudowania szkoły właśnie u siebie: „Dzieci z tych wiosek, których mieszkańcy próbowali cię przekupić, też potrzebują szkół".

Mortenson wspomniał pasące kozy dzieci, które uczył angielskiego w dniu, gdy wybiegł z wydanej przez Ćangaziego uczty. Wspomniał entuzjazm, z jakim chwytały nawet te bezładnie podawane przez niego słowa oznaczające nos czy usta, i zaproponował, żeby zbudować szkołę w wiosce Ćangaziego, Kuardu, jako że starszyzna już zgodziła się dać na nią ziemię.

– No dobrze – powiedział Parwi, stukając długopisem o notes, w którym robił notatki. – To którą szkołę w tym roku zbudujemy?

– Wszystkie, *inszallah* – odparł Mortenson.

Greg Mortenson wyraźnie czuł, jak jego życie nabiera tempa. Miał dom, psa, rodzinę, przed wyjazdem zastanawiali się z Tarą, czy nie czas już pomyśleć o następnym dziecku. Zbudował szkołę, groził mu rozwścieczony mułła, powołał w Ameryce zarząd Instytutu, a w Pakistanie przedziwną grupę różnych indywiduów. Miał w plecaku należące do Instytutu pięćdziesiąt tysięcy dolarów, a na koncie znacznie więcej. Ogrom zaniedbania biednych pakistańskich dzieci mógł się równać z otaczającymi Skardu górami. Nad jego głową wisiała niczym bułat fatwa, nie wiedział więc, jak długo będzie mógł jeszcze pracować w Pakistanie. Musiał działać szybko, wykorzystując całą energię, jaką był w stanie zebrać.

Za pięć tysięcy osiemset dolarów kupił dwudziestoletnią zieloną toyotę land cruisera z momentem obrotowym wystarczającym, by pokonać najróżniejsze przeszkody, jakie mogły zgotować górskie drogi. Wynajął też spokojnego, doświadczonego i palącego jak smok kierowcę imieniem Hussain, który zaraz kupił skrzynkę dynamitu i wepchnął ją pod siedzenie pasażera, żeby w razie osuwiska mogli przedrzeć się przez drogę, nie czekając, aż nadciągną odpowiednie służby. Zaś z pomocą targujących się zawzięcie Parwiego i Machmala nabył od kupców w Skardu dość materiałów budowlanych, by rozpocząć budowę trzech szkół, gdy tylko ustąpi mróz.

Już drugi raz w życiu Mortensona stacja benzynowa okazała się znaczącym miejscem dla zrozumienia prawideł islamu. Pewnego ciepłego kwietniowego popołudnia, stojąc w lekkiej mżawce obok dystrybutorów paliwa, Mortenson spotkał się z Sajedem Abbasem Riswim. Parwi wyjaśnił, że najlepiej będzie, jeśli pierwsze spotkanie odbędzie się w miejscu publicznym, żeby mułła miał czas do namysłu, zanim spotkają się sam na sam. Zaproponował więc ruchliwą stację koło hotelu Indus.

Abbas przybył na miejsce w towarzystwie dwóch młodszych duchownych o imponujących brodach, którzy stale mu asystowali. Był chudym wysokim mężczyzną o brodzie przystrzyżonej na sposób typowy dla szyickiego uczonego w piśmie, który przewyższył wszystkich innych uczniów madrasy w irackim mieście Nadżaf. Nad wysokimi łukami brwi miał ciasno zawiązany poważny czarny turban. Najpierw przez chwilę przyglądał się ubranemu po pakistańsku Amerykaninowi przez staroświeckie prostokątne szkła okularów, po czym wyciągnął rękę i mocno uścisnął dłoń Grega.

– *As-salam alejkum* – powiedział Mortenson i ukłonił się z szacunkiem, lewą rękę przykładając do serca. – To dla mnie wielki zaszczyt – mówił dalej w języku balti. – Pan Parwi dużo mi opowiadał o pana mądrości i współczuciu dla biednych.

„Niektórzy Europejczycy, którzy przyjeżdżają do Pakistanu, próbują za wszelką cenę niszczyć islam – mówi Sajed Abbas. – Na początku obawiałem się, że Greg do takich właśnie ludzi należy. Jednak tego dnia na stacji benzynowej wejrzałem w jego serce i zobaczyłem, kim jest: wprawdzie niewiernym, ale zarazem niezwykle szlachetnym człowiekiem, który poświęcił swoje życie dbaniu o edukację dzieci. Od razu postanowiłem zrobić co w mojej mocy, żeby mu pomóc".

Ponad trzy lata prób i błędów musiały minąć, zanim Mortensonowi udało się przejść drogę od obietnicy do ukończenia szkoły w Korphe. Wziął sobie jednak własne potknięcia do serca, dzięki czemu teraz, gdy miał wreszcie pieniądze, które pozwalały mu zamieniać marzenia w rzeczywistość, oraz ludzi serdecznie zaangażowanych w poprawę sytuacji dzieci w Baltistanie, kierowany przez niego Instytut zdołał zbudować trzy kolejne szkoły podstawowe w zaledwie trzy miesiące.

Machmal dotrzymał słowa. Cała jego rodzina kaszmirskich kamieniarzy żwawo wzięła się do roboty przy budowie szkoły w wiosce Ranga, tak że po dziesięciu tygodniach stanęła tam wierna kopia budynku wzniesionego w Korphe. W rejonie, gdzie zwykle prace nad budową szkół ciągnęły się latami, tego rodzaju tempo było czymś niezwykłym. Choć Ranga leżała zaledwie dwanaście kilometrów od Skardu, pakistański rząd nie zapewniał żadnego dostępu do edukacji miejscowym dzieciom, których rodziców nie stać było na opłacenie kosztów transportu oraz czesnego za prywatną szkołę w Skardu. Teraz, po kilku miesiącach gorączkowych prac, los tych dzieci został na zawsze odmieniony.

W wiosce Pachora Hadżi Muzin, przyjaciel Hadżi Alego, również dołożył wszelkich starań, żeby dobrze wykorzystać otrzymaną szansę. Przekonał wielu mężczyzn, by nie podejmowali prac jako tragarze, dopóki szkoła nie zostanie ukończona. Zebrał w ten sposób sporą entuzjastyczną ekipę niewykwalifikowanych robotników. Zaman, miejscowy przedsiębiorca budowlany, odrzucił zlecenie pracy przy wojskowym projekcie i dopilnował budowy pięknej kamiennej szkoły w kształcie podkowy ocienionej topolowym zagajnikiem.

„Zaman dokonał czegoś niesamowitego – mówi Mortenson. – W jednej z najtrudniej dostępnych wiosek północnego Pakistanu w dwanaście tygodni wzniósł tak wspaniałą szkołę, jakiej nigdy nie zdołałby zbudować pakistański rząd, w dodatku za połowę kwoty, którą pochłonąłby ciągnący się latami projekt rządowy".

W Kuardu, wiosce Ćangaziego, starszyźnie tak bardzo zależało na wzniesieniu szkoły, że ofiarowali ziemię w samym centrum wsi i zburzyli dwupiętrowy kamienny dom, by szkoła mogła stanąć w wystarczająco reprezentacyjnym miejscu. Podobnie jak wszystko, co wiąże się z osobą Ćangaziego, budynek szkoły również znacznie przewyższał lokalne standardy. Mężczyźni z Kuardu porządne kamienne fundamenty wpuścili na dwa metry w ziemię, wznieśli kamienne ściany o podwójnej grubości, aby szkoła mogła już na wieki stać dumnie w centrum ich wioski.

Przez całą wiosnę i lato Mortenson jeździł w tę i z powrotem po Baltistanie swoim zielonym land cruiserem. Dostarczał nowe worki z cementem, jeśli go zabrakło na którejś budowie, woził Machmala w górę Braldu, żeby poprawił niedopasowane belki dachowe w Pachorze, a w międzyczasie zaglądał do warsztatu stolarskiego w Skardu, by sprawdzić, czy zamówione pięćset nowych szkolnych ławek będzie gotowe na czas.

Kiedy stało się jasne, że wszystkie trzy szkoły zostaną ukończone przed terminem, podjął jeszcze kilka nowych inicjatyw. Dowiedział się od Parwiego, że ponad pięćdziesiąt dziewczynek uczy się w strasznej ciasnocie w jednoizbowej szkole w wiosce Torghu Balla na południowym brzegu Indusu. Wykorzystując materiały pozostałe po poprzednich budowach, Mortenson dopilnował, żeby do istniejącej szkoły dobudowano jeszcze dwie sale.

Podczas wizyty w Halde, wiosce Muzafera, gdzie obiecał starszyźnie, że w następnym roku zbuduje szkołę, dowiedział się o dramatycznej sytuacji w zbudowanej przez rząd szkole w pobliskiej wiosce Chandej, gdzie bardzo oddany swojej pracy miejscowy nauczyciel Ghulam z wielkim trudem prowadził lekcje dla dziewięćdziesięciorga dwojga uczniów, mimo że od ponad dwóch lat rząd nie wypłacał mu pensji. Poruszony tą sytuacją Mortenson zaoferował, że opłaci pensję Ghulama oraz zatrudni jeszcze dwóch nauczycieli, by proporcje między liczbą uczniów i nauczycieli stały się bardziej rozsądne.

Podróżujący po Baltistanie Sajed Abbas słyszał od setek ludzi pochwały na temat Mortensona oraz entuzjastyczne opowieści o tym, jak nieustannie czyni zakat. W końcu mułła wysłał do hotelu Indus posłańca, który zaprosił Grega do jego domu.

Mortenson, Parwi i duchowy przywódca siedzieli po turecku na wspaniałym irańskim dywanie w pokoju gościnnym Sajeda Abbasa, a syn gospodarza przynosił im zieloną herbatę w filiżankach z różowej porcelany i ciasteczka z cukrem na holenderskiej tacy bogato zdobionej motywem wiatraków.

– Skontaktowałem się z śerem Ćakpo i poprosiłem go, żeby wycofał fatwę – westchnął Sajed Abbas – lecz odmówił. Tego człowieka nic nie obchodzi islam. Obchodzi go tylko własny upór. Chce, żeby wygnano pana z Pakistanu.

– Jeśli uważa pan, że moje działania są sprzeczne z islamem, proszę mi powiedzieć, żebym na zawsze opuścił Pakistan, a ja to uczynię – zadeklarował Mortenson.

– Proszę kontynuować swoją pracę – powiedział Sajed Abbas. – Ale lepiej, żeby nie zbliżał się pan do Ćakpo. Nie sądzę, żeby groziło panu niebezpieczeństwo, ale nie możemy mieć pewności. – Wysoki szyicki duchowny podał Gregowi kopertę. – Przygotowałem dla pana list, w którym wyrażam swoje poparcie dla pańskich działań. Być może okaże się pomocny, *inszallah*, przy pana spotkaniach z innymi wiejskimi mułłami.

Omijając Ćakpo, Mortenson wrócił land cruiserem do Korphe, żeby zorganizować inaugurację roku szkolnego. Gdy usiadł na dachu z Hadżi Alim, Twahą i Husseinem, Sakina wraz z żoną Husseina, Hawą, śmiało przysiadły się do mężczyzn i spytały, czy mogą coś powiedzieć.

– Doceniamy wszystko, co pan robi dla naszych dzieci – powiedziała Hawa – lecz przysyłają mnie do pana kobiety, które chciałyby prosić o coś więcej.

– Tak? – zainteresował się Greg.

– Zimy są u nas bardzo ciężkie. W najmroźniejsze miesiące całymi dniami siedzimy w domu bezczynnie, jak zwierzęta. Za Bożym pozwoleniem chciałybyśmy mieć świetlicę dla kobiet, gdzie mogłybyśmy się spotykać przy szyciu.

– I uwolnić się trochę od mężów – dodała Sakina, przekornie ciągnąc Hadżi Alego za brodę.

Z początkiem sierpnia, gdy w wiosce zaczynali się zbierać goście przybywający na otwarcie szkoły, rozpromieniona Hawa została przewodniczącą nowej świetlicy dla kobiet w Korphe. W nieużywanym pomieszczeniu na tyłach domu Hadżi Alego kobiety zbierały się każdego popołudnia, żeby uczyć się obsługi czterech maszyn do szycia na korbę. Mortenson zakupił je pod okiem Fidy, krawca ze Skardu, który z wielką troską pomógł również przewieźć maszyny „na górę" wraz z kilkoma belami materiału i pudełkami nici.

„W kulturze Baltów istnieje bogata tradycja szycia i tkactwa – mówi Mortenson. – Potrzebna im była tylko pomoc, aby ożywić zanikające rzemiosło. Pomysł Hawy okazał się tak prostym sposobem stworzenia kobietom możliwości rozwoju, że od tego dnia postanowiłem zakładać takie świetlice wszędzie, gdzie budujemy szkoły".

W pierwszej połowie sierpnia roku 1997 Greg Mortenson z dumą jechał doliną Braldu w konwoju samochodów terenowych. W zielonym land cruiserze siedziała Tara z niespełna roczną Amirą na kolanach. Ich świta składała się z policjantów i wojskowych, lokalnych polityków oraz dwóch członkiń zarządu Instytutu Azji Centralnej – Jennifer Wilson i Julii Bergman, która przez kilka miesięcy kompletowała odpowiedni zbiór książek do biblioteki szkoły w Korphe.

„Niesamowicie było wreszcie zobaczyć miejsce, o którym Greg przez te lata mówił z tak wielką pasją – opowiada Tara. – Jakaś część mojego męża stała się wówczas dla mnie bardziej realna".

Samochody zaparkowały przy moście, na który zaraz wkroczył pochód gości z Zachodu radośnie witany przez zebranych na skarpie mieszkańców Korphe. Zmierzający w stronę wioski przybysze szybko dostrzegli nieduży, świeżo pomalowany na żółto budynek szkoły, udekorowany na tę okazję transparentami i pakistańskimi flagami.

Matka Mortensona, Jerene, wspomina, że gdy dwa lata później przyjechała do Korphe, widok efektów pracy syna zrobił na niej ogromne wrażenie: „Gdy zobaczyłam szkołę z daleka, przez całą dalszą drogę płakałam. Wiedziałam, ile serca Greg włożył w ten budynek, jak ciężko pracował i jak bardzo się starał. Myślę, że kiedy nasze dzieci coś osiągną, cieszy nas to dużo bardziej niż własne dokonania".

„W dniu inauguracji spotkaliśmy się z Hadżi Alim i jego żoną, a wszyscy mieszkańcy wioski na zmianę brali Amirę na ręce – wspomina Tara. – Mała była w siódmym niebie, jasnowłosa laleczka, z którą każdy chciał się pobawić". Szkoła była doprowadzona do perfekcji. W każdej sali na grubej wykładzinie chroniącej stopy uczniów przed zimnem stało kilkanaście nowych drewnianych ławek. Na ścianach wisiały kolorowe mapy świata i podobizny przywódców Pakistanu. Zaś na postawionej na dziedzińcu scenie, nad którą powiewał namalowany ręcznie transparent z napisem: „Witamy Szanownych Gości", przez długie godziny odbywały się przemowy. Sześćdziesięcioro uczniów nowej szkoły siedziało cierpliwie w kucki w bezlitosnym słońcu, słuchając kolejnych wystąpień. „To był najwspanialszy dzień mojego życia – mówi córka nauczyciela Husseina, Tahira. – Pan Parwi dał każdemu nowe książki, a ja bałam się je otworzyć, takie były piękne. Nigdy wcześniej nie miałam własnej książki".

Jennifer Wilson przygotowała przemowę o tym, jak bardzo jej mąż, Jean Hoerni, cieszyłby się, gdyby mógł dożyć tej chwili. Poprosiła Ghulama Parwiego, by zapisał ją fonetycznie w języku balti, chciała bowiem zwrócić się bezpośrednio do zebranych. Potem zaś wręczyła każdemu z uczniów nowiutki strój szkolny schludnie zapakowany w celofan.

„Nie mogłam oczu oderwać od tych zagranicznych pań – mówi Dźahan, która wraz z Tahirą miała zostać jedną z pierwszych wykształconych kobiet w długiej historii doliny Braldu. – Wydawały mi się takie eleganckie. Kiedy wcześniej widziałam ludzi z dołu, zawsze uciekałam, bo wstydziłam się swoich brudnych ubrań. Tego dnia jednak pierwszy raz w życiu miałam w ręku czyste ubranie. Pamiętam, że pomyślałam sobie wtedy: «Może nie powinnam się tak wstydzić. Może pewnego dnia, jeśli Bóg pozwoli, ja też będę taką elegancką panią»".

Hussein i dwaj inni nauczyciele, którzy mieli pracować razem z nim, również wygłosili swoje mowy, podobnie jak Hadżi Ali i każdy z zaproszonych gości. Z wyjątkiem Grega Mortensona.

„Podczas gdy kolejne osoby przemawiały, Greg stał gdzieś z tyłu, pod ścianą, z czymś dzieckiem na ręku – opowiada Tara. – W życiu nie widziałam brudniejszego dziecka, ale on zdawał się w ogóle nie zwracać na to uwagi. Stał rozpromieniony, bujając dziecko w ramionach. A ja pomyślałam sobie: «To właśnie cały Greg. Takiego trzeba go pamiętać»".

Po raz pierwszy w historii dzieci z Korphe rozpoczynały codzienną naukę czytania i pisania w budynku, który był w stanie powstrzymać żywioły. Mortenson wraz z Jennifer Wilson stanął na moście sfinansowanym przez Jeana Hoerniego i rozsypał jego prochy nad szalejącym nurtem rzeki Braldu. Potem zaś wrócił ze swoją rodziną do Skardu. Przez kilka dni pokazywał Tarze okolice, które stały się jego drugim domem. Pojechali na położone na południu miasta wzgórza, gdzie Parwi przyjął ich w swoim domu posiłkiem, urządzili też wycieczkę do leżącego nieco dalej krystalicznego jeziora Satpara. W czasie tych przejażdżek Greg nabrał przekonania, że śledzi go agent pakistańskich służb wywiadowczych, ISI.

„Facet, któremu kazali mnie szpiegować, nie stał chyba zbyt wysoko w organizacji, bo wykonywał swoją pracę bardzo marnie – opowiada Mortenson. – Miał ognistorude włosy i telepał się za nami wszędzie na czerwonym motorze Suzuki, nie sposób więc było go nie zauważyć. Ilekroć się odwracałem, stał z papierosem, udając, że wcale mnie nie obserwuje. Nie miałem nic do ukrycia, więc uznałem, że może w końcu sobie to wykombinuje i napisze o tym raport swoim przełożonym".

Rodzina Mortensona wzbudziła niezdrowe zainteresowanie jeszcze jednego mieszkańca Skardu. Któregoś popołudnia Greg zostawił Tarę i Amirę na tylnym siedzeniu samochodu, a sam poszedł kupić na bazarze kilka butelek wody mineralnej. Tara wykorzystała tę okazję, żeby w samotności dyskretnie nakarmić Amirę. Kiedy Greg wrócił do samochodu, zobaczył młodego mężczyznę z twarzą przyklejoną do szyby toyoty, łypiącego okiem na jego żonę. Faisal Baig również zauważył podglądacza i doskoczył do niego, zanim Mortenson zdążył zareagować.

„Faisal zaciągnął kolesia za róg budynku, w małą uliczkę, żeby nie narażać Tary na widok brutalnej sceny, po czym stłukł go na kwaśne jabłko – mówi Mortenson. – Podbiegłem i powiedziałem mu, żeby przestał, bo facet zdawał się nieprzytomny. Sprawdziłem mu puls, by mieć pewność, że żyje".

Mortenson chciał zabrać pobitego do szpitala, ale usłyszawszy tę propozycję, Baig tylko kopnął i opluł leżącego twarzą do ziemi podglądacza.

– Ten diabeł ma szczęście, że go nie zabiłem – powiedział. – Gdybym zabił, nikt w Skardu by nie protestował.

Kilka lat później Mortenson się dowiedział, że gdy po Skardu rozeszła się wieść o tym, jaki brak szacunku okazał ten człowiek żonie doktora Grega, spotkał go taki ostracyzm, że musiał się wyprowadzić z miasta. W końcu Greg zawiózł żonę i córkę na lotnisko i wyprawił je do domu, sam zaś został jeszcze dwa miesiące w Pakistanie. Mężczyźni z Korphe, widząc, jak dobrym pomysłem okazało się założenie świetlicy dla kobiet, zapytali Mortensona, czy nie mógłby i dla nich zrobić czegoś, co umożliwiłoby im zdobycie dodatkowych kwalifikacji.

Wraz z bratem Tary, Brentem Bishopem, Mortenson stworzył pierwszy w historii Pakistanu cykl szkoleń dla tragarzy pod nazwą Instytut Technik Wspinaczkowych i Ochrony Środowiska Karakorum. Brent Bishop, podobnie jak jego nieżyjący ojciec, był zdobywcą Everestu i udało mu się przekonać przedstawicieli swojego głównego sponsora, firmy Nike, żeby przeznaczono na ich projekt odpowiednie środki oraz zapewniono sprzęt. „Miejscowi tragarze świetnie sobie radzili, pracując w najtrudniejszym wysokogórskim terenie na ziemi – mówi Mortenson. – Ale nie znali żadnych nowoczesnych technik wspinaczkowych".

W ramach zorganizowanej i prowadzonej przez Muzafera wyprawy Bishop wraz z osiemdziesięcioma miejscowymi tragarzami ruszyli na lodowiec Baltoro. Głównym kucharzem był Apo Razak, weteran o ogromnym doświadczeniu w karmieniu dużych ekspedycji w bardzo trudnych warunkach. Gdy dotarli na lodowiec, amerykańscy himalaiści szkolili miejscowych tragarzy w zakresie pierwszej pomocy, ratowania ludzi ze szczelin lodowych oraz podstawowych technik wiązania lin.

Zajmowali się też naprawianiem szkód w środowisku naturalnym, jakie w każdym sezonie czyniły na lodowcu kolejne wyprawy. Budowali kamienne latryny w obozowiskach położonych przy prowadzących lodowcem trasach z nadzieją, że dzięki temu znikną pola zamarzniętych odchodów, które zostawiały zwykle za sobą ekspedycje.

Ponieważ tragarze z każdej wyprawy na lodowiec wracali z pustymi koszami, stworzono dla nich coroczny program zbierania surowców wtórnych, który już w pierwszym roku pozwolił usunąć z obozów pod K2, Broad Peak i Gaszerbrumem ponad tonę puszek, szkła i plastiku. Mortenson zorganizował transport śmieci do Skardu i dopilnował, by tragarzom należycie zapłacono za trud.

Gdy wysokogórskie doliny Karakorum ponownie przeszły we władanie zimy, Mortenson na koniec najintensywniejszego roku w swoim życiu wrócił do domu, do Bozemanu. „Kiedy wspominam to wszystko, co udało nam się w tamtym roku osiągnąć pomimo wydanej fatwy, nie mogę zrozumieć, jak to się udało, skąd miałem tyle energii" – wyznaje.

Lecz zwiększony wysiłek unaocznił mu, jak wielki jest ocean potrzeb, na które trzeba próbować odpowiedzieć. Siedząc po nocach w piwnicy swojego domu, telefonując do Pakistanu, pisząc e-maile do członków zarządu i wypijając niezliczone dzbanki kawy, szybko zaczął planować swój wiosenny atak na pakistańską biedę.

ROZDZIAŁ SZESNASTY

SZKATUŁKA OBITA CZERWONYM AKSAMITEM

Żaden człowiek ani żadna istota nie będzie żyć długo
pod wiecznym niebem. Najpiękniejsze kobiety, najbardziej uczeni
mężczyźni, sam prorok Mahomet, który słyszał głos Boga,
wszyscy oni zwiędli i umarli. Nic nie jest wieczne, nawet cierpienie.
Tylko niebo trwa wiecznie, bez kresu.

Bowa Dźohar, poeta z ludu Balti, dziadek Muzafera Alego

MORTENSON WYOBRAŻAŁ sobie posłańca mknącego nieubłaganie na południowy wschód z orzeczeniem Najwyższej Rady wetkniętym w sakwę przy siodle. Wyobrażał sobie pędzącego z Iranu przez Afganistan małego górskiego kuca, który okrąża zaminowaną równinę Szomali, a potem z mozołem wspina się na zbocza Hindukuszu i przekracza pakistańską granicę. Próbował w myślach opóźnić posłańca, rzucał mu na drogę skalne osuwiska i lawiny. Miał nadzieję, że miną lata, zanim posłaniec dojedzie na miejsce. Bo gdyby dojechał, a wieziona przez niego wiadomość nie byłaby pomyślna, Mortenson musiałby na zawsze opuścić Pakistan.

W rzeczywistości zawierająca orzeczenie szkatułka obita czerwonym aksamitem została wysłana pocztą z irańskiego miasta Kom do Islamabadu. Stamtąd zaś przyleciała samolotem do Skardu i trafiła do rąk głównych duchownych szyickich Pakistanu, którzy publicznie odczytali pismo.

Jak mówi Parwi, podczas gdy Najwyższa Rada rozważała przypadek Mortensona, jej wysłannicy dokładnie sprawdzali, w co zamieszany jest pracujący w sercu szyickiego Pakistanu Amerykanin. „Z wielu szkół zacząłem dostawać informacje, że pojawili się w nich nieznajomi mężczyźni wypytujący o program zajęć – opowiada Parwi. – Chcieli wiedzieć, czy szkoły zachęcają do przejścia na chrześcijaństwo lub promują zachodnią rozwiązłość. W końcu i do mnie zawitał pewien irański mułła, odwiedził mnie w moim domu i spytał wprost, czy widziałem, żeby ten niewierny pił alkohol lub próbował uwodzić muzułmanki. Odpowiedziałem zgodnie z prawdą, że nigdy w życiu nie widziałem, by doktor Greg pił alkohol, i że jest żonatym mężczyzną, który darzy wielkim szacunkiem swoją żonę i dzieci i nigdy nie zaczepia tutejszych dziewcząt. Zaprosiłem go też do odwiedzenia naszych szkół, oferując, że załatwię mu transport i pokryję koszty, gdyby chciał zaraz wyruszyć w drogę. Odparł jednak, że już widział nasze szkoły, i podziękował mi jak najuprzejmiej za poświęcony mu czas".

W kwietniu 1998 roku Parwi wczesnym rankiem zapukał do drzwi pokoju Mortensona w hotelu Indus i oznajmił, że obaj zostali wezwani. Greg ogolił się i przebrał w najczystszy z pięciu brunatnych kompletów salwar kamizów, jakich się dorobił.

Miejscowy meczet, podobnie jak znaczna część szyickiego Pakistanu, był niemal niewidoczny dla świata. Otaczały go wysokie gliniane mury bez żadnych ozdób, a jedynym wystającym na zewnątrz elementem był wysoki zielono-żółty minaret wyposażony w głośniki, przez które muezin nawoływał wiernych do przekroczenia progów świątyni.

Poprowadzono ich przez dziedziniec, a potem do zwieńczonej łukiem bramy. Greg odgarnął ręką ciemnobrązową aksamitną zasłonę i na znak szacunku ostrożnie przekraczając próg prawą nogą, wszedł do wewnętrznego sanktuarium, w którym nie gościł przed nim jeszcze żaden niewierny.

W środku stało ośmiu członków Rady Mułłów. Wszyscy mieli na głowach czarne turbany i samym wyglądem budzili respekt. Widząc poważną minę, z jaką witał go Sajed Abbas Riswi, Mortenson spodziewał się najgorszego. Wraz z Parwim usiadł na miękkim irańskim dywanie o wzorze przeplatających się pnączy. Sajed Abbas skinął na pozostałych członków rady, aby dołączyli do nich, siadając w kręgu na dywanie, po czym sam również usiadł, kładąc przed sobą na miękkiej materii szkatułkę obitą czerwonym aksamitem.

Sajed Abbas z należytą powagą uniósł wieczko skrzynki i wyjął z niej przewiązany czerwoną wstążką zwój pergaminu, a następnie rozwinął go i ujawnił zebranym, jaka przyszłość czeka Mortensona. „Drogi Misjonarzu Miłosierdzia – odczytał, tłumacząc elegancko wykaligrafowany po persku tekst. – Wedle Świętego Koranu wszystkie dzieci, w tym nasze córki i siostry, powinny mieć dostęp do wykształcenia. Pańska szlachetna praca jest zgodna z najwyższymi wartościami islamu, które nakazują pomoc ubogim i chorym. Święty Koran nie zakazuje niewiernym pomagać naszym muzułmańskim braciom i siostrom. Z tego względu nakazujemy wszystkim pakistańskim duchownym, aby nie przeszkadzali Panu w spełnianiu tej szlachetnej misji. Ma Pan nasze zezwolenie, błogosławieństwo i modlitwę".

Sajed Abbas zwinął tekst, schował go do czerwonej szkatułki i z szerokim uśmiechem podał Mortensonowi. Następnie uścisnął mu dłoń.

Greg poczuł, że kręci mu się w głowie, gdy podchodził do wszystkich członków rady po kolei i ściskał im dłonie.

– Czy to znaczy – wybąkał – że ta fatwa...

– Proszę się w ogóle nie przejmować pogróżkami małych ludzi z małych wiosek – powiedział rozpromieniony Parwi. – Mamy błogosławieństwo najwyższych irańskich muftich. Żaden szyita nie ośmieli się nam teraz przeszkodzić, *inszallah*.

Sajed Abbas zawołał, aby przyniesiono herbatę.

– Chciałbym teraz porozmawiać o czymś innym – powiedział już mniej poważnym tonem, sygnalizując, że część oficjalna została zakończona. – Może udałoby się nam nawiązać współpracę.

Tej wiosny wieść o zawartym w czerwonej szkatułce orzeczeniu rozniosła się po Baltistanie szybciej niż woda spływająca z lodowca w górskie doliny Karakorum. Liczba osób zbierających się przy herbacie w hotelu Indus tak bardzo wzrosła, że dwa stoły w lobby przestały już wystarczać i trzeba było się przenieść do sali bankietowej na górze, gdzie na kolejnych zebraniach panowała coraz większa wrzawa. Teraz, gdy Mortenson miał aprobatę Najwyższej Rady Ajatollahów, każdego dnia przybywali do niego wysłannicy z najróżniejszych wiosek położonych w głębi Baltistanu, prosząc o uwzględnienie ich próśb w planach Instytutu.

Greg zaczął jadać posiłki w hotelowej kuchni, bo tylko tam miał szansę dokończyć omlet lub talerz warzywnego curry bez konieczności ustosunkowania się do napisanej łamaną angielszczyzną petycji z prośbą o pożyczkę na budowę kopalni kamieni półszlachetnych lub o fundusze na odbudowę sypiącego się wiejskiego meczetu.

Choć nie był tego jeszcze do końca świadomy, w jego życiu nadszedł nowy etap. Nie miał już czasu osobiście rozmawiać z każdym, kto przychodził do niego z prośbą, aczkolwiek początkowo próbował. Już wcześniej miał dużo zajęć, ale teraz każdy dzień wydawał się o pięć czy sześć godzin za krótki. Mortenson postawił przed sobą zadanie najważniejsze: przesiewania zalewu petycji, by wybrać tych kilka wartościowych projektów, na których przeprowadzenie miał wystarczające środki i możliwości organizacyjne.

Sajed Abbas, którego wpływ sięgał w głąb kilkunastu niedostępnych górskich dolin, doskonale wiedział, czego naprawdę potrzebują ludzie w każdej okolicy. Wyraził przekonanie, że owszem, edukacja jest jedynym sposobem, żeby w dłuższej perspektywie rozwiązać problem ubóstwa. Tłumaczył jednak, że dla wielu dzieci w Baltistanie bezpośrednim zagrożeniem są problemy znacznie bardziej podstawowe. Powiedział, że w miejscach takich, jak położona w dolinie Śigaru wioska Ćunda, jedno na troje dzieci umiera przed ukończeniem pierwszego roku życia z powodu braku higieny i dostępu do czystej wody pitnej.

Mortenson bez wahania zgodził się, że zaspokajanie tak podstawowych potrzeb powinno się również znaleźć w programie Instytutu Azji Centralnej. Zanim roślina zdoła wypuścić pędy, trzeba ją obficie podlewać. Dzieci zaś muszą być w stanie przeżyć wiek niemowlęcy, aby skorzystać z dobrodziejstw edukacji. Wraz z Sajedem Abbasem odwiedził Hadżi Ibramina, przywódcę wioski Ćunda, i przekonał go, aby namówił miejscowych do wspólnej pracy. Zgłosiło się też wielu ochotników z czterech sąsiednich wiosek. Wkrótce setki osób przez dziesięć godzin dziennie kopały rowy, a po tygodniu prace zostały skończone. Przez ufundowane przez Mortensona trzy i pół tysiąca metrów rur do pięciu wiosek popłynęła świeża źródlana woda.

„Nauczyłem się szanować rady Sajeda Abbasa i często wręcz o nie prosić – mówi Mortenson. – Takich właśnie przywódców duchowych najbardziej podziwiam. Jest uosobieniem współczucia w działaniu, nigdy nie rzuca słów na wiatr. Nie zamyka się przed światem ze świętymi księgami. Uważa, że trzeba zakasać rękawy i brać się do roboty, żeby wciąż czynić świat lepszym. Dzięki jego mądrości kobiety z wioski Ćunda nie muszą już chodzić na dalekie wyprawy po czystą wodę. A śmiertelność niemowląt w społeczności liczącej dwa tysiące ludzi z dnia na dzień spadła o połowę".

Zanim jeszcze Mortenson pojechał do Pakistanu, zarząd Instytutu zatwierdził projekty budowy trzech nowych szkół wiosną i latem 1998 roku. Dla Mortensona najważniejsza była szkoła w wiosce Muzafera. Podczas kilku ostatnich wizyt stary tragarz wydawał się zupełnie inny niż dawniej. Nie rzucała się już w oczy niedźwiedzia siła mężczyzny, który wyprowadził kiedyś Grega z lodowca Baltoro. Stary tragarz coraz bardziej też głuchł. Podobnie jak w przypadku wielu tutejszych mężczyzn, którzy przez szereg lat żyli pośród żywiołów, starość dopadła go szybko, niczym pantera śnieżna.

Halde, gdzie mieszkał Muzafer, leżało w zielonej dolinie Huśe, na brzegu rzeki Śjok, która w tym miejscu zwalnia i rozlewa się szerzej, zanim wpadnie do Indusu. Mortenson uważał tę dolinę za jeden z najpiękniejszych zakątków Pakistanu. Równą mozaikę schodzących ku rzece pól przecinały kanały irygacyjne. Wiejskie ścieżki ocieniały wielkie drzewa morwowe i morelowe. „Halde jest moim Szangri-la – mówi Mortenson. – W takim miejscu mógłbym się zaszyć ze stosem książek, zdjąć buty i przez długi czas ukrywać się przed światem".

Tego rodzaju luksus nie był mu pisany. Muzafer jednak, dla którego skończyły się już dni górskich wędrówek, chciał w spokoju spędzić ostatnie lata życia właśnie tu, w swoim małym domku otoczonym sadem, w towarzystwie dzieci i wnuków, daleko od krainy wiecznego lodu.

Korzystając z metod, które mieli już dobrze opracowane, Mortenson i Parvi zdobyli kawałek ziemi między dwoma zagajnikami drzew morelowych i z pomocą mieszkańców wioski w trzy miesiące zbudowali solidną kamienną szkołę o czterech pomieszczeniach za nieco ponad dwanaście tysięcy dolarów. Choć dziadek Muzafera, Bowa Dźohar, był znanym w całym Baltistanie poetą, stary tragarz wiódł proste życie i nie cieszył się w Halde żadną szczególną pozycją. Teraz jednak, gdy doprowadził do budowy szkoły, zaczęto dużo bardziej szanować poczciwca, który dźwigał na plac budowy ociosane kamienie i podnosił belki dachowe, mimo że młodsze dłonie próbowały zdejmować ciężary z jego starych barków.

Stojąc wraz z Mortensonem przed ukończoną szkołą i patrząc, jak wiejskie dzieci wspinają się na palce, by zajrzeć przez egzotyczne szklane szyby do tajemniczych sal, w których jesienią miały zacząć lekcje, Muzafer wziął dłoń Grega w obie ręce.

– Moje dni pracy już się skończyły – powiedział. – Chciałbym jeszcze przez wiele lat dla was pracować, ale Bóg w swojej mądrości odebrał mi dużo sił.

Greg uścisnął człowieka, który tyle razy pomagał mu znaleźć właściwą drogę. Mimo że stary tragarz deklarował utratę sił, jego uścisk wciąż był tak mocny, że potężnemu Amerykaninowi aż zabrakło tchu.

– Co będziesz teraz robił? – spytał Greg.

– Moją pracą jest podlewanie drzew – odpowiedział z prostotą Muzafer.

Wysoko w dolinie Huśe, w cieniu zwisających z Maśarbrumu lodowców, w czasach gdy nie było jeszcze dróg, Mohammed Aslam Chan był małym chłopcem. Życie w dolinie Huśe szło zwykłym torem, którego nic nie zakłócało. Latem chłopcy tacy jak Aslam prowadzili owce i kozy na górskie pastwiska, a kobiety wyrabiały sery i jogurt. Z najwyżej położonych łąk widać było, jak ponad szerokim masywem Maśarbrumu strzela w niebo szczyt, który nazywali Ćogo Ri, czyli Wielką Górą – szerokiemu światu znany jako K2.

Jesienią Aslam na zmianę z innymi chłopakami poganiał sześć zdyszanych jaków chodzących w kółko wokół pala i ciężkimi kopytami młócących świeżo zebraną pszenicę. Przez całą długą zimę siedział jak najbliżej ogniska, walcząc o najcieplejsze miejsce z pięcioma braćmi, trzema siostrami i całą trzodą rodziny.

Takie było jego życie – i było dobre. Każdy chłopiec z doliny Huśe tak właśnie spędzał swoje dni. Lecz ojciec Aslama, Golowa Ali, był naczelnikiem wioski. Wszyscy mówili, że Aslam jest najzdolniejszym dzieckiem w całej rodzinie, a ojciec powziął względem niego specjalny plan.

Późną wiosną, kiedy skończył się już czas najsurowszej pogody, ale rzeka Śjok wciąż pędziła rwącym nurtem, niosąc spływającą z lodowców wodę, Golowa Ali obudził syna przed świtem i kazał mu się przygotować do opuszczenia wioski. Aslam nie mógł pojąć, o co chodzi. Kiedy jednak zobaczył, że ojciec owija jego ubraniami kawałek twardego owczego sera, zaczął płakać.

Woli ojca nie wolno było kwestionować, Aslam jednak próbował się postawić naczelnikowi.

– Dlaczego mam opuścić wioskę? – spytał, zwracając się o wsparcie do matki.

Zdumiało go, gdy w świetle migoczącej lampy naftowej zobaczył, że ona też płacze.

– Pójdziesz do szkoły – powiedział ojciec.

Aslam przez dwa dni schodził z ojcem w dół doliny. Podobnie jak wszyscy chłopcy z doliny Huśe, Aslam wielokrotnie przemierzał wąskie górskie ścieżki pnące się po nagich skałach niczym bluszcz. Jednak jeszcze nigdy nie był tak daleko od domu. Tu, w dole, ziemia była piaszczysta i nie leżał na niej śnieg. Widoczny za ich plecami Maśarbrum nie był już znajomą wielką bryłą, wyraźnym centrum świata – stał się zaledwie jedną z wielu gór na horyzoncie.

Ścieżka urywała się na brzegu rzeki Śjok. Golowa Ali zawiesił synowi na szyi skórzaną sakiewkę zawierającą dwie złote monety.

– Kiedy, *inszallah*, dotrzesz do miasta Chaplu, znajdziesz tam szkołę. Sahibowi, który ją prowadzi, daj te monety, żeby zapłacić za swoją naukę.

– Kiedy wrócę do domu? – spytał Aslam, próbując opanować drżenie warg.

– Będziesz wiedział kiedy – powiedział ojciec.

Golowa Ali nadmuchał sześć kozich pęcherzy i związał je, tworząc tratwę – tradycyjny miejscowy sposób przeprawiania się przez rzekę, jeśli była zbyt głęboka, by ją przekroczyć pieszo.

– Trzymaj się mocno – polecił.

Aslam nie umiał pływać.

„Kiedy ojciec posadził mnie na wodzie, nie mogłem już się powstrzymać i zacząłem płakać – opowiada. – Ojciec był silnym i dumnym mężczyzną, ale gdy odpływałem rzeką, dostrzegłem, że jego oczy też się zaszkliły".

Aslam trzymał się kurczowo swojej tratwy, gdy rzeka unosiła go w dal, aż stracił ojca z oczu. Pęcherze podskakiwały na bystrzach, a on teraz już, kiedy nikt nie patrzył, zanosił się szlochem i drżał pośród zimnej, spływającej z lodowców wody. Oszołomiony strachem nie wiedział, czy minęło dziesięć minut czy dwie godziny, w każdym razie po jakimś czasie zauważył, że jego tratwa płynie wolniej, a rzeka znacznie się poszerzyła. Na odległym brzegu dostrzegł ludzkie sylwetki i zaczął odpychać się od wody nogami (rękami wciąż kurczowo ściskał tratwę), żeby do nich dopłynąć.

„Jakiś staruszek wyłowił mnie z wody i owinął kocem z sierści jaka – opowiada Aslam. – Wciąż się trząsłem i płakałem, a on spytał, dlaczego przeprawiłem się przez rzekę. Powtórzyłem mu więc instrukcje, które dostałem od ojca. «Nie bój się – powiedział staruszek. – Jesteś dzielnym chłopcem, że dotarłeś tak daleko od domu. Gdy pewnego dnia wrócisz, wszyscy pochylą przed tobą czoło»".

Mężczyzna wcisnął w dłoń Aslama dwa pomięte banknoty i poszedł z nim ścieżką w stronę Chaplu, dopóki nie spotkali innej starszej osoby, która zajęła się chłopcem.

W ten sposób Aslam i jego historia wędrowali przez dolinę Huśe. Przekazywano go z rąk do rąk, a każdy z towarzyszy dodawał kilka banknotów na jego edukację. „Ludzka dobroć bardzo mnie pokrzepiła – wspomina Aslam. – Wkrótce zaś zapisano mnie do szkoły państwowej w Chaplu, a ja uczyłem się tak pilnie, jak tylko potrafiłem".

Uczniowie w kipiącym życiem mieście, największym skupisku ludzkim, jakie Aslam widział w swoim życiu, wydawali się światowi. Dokuczali przybyłemu z gór chłopcu, śmiejąc się z jego wyglądu. „Nosiłem ubrania ze skór jaków i wełny, a wszyscy inni uczniowie mieli piękne szkolne stroje" – opowiada Aslam.

Nauczycielom żal się zrobiło chłopca, zrzucili się więc na białą koszulę, wiśniowy sweter i czarne spodnie, by nie odróżniał się od kolegów. Odtąd codziennie nosił to ubranie, a wieczorami dokładnie je czyścił. Zaś po pierwszym roku nauki, kiedy udał się w górę rzeki, by odwiedzić rodzinę, rzeczywiście zrobił w swojej wiosce wrażenie, jak przepowiedział staruszek na brzegu rzeki. „Kiedy dotarłem na górę, byłem czysty i ubrany w strój szkolny – opowiada Aslam. – Wszyscy na mnie patrzyli i mówili, jak się zmieniłem. Wzbudzałem wielki szacunek i zdałem sobie sprawę, że teraz muszę żyć tak, żeby naprawdę na niego zasługiwać".

W roku 1976, gdy Aslam ukończył z najlepszym wynikiem dziesiątą klasę szkoły w Chaplu, zaproponowano mu posadę w administracji rządowej Obszarów Północnych. On jednak postanowił wrócić do domu, do doliny Huśe, gdzie po śmierci ojca wybrano go na nowego nurmadhara wioski. „Widziałem, jak ludzie żyją na dole, i czułem, że moim obowiązkiem jest dbać o poprawę jakości życia w mojej wiosce" – mówi.

Zwrócił się do przedstawicieli rządu, którzy oferowali mu posadę, i zdołał przekonać administrację Obszarów Północnych, by wysłała buldożery i ekipę z dynamitem, która zbuduje drogę gruntową aż do położonej wysoko w dolinie wioski Huśe. Wystarał się też o pieniądze na niewielką szkołę dla dwudziestu pięciu chłopców, którą zorganizował w nędznej polnej szopie, trudno mu było jednak przekonać mieszkańców wioski, żeby przysyłali dzieci na naukę w marnie wyposażonym budynku, skoro mogły w tym czasie pracować w polu. Wieśniacy zatrzymywali Aslama na drodze i próbowali przekupić masłem i mąką, byle tylko zwolnił ich synów z obowiązku chodzenia do szkoły.

Gdy jego własne dzieci osiągnęły wiek szkolny, Aslam zdał sobie sprawę, że będzie potrzebował pomocy, jeśli ma im wszystkim zapewnić edukację. „Bóg obdarzył mnie dziewięciorgiem dzieci – mówi Aslam. – Mam pięciu synów i cztery córki. Ale najzdolniejsza z nich wszystkich jest Śakila. Nie miała jednak gdzie się uczyć, a była za mała, żeby ją wysłać do miasta. Choć przez szereg lat naszą wioskę odwiedzały tysiące alpinistów, nikt nigdy nie zaproponował, że pomoże naszym dzieciom. Dotarły do mnie jednak pogłoski, że pewien angrezi buduje w całym Baltistanie szkoły dla chłopców i dziewcząt, postanowiłem więc go odszukać.

Wiosną roku 1997 Aslam wybrał się w dwudniową podróż samochodem terenowym do Skardu, gdzie w hotelu Indus spytał o Mortensona. Dowiedział się jednak, że Greg pojechał do doliny Braldu i może tam zabawić kilka tygodni. „Zostawiłem mu list z zaproszeniem do naszej wioski, ale się nie odezwał" – mówi Aslam.

Pewnego dnia w czerwcu 1998 roku Aslam dowiedział się od przybyłego do Huśe kierowcy, że tajemniczy angrezi jest właśnie w Chane, wiosce położonej całkiem niedaleko.

„Tej wiosny wróciłem do Chane – opowiada Mortenson – żeby zwołać dżirgę, spotkanie starszyzny, z nadzieją, że Dźandźungpa zostanie w końcu przegłosowany i będę mógł wreszcie zbudować tam szkołę".

Dźandźungpa nie chciał jednak rezygnować z wizji własnej szkoły wspinaczkowej, skontaktował się więc z lokalną policją i powiedział coś, co z pewnością musiało wzbudzić podejrzenia wobec cudzoziemca przebywającego w narażonym na konflikty rejonie przygranicznym – że jest szpiegiem pracującym dla głównego wroga Pakistanu, czyli Indii.

Podczas gdy Mortenson starał się udobruchać policjanta żądającego oddania mu paszportu do kontroli, do Chane zajechał pożyczoną terenówką Aslam i przedstawił się Amerykaninowi. „Powiedziałem: «Jestem nurmadharem wioski Huśe i już od roku próbuję się z panem skontaktować» – wspomina Aslam. – I dodałem: «Proszę wieczorem przyjechać do Huśe, zapraszamy na herbatę»".

Mortenson pomału zaczynał uważać Chane za miejsce przeklęte. Nie pragnął już, by wiszący nad krawędzią wąwozu księżyc spadł na wioskę i ją zmiażdżył, ale skwapliwie skorzystał z okazji, żeby stamtąd wyjechać.

Aslam miał nowatorskie podejście nie tylko do spraw edukacji – ściany swojego domu pomalował w śmiałe geometryczne wzory w jaskrawych kolorach, które Gregowi przypominały nieco Afrykę, więc od razu poczuł się jak w domu. Do późnej nocy siedział z nowym przyjacielem na dachu, popijając paiju ća i słuchając historii dziecięcej odysei naczelnika. Zanim wschodzące słońce zabarwiło zwisające z Maśarbrumu lodowce na bladoróżowo, tak że przypominały podane na śniadanie ogromne lukrowane ciasteczka, Greg zgodził się zmienić przeznaczenie zatwierdzonych przez zarząd funduszy i zamiast zbudować za nie szkołę w pechowym Chane, zainwestować je tu na górze, w wiosce, której nurmadhar sam odbył tak daleką podróż w dół rzeki, żeby zdobyć wykształcenie.

„Tyle czasu szukałem go po całym Baltistanie, ale gdy wreszcie spotkałem doktora Grega, byłem bardzo zaskoczony – mówi Aslam. – Myślałem, że będę musiał się płaszczyć przed wielkim angrezim, on jednak potraktował mnie jak brata. Okazał się bardzo miłym, serdecznym i ujmującym człowiekiem. Polubiłem go od pierwszego spotkania. A odkąd zbudowaliśmy szkołę, z każdym rokiem to uczucie się umacnia i udziela wszystkim moim dzieciom i innym rodzinom w Huśe".

Niewykluczone, że budynek, który Aslam i mężczyźni z jego wioski zbudowali latem roku 1998 dzięki pomocy i funduszom Instytutu Azji Centralnej, jest najpiękniejszą szkołą północnego Pakistanu. Można go nazwać pomnikiem nadziei, jakie wskutek wysiłków Aslama wieśniacy zaczęli pokładać w swoich dzieciach. Mortenson powierzył szczegóły projektu naczelnikowi wioski, którego zmysł estetyczny wyraźnie widać w pomalowanych na jaskrawoczerwono listwach ozdabiających wszystkie okna, linię dachu i drzwi. Przy otaczającym dziedziniec szkolny murze w ciepłych miesiącach roku rosną słoneczniki wyższe od najstarszych uczniów. Z każdego okna roztacza się zaś inspirujący widok na strzelający w niebo grzbiet Maśarbrumu, który niejedno dziecko z Huśe już przekonał, że warto sięgać wysoko.

Śakila, najstarsza córka Aslama, w domu niedawno wynajętym przez ojca w pobliżu Państwowej Szkoły Średniej dla dziewcząt w Chaplu, wspomina drogę, jaką otworzyło przed nią powstanie szkoły w Huśe, gdy miała osiem lat. Siedząc po turecku obok swego zasłużonego ojca na szorstkim pasiastym dywanie, piętnastoletnia Śakila promieniuje urodą i wdziękiem, gdy śmiało się uśmiecha spod opadającego na czoło kremowego szala we wzór liści.

– Kiedy zaczęłam chodzić do szkoły, wiele ludzi z wioski mówiło mi, że dziewczyna nie ma po co tracić czasu na takie sprawy – opowiada. – Mówili, że i tak w końcu będę jak wszystkie kobiety pracować w polu, po co więc zaprzątać sobie głowę różnymi głupotami z książek. Wiedziałam jednak, jak ważna dla mojego ojca jest edukacja, próbowałam więc nie dopuszczać do siebie ludzkiego gadania i uczyć się dalej.

– Starałem się zachęcać wszystkie swoje dzieci do nauki – mówi Aslam, wskazując głową na dwóch starszych braci Śakili, teraz już studentów, którzy mieszkają razem z nią w Chaplu i opiekują się siostrą. – Ale u córki widziałem już od najmłodszych lat szczególny talent.

Śakila, zawstydzona, zakrywa twarz szalem, potem ją jednak odsłania i mówi:

– Nie jestem żadnym geniuszem. Ale udało mi się skończyć szkołę w Huśe z dobrymi ocenami.

Nie tak łatwo było jednak dostosować się do światowego Chaplu.

– Tu jest zupełnie inne środowisko – stwierdza Śakila. – Wszystko idzie szybciej. Wszystko jest też dostępniejsze.

Pokazuje ojcu wyniki ostatniego egzaminu z fizyki, przyznając ze wstydem, że zdobyła na nim tylko osiemdziesiąt dwa procent.

– Lekcje są tutaj bardzo trudne, ale pomału się przystosowuję – mówi.

– W Huśe byłam najlepszą uczennicą. Tutaj przynajmniej zawsze znajdzie się starszy uczeń albo nauczyciel, który mi pomoże, gdy się całkiem pogubię.

Ponieważ obecnie z wioski Huśe do Chaplu prowadzi droga, Śakila nie musiała przebyć tylu niebezpieczeństw co jej ojciec, by zdobyć wykształcenie. Ale na swój sposób ona również przetarła zupełnie nowy szlak.

– Śakila jest pierwszą dziewczyną w całej dolinie Huśe, która otrzymała przywilej pójścia do szkoły średniej – mówi z dumą Aslam. – Teraz wszystkie dziewczęta z Huśe stawiają ją sobie za wzór.

Pochwały ojca powodują, że Śakila znów na chwilę chowa się za szalem, lecz po chwili odkrywa twarz.

– Ludzie w Huśe zaczynają myśleć inaczej. Jak teraz wracam do domu, widzę, że wszystkie rodziny posyłają swoje córki do szkoły. Zaczepiają mnie i mówią: „Śakila, myliliśmy się. Miałaś rację, czytając tyle książek. Jesteś bardzo dzielna, że uczysz się tak daleko od domu. Przynosisz zaszczyt naszej wiosce".

Jeśli uda jej się opanować trudne przedmioty, takie jak fizyka, chciałaby kontynuować edukację i pójść na studia – najchętniej medyczne.

– Chciałabym zostać lekarką i pracować, gdzie tylko będę potrzebna. W szkole się dowiedziałam, że świat jest ogromny, ale widziałam na razie tylko jego maleńki kawałek.

Szkolne sukcesy Śakili stanowią inspirację nie tylko dla kobiet z doliny Huśe, ale również dla jej starszych braci. Osiemnastoletni Jakub przez rok uczęszczał na uniwersytet w Lahaurze, lecz oblał sześć z ośmiu przedmiotów. Teraz jest studentem miejscowej uczelni w Chaplu i z nowym zapałem się uczy, w nadziei że dostanie później rządową posadę.

– Nie mam wyboru – mówi z zakłopotaniem Jakub, poprawiając na głowie bejsbolówkę z symbolem złotej gwiazdy (przypominającej oceny, które Śakila zawsze zdobywała w szkole w Huśe). – Siostra nie daje mi się rozleniwić. Ona się dużo uczy, więc ja też muszę.

Aslam przegląda plik ostatnich prac szkolnych córki i znajduje sprawdzian z języka urdu, z którego Śakila dostała całe sto procent. Ojciec z czułością trzyma kartkę w ręku, niczym wydobytą z rzeki bryłkę złota.

– Za to szczęście jestem wdzięczny Bogu – mówi. – Oraz Gregowi Mortensonowi.

Przez całe lato i jesień roku 1998 tysiące osób w północnym Pakistanie wygłaszało podobne zachwyty nad Mortensonem. Greg tymczasem wrócił do Peszawaru, miasta, które nie przestawało go fascynować, i objechał obozy dla uchodźców, w których starano się zapewnić schronienie, pożywienie i edukację setkom tysięcy uciekinierów z Afganistanu, opanowanego już niemal całkowicie przez bezwzględnych talibów. W tak apokaliptycznych warunkach nie mogło być mowy o budowie szkół, lecz w położonym na południe od Peszawaru obozie Śamśatu Greg zorganizował grupę osiemdziesięciu nauczycieli, którzy prowadzili lekcje dla czterech tysięcy afgańskich uczniów. Pilnował też, by wypłacano im pensje, dopóki uchodźcy nie będą mogli wrócić do Afganistanu.

Ponieważ w północnym Pakistanie dokuczały ludziom choroby oczu, sprowadził z Ameryki doktora Geoffa Tabina, chirurga okulistę, który przeprowadził darmowe operacje zaćmy u sześćdziesięciu starszych pacjentów w Skardu i Gilgicie. Z kolei miejscowego doktora Niaza Alego, jedynego specjalistę chorób oczu w Baltistanie, Instytut Azji Centralnej wysłał do renomowanego Szpitala Okulistycznego Tilanga w Nepalu, gdzie został fachowo przeszkolony, żeby sam mógł wykonywać operacje, gdy doktor Tabin wróci do Ameryki.

Po konferencji w Bangladeszu na temat rozwoju lokalnych społeczności Mortenson zdecydował, że szkoły jego Instytutu będą pomagać uczniom ukończyć pięć klas szkoły podstawowej i skupią się na zwiększaniu dostępu do edukacji dla dziewcząt. „Jeśli się wyedukuje chłopców, przeważnie opuszczają swoje wioski i szukają pracy w mieście – wyjaśnia Mortenson. – Ale dziewczęta zwykle zostają w domu, stają się przywódczyniami lokalnych społeczności i przekazują innym zdobytą wiedzę. Jeśli chce się zmienić całą kulturę, stworzyć możliwości rozwoju dla kobiet, podnieść poziom higieny i opieki zdrowotnej oraz walczyć ze śmiertelnością wśród niemowląt, jedynym wyjściem jest edukacja dziewcząt".

Jeżdżąc zielonym land cruiserem do kolejnych wiosek, w których założył szkoły, organizował spotkania ze starszyzną i nalegał, żeby podpisywano na nich zobowiązania do zwiększenia naboru dziewcząt do każdej ze szkół o dziesięć procent, jeśli Instytut Azji Centralnej ma dalej udzielać lokalnej społeczności finansowego wsparcia. „Jeśli dziewczynkom udaje się ukończyć przynajmniej pięć klas, wówczas wszystko się zmienia" – zauważa. Wraz z rozwojem filozofii Instytutu zmieniał się również skład jego zarządu. Dołączyła do niego Karen, żona George'a McCowna, założycielka szkoły społecznej w Kalifornii, oraz Abdul Jabbar, pakistański profesor z City College w San Francisco. Obecnie cały zarząd składał się z osób zawodowo związanych z edukacją.

Jako że Instytut powołał już do życia ponad dziesięć szkół, Julia Bergman z pomocą dwojga wykładowców z City College, Joy Durighello i Boba Irwina, zorganizowała cykliczne warsztaty dla nauczycieli, które miały się odtąd odbywać każdego lata w Skardu, oraz przygotowała bibliotekę materiałów pomocniczych dla wszystkich nauczycieli Instytutu. Tego lata podczas spotkań w Skardu z Ghulamem Parwim, wykładowcami sprowadzonymi z Ameryki oraz opłacanymi przez Instytut pakistańskimi nauczycielami Mortenson opracował obowiązującą od tej pory w Instytucie filozofię edukacji.

Szkoły Instytutu miały mieć dokładnie taki sam program jak porządne szkoły państwowe. Nie miało w nich być modnych na Zachodzie zajęć z zakresu „kulturoznawstwa", niczego, co konserwatywni przywódcy duchowi mogliby uznać za niezgodne z islamem i wykorzystać jako pretekst do zamknięcia szkół. Nie było też jednak miejsca dla płomiennego islamskiego fundamentalizmu, jakiego nauczano w licznych w całym kraju madrasach. „Nie zamierzam dążyć do tego, żeby pakistańskie dzieci myślały jak Amerykanie – tłumaczy Mortenson. – Chcę tylko, by miały szansę otrzymać zrównoważoną, nieskażoną ekstremizmem edukację. Taki cel przyświeca wszystkim naszym działaniom".

Każde zakończone powodzeniem przedsięwzięcie przydawało blasku reputacji Mortensona w północnym Pakistanie. Jego podobizna zaczęła się pojawiać w domach nad paleniskiem i nad tablicami rozdzielczymi terenówek. Ponieważ islam zakazuje bałwochwalstwa, na szybach pakistańskich samochodów nie widnieje nieskończony panteon rozmaitych bóstw, jak to ma miejsce dalej na Wschodzie, wśród wyznawców hinduizmu. Jednak podobnie jak w Indiach, niektóre osoby publiczne przestają być zwykłymi śmiertelnikami i wznoszą się ponad codzienność.

Do takich bohaterów należał już król krykieta, Imran Chan, który stał się kimś w rodzaju świeckiego świętego. Zaś z siedziby Mortensona w Skardu przez spieczone słońcem wydmy, kręte wąwozy i smagane wichrami doliny Baltistanu niosła się legenda o dobrodusznym niewiernym nazywanym „doktor Greg".

Rozdział siedemnasty

Drzewa wiśni na piasku

Można chyba uznać, że najniebezpieczniejszym obecnie
rejonem świata jest subkontynent indyjski
oraz linia kontroli w Kaszmirze.

Prezydent Bill Clinton przed wyjazdem z Waszyngtonu na misję dyplomatyczną
mającą na celu przeprowadzenie rozmów pokojowych między Indiami a Pakistanem

Fatima Batul pamięta wyraźnie pierwsze „łup" dochodzące od strony indyjskiej artylerii, która stacjonowała za górami, w odległości ledwie dwunastu
kilometrów. Pamięta świst spadającego nagle z niewinnego nieba pierwszego pocisku i spojrzenia, które na chwilę przed pierwszą eksplozją wymieniły
z siostrą Aminą, gdy razem zbierały grykę.

W wiosce Brolmo, położonej w dolinie Gultori, która na mapach
indyjskich żołnierzy po drugiej stronie granicy oznaczona była jako
„okupowana przez Pakistan część Kaszmiru", życie toczyło się dość mo-
notonnie. Tak przynajmniej wydawało się dziesięcioletniej Fatimie. Pamięta, jak spojrzała na twarz starszej siostry w chwili, gdy niebo zaczęło
wyśpiewywać nieznaną im pieśń, i zobaczyła wymalowane w jej szeroko
otwartych oczach własne zdziwienie – jej wyraz twarzy zdawał się mówić: „A to coś nowego!".

Jednak od momentu gdy w ich stronę poleciał grad odłamków pierwszego pocisku kaliber 155 milimetrów, Fatima stara się jak najmniej pamiętać.
Obrazy w jej głowie są niczym rozgrzewane w ognisku kamienie, na których
piecze się kurbę – lepiej ich nie dotykać, żeby się nie poparzyć. Na polu leżały ciała i kawałki ciał, a kolejne gwizdy, świsty i huki eksplozji nadciągnęły
tak szybko, że zlały się w jeden wielki łomot.

Amina złapała Fatimę za rękę i razem dołączyły do uciekających w po-
płochu wieśniaków, biegnących tak szybko, jak tylko pozwalały im nogi, do
jaskiń, gdzie mogli się schronić przed atakującym niebem.

Fatima skuliła się w przepełnionej niepokojem ciemnej kryjówce. Nie pamięta, lub może nie chce pamiętać, jak to się stało, że Amina ponownie wyszła na huczącą przestrzeń na zewnątrz. Tłumaczy sobie, że być może siostra próbowała przywołać do jaskini młodsze dzieci. Mówi, że to by pasowało do charakteru Aminy. Pocisku, który właśnie w tym momencie wylądował przy wejściu do jaskini, Fatima nie pamięta w ogóle. Może tylko powiedzieć, że po jego wybuchu hajat, czyli duch jej siostry został całkiem złamany, a ich życie już nigdy nie miało być takie jak wcześniej.

Dwudziestego siódmego maja roku 1999, siedząc nocą w swoim biurze w piwnicy domu w Montanie, Mortenson chłonął wiadomości z serwisów prasowych podających informacje na temat walk, które nagle wybuchły w Kaszmirze. Nigdy w życiu nie słyszał czegoś równie wstrząsającego.

Odkąd Pakistan został gwałtownie oddzielony od Indii, sprawa Kaszmiru była punktem zapalnym między dwoma państwami. Indie, które posiadały znacznie potężniejszą armię, zdołały bez trudu przejąć panowanie nad terenem dawnego księstwa. Chociaż jednak obiecywały mieszkańcom Kaszmiru wybory, w których sami mieli zadecydować o swojej przyszłości, miejscowa ludność, w przeważającej części złożona z muzułmanów, nie doczekała się tego przywileju.

Dla Pakistańczyków sprawa Kaszmiru stała się symbolem ucisku, jaki w ich odczuciu spotkał muzułmanów po dekolonizacji Indii. Dla Hindusów zaś Kaszmir stanowił linię narysowaną nie na piasku, lecz przecinającą łańcuch pięciotysięczników. Był dla nich klejnotem w koronie, którego nie mogli pozwolić sobie odebrać. Walczących z nimi bojowników Frontu Wyzwolenia Dżammu i Kaszmiru szybko zaczęli więc określać jako terrorystów. Dla obu stron granica ustanowiona na linii niegościnnych lodowców przez ostatniego wicekróla Indii, lorda Mountbattena, pozostawała otwartą raną przypominającą o upokorzeniach czasów kolonialnych.

W roku 1971, po kilkudziesięciu latach potyczek, oba państwa zgodziły się ustanowić linię kontroli prowadzącą przez surowe nieprzystępne tereny, same w sobie stanowiące skuteczną barierę przed wojskowym atakiem. „Byłem zszokowany raportami o licznych ofiarach – wspomina Mortenson. – Przez pierwsze sześć lat, gdy bywałem w Pakistanie, walki wzdłuż linii kontroli były prowadzone w stylu staroświeckiej umowy dżentelmeńskiej. Obie armie założyły wysoko na lodowcach stanowiska obserwacyjne i artyleryjskie. Zaraz po porannej herbacie Hindusi wyrzucali w stronę stanowisk Pakistańczyków parę pocisków ze szwedzkich dział Bofors. Zaś siły pakistańskie zaraz po porannej modlitwie odpowiadały na to swoją serią pocisków. Niewiele było ofiar, a co roku we wrześniu, gdy nadciągała zima, obie strony jakby mrugały do siebie porozumiewawczo i do wiosny opuszczały swoje stanowiska".

Lecz w kwietniu roku 1999, podczas wyjątkowo wczesnych roztopów, pakistański rząd pod wodzą premiera Nawaza Szarifa postanowił sprawdzić, czy Indie faktycznie gotowe są do walki. Rok wcześniej Pakistan wprawił świat w zdumienie, przeprowadzając udane próby atomowe. Ten dowód zrównania niszczycielskich sił z indyjskim sąsiadem wywołał tak silny wzrost dumy narodowej (połączonej z poparciem dla rządu), że na zlecenie Szarifa w miejscu, gdzie Islamabad łączy się z Rawalpindi, w tak zwanym „punkcie zero", zaraz przy kładce dla pieszych, wzniesiono model masywu Ćagaj, gdzie zdetonowano „muzułmańską bombę".

W tym samym miesiącu ośmiuset uzbrojonych islamskich bojowników przekroczyło przecinającą dolinę Gultori linię graniczną i zajęło pozycje wzdłuż górskich grani po indyjskiej stronie Kaszmiru. Według Indii operacją mudżahedinów dowodzili przebrani za bojowników członkowie Lekkiej Piechoty Północnej, elitarnej jednostki, której zadaniem była ochrona znacznej części Obszarów Północnych Pakistanu. Połączone oddziały chyłkiem zajęły nowe pozycje, tak że przez niemal miesiąc nie zostały zauważone, aż w końcu indyjscy obserwatorzy artyleryjscy dostrzegli, że skały górujące nad ich stanowiskami wokół miasta Kargil pełne są sił zbrojnych Pakistanu i jego sprzymierzeńców.

Indyjski premier Atal Bihari Vajpayee oskarżył Szarifa o napaść na Indie. Szarif odpowiedział, że granicę przekroczyli „bojownicy o wolność", działający niezależnie od pakistańskiej armii, którzy spontanicznie postanowili przyłączyć się do walk, by wyzwolić kaszmirskich muzułmanów spod hinduskiego ucisku. Pokwitowania żołdu Lekkiej Piechoty Północnej oraz dokumenty tożsamości, które zdaniem strony indyjskiej znaleziono później przy zabitych żołnierzach, sugerują nieco inną wersję wydarzeń.

Dwudziestego szóstego maja 1999 roku Vajpayee wydał rozkaz, aby po raz pierwszy od dwudziestu lat wysłano do walki z Pakistanem siły powietrzne. Kolejne partie indyjskich myśliwców Mig i Mirage bombardowały umocnione pozycje wroga. Zaś zajmujący wzgórza bojownicy, wyposażeni w wyrzutnie pocisków Stinger, podarowane przez Amerykę mudżahedinom w Afganistanie do walki z sowieckimi samolotami, zestrzelili myśliwiec i helikopter Mi-17 już w pierwszych dniach walk zwanych „konfliktem kargilskim".

Nieoficjalne wojny (takie jak amerykańska „akcja policyjna", jak początkowo nazywano operację w Wietnamie) często ukrywają pod elegancką nazwą prawdziwy koszmar. Słowo „konflikt" niezbyt dobrze oddaje ilość materiałów wybuchowych, jakie posyłały w obie strony siły Pakistanu i Indii w roku 1999. Pakistańscy bojownicy zabili setki indyjskich żołnierzy, a według źródeł indyjskich również dziesiątki złapanych w krzyżowy ogień cywilów. Znacznie potężniejsza indyjska armia codziennie wystrzeliwała na opanowaną przez wroga stronę pięć tysięcy pocisków artyleryjskich, moździerzowych i rakietowych. Według danych na stronie GlobalSecurity.org, przez całą wiosnę i lato roku 1999 na Pakistan spadł deszcz ponad dwustu pięćdziesięciu tysięcy indyjskich pocisków, bomb i rakiet. Taka częstotliwość bombardowań nie zdarzyła się w żadnym innym miejscu na świecie od czasów drugiej wojny światowej. I choć indyjska armia wciąż temu zaprzecza, z opowieści cywilów wynika, że naloty często dotykały w równej mierze stanowisk pakistańskich bojowników, jak i zwykłych wiosek, które miały to nieszczęście, że położone były w pobliżu linii kontroli – wiosek takich jak ta, gdzie mieszkała Fatima.

Mortenson, ogarnięty poczuciem bezradności, między kolejnymi telefonami do ludzi, których znał w pakistańskiej armii, nerwowo chodził po swojej piwnicy. Docierające do niego raporty skutecznie pozbawiały go tych kilku godzin snu, jakie zwykle były jego udziałem. Z terenów walk szła na piechotę przez góry i zbliżała się do Skardu wielka fala uchodźców – wycieńczonych, rannych i potrzebujących opieki, której nikt w Baltistanie nie miał szans im udzielić. Mortenson wiedział, że w książkach, piętrzących się coraz wyżej pod ścianami i na przeładowanych półkach, nie znajdzie odpowiedzi na dręczące go pytania. Mógł je znaleźć tylko w Pakistanie.

Zarezerwował więc miejsce w samolocie.

Płaskowyż Deosai jest w połowie czerwca jednym z najpiękniejszych dzikich terenów na ziemi, myślał Mortenson, gdy jego land cruiser zmierzał w kierunku Baltistanu. Na górskie łąki jakby szerokim pędzlem nałożono plamy fioletowego łubinu. Stada żyjących z dala od osad ludzkich nachurów o wielkich rogach bezczelnie przyglądały się przejeżdżającemu samochodowi. Zaś leżąca na zachodzie flanka Rupal góry Nanga Parbat, największego na świecie pojedynczego masywu skalnego, hipnotyzowała Grega, który pierwszy raz mógł podziwiać go od tej strony.

Hussein, Apo Razak i Faisal odebrali go z lotniska w Islamabadzie. Apo radził, żeby spróbowali przebyć trzydziestosześciogodzinną trasę do Skardu przez często nieprzejezdne drogi płaskowyżu Deosai, jako że Karakoram Highway zakorkowana była konwojami wojskowymi wożącymi w jedną stronę dostawy na tereny walk, a w drugą liczne ciała szahidów, męczenników, którzy mieli zostać pochowani w rodzinnych stronach.

Greg sądził, że na płaskowyżu Deosai będą zupełnie sami, jako że to pustkowie, położone na wysokości czterech tysięcy metrów przy granicy z Indiami, wciąż pokryte było jeszcze śniegiem. Ale zarówno w stronę ogarniętego walkami Kargilu, jak i w przeciwnym kierunku mknęły konwoje czterodrzwiowych pikapów, typowych pojazdów wojennych talibów, pełne brodatych bojowników w czarnych turbanach. Zmierzający na północny wschód mężczyźni wymachiwali kałasznikowami i wyrzutniami granatników przeciwpancernych, zaś powracający na południowy zachód ranni z dumą pokazywali światu swoje bandaże.

– Apo! – Greg próbował przekrzyczeć ryk silnika po tym, jak cztery trąbiące konwoje w okamgnieniu zepchnęły ich na pobocze drogi. – Widziałeś kiedyś tylu talibów?

– Kabulczycy zawsze tu przyjeżdżali – powiedział Razak, używając miejscowego określenia na afgańskich przybyszów, powszechnie znienawidzonych z powodu przemocy, jaką sprowadzali do Baltistanu. – Ale nigdy nie było ich tak wielu. – Smutno pokręcił głową. – Musi im się bardzo spieszyć – dodał, po czym wypluł przez okno kawał duńskiego tytoniu do żucia, który przywiózł mu Greg – żeby zostać męczennikami.

Gdy dojechali do Skardu, miasto ogarnięte było wojenną gorączką. Z linii frontu nadjeżdżały bedfordy pełne trumien dostojnie przykrytych pakistańskimi flagami. W górze przelatywały niezliczone zielone śmigłowce – Greg nigdy wcześniej tylu naraz nie widział. Zaś pasterze z koczowniczego ludu Godźar, pakistańskich nomadów, pędzili stada płochliwych kóz przez natężony ruch wojskowych pojazdów, prowadząc je w długą drogę ku indyjskiej granicy, gdzie miały stać się pożywieniem walczących żołnierzy.

Przed wejściem do hotelu Indus stały dwa czterodrzwiowe pikapy z charakterystycznymi błękitnymi tablicami Zjednoczonych Emiratów Arabskich i słowem „surf" z niezrozumiałych powodów namalowanym na drzwiach. Ich tyły blokowały przejazd terenówkom, których kierowcy nie mieli jednak odwagi zatrąbić. W lobby, gdy Greg ściskał na powitanie Ghulama, kierownika hotelu, i jego młodszego brata Nazira, ponad ich ramionami dostrzegł dwóch potężnych brodatych mężczyzn, którzy pili herbatę przy jednym z drewnianych stołów. Ich ubrania, podobnie jak strój Grega, pokrywał kurz.

„Wyższy podniósł wzrok i powiedział: «*Czaj*!»", gestem zapraszając mnie, żebym do nich dołączył – opowiada Mortenson. – Był po pięćdziesiątce i na oko miał ze dwa metry, co dobrze zapamiętałem, bo nie przywykłem, żeby ktoś w Baltistanie dorównywał mi wzrostem. Miał obwisłe policzki jak buldog i ogromny brzuch. Wiedziałem, że na pewno nie należy do facetów, którzy wdrapywali się na przełęcze położone na wysokości pięciu tysięcy metrów, uznałem więc, że pewnie jest dowódcą".

Stojący plecami do mężczyzn Ghulam uniósł brwi, dając Mortensonowi sygnał ostrzeżenia.

– Wiem – powiedział Greg i podszedł do siedzących.

Uścisnął dłonie potężnego mężczyzny i jego towarzysza o rozwichrzonej brodzie, sięgającej niemal do pasa, i żylastych przedramionach.

– *Pe chajr raghie*! Witamy! – powiedział mężczyzna w paszto.

– *Chajr ose* – grzecznie odpowiedział Mortenson, również w paszto, którego uczył się od czasu swego ośmiodniowego zatrzymania w Waziristanie.

– *Kenastel*. Proszę usiąść – zarządził dowódca.

Siadając przy stole, Mortenson zauważył, że mężczyźni między nogami trzymają dobrze naoliwione AK-47. Przeszedł na urdu, żeby nie powiedzieć czegoś nie tak. Na głowie miał zawiązaną czarno-białą arafatkę, którą włożył dla ochrony przed pyłem płasokwyżu Deosai. Mężczyźni najwyraźniej wzięli ją jednak za oznakę sympatii politycznych i zaproponowali mu herbatę.

„Potężny facet przedstawił się jako Gul Mohammed – mówi Mortenson. – Następnie spytał, czy jestem Amerykaninem. Pomyślałem, że i tak się tego dowiedzą, więc przyznałem, że tak".

Przy okazji Mortenson skinął nieznacznie na stojącego w gotowości kilka kroków od stołu Faisala Baiga, który wówczas wycofał się i usiadł wraz z Razakiem i Parwim.

– *OK, Bill Clinton*! – powiedział po angielsku Gul Mohammed, z entuzjazmem podnosząc kciuk.

Amerykańskiemu prezydentowi co prawda nie udało się koniec końców doprowadzić do pokoju między Izraelem a Palestyną, ale za to wysłał (choć trochę późno) wojska do Bośni, żeby powstrzymać dokonywaną przez serbskich chrześcijan rzeź na muzułmanach, co mudżahedinom takim jak Gul na długo zapadło w pamięć.

Potężny mężczyzna położył bratersko dłoń na ramieniu Amerykanina, którego z miejsca uderzył zapach potu i pieczonej jagnięciny.

– Jest pan żołnierzem – było to raczej stwierdzenie niż pytanie.

– Byłem – odpowiedział Greg. – Dawno temu. Teraz buduję szkoły dla dzieci.

– Zna pan może podpułkownika Samuela Smitha z Fort Worth w Teksasie? – spytał drobniejszy mężczyzna. – On też był amerykańskim żołnierzem. W Spin Boldak razem rozwalaliśmy Sowietów jak karaluchy – powiedział, pocierając obcas żołnierskiego buta o podłogę.

– Niestety nie – odparł Mortenson. – Ameryka to wielki kraj.

– Wielki i potężny – rzekł Gul, szczerząc zęby w uśmiechu. – W Afganistanie mieliśmy po swojej stronie Boga, ale też amerykańskie pociski Stinger.

Mortenson spytał mężczyzn, czy przybywają z linii frontu, na co Gul skwapliwie zaczął opisywać, co tam widział. Powiedział, że mudżahedini walczą zaciekle, ale indyjskie siły lotnicze sieją prawdziwe spustoszenie pośród bojowników starających się utrzymać stanowiska w górach – zwłaszcza odkąd Hindusi odkryli sposób, by spuszczać bomby z wysokości, na jakiej nie sięgają ich pociski mudżahedinów.

– Do tego mają potężny sprzęt artyleryjski Bofors – wyjaśniał dalej Gul.

– Szwedzi twierdzą, że kochają pokój, ale produkują niezwykle śmiercionośną broń.

Mężczyźni szczegółowo wypytywali Mortensona o jego pracę i kiwali głowami z aprobatą, kiedy się dowiedzieli, że zapewnia edukację czterem tysiącom afgańskich uchodźców w Peszawarze, jak również wielu szyickim dzieciom w Baltistanie. Gul powiedział, że mieszka w dolinie Daryle, niedaleko od mostu zablokowanego przez mudżahedinów kilka lat wcześniej, gdy Mortenson wiózł materiały na budowę szkoły w Korphe, jadąc Karakoram Highway na dachu wynajętego bedforda.

– W mojej dolinie bardzo brakuje szkół – powiedział Gul. – Może pojechałby pan tam z nami i zbudował ich z dziesięć czy dwadzieścia? Nawet dla dziewcząt, nie ma problemu.

Mortenson wyjaśnił, że jego Instytut działa w ramach niewielkiego budżetu i wszystkie projekty muszą być zatwierdzone przez zarząd. Uśmiechnął się w duchu na myśl, co by zarząd powiedział na tę propozycję, ale obiecał, że przedstawi ten pomysł na najbliższym posiedzeniu.

Gdy nadeszła dziewiąta wieczór, mimo napiętej atmosfery w hotelowym lobby Mortenson czuł, że powieki opadają mu ze zmęczenia. Podczas podróży przez pylisty płaskowyż nie bardzo udawało mu się spać. Zgodnie z wymogami pasztuńskiej gościnności dowódcy zaproponowali mu, żeby zatrzymał się w ich apartamencie. Na Mortensona zawsze jednak czekał cichy pokoik z tyłu hotelu, zarezerwowany dlań przez Ghulama i Nazira. Podziękował więc jak najuprzejmiej i kładąc rękę na sercu, opuścił ich towarzystwo.

W połowie korytarza prowadzącego do jego pokoju przez wahadłowe kuchenne drzwi wypadł jak zjawa rudowłosy chudzielec o wytrzeszczonych oczach i kurczowo złapał Mortensona za rękę. Był to Agha Ahmed, niezrównoważony psychicznie pomocnik kuchenny i bagażowy hotelu, który przez szpary w drzwiach obserwował lobby.

– Doktor Grik! – krzyknął ostrzegawczo, tak że słychać go było w całym hotelu. W kąciku ust zbierała mu się jak zawsze strużka śliny. – Talibowie!

– Wiem – powiedział z uśmiechem Mortenson i sennie poczłapał w stronę swojego pokoju.

Rano odwiedził Mortensona nie kto inny jak sam Sajed Abbas. Greg jeszcze nigdy nie widział go tak zdenerwowanego. Zwykle duchowny zachowywał się z należytym dostojeństwem, a słowa wypowiadał z regularnością podobną do tej, z jaką przesuwał palce po kolejnych paciorkach różańca. Tego jednak ranka z ust Sajeda Abbasa wylewał się niepohamowany strumień słów. Mówił, że dla cywilów z doliny Gultori wojna jest potężną katastrofą. Nikt nie potrafi ocenić, ilu mieszkańców wiosek zostało zabitych lub okaleczonych przez indyjskie bomby i pociski, do Skardu przybyło jednak już niemal dwa tysiące uchodźców, zaś kolejne tysiące czekają w jaskiniach, aż skończą się najzacieklejsze walki, żeby też ruszyć w drogę i dołączyć do tych, co uciekli wcześniej.

Sajed Abbas dodał, że kontaktował się z administracją Obszarów Północnych oraz urzędem Wysokiego Komisarza Narodów Zjednoczonych do spraw Uchodźców (UNHCR), ale oba organy odmówiły mu pomocy. Miejscowe władze oświadczyły, że nie posiadają środków pozwalających opanować krytyczną sytuację, zaś UNHCR wyjaśnił, że nie jest w jego kompetencji pomagać rodzinom uciekającym z bombardowanej doliny Gultori, jako że są to uchodźcy wewnętrzni, którzy nie przekroczyli granic swojego kraju.

– Czego tym ludziom potrzeba? – spytał Mortenson.

– Wszystkiego! – odparł Abbas. – Ale przede wszystkim wody.

Mułła zawiózł Mortensona, Razaka i Parwiego na zachodni skraj Skardu, do nowo powstałego miasteczka namiotowego zbudowanego z wypłowiałych płacht rozciągniętych na wydmach na granicy lotniska. Zeszli z drogi, zdjęli buty i zaczęli brnąć przez wydmy w stronę uchodźców. Nad ich głowami huczały silniki francuskich myśliwców Mirage patrolujących niebo nad Pakistanem. Wokół lotniska na umocnionych workami z piaskiem stanowiskach siedzieli żołnierze, kreśląc lufami dział przeciwlotniczych arabeski na niebie nad indyjską granicą.

Uchodźców upchnięto na jedynym kawałku ziemi w Skardu, na którym nikomu nie zależało. Ich obozowisko na wydmach nie miało żadnych naturalnych źródeł wody, zaś od rzeki Indus dzielił ich ponadgodzinny spacer. Mortensonowi huczało w głowie – nie tylko od bijącego od piasku żaru, ale też z powodu ogromu stojącego przed nimi zadania.

– Jak można tu doprowadzić wodę? – spytał Sajeda. – Jesteśmy daleko od rzeki, w dodatku na wzgórzu.

– Słyszałem, że w Iranie stosuje się technologię polegającą na instalowaniu pomp bardzo głęboko pod ziemią. Z Bożą pomocą jest to możliwe.

Sajed Abbas zaczął biegać w swych wydymających się na wietrze czarnych szatach po jaśniejącym w słońcu piasku i wskazywać miejsca, gdzie jego zdaniem można by poszukać wód gruntowych. „Szkoda, że nierozumiejący islamu ludzie Zachodu nie mogli wówczas zobaczyć tego człowieka w akcji – mówi Mortenson. – Przekonaliby się, że osoby praktykujące prawdziwy islam, nawet tacy konserwatywni mułłowie jak Sajed Abbas, są orędownikami pokoju i sprawiedliwości, a nie terroryzmu. Tak jak Biblia i Tora uczą troski o cierpiących, również Koran nakazuje wszystkim muzułmanom dbać o innych, przede wszystkim o wdowy, sieroty i uchodźców".

Obozowisko w pierwszej chwili wydawało się opustoszałe, jako że jego mieszkańcy tłoczyli się pod zadaszeniami, szukając schronienia przed bezlitosnym słońcem. Apo Razak, który sam był uchodźcą z graniczącego z doliną Gultori miasteczka Dras po indyjskiej stronie granicy, chodził od namiotu do namiotu, pytając ludzi, czego najbardziej potrzebują.

Mortenson, Parwi i Sajed Abbas stali na placyku pośrodku pola namiotów, roztrząsając, jak zorganizować wywiercenie studni. Parwi był przekonany, że zdoła namówić swojego sąsiada, dyrektora Wydziału Robót Publicznych w Skardu, by wypożyczył im ciężki sprzęt do robót ziemnych, jeśli Instytut Azji Centralnej zgodzi się zakupić pompy i rury.

– Ile osób tutaj mieszka? – spytał Mortenson.

– Obecnie nieco ponad tysiąc pięćset – odparł Sajed. – Głównie mężczyźni. Przyszli, żeby znaleźć pracę i schronienie, zanim poślą po swoje żony i dzieci. Za kilka miesięcy możemy mieć tu cztery, pięć tysięcy uchodźców.

Spod opuszczonej płachty pobliskiego namiotu wyłonił się Apo Razak i ruszył w stronę rozmawiających mężczyzn. Jedna rzecz była dotąd w Baltistanie niezmienna – błazeński wyraz twarzy starego kucharza ekspedycji, który całe życie spędził, zapewniając strawę i różne wygody dużym grupom ludzi w wybitnie nieprzyjaznym środowisku. Jednak teraz, gdy zbliżał się do Mortensona, jego twarz była nienaturalnie poważna, a usta zacięte niczym kwarcowa żyłka w granitowej skale. Jak towarzyszący królowi Learowi błazen, on też bez ogródek potrafił rzucić swemu przełożonemu w twarz niewygodną prawdę.

– Doktor Greg – powiedział, biorąc Mortensona za rękę i prowadząc w kierunku namiotów – starczy już tego gadania. Jak chce się pan dowiedzieć, czego tym ludziom trzeba, jeśli sam ich pan nie spyta?

Mułła Gulzar siedział w czarnej czapeczce na głowie pod niebieską płachtą namiotu. Kiedy Apo wprowadził do środka Mortensona, staruszek z trudem wstał, uścisnął dłoń przybysza i przeprosił, że nie ma jak zaparzyć herbaty. Gdy wszyscy usiedli po turecku na rozłożonej na ciepłym piasku ceracie, Razak zachęcił mułłę, by opowiedział im swoją historię.

Przenikające przez niebieską płachtę światło słońca odbijało się od za dużych okularów duchownego z wioski Brolmo, przez co nie było widać jego oczu. Słuchając opowieści, Greg miał więc niepokojące wrażenie, że ma przed sobą niewidomego w ciemnych okularach o błękitnych szkłach.

– Nie mieliśmy zamiaru uciekać – zaczął mułła, przesuwając dłonią po rzadkiej długiej brodzie. – W Brolmo żyło nam się dobrze. Do czasu. Wytrwaliśmy tam, jak długo się dało, w dzień ukrywając się w jaskiniach, a w nocy pracując na polu. Gdybyśmy pracowali w dzień, nikt z nas by nie przeżył, tyle spadało pocisków. W końcu jednak zniszczono wszystkie kanały irygacyjne, z pól też niewiele zostało, domy legły w gruzach, więc ruszyliśmy przez góry do Skardu. Nie jestem już młody i było mi bardzo ciężko.

– Kiedy dotarliśmy do Skardu, żołnierze skierowali nas tutaj – opowiadał dalej. – Na widok tego miejsca, tych połaci piasku, chcieliśmy wracać do domu. Ale żołnierze nam nie pozwolili. Powiedzieli, że nie mamy dokąd wracać, nasze domy zostały zniszczone. Mimo to wrócilibyśmy tam, gdyby nam pozwolono, bo tutaj nie ma warunków do życia. Wkrótce dołączą do nas na tym pustkowiu nasze kobiety i dzieci – i co im powiemy?

Mortenson ujął dłoń mułły w obie ręce.

– Pomożemy wam, doprowadzimy tu wodę dla waszych rodzin – obiecał.

– Dzięki za to składamy wszechmocnemu Bogu, ale woda to tylko jeden z naszych problemów – powiedział mułła. – Potrzebna nam żywność, lekarstwa i szkoły dla dzieci. Tu jest teraz nasz dom. Wstyd mi prosić o tak wiele, ale nikt inny dotąd się nami nie zainteresował.

Staruszek wzniósł głowę ku niebu, przed którego żarem niezbyt skutecznie chroniła go niebieska płachta, jakby kierował swój lament bezpośrednio do uszu Boga. Padające teraz pod nowym kątem światło słoneczne nie odbijało się już od szkieł duchownego, Greg dojrzał więc, że jego oczy są wilgotne.

– A my nic nie mamy. Za pana dobroć, za odpowiedź na nasze modlitwy nic nie mogę panu ofiarować – ubolewał mułła. – Nie mam nawet herbaty.

Budowa pierwszej w historii północnego Pakistanu studni głębinowej zajęła osiem tygodni. Ghulam Parwi dotrzymał słowa i zdołał przekonać swojego sąsiada, by udostępnił im ciężki sprzęt do robót ziemnych. Dyrektor Wydziału Robót Publicznych sfinansował również zakup wszystkich potrzebnych rur. Wojsko wypożyczyło zaś dwanaście ciągników do wywożenia kamieni. Mortenson cierpliwie odbywał kolejne wycieczki do Urzędu Telekomunikacji, aż w końcu udało mu się uzyskać połączenie z San Francisco. Poprosił o zgodę na przeznaczenie sześciu tysięcy dolarów Instytutu na budowę studni. Uzyskał ją bez problemu.

Zamówił więc w Gilgicie potężne pompy i generatory. Dzięki całodobowej pracy mężczyzn z wioski Brolmo powstał ogromny betonowy zbiornik, w którym mieściło się dość wody, by zaspokoić potrzeby pięciu tysięcy osób. Kiedy zaś wwiercili się na głębokość trzydziestu sześciu metrów, trafili na wody gruntowe, z których można było pociągnąć wodę do napełnienia zbiornika. Teraz mężczyźni z Brolmo mogli zacząć budować domy z suszonej cegły i zamieniać pustynne nieużytki w nowy zielony dom dla swoich rodzin. Najpierw jednak ich kobiety i dzieci musiały przeżyć niebezpieczną podróż do Skardu.

Przez cały czas ukrywania się w jaskiniach Fatima Batul nie mogła przestać płakać. Zaś Amina, która zawsze pocieszała młodszą siostrę, nie była już w stanie zadbać nawet o własne potrzeby. Odłamki pocisku nie zrobiły jej wiele krzywdy fizycznie, ale rany w jej psychice sięgały głęboko. Gdy pocisk artyleryjski spadł tuż obok niej przy wejściu do jaskini, krzyknęła ze strachu i bólu, po czym padła na ziemię. Od tamtej pory nic już nie mówiła. Ani słowa. Czasem o poranku, gdy wszyscy tłoczyli się w kącie jaskini, a pociski spadały z wyjątkowo brutalną regularnością, trzęsła się i wydawała z siebie coś w rodzaju błagalnego jęku. Był to jednak odgłos zupełnie zwierzęcy, nieprzypominający ludzkiej mowy, dla Fatimy więc nie stanowił żadnego oparcia.

„Życie w jaskiniach było bardzo trudne – opowiada przyjaciółka Fatimy, Nargiz Ali. – Nasza wioska, Brolmo, była ślicznym miejscem, pełnym drzew morelowych, a nawet wiśniowych na zboczu schodzącym ku Indusowi. Mogliśmy jednak tylko na nią zerkać i patrzeć, jak jest niszczona. Nie mogliśmy tam chodzić. Byłam wtedy małą dziewczynką i moi krewni musieli mnie szybko nieść do jaskini, kiedy znów zaczynały spadać pociski. Nie wolno mi było wychodzić na zewnątrz, żeby się pobawić czy zatroszczyć o zwierzęta, czy choćby zebrać owoce, które na naszych oczach dojrzewały i gniły. Podczas deszczowych dni lub opadów śniegu bardzo trudno było tam gotować albo chociażby spać. Ale siedzieliśmy w jaskiniach bardzo długo, bo zaraz po drugiej stronie doliny leżały Indie, więc na powietrzu było zbyt niebezpiecznie".

Któregoś dnia, wspomina Nargiz, jej wujek, Hawalda Ibrahim, wracał do jaskini z ruin swojego domu, gdzie szukał zapasów żywności, kiedy trafił go samotny pocisk. „Wuj bardzo nas wszystkich kochał, chcieliśmy więc natychmiast po niego pójść, musieliśmy jednak zaczekać do nocy, żeby mieć pewność, że nie spadną już żadne pociski. Wówczas przynieśliśmy go do jaskini – opowiada Nargiz. – Zwykle ciało zmarłego się myje, ale jego było tak rozszarpane, że nie było co myć. Można było go tylko pozbierać i zawinąć w tkaninę".

Nieliczni pozostali przy życiu mężczyźni z Brolmo zwołali dżirgę, po której powiedzieli dzieciom, w tym Fatimie i Nargiz, że nadszedł czas, by wykazać się odwagą: muszą wyjść na niebezpieczną otwartą przestrzeń i przejść kawał drogi bez jedzenia, bo przecież tej wegetacji w jaskiniach nie można nazwać życiem.

Spakowali nędzne resztki prowiantu, jaki znaleźli w swoich domach, i w środku nocy ruszyli w drogę do sąsiedniej wioski, która wydawała im się dostatecznie oddalona od indyjskiej artylerii, by poczuli się bezpieczni. Tego ranka po raz pierwszy od wielu miesięcy mogli się cieszyć widokiem wschodu słońca na wolnym powietrzu. Kiedy jednak przy rozpalonym ognisku piekli kurbę na dalszą drogę, zaczęły spadać pociski, zbliżając się w ich stronę. Zdaniem Fatimy musiał ich dostrzec jakiś wartownik z południowego zbocza doliny i na jego znak skierowano ogień w ich stronę.

„Za każdym razem gdy wybuchał pocisk, Amina zaczynała się trząść i płakać, padała przy tym na ziemię – opowiada Fatima. – Dookoła nie było jaskiń, mogliśmy więc tylko uciekać. Wstyd mi to przyznać, ale byłam tak przerażona, że przestałam trzymać się siostry i biegłam przed siebie, żeby tylko uratować życie. Bałam się, że siostra zginie, ale widocznie bardziej od huku pocisków bała się zostać sama, więc biegła ze wszystkimi, żeby nie zostać w tyle".

Ci co przeżyli, przez kolejne trzy tygodnie wędrowali na północny zachód. „Często szliśmy po ścieżkach wydeptanych przez zwierzęta, nieprzeznaczonych dla ludzi – mówi Fatima. – Kiedy zaczęły spadać pociski, musieliśmy zostawić kurbę w ogniu, byliśmy więc bardzo głodni. Ludzie zrywali dzikie rośliny, żeby się pożywić, jedliśmy różne jagody, by przeżyć, choć bolały nas po nich brzuchy".

Na koniec tej odysei ostatni żywi mieszkańcy wioski Brolmo dotarli, wyczerpani i wychudzeni, do Skardu, gdzie wojsko pokierowało ich do obozowiska na wydmach za lotniskiem. Tu rozpoczęli długi proces zapominania strasznych przeżyć i zaczynania wszystkiego od nowa. Wszyscy oprócz Aminy Batul. „Kiedy dotarliśmy do naszej nowej wioski, Amina położyła się i już nie chciała wstać – opowiada Fatima. – Nikt nie potrafił jej ożywić. Nawet to, że w końcu byłyśmy bezpieczne, razem z naszym ojcem i wujami, wcale jej nie cieszyło. Po kilku dniach umarła".

Pięć lat po śmierci siostry ból malujący się na twarzy Fatimy jest wciąż tak przejmujący, jakby na nowo przeżywała tamte chwile, którym pozwoliła we wspomnieniach na chwilę wypłynąć na powierzchnię, zanim znów je zepchnie na dno świadomości.

Siedząc w ławce w sali piątej klasy Żeńskiej Szkoły dla Uchodźców z Gultori, zbudowanej przez Instytut Azji Centralnej na wydmach przy lotnisku w Skardu latem 1999 roku, podczas eskalacji konfliktu kargilskiego, piętnastoletnia Fatima Batul pozwala, by szal opadł jej na twarz – chowa się za białą tkaniną przed natłokiem pytań.

Jej czternastoletnia koleżanka z klasy, Nargiz Ali, kontynuuje opowieść. Wyjaśnia, jak to się stało, że siedzi teraz w ławce pod wiszącą na ścianie kolorową mapą plastyczną świata i trzyma w ręku własny nowiuteńki zeszyt, ołówek i temperówkę, przekazane jej przez organizację dobroczynną mieszczącą się w miejscu, które bezskutecznie próbowała znaleźć na mapie – w Bozemanie w stanie Montana. „Kiedy po długiej wędrówce dotarliśmy tutaj, byliśmy oczywiście szczęśliwi, że możemy się znów zobaczyć z rodziną – opowiada Nargiz. – Ale kiedy rozejrzałam się po miejscu, w którym mieliśmy zamieszkać, poczułam strach i niepewność. Nie było tu domów ani drzew, meczetu ani w ogóle nic. Później jednak Sajed Abbas przyprowadził do nas wielkiego angreziego, który powiedział nam, że jeśli jesteśmy gotowi ciężko pracować, pomoże nam zbudować szkołę. No i dotrzymał obietnicy!".

Piątoklasistki ze szkoły dla uchodźców, takie jak Fatima i Nargiz, mają spore zaległości względem rówieśników. Ponieważ naukę w szkole rozpoczęły dopiero po ucieczce z rodzinnej wioski, średni wiek uczennic piątej klasy wynosi piętnaście lat. Ich bracia codziennie odbywają godzinny marsz do położonych w okolicznych wioskach państwowych szkół dla chłopców, które zgodziły się przyjąć większość uchodźców. Lecz dla stu dwudziestu dziewięciu dziewcząt z Gultori, które nigdy wcześniej nie chodziły do szkoły, ten budynek jest pierwszym jasnym punktem w długim ciemnym tunelu strachu i ucieczki.

Dlatego więc, pomimo wyczerpania rozmową o strasznych przeżyciach, Fatima Batul odgarnia szal i prostuje się w ławce, żeby powiedzieć odwiedzającym jeszcze jedno. „Słyszałam, jak niektórzy mówią, że Amerykanie są źli – mówi cicho. – Ale tutaj ich kochamy. To dla nas najżyczliwsi ludzie, jakich spotkaliśmy. Jedyni, których obchodził nasz los i którzy nam pomogli".

W ostatnich latach niektórzy z uchodźców wrócili do Gultori i uczą się w dwóch szkołach, które Instytut Azji Centralnej założył w tamtejszych jaskiniach, żeby uczniów nie mogły dosięgnąć pociski, gdyby znów relacje między Pakistanem a Indiami się zaostrzyły. Ale Nargiz i Fatima zostały w swojej nowej wiosce na przedmieściach Skardu. Mówią, że teraz to jest ich dom.

Za piaszczystym dziedzińcem ciemnożółtej pięcioklasowej szkoły aż po horyzont biegną równe rzędy domów z suszonej cegły, niektóre nawet wyposażone w najwyższy symbol luksusu i stabilizacji, jakim jest antena satelitarna. Wokół domów zaś, tam gdzie niedawno ciągnęły się bezlitosne wydmy, stoją cieniste drzewa wiśniowe, które dzięki wodzie ze studni głębinowej rosną bujnie i zielono. Zaś pod ich gałęziami wracają do domów ze szkoły dziewczęta z Gultori, również kwitnące na tym dawnym pustkowiu, tak jak wyrosłe tu drzewa.

ROZDZIAŁ OSIEMNASTY

POSTAĆ W CAŁUNIE

Nie trwóż się, nie drżyj wśród życia dróg.
Tu wszystko mija, trwa tylko Bóg.
Cierpliwość przetrwa dni ziemskich znój,
kto Boga posiadł, ma szczęścia zdrój.

Św. Teresa z Ávili, przeł. ks. bp H. P. Kossowski

USTAWIENIE DWUSTU krzeseł wymagało więcej czasu, niż Mortenson przewidział. Na większości imprez w sklepach wspinaczkowych, kościołach i na uczelniach, gdzie zwykle urządzał pokazy slajdów, miał kogoś do pomocy. Ale tu, w sklepie Mr. Sports w Apple Valley w stanie Minnesota, cała obsługa zajęta była inwentaryzacją świątecznej wyprzedaży, Greg pracował więc sam. Do za piętnaście siódma, gdy został mu kwadrans do rozpoczęcia prezentacji, zdołał rozłożyć zaledwie sto metalowych krzesełek. Ustawiał je w równe rzędy między zwisającymi z wieszaków rozłożonymi zimowymi śpiworami a zamkniętą gablotką z cennymi urządzeniami GPS, wysokościomierzami i detektorami lawinowymi. Zdał sobie sprawę, że musi pracować szybciej – rozkładał z trzaskiem kolejne krzesła i ustawiał je z poczuciem uciekającego czasu podobnym do tego, jakie towarzyszyło mu przy budowie mostu w Korphe.

Zaczął się pocić. Ostatnio coraz bardziej wstydził się swojej wagi, która nieprzerwanie rosła od czasu wyprawy na K2, nie chciał więc zdejmować luźnej, bezkształtnej zielonej bluzy, zwłaszcza w pomieszczeniu, które wkrótce miało się zapełnić wysportowanymi sylwetkami zwolenników aktywnego trybu życia. Dwie po siódmej rozłożył ostatnie krzesła i bez tchu zaczął przechodzić między rzędami, kładąc na krzesłach po egzemplarzu biuletynu Instytutu Azji Centralnej. Z tyłu każdej odbitej na ksero broszurki przypięta była koperta z numerem skrytki pocztowej Instytutu w Bozemanie.

Żniwo, jakie zbierał z tych kopert, choć nie było oszałamiające, nadawało jednak sens pokazom slajdów. Jako że fundusze Instytutu szybko topniały, a w powietrzu wisiała groźba niewypłacalności, Mortenson podczas pobytów w Ameryce urządzał średnio jeden pokaz tygodniowo. Niewiele było na świecie rzeczy, do których czuł równie wielką niechęć jak do sytuacji, gdy musiał stanąć przed sporą grupą ludzi i opowiadać im o sobie. Jednak możliwość realnych zmian, jaką dla dzieci w Pakistanie oznaczały wpływy z choćby jednego takiego wieczoru, powodowała, że wciąż na nowo ciągnął torbę podróżną na lotnisko w Bozemanie.

Sprawdził stary projektor, który ostatnio naprawiał taśmą klejącą, upewnił się, że załadował właściwą partię slajdów, dotknął kieszeni spodni, badając, czy jest w nich wskaźnik laserowy, którym zwykł zaznaczać szczyty Karakorum, i odwrócił się, by stanąć twarzą w twarz z publicznością.

Przed nim stało dwieście pustych krzeseł.

Wywiesił plakaty na kampusach miejscowych uczelni, prosił o zamieszczenie informacji redaktorów lokalnych gazet, udzielił też krótkiego wywiadu w porannym programie radiowym dla kierowców, spodziewał się więc pełnej sali. Oparł się zatem o stos mat samopompujących i czekał, aż publiczność się zbierze.

O wpół do ósmej wciąż miał przed sobą morze pustych krzeseł.

Ze sklepowych głośników popłynął głos jednego z pracowników, który namawiał grzebiących wśród wyprzedaży łowców okazji, by zajęli któreś z dwustu krzeseł.

– Ludzie, mamy tutaj światowej klasy himalaistę, który tylko czeka, żeby wam pokazać niesamowite slajdy z K2! Zobaczcie, co dla was przygotował!

W ostatnim rzędzie usiadło dwóch sprzedawców w zielonych kamizelkach, którzy skończyli już inwentaryzację.

– To co mam robić? – spytał Mortenson. – Startować z pokazem?

– Chodzi o zdobywanie K2, tak? – spytał młody brodaty sprzedawca, którego jasne dredy upchnięte pod srebrną wełnianą czapeczką powodowały, że wyglądał, jakby miał karykaturalnie spuchniętą głowę.

– Coś w tym rodzaju – bąknął Greg.

– Spoko – powiedział Spuchnięta Głowa. – No to lecimy!

Mortenson najpierw pokazał obowiązkowe obrazki z K2 i opowiedział o swojej nieudanej próbie zdobycia szczytu sprzed siedmiu lat. Następnie zaś z pewnym zakłopotaniem przeszedł do głównej części swojej prezentacji – zaczął pokazywać zdjęcia i opowiadać o osiemnastu szkołach założonych jak dotąd przez Instytut Azji Centralnej, zatrzymując się dłużej przy slajdach przedstawiających najnowsze osiągnięcia – dwie szkoły w dolinie Gultori, zbudowane przy samym wejściu do jaskiń, żeby wciąż spadające pociski (choć konflikt kargilski oficjalnie dobiegł już końca) nie powstrzymywały tysięcy mieszkańców okolicznych wiosek, którzy teraz wracali, aby odbudować swoje domy, przed posyłaniem dzieci w miejsce, gdzie mogą spokojnie się uczyć.

Gdy na ekranie pokazały się uchwycone zaledwie przed miesiącem zdjęcia Fatimy, Nargiz i ich koleżanek z klasy, uśmiechających się znad podręczników w nowo zbudowanej szkole, Mortenson zauważył mężczyznę w średnim wieku, wyglądającego na wykładowcę akademickiego, który próbował dyskretnie obejrzeć umieszczoną w gablotce wystawę wielofunkcyjnych zegarków cyfrowych. Greg przerwał na chwilę i uśmiechnął się do niego, na co mężczyzna zajął jedno z krzeseł i już śmiało skierował wzrok prosto na ekran.

Podniesiony na duchu faktem, że liczba jego słuchaczy wzrosła o pięćdziesiąt procent, Mortenson z entuzjazmem opowiadał jeszcze przez pół godziny o przerażającym ubóstwie, z jakim muszą się na co dzień borykać dzieci z Karakorum, i o swoich planach, żeby od następnej wiosny zacząć budować szkoły na skraju północnego Pakistanu, przy samej afgańskiej granicy.

– Dzięki budowaniu relacji i mobilizowaniu lokalnych społeczności do przekazywania nam ziemi i włączania do prac miejscowych ludzi, jesteśmy w stanie za niecałe dwadzieścia tysięcy dolarów zbudować i utrzymać szkołę, która będzie służyć tysiącom dzieci przez wiele lat. Jest to połowa kwoty, jaką na taką samą szkołę wydałby pakistański rząd, oraz jedna piąta sumy, którą na tego typu przedsięwzięcie musiałby wydać Bank Światowy.

Mortenson zakończył swój pokaz, parafrazując słowa Matki Teresy, które szczególnie przypadły mu do serca:

– Być może to, co robimy, jest tylko kroplą w morzu potrzeb – powiedział, uśmiechając się do swojej trzyosobowej widowni – ale bez niej morze byłoby uboższe o tę jedną kroplę.

Greg cieszył się z oklasków, choć biło je zaledwie sześć dłoni, ale jeszcze bardziej cieszył się, że jego prezentacja dobiegła końca. Kiedy wyłączył projektor i zaczął zbierać porozkładane na pustych krzesłach biuletyny, dwóch pracowników sklepu podbiegło mu pomóc, a przy okazji zadać kilka pytań.

– Może macie jakieś programy dla wolontariuszy? – spytał kolega Spuchniętej Głowy. – Bo pracowałem kiedyś na budowie, więc może mógłbym tam pojechać i powbijać trochę gwoździ.

Mortenson wyjaśnił, że Instytut ma bardzo ograniczony budżet („Ostatnio nawet dość dramatycznie" – pomyślał w duchu), nie stać go więc na wysyłanie wolontariuszy z Ameryki do Pakistanu. Polecił mu za to kilka innych działających w Azji organizacji pozarządowych, które przyjmowały wolontariuszy.

Brodaty chłopak z dredami pogrzebał chwilę w kieszeni spodni, po czym podał Gregowi banknot dziesięciodolarowy.

– Miałem zamiar po pracy skoczyć na parę piw – powiedział, przestępując z nogi na nogę – no ale...

– Dziękuję bardzo – powiedział Mortenson całkiem szczerze, uścisnął chłopakowi dłoń, a następnie złożył banknot i włożył go do pustej szarej koperty przygotowanej na datki.

Potem zaś pozbierał resztę biuletynów i upchnął je w swojej torbie razem z pozostałymi, wzdychając nad ciężarem, który za dziesięć dolarów przewiózł przez pół kraju, a teraz będzie musiał taszczyć z powrotem do domu.

Na ostatnim krześle w ostatnim rzędzie, tuż obok wystawy elektronicznych zegarków, leżała oderwana od biuletynu koperta. Mortenson zajrzał do środka i znalazł czek na dwadzieścia tysięcy dolarów.

Zazwyczaj jednak Greg nie musiał się konfrontować z pustą salą. Szczególnie ciepło przyjmowano go na Wybrzeżu Północno-Zachodnim, pełnym entuzjastów aktywnego trybu życia, wśród których szybko rozniosła się wieść o co ciekawszych elementach jego opowieści. W lutym roku 1999 po raz pierwszy historię Mortensona przedstawiła znacząca amerykańska gazeta, „The Oregonian". Znany miłośnikom wspinaczki dziennikarz Terry Richard podkreślił w swoim artykule niezwykłe osiągnięcia byłego himalaisty, zupełnie odmienne od zdobycia wysokiego szczytu: „W tym rejonie świata Amerykanom się nie ufa, a często wręcz darzy się ich nienawiścią – pisał. – Niechęć ta nie dotyczy jednak Grega Mortensona, czterdziestojednoletniego mieszkańca stanu Montana, którego dziełem życia stało się budowanie szkół w trudno dostępnych wioskach w wysokogórskich dolinach".

Artykuł przybliżał też czytelnikom misję Mortensona, przekonując, że pomoc ludziom na drugim końcu świata tak naprawdę ma większy wpływ na życie mieszkańców Ameryki, niż są oni skłonni podejrzewać: „Peryferie

Pakistanu są terenem wyjątkowo niestabilnym politycznie, wylęgarnią terrorystów o antyamerykańskim nastawieniu" – wyjaśniał. Cytował też słowa Mortensona: „Niepiśmienni młodzi chłopcy często lądują w [ekstremistycznych] obozach szkoleniowych. Pomagając dzieciom zdobyć edukację, możemy znacznie obniżyć poziom napięcia w tym rejonie".

Richard zakończył artykuł następującym zdaniem: „W jednym z najbardziej niestabilnych rejonów świata praca [Mortensona] zdążyła już bardzo wiele zmienić".

W następnym miesiącu John Flinn, redaktor działu podróży dziennika „San Francisco Examiner", opublikował tekst promujący zapowiadany wykład Mortensona, w którym streścił niezwykłą historię jego życia, a na koniec stwierdził: „Pamiętajmy o tym, gdy następnym razem zadamy sobie pytanie: «A co może zmienić jedna osoba?»". Tej zimy, gdy Mortenson urządzał pokazy slajdów w Portland i San Francisco, organizatorzy musieli setkom osób odmawiać wstępu na wypełnione po brzegi sale.

Zanim się skończył dwudziesty wiek, wielu znanych amerykańskich alpinistów stało się orędownikami sprawy Grega Mortensona i jego Instytutu. Jeden z najbardziej poważanych alpinistów na świecie, a zarazem sąsiad i przyjaciel Grega, Alex Lowe, który w październiku 1999 roku zginął w lawinie w drodze na szczyt Sziszapangma w Nepalu, zdążył przed śmiercią przedstawić Mortensona na wieczorze charytatywnym w stanie Montana. „Podczas gdy większość z nas stara się zdobywać nowe szczyty – powiedział wspinaczkowej publiczności – Greg po cichutku przenosi swoje własne, znacznie większe góry. Niesamowite jest to, co zdołał osiągnąć tylko dzięki własnemu uporowi i determinacji. Z tego rodzaju wspinaczką powinniśmy się wszyscy zmierzyć".

Słowa Lowe'a jeszcze długo rozbrzmiewały w świecie miłośników gór.

„Wielu z nas nieraz myślało, żeby jakoś pomóc, ale Mortenson po prostu wziął się do roboty" – mówi znany alpinista Jack Tackle, który przekazał dwadzieścia tysięcy dolarów na budowaną przez Instytut Azji Centralnej szkołę dla dziewcząt w wiosce Dźafarabad położonej w dolinie Sigaru.

Choć jednak Mortensona coraz bardziej kochano w Pakistanie, a w towarzystwie wspinaczkowym budził coraz większy podziw, jego amerykańscy współpracownicy byli coraz bardziej sfrustrowani.

Kiedy tylko nie telepał się po pakistańskich drogach ani nie ciągał bagaży na kolejne pokazy slajdów we własnym kraju, zazdrośnie strzegł czasu, jaki spędzał z rodziną w Bozemanie, gdzie zresztą przeważnie skrywał się w piwnicy.

„Nawet kiedy był w domu, nieraz całymi tygodniami nie mieliśmy z nim kontaktu – opowiada Tom Vaughan, były prezes zarządu Instytutu Azji Centralnej. – Nie odpowiadał na telefony ani maile. Rozmawialiśmy nawet w zarządzie o tym, czy nie zmusić go jakoś do rozliczania się z czasu pracy, ale zdaliśmy sobie sprawę, że to nie zadziała. Greg i tak będzie robił, co zechce".

„Tak naprawdę powinniśmy byli wtedy przeszkolić kilku wice-Gregów, którym mógłby przekazywać kolejne projekty – opowiada wdowa po Hoernim, Jennifer Wilson. – Ale Greg się nie zgodził. Powiedział, że nie mamy pieniędzy, by wynająć biuro czy zatrudnić pracowników. No a potem jak zwykle grzązł w szczegółach jednego przedsięwzięcia, a zaniedbywał inne. Z tego względu postanowiłam odsunąć się od Instytutu. Greg bardzo dużo osiągnął. Miałam jednak wrażenie, że moglibyśmy zdziałać o wiele więcej, gdyby zgodził się prowadzić Instytut w bardziej odpowiedzialny sposób".

„Bądźmy szczerzy – mówi Tom Vaughan. – Tak naprawdę Instytut to Greg. Nie przeszkadzało mi, że zatwierdzamy tylko projekty, na które Greg akurat się napalił. Ale bez niego Instytut nie ma racji bytu. Rozumiem, że jeśli się pracuje w takim regionie świata, podejmuje się wielkie ryzyko i nie da się go całkiem wyeliminować. Ale zaczęło mnie złościć, że Greg tak strasznie się zaniedbał. Przestał się wspinać i w ogóle ćwiczyć. A do tego przestał też spać. Zaczął tak przybierać na wadze, że w ogóle już nie wyglądał na kogoś, kto kiedykolwiek wszedł na jakąś górę. Rozumiem, że stara się wszystko poświęcić pracy. Ale jaki to ma sens, jeśli któregoś dnia wykituje na zawał serca?".

Mortenson z wielkimi oporami zgodził się zatrudnić asystentkę. Christine Slaughter przez kilka godzin dziennie pomagała mu segregować papiery w piwnicy, w której panował już tak wielki chaos, że nawet Greg przyznał, że to przesada. Jednak przez całą zimę roku 2000 finanse Instytutu tak mocno leciały w dół (na koncie było już tylko niecałe sto tysięcy dolarów), że Mortenson nie zgadzał się na jakiekolwiek dalsze ruchy mające na celu rozwój Instytutu w Ameryce.

„Wtedy byliśmy już w stanie zbudować szkołę zapewniającą edukację dla wielu pokoleń za jakieś dwanaście tysięcy dolarów – mówi Mortenson. – Większość osób zatrudnianych przez nas w Pakistanie była zachwycona, mając szansę zarobić czterysta czy pięćset dolarów rocznie. Trudno mi było wyobrazić sobie, że mam płacić komuś normalną pensję w Ameryce, podczas gdy za te same pieniądze tak wiele można zrobić na miejscu".

Mortenson zarabiał w owym czasie dwadzieścia osiem tysięcy dolarów rocznie. W połączeniu ze skromną pensyjką Tary, która pracowała na pół etatu jako psycholog kliniczny na Uniwersytecie Stanu Montana, jakoś wiązali koniec z końcem, tak że starczało im na zapłacenie rachunków – i na niewiele więcej. Ponieważ jednak sytuacja finansowa Instytutu wciąż była trudna, Greg uważał, że nie mógłby z czystym sumieniem przyjąć podwyżki, nawet gdyby zarząd mu ją zaproponował.

W głowie wciąż tkwiła mu myśl, że jeden hojny darczyńca jednym pociągnięciem pióra mógłby rozwiązać wszystkie jego problemy. Bogatych ludzi niełatwo jednak nakłonić do rozstania się z fortuną – pamiętał to od czasów nieszczęsnej serii pięciuset osiemdziesięciu listów. Ale przypadek Jeana Hoerniego nauczył go też, że jedna dotacja może całkowicie odmienić sytuację. Kiedy więc do Instytutu zaczęła wydzwaniać potencjalna ofiarodawczyni z Atlanty, pobrzękując pieniężną przynętą, Greg połknął haczyk i zarezerwował lot. „Całe życie oszczędzałam – wyjaśniła przez telefon wdowa w podeszłym wieku. – Udało mi się zgromadzić sumkę o co najmniej sześciu zerach, a gdy przeczytałam o pańskiej pracy, wiedziałam już, na co powinnam przeznaczyć pieniądze. Proszę przyjechać do Atlanty, żebyśmy mogli porozmawiać o moim datku".

W hali przylotów międzynarodowego lotniska Hartsfield Mortenson włączył komórkę i otrzymał wiadomość instruującą go, żeby przejechał autobusem do hotelu położonego o piętnaście minut drogi od lotniska, a potem przeszedł jeszcze kawałek na odległą część hotelowego parkingu.

Na miejscu zastał siedemdziesięciooośmioletnią Verę Kurtz pochyloną nad kierownicą podstarzałego forda fairlane. Bagażnik i tylne siedzenie zawalone były starymi gazetami i puszkami, Mortenson zajął więc miejsce z przodu, a torbę podróżną upchnął sobie na kolanach.

„Skomplikowane instrukcje dojazdu na spotkanie służyły temu, żeby mogła zaoszczędzić kilka dolarów i nie płacić za parking na lotnisku – opowiada Mortenson. – Widząc, że ta kobieta nie potrafi się rozstać nawet ze starymi gazetami i puszkami, powinienem był obrócić się na pięcie i natychmiast wsiąść w samolot do domu, ale jej słowa o sześciu zerach mocno zapadły mi w pamięć i nie pozwalały dokonać jasnej oceny sytuacji. Wsiadłem więc do samochodu i zatrzasnąłem za sobą drzwi".

Mortenson trzymał kurczowo torbę, podczas gdy Vera jechała pod prąd jednokierunkowymi ulicami i wygrażała pięścią trąbiącym na nią ostrzegawczo kierowcom. Gdy dojechali do jej domu z lat pięćdziesiątych w stylu rancza, trzeba było jeszcze ostrożnie znaleźć drogę pośród zalegających na podłodze stert starych gazet i czasopism, by dotrzeć do kuchennego stołu obok zakorkowanego zlewu pełnego mętnej szarej wody.

„Odkręciła kilka minibuteleczek whisky, które pewnie od lat zbierała w samolotach, nalała nam po drinku i podała mi bukiet róż, które nie wyglądały zbyt świeżo – opowiada Mortenson. – Kwiaty były brunatne i niemal całkiem zwiędnięte".

Gdy minęła już odpowiednia ilość czasu, Greg zaczął naprowadzać rozmowę na kwestię darowizny dla Instytutu. Jego gospodyni miała jednak inne plany, które mu zaraz przedstawiła. Otóż przez najbliższe trzy dni Greg miał zwiedzić miejscowe muzeum sztuki, odbyć spacer po ogrodzie botanicznym i wygłosić trzy referaty – w bibliotece publicznej, miejscowym college'u i Klubie Podróżnika. Mortenson nigdy wcześniej nie miał przed sobą równie smętnej perspektywy spędzenia siedemdziesięciu dwóch godzin, zaczął więc poważnie rozważać, czy da radę to wszystko wytrzymać, gdy rozległo się pukanie do drzwi obwieszczające wizytę zamówionego przez Verę masażysty.

– Zbyt ciężko pan pracuje – powiedziała Vera do Grega, gdy mężczyzna zaczął rozkładać pośrodku pokoju swój stół do masażu. – Trzeba się trochę odprężyć.

„Oboje oczekiwali chyba, że natychmiast się rozbiorę do rosołu – mówi Mortenson. – Ja jednak ich przeprosiłem i poszedłem do łazienki, aby się zastanowić nad tym wszystkim. W końcu doszedłem do wniosku, że wystarczająco dużo się napracowałem, żeby uruchomić i rozkręcić Instytut, mogę więc przez trzy dni zdać się na łaskę i niełaskę Very z nadzieją, że na koniec uzyskam od niej poważne wsparcie finansowe".

Greg zajrzał do szafki w łazience, szukając czegoś na tyle dużego, żeby mógł się owinąć w pasie – lecz składowane przez Verę ręczniki (ozdobione wypłowiałymi haftami hotelowych logo) były raczej niewielkich rozmiarów. W końcu wyjął z bieliźniarki poszarzałe prześcieradło, owinął się w nie jak najstaranniej i tak odziany wrócił do pokoju, aby się poddać zabiegom masażysty.

O drugiej w nocy mocno spał, chrapiąc na zapadającym się pod jego ciężarem materacu Very (która uparła się, że sama będzie spała na kanapie, a jemu odda swoje łóżko), gdy nagle obudziło go światło. Otworzył oczy i ukazał mu się niecodzienny widok stojącej nad nim siedemdziesięciooośmioletniej Very w prześwitującej koszulce. „Stała dokładnie nade mną – wspomina Mortenson. – Zupełnie mnie zatkało, nie wiedziałem, co powiedzieć".

„Szukam skarpetek" – powiedziała, po czym zaczęła przekopywać szuflady swojej komódki. Greg schował głowę pod poduszką i wzdrygnął się w ukryciu.

Wracając z pustymi rękami samolotem do Bozemanu, zdał sobie sprawę, że jego gospodyni ani przez chwilę nie miała zamiaru przekazać mu żadnych pieniędzy. „Nie zadała ani jednego pytania na temat mojej pracy czy dzieci w Pakistanie – opowiada Mortenson. – Po prostu samotna staruszka, która chciała ugościć u siebie mężczyznę. Postanowiłem w przyszłości być jednak rozsądniejszy".

Później jednak wciąż dawał się łapać na przynętę, jaką zarzucali bogaci wielbiciele jego pracy. Po prezentacji w wypełnionej po brzegi sali na Festiwalu Filmów Górskich w kanadyjskim miasteczku Banff, Mortenson otrzymał zaproszenie od Toma Langa, bogatego miejscowego przedsiębiorcy budowlanego, który dawał niejasne sygnały, że gotów jest przekazać spory datek, i zaproponował, że następnego wieczoru zorganizuje u siebie imprezę charytatywną mającą na celu zbiórkę pieniędzy dla Instytutu.

Lang sam zaprojektował swój dom o powierzchni niemal tysiąca metrów kwadratowych – łącznie z wystrojem wnętrz obejmującym imitujące marmur wzory namalowane na ścianach salonu, po którym przechadzali się goście z kieliszkami taniego wina (jakże często serwowanego przez bogaczy), oraz trzyipółmetrowe gipsowe pudle siedzące po obu stronach kominka szerokiego na sześć metrów.

Lang przedstawiał gościom Mortensona z dumą podobną do tej, z jaką pokazywał im luksusowe instalacje w łazience i pudle przy kominku. I choć Greg położył w widocznym miejscu na bufecie stos broszur Instytutu, pod koniec wieczoru było już jasne, że impreza u Langa nie przyniesie jego organizacji ani centa. Nauczony dzięki wizycie w Atlancie, że nie ma co czekać, aż datek sam się zmaterializuje, Greg przycisnął gospodarza o szczegóły jego darowizny.

– Porozmawiamy o tym jutro – odparł Lang. – Najpierw jednak musisz się przejechać psim zaprzęgiem.

– Psim zaprzęgiem?

– Oczywiście! Inaczej wizyta w Kanadzie nie miałaby sensu – wyjaśnił Lang.

Greg spędził samotną godzinę ciągnięty lasem przez zaprzęg psów husky, po czym usiadł ze swoim gospodarzem w ciepłej chatce, położonej kawałek na zachód od Banff, gdzie przez większą część popołudnia musiał wysłuchiwać opowieści opiewających bohaterstwo dzielnego przedsiębiorcy, który wyłącznie dzięki własnej wytrwałości i sile charakteru podbił lokalny rynek budowlany.

Matka Mortensona, która specjalnie przyleciała z Wisconsin, by wysłuchać prelekcji syna, podczas swej trzydniowej wizyty praktycznie nie miała okazji się z nim zobaczyć. Greg zaś, jak łatwo było przewidzieć, wrócił do Montany z pustymi rękami. „Przykro mi patrzeć, jak Greg płaszczy się przed tymi bogaczami – mówi Jerene Mortenson. – To oni powinni mu się kłaniać w pas".

Gdy nadeszła wiosna roku 2000, Tara Bishop miała już dość tego, że kiedy jej mąż nie jest w Pakistanie, próżno się trudzi, latając po całym kraju w poszukiwaniu funduszy. Ponieważ była w siódmym miesiącu ciąży z drugim dzieckiem, zwołała spotkanie na szczycie – przy kuchennym stole. „Powiedziałam Gregowi, że bardzo podoba mi się pasja, z jaką oddaje się pracy – opowiada. – Ale dodałam, że wobec swojej rodziny też ma zobowiązania. Musi więcej spać, więcej ćwiczyć i wygospodarować więcej czasu dla nas".

Do tej pory Mortenson zwykle wyjeżdżał do Pakistanu na trzy, cztery miesiące. „Ustaliliśmy, że odtąd nie będzie wyjeżdżał na dłużej niż dwa – mówi Tara. – Po dwóch miesiącach w domu robi się bez niego dziwnie".

Greg obiecał również żonie, że będzie próbował lepiej organizować swój czas.

Zarząd Instytutu już wcześniej przeznaczył niewielką doroczną kwotę na kursy podyplomowe dla Grega – z takich dziedzin, jak zarządzanie, rozwój projektu czy problemy polityczne Azji. „Nie miałem nigdy czasu, żeby chodzić na zajęcia – mówi Mortenson – inwestowałem więc w książki. Często gdy inni myśleli, że siedzę po prostu w piwnicy i nic nie robię, czytałem. Zaczynałem dzień o wpół do czwartej rano, czytając na temat teorii rozwoju, finansowania projektów i efektywnych sposobów zarządzania".

Jednak pobyt w Karakorum nauczył go, że odpowiedzi na wiele pytań nie znajdzie się w książkach. Opracował więc na swój użytek cykl szybkich szkoleń dotyczących rozwoju społeczno-gospodarczego. Na podstawie lektur doszedł do wniosku, że najsprawniej prowadzone projekty rozwoju lokalnych społeczności na terenach wiejskich mają miejsce na Filipinach i w Bangladeszu. Oderwał się więc na miesiąc od swoich obowiązków i – zostawiając za sobą Bozeman i Pakistan – poleciał do Azji Południowo-Wschodniej.

W położonym godzinę drogi na południe od Manili mieście Cavite Mortenson odwiedził Instytut Rekonstrukcji Wsi prowadzony przez Johna Rigby'ego, przyjaciela Lili Bishop. Rigby nauczył Mortensona, jak pomagać biednym wieśniakom zakładać małe interesy, takie jak rowerowe taksówki czy stoiska z papierosami, które mogą przynieść szybkie zyski przy niewielkim nakładzie środków.

W Bangladeszu, zwanym niegdyś Pakistanem Wschodnim, Mortenson odwiedził organizację BARRA – Stowarzyszenie Rekonstrukcji Wsi w Bangladeszu. „Ludzie często nazywają Bangladesz największą dziurą w Azji, ponieważ panuje tu niewyobrażalna bieda – mówi. – Ale inicjatywa edukacji dla dziewcząt odnosi tu ogromne sukcesy. Pukałem do różnych drzwi i odwiedzałem organizacje pozarządowe, które już od dawna zajmują się edukacją dziewcząt. Widziałem niesamowicie silne kobiety prowadzące spotkania w swoich wioskach i ciężko pracujące, żeby stworzyć lepsze możliwości swoim córkom. „Filozofia tych działań dokładnie pokrywa się z moją. Noblista Amartya Sen twierdzi, że można zaradzić problemom panującym w danej kulturze, jeśli pozwoli się dziewczętom na zdobycie edukacji, żeby mogły same szukać odpowiednich rozwiązań. To było coś niesamowitego, widzieć, jak ta idea przekłada się na działanie i już w drugim pokoleniu przynosi niezwykłe rezultaty. Jeszcze bardziej mnie to zmotywowało do walki o edukację dziewcząt w Pakistanie".

Lot trzęsącym się samolotem linii Biman z Dhaki do Kalkuty był dla Mortensona potwierdzeniem, że koniecznie należy zadbać o edukację dziewcząt pochodzących z terenów wiejskich. Jako jedyny obcokrajowiec w samolocie został skierowany przez stewardesy do pierwszej klasy, gdzie zajął miejsce pośród piętnastu ślicznych dziewcząt z Bangladeszu ubranych w kolorowe sari. „Były młodziutkie i śmiertelnie przerażone – mówi Mortenson. – Nie umiały zapiąć pasów ani używać sztućców, kiedy zaś dolecieliśmy na miejsce, patrzyłem bezradnie, jak skorumpowani oficjele zgarniają je z samolotu i prowadzą prosto na terminal, omijając bramki straży granicznej. Nic nie mogłem dla tych dziewcząt zrobić, mogłem sobie tylko wyobrazić, jak straszne życie będą wiodły jako prostytutki".

Z nagłówków gazet na lotnisku w Kalkucie Mortenson dowiedział się, że po długiej chorobie zmarła jedna z jego bohaterek, Matka Teresa. Do następnego lotu miał jeszcze kilka godzin, postanowił więc, że pojedzie pokłonić się zmarłej.

– Haszysz? Heroina? Dziewczyna do masażu? Chłopak do masażu? – rzucał propozycjami taksówkarz ciągnący Mortensona za rękę już w hali przylotów, do której teoretycznie nie miał wstępu. – Na co ma pan ochotę? Co tylko pan sobie życzy, nie ma problemu.

Mortenson roześmiał się, rozbawiony determinacją oferującego mu nielegalne przyjemności mężczyzny.

– Właśnie zmarła Matka Teresa – powiedział. – Chciałbym do niej pojechać. Może mnie pan tam zabrać?

– Nie ma problemu – zapewnił taksówkarz, charakterystycznie kręcąc głową, po czym wziął od Grega torbę.

W czasie jazdy taksówkarz kopcił jak szalony, tak mocno wychylając się przez okno czarno-żółtego ambassadora, że Greg mógł bez przeszkód podziwiać przez przednią szybę nieprawdopodobny chaos ruchu ulicznego Kalkuty. Zatrzymali się przy targu kwiatowym, gdzie Mortenson dał kierowcy równowartość dziesięciu dolarów w rupiach i poprosił, by wybrał odpowiednie kwiaty dla zmarłej. „Kierowca zostawił mnie w nagrzanej taksówce i wrócił jakieś pół godziny później, niosąc ogromny pstrokaty bukiet goździków i róż – opowiada Mortenson. – Ledwo się zmieścił na tylnym siedzeniu”.

O zmierzchu u bram domu macierzystego Misjonarek Miłości stały w ciszy setki żałobników trzymających w rękach świece i układających na chodniku ofiary z owoców i kadzidełek.

Taksówkarz wysiadł i zaczął głośno walić w metalową bramę, krzycząc po bengalsku: „Ten sahib przyjechał aż z Ameryki, aby złożyć pokłon zmarłej! Proszę otworzyć!". Pilnujący wejścia starszy ćokidar oddalił się, a po chwili wrócił w towarzystwie odzianej w niebieski habit siostry, która zmierzyła wzrokiem upylonego po podróży Amerykanina i orgię kwiatów w samochodzie, po czym skinęła dłonią, by wszedł do środka. Z wyrazem niesmaku na twarzy szła przodem, prowadząc Grega ciemnym korytarzem, po którym niosły się echem wypowiadane w jakimś odległym pomieszczeniu modlitwy, wreszcie pokazała mu drzwi do łazienki.

– Może najpierw się umyć? – zasugerowała, mówiąc po angielsku z silnym słowiańskim akcentem.

Zmarła leżała na zwykłej kozetce pośrodku pokoju, w którym migotały zapalone w jej intencji świece. Greg delikatnie odsunął leżące wokół bukiety, żeby zrobić miejsce dla swojego pstrokatego daru, po czym usiadł pod ścianą. Zakonnica wyszła z pomieszczenia, zostawiając go sam na sam z Matką

Teresą. „Siedziałem w kącie i nie wiedziałem, co robić – opowiada Mortenson. – Od dzieciństwa była dla mnie bohaterką".

Matka Teresa była etniczną Albanką – urodziła się jako Agnes Gonxha Bojaxhiu w Kosowie, w rodzinie bogatego przedsiębiorcy. Jak sama twierdziła, od dwunastego roku życia czuła silne powołanie do służby dla ubogich, rozpoczęła więc przygotowania do pracy misyjnej. Kilka lat później wstąpiła do Zgromadzenia Sióstr Loreto w Irlandii, jako że poświęcały one wiele uwagi edukacji kobiet. Przez dwadzieścia lat nauczała w katolickiej szkole średniej dla dziewcząt w Kalkucie, której została w końcu dyrektorką. Jednak w roku 1946 usłyszała głos Boży mówiący jej, aby służyła „najbiedniejszym z biednych". W roku 1948 otrzymała od papieża Piusa XII pozwolenie na opuszczenie zakonu i prowadzenie niezależnej działalności, dzięki czemu mogła założyć szkołę pod odkrytym niebem dla bezdomnych dzieci w Kalkucie.

W roku 1950 Watykan zezwolił kobiecie znanej już wówczas jako Matka Teresa na założenie własnego zgromadzenia, Misjonarek Miłości, których zadanie określiła jako „pomoc głodnym, nagim, bezdomnym, kalekim, ślepym, trędowatym, wszystkim tym, którzy czują się niechciani, niekochani, odrzuceni przez społeczeństwo, ludziom, którzy stali się dla innych ciężarem i których wszyscy unikają".

Mortenson, ze względu na swoją słabość do wyrzuconych poza nawias członków społeczeństwa, podziwiał determinację, z jaką służyła najbardziej zaniedbanym ludziom na świecie. Jeszcze jako chłopiec w Moshi dowiedział się o jednym z jej pierwszych przedsięwzięć prowadzonych poza granicami Indii, hospicjum w Dar es-Salaam w Tanzanii. Zanim w roku 1979 przyznano jej Pokojową Nagrodę Nobla, sława Matki Teresy stała się motorem napędowym wielu przedsięwzięć pozwalających tworzyć kolejne sierocińce, hospicja i szkoły na całym świecie.

W latach poprzedzających jej śmierć do uszu Mortensona dochodziły głosy krytyczne na temat kobiety, której ciało miał teraz przed sobą. Czytał jej obronę, w której tłumaczyła, dlaczego przyjmuje pieniądze z podejrzanych źródeł – od osób zamieszanych w handel narkotykami, korporacyjnych przestępców i skorumpowanych polityków, którzy dzięki datkom mieli nadzieję kupić sobie drogę do zbawienia. Wiedząc z własnego doświadczenia, jak ciężko zdobyć fundusze na pomoc biednym dzieciom, czuł, że rozumie, co nią powodowało, gdy wypowiadała wielokrotnie cytowane później słowa, odrzucając kierowane w jej stronę zarzuty: „Nie obchodzi mnie, skąd te pieniądze pochodzą. W służbie Bogu i tak stają się czyste".

„Siedziałem w kącie, patrząc na tę postać w całunie – mówi Mortenson. – Jej owinięte tkaniną ciało było niezwykle drobne. Pamiętam, że pomyślałem wtedy, jakie to niesamowite, że tak niepozorna osoba miała tak ogromny wpływ na ludzkość".

Wchodzące do pomieszczenia siostry klękały, żeby z szacunkiem dotknąć stóp Matki Teresy. Kremowy muślin był wyraźnie ciemniejszy w miejscu, którego dotykały palce setek żałobników. Greg jednak uznał, że czułby się głupio, dotykając stóp zmarłej. Uklęknął na chłodnych płytkach podłogi obok ciała i przykrył swoją dużą dłonią jej drobną rękę.

Wciąż jeszcze klęczał przy zmarłej, gdy w sali ponownie zjawiła się siostra, która go wprowadziła. Skinęła głową, jakby mówiła: „Gotów?". Greg poszedł więc za jej cichymi krokami ciemnym korytarzem, prosto w skwar i zgiełk Kalkuty.

Taksówkarz siedział w kucki i palił papierosa, ale na widok zbliżającego się amerykańskiego portfela skoczył na równe nogi.

– Udało się? Udało? – pytał, prowadząc zadumanego Grega przez pełną ryksz ulicę w stronę czekającego na nich ambassadora. – To może teraz ma pan ochotę na masaż?

Siedząc w zaciszu swojej piwnicy zimą roku 2000, Greg często sięgał pamięcią do tych wyjątkowych chwil spędzonych u Matki Teresy. Zastanawiał się, jak sobie radziła – nie jeździła przecież na kilka miesięcy do domu, żeby spędzić zimę z dala od nędzy i cierpienia, odpocząć i zebrać siły do dalszej walki. Tej zimy czuł się skrajnie wyczerpany. Ramię złamane na Mount Sill w dniu śmierci Christy wciąż dawało o sobie znać. Próbował jogi i akupunktury, ale bez rezultatu. Czasem rwanie było tak silne, że łykał kilkanaście tabletek przeciwbólowych dziennie, próbując stłumić ból na tyle, żeby móc się skupić na pracy.

Z niewiele mniejszym trudem starał się przyzwyczaić do faktu, że pomału staje się w Ameryce osobą publiczną. Nieraz po prostu chował się w swojej piwnicy przed niekończącymi się szeregami osób, które czegoś od niego chciały – nie odbierał wówczas telefonu i nie odpowiadał na gromadzące się w skrzynce setki maili.

Kontaktowali się z nim alpiniści potrzebujący pomocy w zorganizowaniu wypraw w Karakorum i byli bardzo urażeni, gdy były przedstawiciel ich środowiska nie miał ochoty porzucić wszystkich swoich zajęć, żeby im pomóc. Wciąż wydzwaniali do niego dziennikarze i filmowcy pragnący dołączyć do niego podczas następnej podróży do Pakistanu, by skorzystać ze zbudowanej przez niego w ostatnich latach siatki kontaktów, które mogły być dla nich przepustką w trudno dostępne rejony świata, zanim dotrze tam konkurencja.

Medycy, glacjolodzy, sejsmolodzy, etnolodzy i biolodzy pisali do niego długie, niezrozumiałe dla laika listy, w których prosili o szczegółowe odpowiedzi na skomplikowane naukowe pytania na temat Pakistanu.

Tara poleciła mężowi znajomą terapeutkę w Bozemanie, z którą Mortenson zaczął regularnie rozmawiać, gdy tylko był w domu. Próbowali rozgryźć głębokie przyczyny jego chęci ukrywania się przed światem, gdy tylko nie przebywał w Pakistanie, oraz opracować strategie radzenia sobie z narastającą złością względem osób, które próbowały zmusić go do poświęcenia im więcej czasu, niż był w stanie wygospodarować.

Drugim schronieniem stał się dla niego dom teściowej, Lili Bishop, zwłaszcza zaś piwnica, w której spędzał długie godziny, ślęcząc nad książkami o górach ze zbiorów jej zmarłego męża. Czytał o wędrówce Baltów z Tybetu, przeglądał rzadki album pięknych czarno-białych zdjęć K2 i otaczających go szczytów, uwiecznionych aparatem wielkoformatowym przez Vittoria Sellę podczas wyprawy księcia Abruzji w roku 1909.

W końcu, gdy na górze zbierała się przy kolacji jego rodzina, z ociąganiem odrywał się od książek. Lili Bishop zdążył się już udzielić podziw, jakim jej córka darzyła swojego męża. „Muszę przyznać, że Tara miała rację, coś było w tym «panu wspaniałym» – mówi Lila, która, podobnie jak jej córka, doszła do wniosku, że mieszkający dwie ulice dalej łagodny olbrzym nie jest ulepiony z tej samej gliny co inni ludzie.

Któregoś śnieżnego wieczoru robiliśmy jedzenie na grillu. Poprosiłam Grega, żeby wyszedł na patio przewrócić łososia na drugą stronę – opowiada Lila. – Chwilę później wyjrzałam przez drzwi na zewnątrz i zobaczyłam Grega: stał boso na śniegu, zgarniał rybę łopatką i obracał na drugą stronę, jakby to była najzwyklejsza czynność na świecie. Podejrzewam zresztą, że dla niego była. Wówczas zdałam sobie sprawę, że on nie jest jednym z nas, należy do zupełnie odrębnego gatunku".

Przez pozostałą część zimy Greg siedział we własnej piwnicy i z rosnącym przerażeniem czytał raporty na temat tragedii rozgrywających się w północnym Afganistanie. Ponad dziesięć tysięcy Afgańczyków, głównie kobiet i dzieci, uciekało na północ przed nacierającymi oddziałami talibów, aż w końcu dotarli do granicy z Tadżykistanem, której przekroczyć nie mogli. Lepili więc szałasy z błota na wyspach pośrodku rzeki Amu-daria i pomału umierali w nich z głodu, mając za pożywienie jedynie rosnące wzdłuż brzegów trawy.

Uciekinierzy chorowali i umierali z głodu, a talibowie dla sportu strzelali do nich z granatników – posyłali w powietrze pociski i czekali, aż opadną pośród przerażonych uchodźców. Niektórzy próbowali w desperacji przeprawiać się przez rzekę i uciekać do Tadżykistanu, ale wówczas strzelali do nich strzegący granicy rosyjscy żołnierze, których zadaniem było nie dopuścić, żeby afgański chaos przedostał się na ich podwórko.

„Odkąd zacząłem pracować w Pakistanie, nigdy zbyt dużo nie spałem – mówi Mortenson. – Ale tamtej zimy nie spałem już prawie wcale. Przez całą noc chodziłem w tę i z powrotem po piwnicy, próbując wymyślić jakiś sposób, żeby tym ludziom pomóc".

Wysyłał wzywające do działania listy do gazet i kongresmanów, próbując wywołać poruszenie losem uchodźców. „Jednak nikogo to nie obchodziło – mówi Greg. – Biały Dom, Kongres, ONZ, wszyscy nabrali wody w usta. Zacząłem już nawet fantazjować, że może by tak załatwić sobie AK-47, namówić Faisala Baiga, żeby skrzyknął trochę mężczyzn, i przedostać się do Afganistanu, by stanąć w obronie tych ludzi... Koniec końców po prostu nie udało mi się nic zrobić. Nie zdołałem nikogo poruszyć. A Tara może poświadczyć, że nie dało się ze mną żyć. Nie potrafiłem myśleć o niczym innym, jak tylko o tych przemarzniętych dzieciach, które nie miały szansy dorosnąć, bezradnych, otoczonych przez grupy uzbrojonych mężczyzn, umierających z głodu lub na dyzenterię, której dostawały od picia wody z rzeki. Odchodziłem od zmysłów. Aż dziw, że Tara w ogóle jakoś ze mną wtedy wytrzymywała... W czasie wojny przywódcy, chrześcijański, żydowscy czy muzułmańscy, często mówią: „Bóg jest z nami". Ale to nieprawda. W czasie wojny Bóg jest zawsze po stronie uchodźców, wdów i sierot".

Dopiero 24 lipca 2000 roku nastrój Mortensona nieco się poprawił. Tego dnia klęczał na kuchennej podłodze i nabierał w dłonie ciepłej wody, by polać nią nagie plecy żony. Położył dłonie na ramionach Tary i masował jej napięte mięśnie, choć ona myślami była bardzo daleko: koncentrowała się na czekającym ją porodzie. Ich nowa położna, Vicky Cain, zaproponowała, żeby drugie dziecko Tara spróbowała urodzić pod wodą. Ich wanna była zbyt mała, położna więc przyniosła im ogromne błękitne końskie koryto z plastiku, wcisnęła je między zlew a stół w kuchni i napełniła ciepłą wodą.

Swojego syna nazwali Khyber* Bishop Mortenson. Trzy lata wcześniej, przed inauguracją szkoły w Korphe, Greg zabrał żonę i córkę na Przełęcz Chajberską. Kartki bożonarodzeniowe, które później wysyłali, zdobiło zdjęcie Grega i Tary: stali w tradycyjnych strojach na afgańskiej granicy z małą Amirą na ręku i dwoma karabinami, dla żartu pożyczonymi od strażników granicznych. Pod zdjęciem widniał napis: „Pokój na Ziemi".

Dwie godziny po tym, jak jego syn wypłynął na świat w końskim korycie, Greg po raz pierwszy od wielu miesięcy poczuł się naprawdę szczęśliwy. Już sam fakt, że mógł położyć dłoń na główce maleńkiego synka, napełniał go strumieniem zadowolenia. Kilka dni później zawinął chłopczyka w puszysty kocyk i zabrał go do przedszkola córki, żeby Amira mogła zrobić wrażenie na kolegach i koleżankach, prezentując im braciszka w ramach zajęć „pokaż i opowiedz".

Mała Amira zdecydowanie lepiej radziła sobie z wystąpieniami publicznymi niż jej tata. Zaprezentowała swojej grupie cudownie maleńkie paluszki u rączek i nóżek braciszka, podczas gdy ojciec trzymał zawiniątko w potężnych ramionach.

– Ale jest malutki i pomarszczony – powiedziała czterolatka z jasnymi kucykami. – Czy ten dzidziuś urośnie taki duży jak my?

– Inszallah.

– Słucham?

– Mam nadzieję, skarbie – wyjaśnił Greg. – Mam wielką nadzieję.

---

* Khyber – od Khyber Pass (Przełęcz Chajberska).

Rozdział dziewiętnasty

Wioska zwana Nowym Jorkiem

Skończyły się czasy arytmetyki i poezji.
Od dziś, bracia, niech waszym nauczycielem będzie
kałasznikow i granatnik przeciwpancerny.

Napis sprejem na murze wokół dziedzińca szkoły w Korphe

– Co to? – spytał Mortenson. – Co to jest?

– To madrasa – wyjaśnił Apo Razak.

Greg poprosił Hussaina, by zatrzymał samochód, chciał bowiem lepiej się przyjrzeć nowemu budynkowi. Wysiadł z land cruisera i oparł się o maskę, podczas gdy Hussain siedział bezczynnie za kierownicą, niedbale strzepując popiół z papierosa na leżącą pod jego stopami skrzynkę z dynamitem.

Mortenson doceniał spokój i opanowanie, z jakim jego kierowca prowadził samochód przez najgorsze drogi Pakistanu, nie chciał go więc specjalnie strofować. Przejechali górskimi serpentynami już tysiące kilometrów i nigdy nie mieli wypadku. Ale co z tego, jeśli przyjdzie im z hukiem pożegnać się z życiem? Greg obiecał sobie, że kiedy tylko dojadą do Skardu, owinie paczki z dynamitem w plastikowe płachty.

Z jękiem rozprostował kości i przyglądał się nowej budowli, dominującej teraz w krajobrazie zachodniej części doliny Śigaru, w mieście Gulapor. Był to ciągnący się przez niemal dwieście metrów kompleks budynków zasłonięty przed oczami podróżnych sześciometrowym murem. Przypominał mu twierdze, jakie widział w Waziristanie, nie spodziewał się jednak zastać czegoś takiego kilka godzin drogi od Skardu.

– Jesteś pewien, że to nie baza wojskowa? – spytał.

– To nowa madrasa wahabitów – powiedział Apo.

– Na co im tyle przestrzeni?

– Madrasa wahabitów to coś w rodzaju... – Apo zamyślił się, szukając odpowiedniego angielskiego słowa, w końcu jednak wydał z siebie bzyczący dźwięk.

– Chodzi ci o ul?

– Tak, dom dla pszczół. W tych madrasach mieści się bardzo wielu uczniów.

Greg wsiadł z powrotem do samochodu, na miejsce za paczką dynamitu.

Osiemdziesiąt kilometrów na wschód od Skardu zauważył dwa bielusieńkie minarety wyrastające spośród drzew na obrzeżu biednej wioski o nazwie Jugo.

– Skąd ci ludzie mają pieniądze na nowy meczet? – spytał.

– To też zbudowali wahabici – powiedział Apo. – Z Kuwejtu i Arabii Saudyjskiej przyjeżdżają szejkowie z walizkami pełnymi pieniędzy. Najlepszych uczniów zabierają do siebie. Kiedy taki chłopak wraca do Baltistanu, musi sobie wziąć cztery żony.

Po kolejnych dwudziestu minutach jazdy wyłonił się identyczny nowy meczet, tym razem wznoszący się nad ubogą wioską Ksurd.

– Wahabici? – spytał Greg, czując rosnący niepokój.

– Tak – potwierdził oczywisty fakt Apo, mówiąc niewyraźnie, ponieważ żuł akurat duński tytoń. – Są wszędzie.

„Wiedziałem, że saudyjscy wahabici od lat budują meczety wzdłuż afgańskiej granicy – mówi Mortenson. – Ale tej wiosny, w roku 2001, byłem zdumiony, ile budynków wznieśli w samym środku szyickiego Baltistanu. Po raz pierwszy uświadomiłem sobie skalę planowanych przez nich działań, i to mnie przeraziło".

Wahabizm jest konserwatywnym, fundamentalistycznym odłamem sunnickiego islamu oraz oficjalną religią państwową Arabii Saudyjskiej. Wielu saudyjskich wyznawców uważa to określenie za obraźliwe i woli się nazywać muwahidunami, czyli monoteistami. W Pakistanie i innych ubogich krajach poddanych najsilniejszym wpływom tego odłamu przyjęła się jednak nazwa wahabici.

Słowo „wahabita" pochodzi od terminu *al-wahhab* oznaczającego w języku arabskim „szczodrego dawcę", co jest jednym z wielu imion Boga. Właśnie szczodre dary (w postaci nieskończonego dopływu gotówki, jaką wahabici przemycają do Pakistanu w walizkach lub za pomocą systemu hawala, który polega na dokonywaniu międzynarodowych przekazów pieniężnych z pominięciem procedur bankowych) tworzą wizerunek wahabitów pośród ludności Pakistanu. Największa zaś ilość pieniędzy pochodzących z przemysłu naftowego Zatoki Perskiej jest przeznaczana na najbardziej niebezpieczne inkubatory religijnego ekstremizmu – na wahabickie madrasy.

Trudno wytropić dokładne liczby przy tak nieoficjalnym przedsięwzięciu, ale jedno z nielicznych doniesień, jakie ukazały się w ostro cenzurowanej saudyjskiej prasie, sugeruje, że sprytnie zainwestowane dochody z ropy naftowej mają ogromny wpływ na najuboższych uczniów w Pakistanie.

W grudniu roku 2000 saudyjskie pismo „Ajn al-Jakin" podało, że jedna z czterech organizacji propagujących wahabizm, Fundacja Al-Haramajn, w poprzednim roku zbudowała tysiąc sto meczetów, szkół i centrów islamu w Pakistanie i innych krajach muzułmańskich oraz zatrudniła trzy tysiące głosicieli wiary.

Podano też, że w tym samym okresie najbardziej aktywna spośród czterech wahabickich organizacji, International Islamic Relief Organization (którą później komisja badająca sprawę zamachów z jedenastego września miała oskarżyć o udzielanie bezpośredniego wsparcia talibom i Al-Kaidzie), zdołała wznieść trzy tysiące osiemset meczetów, wydać czterdzieści pięć milionów dolarów na „edukację islamską" i zatrudnić sześć tysięcy nauczycieli, w tym wielu w Pakistanie.

„W roku 2001 szkoły prowadzone przez Instytut Azji Centralnej porozrzucane były po całym północnym Pakistanie, począwszy od linii kontroli, a kończąc na kilku świeżo rozpoczętych budowach umiejscowionych na zachodzie, wzdłuż afgańskiej granicy – mówi Mortenson. – Jednak nasze środki wydawały się niczym w porównaniu do potężnych kwot, jakimi dysponowali wahabici. Ilekroć odwiedzałem którąś z nadzorowanych przez nas inwestycji, miałem wrażenie, że nie wiadomo kiedy w okolicy wyskoczyło dziesięć wahabickich madras".

Niewydolny system edukacyjny Pakistanu spowodował, że szybkie rozprzestrzenianie się wahabickiej doktryny miało znakomite podłoże ekonomiczne. Znikomy ułamek najbogatszych dzieci w kraju uczęszczał do elitarnych prywatnych szkół pozostałych po brytyjskim systemie kolonialnym. Mortenson jednak zdążył się już dawno przekonać, że ogromne połacie kraju pozostają kompletnie poza zasięgiem chybotliwego i niedofinansowanego systemu szkół publicznych. Sieć madras odpowiadała na potrzeby biednych dzieci, których państwowy system edukacyjny nie był w stanie zaspokoić.

Madrasy oferowały swoim uczniom darmowe zakwaterowanie i wyżywienie, powstawały też w miejscach, gdzie po prostu nie było innych szkół, stanowiły więc dla milionów pakistańskich rodziców jedyną możliwość zapewnienia dzieciom jakiegokolwiek wykształcenia. „Nie chcę sugerować, że wszyscy wahabici są źli – tłumaczy Mortenson. – Wiele z prowadzonych przez nich szkół i meczetów bardzo pomaga pakistańskiej biedocie. Niektóre z nich nauczają jednak przede wszystkim zbrojnego dżihadu".

W roku 2001 Bank Światowy oszacował, że w Pakistanie działa co najmniej dwadzieścia tysięcy madras, które oferują dwóm milionom pakistańskich uczniów program nauczania oparty na islamie. Mieszkający w Lahaurze pakistański dziennikarz Ahmed Rashid, prawdopodobnie największy na świecie znawca problematyki związku edukacji w madrasach z ekstremistycznym islamem, szacuje, że ponad osiemdziesiąt tysięcy młodych uczniów tych szkół wstąpiło do zbrojnych oddziałów talibów. Nie każda madrasa jest kolebką fundamentalizmu, ale raport Banku Światowego kończy się stwierdzeniem, że około 15–20 procent ich uczniów przechodzi szkolenia wojskowe, którym towarzyszy program nauczania zorientowany na propagowanie dżihadu i nienawiści względem Zachodu kosztem przedmiotów takich jak matematyka, przyroda czy literatura.

Rashid opisuje swoje doświadczenia w wahabickich madrasach Peszawaru w bestsellerze zatytułowanym „Talibowie". W książce opowiada o uczniach, którzy całymi dniami studiowali „Koran, wypowiedzi Proroka Mahometa i podstawy prawa islamskiego wykładane przez ledwie umiejących czytać nauczycieli". Dalej pisze, że „ani nauczyciele, ani uczniowie nie mieli nawet podstawowej wiedzy w zakresie matematyki, przyrody, historii czy geografii".

Opisywani przez niego uczniowie madras byli „wykorzenieni i gniewni, ubodzy i bez żadnych kwalifikacji zawodowych ani świadomości, kim właściwie są". Rashid twierdzi, że „podziwiali wojnę, ponieważ było to jedyne zajęcie, do jakiego potrafili się przystosować. Wbita im do głów przez wiejskich mułłów prosta wiara w mesjanistyczny, purytański islam była dla nich jedyną ostoją, która nadawała ich życiu jakiś sens".

Rashid wspomina również o działalności Mortensona: „Jego praca nad budowaniem szkół zapewnia tysiącom uczniów to, czego najbardziej potrzebują – zrównoważoną edukację i narzędzia niezbędne, aby mogli dźwignąć się z ubóstwa. Potrzeba nam jednak dużo więcej takich akcji. Te szkoły są zaledwie kroplą w morzu potrzeb, jeśli wziąć pod uwagę skalę problemu w Pakistanie. Sprowadza się to wszystko do tego, że państwo zawodzi ogromne rzesze młodzieży, czyniąc z niej łatwy narybek dla wielu madras".

Najsłynniejsza z pakistańskich madras, licząca trzy tysiące uczniów Darul Ulum Hakkania położona w miejscowości Akora Chattak koło Peszawaru, zyskała przydomek „uniwersytet dżihadu", jako że do jej absolwentów zalicza się przywódca talibów, nieuchwytny jednooki mułła Omar, jak również wielu jego dowódców. „Strategia przyjęta przez wahabitów przyprawiała mnie o zawroty głowy – mówi Mortenson. – Tu nie chodziło tylko o to, że kilku arabskich szejków wysiada z samolotów linii Gulf Air z walizkami pełnymi pieniędzy. Najlepszych uczniów madras zabierano do Arabii Saudyjskiej czy Kuwejtu na dziesięć lat ostrej indoktrynacji, a gdy wracali do domu, zachęcano ich, żeby brali sobie cztery żony i rozmnażali się jak króliki... Apo trafił w sedno, nazywając wahabickie madrasy ulami. Kolejne pokolenia poddaje się tam praniu mózgu, mając w perspektywie następne dwadzieścia, czterdzieści, może nawet sześćdziesiąt lat, kiedy armia wyprodukowanych w ten sposób ekstremistów osiągnie taką liczebność, że będzie mogła całym rojem zaatakować Pakistan i resztę islamskiego świata".

Na początku września roku 2001 w centrum Skardu stanął dostojny czerwony minaret niedawno oddanego do użytku wahabickiego meczetu oraz otoczonej murem madrasy – niczym wielki wykrzyknik wieńczący falę niepokoju, jaki Mortenson odczuwał przez całe lato.

Dziewiątego września Greg jechał na tylnym siedzeniu zielonego land cruisera w stronę doliny Ćarpursonu, położonej na samym krańcu północnego Pakistanu. Siedzący z przodu obok kierowcy George McCown podziwiał majestatyczny krajobraz doliny Hunzy.

„Przyjechaliśmy od strony Chin, przez przełęcz Chundżerab – wspomina McCown. – To była najpiękniejsza podróż na świecie. Najpierw mieliśmy wokół siebie tylko dziewiczą przyrodę, bezkres, który czasem przemierzały stada wielbłądów, a potem nad naszymi głowami wyrosły niesamowite szczyty Pakistanu".

Jechali w stronę wioski Zuudchan, rodzinnej miejscowości Faisala Baiga, gdzie mieli dokonać otwarcia trzech świeżo ukończonych inwestycji Instytutu – studni, minielektrowni wodnej oraz ambulatorium medycznego. McCown, który przekazał na te przedsięwzięcia osiem tysięcy dolarów z własnych funduszy, towarzyszył Mortensonowi, by zobaczyć, do jakich zmian się przyczynił jego wkład finansowy. Za nimi jechał drugi samochód terenowy, wiozący jego syna Dana i synową Susan.

Zatrzymali się na noc w Sost, dawnym karawanseraju położonym przy Jedwabnym Szlaku, który obecnie funkcjonował jako przystanek dla kursujących do Chin bedfordów. Greg odchylił klapkę świeżo nabytego telefonu satelitarnego, zakupionego specjalnie na tę podróż, i zadzwonił do Baszira, zaprzyjaźnionego generała brygady w Islamabadzie, aby się upewnić, że dwa dni później zabierze ich z Zuudchanu specjalnie przysłany śmigłowiec. W ciągu ostatniego roku, jaki Mortenson spędził w Pakistanie, sporo się zmieniło. Na tradycyjnym salwar kamizie nosił teraz kamizelkę fotograficzną z mnóstwem kieszeni, by pomieścić wszelkie drobiazgi, jakich wymagała gorączkowa praca dyrektora Instytutu Azji Centralnej. Miał więc oddzielną kieszeń na niewymienione jeszcze dolary, inną na pliki rupii potrzebnych do codziennych transakcji, jeszcze inną na wręczane mu przez różne osoby petycje o dofinansowanie kolejnych projektów, a kolejną na pokwitowania związane z bieżącymi pracami, które trzeba było dostarczyć skrupulatnym amerykańskim księgowym. W przepastnych kieszeniach kamizelki mieścił się też aparat analogowy i cyfrowy, potrzebne do prowadzenia dokumentacji prac na potrzeby darczyńców, którym trzeba się było przypodobać po powrocie do domu.

Pakistan również się zmienił. Cios zadany dumie narodowej, jakim było rozgromienie pakistańskich sił w czasie konfliktu kargilskiego, spowodował odsunięcie od władzy wybranego w demokratycznych wyborach premiera Nawaza Szarifa. Wskutek bezkrwawego przewrotu wojskowego nowym premierem został generał Perwez Muszarraf. W Pakistanie obowiązywał teraz stan wojenny. Muszarraf objął urząd z obietnicą, że powstrzyma siły islamskiego terroryzmu, które obarczał winą za osłabienie państwa w ostatnich latach.

Mortenson nie do końca jeszcze rozumiał motywację Muszarrafa, był jednak wdzięczny za wsparcie, jakiego nowy wojskowy rząd udzielał Instytutowi Azji Centralnej.

„Muszarraf od razu zyskał szacunek, ponieważ wydał walkę korupcji – wyjaśnia Mortenson. – Po raz pierwszy, odkąd przybyłem do Pakistanu, zacząłem w odległych górskich wioskach spotykać wojskowy audyt, który sprawdzał, czy finansowane przez rząd szkoły i kliniki faktycznie istnieją. A wieśniacy z doliny Braldu mówili mi, że wreszcie zaczęły do nich w ogóle

dopływać jakiekolwiek fundusze z Islamabadu. Dużo bardziej mnie to prze-
konywało niż zaniedbanie i pusta retoryka rządów Szariffa i Bhutto".

Ponieważ działalność Instytutu obejmowała już terytorium całego północnego Pakistanu, wojskowi piloci zaczęli proponować swoje usługi upar-
temu Amerykaninowi, którego pracę podziwiali – przewozili go więc w kilka
godzin śmigłowcem ze Skardu do odległych wiosek, do których samochodem
musiałby jechać kilka dni.

Generał brygady Baszir Baz, bliski współpracownik Muszarrafa, był pio-
nierem, jeśli chodzi o rozwiązania techniczne – między innymi spuszczał ludzi
i sprzęt na stanowiska wojskowe na lodowcu Sijaćen, najwyżej położonym
terenie walk na świecie. Zasłużył się, pomagając w odparciu sił indyjskich,
potem jednak przeszedł w stan spoczynku i założył prywatną (choć sponso-
rowaną przez wojsko) firmę oferującą przewozy lotnicze – Askari Aviation.
Gdy tylko firma dysponowała czasem i śmigłowcem, wówczas on sam lub
któryś z jego pracowników proponował, że przewiezie Grega w jakiś odległy zakątek kraju.

„Spotkałem w życiu wiele osób – mówi Baszir – ale nikogo takiego jak
Greg Mortenson. Jeśli wziąć pod uwagę, jak wiele ten człowiek robi dla dzieci w moim kraju, naprawdę zaproponowanie mu czasem przelotu nie jest
niczym wielkim".

Mortenson wybrał numer i skierował antenę telefonu na południe, aż
usłyszał przedzierający się przez zakłócenia głos Baszira. Generał przekazał
mu szokującą wiadomość pochodzącą z kraju, którego szczyty widać było
ponad grzbietem gór na zachodzie.

– Proszę powtórzyć! – krzyczał Greg do słuchawki. – Masud nie żyje?

Baszir otrzymał właśnie nieoficjalny raport pakistańskiego wywiadu, że
Ahmad Masud Szah został zamordowany przez udających dziennikarzy za-
machowców Al-Kaidy. Baszir dodał, że śmigłowiec przyleci po Mortensona,
tak jak się umówili.

„Jeśli to prawda – myślał Greg – w Afganistanie teraz naprawdę za-
wrze".

Informacja okazała się prawdziwa. Masud, charyzmatyczny przywódca Sojuszu Północnego, niepokornego ugrupowania byłych mudżahedinów, których umiejętności wojskowe powstrzymywały talibów
przed zajęciem północnej części Afganistanu, został 9 września zamordowany przez dwóch przeszkolonych przez Al-Kaidę Algierczyków po-

dających się za pochodzących z Maroka belgijskich dokumentalistów. Gdy francuski wywiad sprawdził numery seryjne używanej przez nich kamery, okazało się, że ukradli ją poprzedniej zimy dziennikarzowi, Jeanowi-Pierre'owi Vincendetowi, gdy przygotowywał lekki fotoreportaż na temat gwiazdkowych wystaw domów towarowych we francuskim mieście Grenoble.

Zamachowcy samobójcy wypełnili kamerę materiałem wybuchowym i zdetonowali ją podczas wywiadu z Masudem zaaranżowanego w jego bazie w Hodża Bahaudin, godzinę lotu śmigłowcem od Sost, gdzie Mortenson dopiero co przenocował. Masud zmarł po piętnastu minutach w swoim land cruiserze, podczas gdy jego ludzie próbowali go szybko przewieźć do śmigłowca, który miał go zabrać do szpitala w Suszanbe w Tadżykistanie.

Ukrywano jednak tę wiadomość przed światem jak najdłużej, obawiając się, że śmierć przywódcy rozzuchwali talibów, którzy mogą wówczas przystąpić do ofensywy na ostatnią wolną enklawę Afganistanu.

Ahmad Masud Szah znany był jako Lew Pandższiru dzięki zaciekłości, z jaką bronił swojego kraju przed sowieckim najeźdźcą, dziewięciokrotnie odpierając znacznie potężniejsze siły w swej rodzimej dolinie Pandższiru dzięki doskonałej taktyce walki partyzanckiej. Uwielbiany przez swych popleczników oraz nienawidzony przez tych, którzy doświadczyli jego brutalnego oblężenia Kabulu, był w swoim kraju kimś w rodzaju Che Guevary, choć ze swoją brązową wełnianą czapką na głowie i pomimo niedbałego zarostu wyrazistą twarzą bardziej przypominał Boba Marleya.

Jeśli zaś chodzi o Osamę bin Ladena i wysłanych przez niego jeźdźców apokalipsy – dziewiętnastu mężczyzn, głównie Saudyjczyków, którzy lada chwila mieli wsiąść na pokłady amerykańskich samolotów pasażerskich uzbrojeni w nożyki do tektury – śmierć Masuda oznaczała, że jedyny przywódca zdolny zjednoczyć północnoafgańskich watażków wokół amerykańskich wojsk, które już wkrótce miały nadciągnąć z pomocą, zniknął z horyzontu równie niespodziewanie, jak za parę dni znikną dwa wieżowce na drugim końcu świata.

Następnego ranka, dziesiątego września, konwój Mortensona wjeżdżał w dolinę Ćarpursonu pośród rozrzedzonego wysokogórskiego powietrza, przez które wyraźnie widać było położone w oddali rdzawe pasma afgańskiego Hindukuszu. Z trudem jechali w górę po nierównej drodze z prędkością co najwyżej dwudziestu kilometrów na godzinę. Mijali poszarpane lodowce, zwisające niczym nadgryzione posiłki olbrzymów ze zboczy najeżonych sześciotysięczników sterczących w niebo.

Zuudchan było ostatnią osadą przed pakistańską granicą, położoną na samym końcu doliny. Bure domy z suszonej cegły tak dalece zlewały się z pylistym podłożem doliny, że wioskę ledwo było widać, dopóki się do niej nie wjechało. Na miejscowym boisku do polo stał dumnie Faisal Baig w otoczeniu tłumu ludzi, którzy zebrali się, żeby powitać gości. Faisal Baig miał na sobie tradycyjny strój plemienia Wachów – prostą kamizelkę z szorstkiej brązowej wełny, płaską białą czapkę i wysokie buty do konnej jazdy. Był wyższy od większości zebranych wokół niego ludzi, stał wyprostowany i patrzył na gości z Ameryki przez ciemne szkła okularów, które przysłał mu w prezencie McCown.

George McCown to potężny mężczyzna, lecz Baig bez trudu uniósł go w górę i niemal zgniótł w uścisku.

„Faisal to naprawdę złoty człowiek – opowiada McCown. – Pozostajemy z nim w kontakcie od czasu naszego trekkingu pod K2, kiedy przeprowadził mnie z moim rozwalonym kolanem przez lodowiec Baltoro i praktycznie uratował życie mojej córce Amy, którą przez większą część drogi na dół niósł na plecach, bo zachorowała. Kiedy przyjechaliśmy odwiedzić go w rodzinnej wiosce, z wielką dumą wszystko nam pokazywał. Zorganizował iście królewskie przyjęcie".

Miejscowi muzykanci dęli w rogi i bili w bębny, gdy przybysze szli wzdłuż krętej linii powitalnej utworzonej przez trzystu mieszkańców wioski. Mortenson odwiedzał już kilka razy to miejsce, żeby przypilnować prac, dzięki czemu zdążył już wypić tu wiele filiżanek herbaty i był teraz witany jak członek rodziny. Mężczyźni obejmowali go nieco mniej brutalnie niż Faisal Baig, a kobiety, ubrane w charakterystyczne dla tego plemienia kolorowe stroje i szale, witały go, dotykając delikatnie jego policzka i całując wierzch własnych dłoni, jak było przyjęte w tych okolicach.

Baig szedł na czele pochodu, prowadząc Mortensona i McCowna w stronę stromego zbocza, którym biegły rury doprowadzające wodę z położonego na północ od wioski górskiego strumienia, a następnie uroczyście włączył napędzany wodą generator – niewielki, ale wystarczający, żeby w kilkudziesięciu domach, gdzie z sufitów zwisały świeżo zainstalowane żarówki, na kilka godzin każdego wieczoru rozświetlić ponurą ciemność.

Mortenson zatrzymał się chwilę dłużej w nowym ambulatorium, by porozmawiać z dwudziestoośmioletnią Azizą Hussain, która właśnie wróciła ze zorganizowanego przez Instytut Azji Centralnej półrocznego szkolenia w położonej sto pięćdziesiąt kilometrów od wioski klinice w Gulmicie. Była teraz pierwszym w historii pracownikiem medycznym swojej wioski i z radością pokazywała wyposażenie pokoju, który dzięki funduszom Instytutu został dobudowany do jej domu. Na jej kolanach spał maleńki synek, a pięcioletnia córka obejmowała ją za szyję, kiedy matka z dumą pokazywała pudełka z zakupionymi przez Instytut antybiotykami, syropem przeciwkaszlowym oraz płynami nawadniającymi.

Ponieważ najbliższa placówka medyczna była oddalona o dwa dni jazdy samochodem terenowym po często nieprzejezdnych drogach, choroba w Zuudchanie nierzadko oznaczała tragedię. W poprzednim roku trzy kobiety zmarły podczas porodu.

„Wiele osób zmarło też z powodu biegunki – mówi Aziza. – Kiedy zostałam przeszkolona, a doktor Greg zapewnił nam lekarstwa, takie sytuacje przestały być dla nas zagrożeniem. Po pięciu latach korzystania ze świeżej wody dzięki nowym rurom, a także uczenia ludzi, jak dbać o higienę dzieci i żywności, skończyły się u nas te niepotrzebne zgony. Bardzo bym chciała rozwijać swoje umiejętności w zakresie medycyny i przekazywać wiedzę innym kobietom. Teraz, gdy osiągnęliśmy tak ogromny postęp, nie ma w naszej okolicy nikogo, kto by twierdził, że kobietom niepotrzebna jest edukacja".

„W rękach Grega Mortensona pieniądze nabierają ogromnej wartości – mówi McCown. – Przyjechałem tu ze świata, gdzie wielkie korporacje wydają miliony dolarów na walkę z problemami, ale i tak nic się nie zmienia. A tu za równowartość niedrogiego samochodu facet potrafi całkowicie odmienić los tych ludzi".

Następnego dnia, 11 września roku 2001, wszyscy mieszkańcy wioski zebrali się przy scenie skonstruowanej na brzegu boiska do polo. Mortensona i McCowna usadzono pod transparentem z napisem „Witamy Honorowych Gości", zaś wąsaci przedstawiciele starszyzny w długich białych szatach wyszywanych w różowe kwiaty odtańczyli wirujący taniec powitalny plemienia Wachów. Mortenson wstał z uśmiechem ze swojego miejsca i do nich dołączył. Pomimo sporej wagi tańczył z zaskakującą lekkością, a mieszkańcy wioski zaraz zaczęli wznosić okrzyki uznania.

Pod przewodnictwem Faisala Baiga i ośmiu pozostałych członków starszyzny tworzących tanzim, czyli radę wioski, w Zuudchanie już przed dziesięcioma laty utworzono szkołę. Tego ciepłego popołudnia jej najlepsi uczniowie demonstrowali swobodę w posługiwaniu się językiem angielskim w ramach niekończącego się ciągu przemówień, które towarzyszyły inauguracji sfinansowanych przez Instytut przedsięwzięć.

– Dziękujemy za poświęcenie cennego czasu problemom odległego rejonu północnego Pakistanu – powiedział nieśmiało nastoletni chłopiec do mikrofonu z głośnikiem podłączonym do akumulatora ciągnika. Przystojniak z tej samej klasy próbował przebić kolegę przygotowaną przez siebie mową:

– To było miejsce odizolowane, odcięte od świata – powiedział, chwytając za mikrofon z pewnością siebie godną gwiazdy estrady. – Byliśmy tu, w Zuudchanie, bardzo samotni. Ale doktor Greg i pan George pragnęli, żeby życie w naszej wiosce było lepsze. W imieniu ludzi ubogich i potrzebujących, takich jak mieszkańcy naszej wioski, serdecznie dziękujemy naszym darczyńcom. Jesteśmy bardzo, bardzo wdzięczni!

Uroczystości zakończył mecz polo zorganizowany pod pretekstem zabawienia szacownych gości. Z ośmiu położonych w dolinie wiosek specjalnie sprowadzono tutejsze niskie, krępe górskie kuce, na których Wachowie rozegrali mecz polo w stylu równie surowym jak ich styl życia. Jeźdźcy o nagich torsach pędzili po boisku, uganiając się za służącą im za piłkę kozią czaszką, zamiast niej często waląc kijami współzawodników i wciąż zderzając się ze sobą, niczym kierowcy w zawodach *demolition derby*. Mieszkańcy wioski głośno krzyczeli, zagrzewając graczy do walki, ilekroć przemknęli im przed nosem. Dopiero gdy na niebie nad szczytami Afganistanu rozpłynęły się resztki światła, jeźdźcy zsiedli z kuców, a zebrany tłum rozszedł się do domów.

Faisal Baig wykazał się tolerancją dla odmienności kulturowej i zakupił na tę okazję butelkę chińskiej wódki. Zaproponował ją gościom, których nocował w swoim przypominającym bunkier domu, choć ani on, ani Mortenson nie pili alkoholu. Ze starszyzną, która odwiedziła ich jeszcze przed snem, rozmawiali o zabójstwie Masuda i co może ono oznaczać dla miejscowych. Jeśli położona zaledwie trzydzieści kilometrów dalej, za przełęczą Irśad, część Afganistanu padnie ofiarą ataku talibów, życie tutaj ulegnie radykalnej zmianie. Granica zostanie szczelnie zamknięta, tradycyjne trasy handlowe staną się niedostępne, a konflikt odetnie ich od reszty plemienia, które do tej pory swobodnie przemieszczało się po przełęczach i dolinach leżących po obu stronach granicy.

Gdy poprzedniej jesieni Mortenson odwiedził Zuudchan, by dostarczyć rury do poprowadzenia wody, miał szansę poczuć bliskość Afganistanu.

Stał razem z Faisalem Baigiem na łące wysoko nad wioską, patrząc na tuman pyłu zmierzający ku nim od strony przełęczy Irśad. Jeźdźcy zauważyli Grega i pędzili galopem prosto na niego niczym banda rozszalałych zbójców.

Kiedy się zbliżyli, zobaczył kilkunastu mężczyzn o zmierzwionych brodach, z pełnymi naboi bandolierami przewieszonymi przez piersi i w ręcznie robionych butach do konnej jazdy sięgających za kolana. „Zeskoczyli z koni i ruszyli w moją stronę – opowiada Mortenson. – Nigdy wcześniej nie widziałem ludzi wyglądających równie dziko. Przez myśl mi przeleciały wspomnienia z Waziristanu i pomyślałem sobie: «Oho, znowu się zaczyna»".

Przywódca bandy, krzepki mężczyzna z przewieszoną przez ramię strzelbą, podszedł dziarskim krokiem do Mortensona, ale drogę zastąpił mu Baig, jakby miał zamiar oddać życie w obronie swego podopiecznego. Po chwili jednak obaj mężczyźni połączyli się w uścisku i zaczęli serdecznie rozmawiać.

– To mój przyjaciel – powiedział Baig do Mortensona. – On pana szukać wiele razy.

Greg dowiedział się, że mężczyźni są kirgiskimi nomadami zamieszkującymi Korytarz Wachański, wąskie pasmo terenu na północnym wschodzie Afganistanu rozciągające swe braterskie ramię dokładnie nad pakistańską doliną Ćarpursonu, po której również wędrują kirgiskie rodziny. Odcięci od świata w tym dzikim korytarzu między Pakistanem a Tadżykistanem, zagonieni w ten daleki zakątek kraju przez talibów, Kirgizi nie mieli szans ani na pomoc międzynarodową, ani pochodzącą od ich własnego rządu. Kiedy usłyszeli, że Mortenson ma dotrzeć do Ćarpursonu, jechali sześć dni konno, żeby się z nim spotkać.

Naczelnik wioski zrobił krok w stronę Mortensona i przemówił do niego w swoim języku, mając Baiga za tłumacza:

– Dla mnie ciężkie życie żaden problem, ale dla dzieci niedobrze. Mamy mało jedzenia, mało domów i wcale szkoły. Wiemy, że doktor Greg buduje szkoły w Pakistanie, więc może dla nas też? Damy ziemię, kamienie, ludzi, wszystko. Może przyjedzie do nas na zimę, żeby wszystko dobrze dyskutować i zbudować szkołę?

Mortenson pomyślał o sąsiadach tego człowieka kawałek dalej na zachód – o dziesięciu tysiącach uchodźców pozostawionych własnemu losowi na wysepkach Amu-darii, którym nie zdołał pomóc. Mimo że pogrążony w wojnie Afganistan nie był najlepszym miejscem do rozpoczynania nowych przedsięwzięć, obiecał sobie, że znajdzie jakiś sposób, żeby tym ludziom pomóc.

Starał się za pośrednictwem Baiga wytłumaczyć, że w domu czeka na niego żona, której obiecał, że za kilka dni wróci, i że wszystkie projekty Instytutu muszą być zatwierdzone przez zarząd. Położył jednak dłoń na ramieniu mężczyzny, ściskając czarną od brudu kamizelkę z owczej wełny, którą miał na sobie.

– Powiedz mu, że muszę jechać do domu – przekazał Baigowi. – I że trudno mi teraz pracować w Afganistanie. Ale obiecuję, że odwiedzę jego rodzinę, jak tylko będę mógł. Wtedy przedyskutujemy możliwości zbudowania szkoły.

Kirgiz uważnie słuchał Baiga, marszcząc brwi w skupieniu, aż w końcu jego poorana bruzdami twarz rozpromieniła się w uśmiechu. Położył swą potężną dłoń na ramieniu Mortensona, tym samym pieczętując jego obietnicę, a potem wsiadł na konia i poprowadził swoich ludzi w długą podróż do domu przez pasmo Hindukuszu, żeby zrelacjonować swoje dokonania miejscowemu dowódcy, Abdulowi Raszid Chanowi.

Teraz, w rok po tym spotkaniu, Mortenson leżał na wygodnym plecionym łóżku, które jego gospodarz zrobił specjalnie dla gości, choć on sam wraz z całą rodziną spał na podłodze. Dan i Susan spali twardym snem, na łóżku przy oknie chrapał McCown. Greg pogrążony był w półśnie. Dawno stracił już wątek rozmowy, którą prowadziła starszyzna. Sennie rozmyślał nad złożoną Kirgizom obietnicą i zastanawiał się, czy zabójstwo Masuda uniemożliwi jej spełnienie.

Baig zdmuchnął migoczące lampy grubo po północy, twierdząc, że o tak późnej porze, jeśli ma się do czynienia z nieprzewidywalnymi działaniami ludzi, można już zrobić tylko jedno: poprosić Wszechmocnego o opiekę, a następnie pójść spać.

Pośród panujących teraz w izbie ciemności Greg pomału odpływał w kierunku kończącego długi dzień snu, a ostatnimi dźwiękami, jakie słyszał, był cichy szept starającego się nie zbudzić gości Baiga, który usilnie prosił Boga o pokój.

O wpół do piątej rano obudziło go szarpanie za ramię. Faisal Baig trzymał przy uchu tanie plastikowe radyjko produkcji rosyjskiej. W rozmytym blasku zielonego światła wyświetlacza Greg dostrzegł wyraz twarzy, jakiego jeszcze nigdy nie widział u swojego ochroniarza – strach.

– Sahibie!... Sahibie!... – powtarzał Baig. – Wielki problem. Wstawać! Wstawać!...

Doświadczenie służby wojskowej, którego Mortenson nigdy do końca nie zapomniał, pozwoliło mu raźnie zrzucić stopy na podłogę, mimo że udało mu się przespać tylko dwie godziny.

– *As-salam alejkum*, Faisal – powiedział Greg, pocierając oczy, żeby się dobudzić. – *Baaf ateja?* Jak się masz?

Baig, który zwykle przywiązywał wagę do grzeczności, zacisnął tylko zęby i nie odpowiedział na pozdrowienie.

– *Uzum mofsar.* Przykro mi – wydusił w końcu z siebie po długiej chwili wpatrywania się Amerykaninowi prosto w oczy.

– Ale dlaczego? – spytał Greg.

Zaniepokoiło go, że jego ochroniarz, który zwykle samym potężnym wyglądem odstraszał potencjalnych napastników, trzyma teraz w dłoniach AK-47.

– Zbombardowano wioskę o nazwie Nowy Jork.

Greg narzucił na plecy koc z sierści jaka, wsunął stopy w lodowate klapki i wyszedł na zewnątrz, żeby się rozejrzeć. Było jeszcze ciemno, na dworze panował przenikliwy chłód. Baig najwyraźniej rozstawił wartowników dla ochrony swoich amerykańskich gości: przy jedynym oknie domu stał z kałasznikowem w ręku brat gospodarza Alam Dżan, dziarski blondyn o niebieskich oczach, który pracował jako tragarz wysokogórski. Nieco dalej stał Haidar, miejscowy mułła, patrząc w stronę pogrążonego w ciemnościach Afganistanu. Główną drogę obserwował Sarfraz, tyczkowaty były komandos armii pakistańskiej, który oprócz pilnowania, czy nie zbliżają się do nich jakieś pojazdy, próbował też złapać cokolwiek na trzymanym przy uchu radyjku.

Okazało się, że właśnie Sarfraz usłyszał na falach chińskiej stacji radiowej wiadomość nadawaną w języku ujgurskim, jednym z wielu języków, jakie znał, z której wynikało, że zawaliły się dwie wielkie wieże. Nie rozumiał, co to dokładnie oznacza, wiedział jednak, że terroryści zabili ogromną liczbę Amerykanów. Teraz usiłował się dowiedzieć czegoś więcej, ale udawało mu się złapać tylko melancholijną ujgurską muzykę nadawaną przez stację w Kaszgarze, po chińskiej stronie granicy.

Mortenson poprosił o udostępnienie telefonu satelitarnego, który specjalnie na tę podróż zakupił, i po chwili Sarfraz, najlepiej zorientowany w nowoczesnej technologii spośród nich wszystkich, wsiadł na konia i popędził do domu po telefon, który pożyczył od Grega, żeby nauczyć się go obsługiwać.

Faisal nie potrzebował więcej informacji. W jednej dłoni trzymając AK-47, a drugą zaciskając w pięść przy swoim udzie, wpatrywał się w pierwsze niebieskawe światło muskające wierzchołki szczytów nad Afganistanem. Od wielu lat obserwował zbierającą się burzę i wiedział, że wcześniej czy później coś takiego się wydarzy. Trzeba było kilku miesięcy i wielu milionów dolarów zainwestowanych we wszędobylskie macki amerykańskiego wywiadu, by rozwikłać zagadkę, której rozwiązanie przeczuwał od razu ten analfabeta mieszkający w ostatniej wiosce na końcu bitej drogi, nieposiadający dostępu do internetu ani nawet telefonu.

– Wasz problem w wiosce Nowy Jork pochodzi stamtąd – powiedział, ze skrzywioną twarzą wskazując granicę. – Od tego szatana z Al-Kaidy – dodał, spluwając z pogardą w stronę Afganistanu. – Od Osamy.

Ogromny rosyjski śmigłowiec Mi-17 nadleciał punktualnie o ósmej rano, tak jak obiecał Mortensonowi generał Baszir. Pułkownik Iljas Mirza, prawa ręka generała, wyskoczył z kabiny pilota, zanim jeszcze śmigło przestało się kręcić, i zasalutował Amerykanom.

– Doktorze Greg, panie George, zgłaszamy się na służbę – oświadczył, a ze śmigłowca wyskoczyło kilku wojskowych komandosów, którzy ustawili się wokół Amerykanów.

Iljas był postawny i dziarski, niczym bohaterowie kreowani przez Hollywood. Miał wyraziste rysy twarzy i czarne włosy przyprószone siwizną na skroniach. Poza tą drobną oznaką wieku jego wygląd niewiele się zmienił od czasów, gdy jako młody mężczyzna odbywał służbę jako jeden z najlepszych w Pakistanie pilotów myśliwców. Iljas był Wazirem, pochodził z Bannunu, miasta, w którym Greg zatrzymał się na obiad tuż przed swoim porwaniem. Gdy pułkownik się dowiedział, jak początkowo członkowie jego plemienia potraktowali Mortensona, jego ambicją stało się dopilnowanie, aby jego amerykańskiego przyjaciela nie spotkały już żadne nieprzyjemności.

Faisal Baig uniósł dłonie ku niebu, odmawiając modlitwę i dziękując Bogu, że przysłał wojskowych, aby chronili Amerykanów. Bez żadnego bagażu i nie wiedząc, dokąd właściwie doleci, wsiadł do śmigłowca razem z Mortensonem i rodziną McCownów, aby mieć pewność, że wszelkie względy bezpieczeństwa zostaną zachowane.

Gdy wzbili się w powietrze, wykonali z telefonu Mortensona kilka połączeń z Ameryką, ograniczając czas rozmów do minimum, jako że bateria starczała tylko na czterdzieści minut. Od Tary i żony McCowna, Karen, uzyskali bardziej szczegółowe informacje na temat ataków terrorystycznych.

Mortenson wpychał sobie głębiej w ucho podłączoną do telefonu douszną słuchawkę i mrużył oczy, wyglądając na widoczne przez okienka śmigłowca fragmenty wysokogórskiego krajobrazu, żeby trzymać antenę telefonu skierowaną na południe, gdzie krążyły satelity przenoszące głos jego żony. Dla Tary głos męża w słuchawce był tak wielką ulgą, że się rozpłakała i nie zważając na irytujące zakłócenia i opóźnienia w przekazywaniu głosu, powtarzała mu, jak bardzo go kocha.

– Wiem, że jesteś tam ze swoją drugą rodziną, która dba o twoje bezpieczeństwo – krzyczała do słuchawki. – Ale skończ już tę pracę i wracaj do mnie, kochany.

McCown, który służył niegdyś w Dowództwie Strategicznym Sił Powietrznych USA (tankował w powietrzu bombowce B-52 wiozące ładunki nuklearne), potrafił sobie doskonale wyobrazić, jaki los czeka teraz Afganistan.

„Znam osobiście Rumsfelda, Rice i Powella, wiedziałem więc, że będziemy się szykować na wojnę – opowiada McCown. – Podejrzewałem też, że jeśli za tym atakiem stoi ta cała Al-Kaida, to lada chwila zacznie się totalne bombardowanie tych resztek Afganistanu, których jeszcze nie zniszczyła wojna. Ale nie byłem pewien, jak zareaguje Muszarraf, jeśli do tego dojdzie. Nawet gdyby postanowił stanąć po stronie Ameryki, nie miałem pojęcia, czy pakistańskie wojsko pójdzie za nim, ponieważ wcześniej wielu wojskowych wspierało talibów. Zdawałem sobie sprawę, że możemy wszyscy skończyć jako zakładnicy, chciałem więc jak najszybciej się wydostać z tego piekiełka".

Mechanik pokładowy przeprosił pasażerów za fakt, że w wyposażeniu znajduje się niewystarczająca liczba słuchawek, i zaoferował Mortensonowi żółte plastikowe ochraniacze na uszy. Greg włożył je, po czym przycisnął głowę do okna, delektując się widokiem, który w ciszy zdawał się jeszcze bardziej niesamowity. Pod nimi wznosiły się strome terasy doliny Hunzy, niczym uszyta ze skrawków wszelkich możliwych odcieni zieleni zwariowana kołdra zarzucona na przypominające grzbiety ogromnych słoni szare zbocza kamiennych gór.

Z lotu ptaka problemy Pakistanu wydawały się proste. Oto zwisające z Rakaposi zielone lodowce pękające w upalnym słońcu. A tam strumień niosący zrodzoną ze śniegu wodę. Poniżej leżą wioski, w których brakuje wody. Greg mrużył oczy, śledząc siateczkę kanałów irygacyjnych doprowadzających wodę na każde z wiejskich poletek. Z tej wysokości wydawało się, że troska o życie i urodzaj w każdej z tych odciętych od świata osad sprowadza się do pociągnięcia kilku prostych kreseczek kierujących wodę w odpowiednie strony.

„Z tej wysokości nie widać zawiłych intryg nieustępliwych wiejskich mułłów, którym nie w smak jest edukacja dziewcząt – myślał Mortenson. – Podobnie jak lokalnej siatki powiązań, która potrafi powstrzymać prace nad świetlicą dla kobiet albo opóźnić budowę szkoły. A jak można mieć nadzieję na rozpoznanie kolebek ekstremizmu pojawiających się niczym guzy na zdrowej tkance tych bezbronnych dolin, jeśli tak starannie otaczają się one wysokimi murami i tworzą wokół siebie zasłonę dymną edukacji?"

Śmigłowiec wylądował w „Szangri-la", położonym nad jeziorem godzinę drogi na zachód od Skardu ekskluzywnym ośrodku dla miłośników wędkarstwa, gdzie zwykli odpoczywać generałowie. W domu właściciela przybytku McCown spędził całe popołudnie i wieczór, dzięki antenie satelitarnej pozwalającej na względnie dobry odbiór CNN z otępieniem wpatrując się w zdjęcia ukazujące, jak srebrne kadłuby samolotów zamienionych w pociski wbijają się w budynki Manhattanu, które następnie niczym storpedowane statki pogrążają się w morzu popiołu.

Uczniowie madrasy Dżamia Darul Ulum Hakkania w Peszawarze (której nazwa oznacza „uniwersytet całej słusznej wiedzy") chełpili się później dziennikarzom „New York Timesa", że tego dnia po usłyszeniu wiadomości świętowali, biegając radośnie po rozległym dziedzińcu i wbijając palce w otwarte dłonie, naśladując zdarzenie, o którym nauczyciele powiedzieli im, że jest wolą Boga w działaniu – słuszne uderzenie samolotów w biurowce niewiernych.

Dla Mortensona potrzeba angażowania się w edukację była teraz jeszcze bardziej paląca niż wcześniej. McCown usiłował za wszelką cenę wydostać się z Pakistanu i całkowicie zużył baterie telefonu, próbując nakłonić swoich partnerów biznesowych, by przybyli po niego na indyjską granicę, lub zorganizować jakiś lot do Chin. Jednak granice zostały szczelnie zamknięte, a loty międzynarodowe wstrzymane.

„Powiedziałem George'owi: «Jesteś teraz w najbezpieczniejszym miejscu na ziemi – opowiada Mortenson. – Ci ludzie oddadzą życie, byle tylko tobie nic się nie stało. Skoro nie możemy nigdzie wyjechać, może w takim razie będziemy się trzymać pierwotnego planu, dopóki nie uda nam się wsadzić was wszystkich do jakiegoś samolotu?»".

Następnego dnia generał Baszir zorganizował śmigłowiec, który zabrał Amerykanów na wycieczkę na K2, by zająć czymś McCownów, nim uda się ich wyekspediować do domu. Z twarzą znów przyciśniętą do szyby Mortenson zobaczył daleko w dole szkołę w Korphe – żółty półksiężyc migoczący jak światełko nadziei pośród szmaragdowych pól wioski. Greg miał w zwyczaju przyjeżdżać do Korphe na filiżankę herbaty z Hadżi Alim każdej jesieni przed powrotem do Ameryki. Obiecał sobie, że pojedzie tam, kiedy tylko uda mu się bezpiecznie wyprawić swoich gości w podróż do domu.

W piątek 14 września Mortenson i McCown pojechali land cruiserem do oddalonej o godzinę drogi wioski Kuardu. Za nimi jechał konwój, który w związku z ponurymi wiadomościami z drugiej strony globu znacznie się powiększył.

„Miałem wrażenie, że wszyscy politycy, policjanci, dowódcy wojskowi i duchowni z całego północnego Pakistanu dołączyli do nas na inaugurację szkoły w Kuardu" – wspomina Mortenson.

Na dziedzińcu tłoczyło się tak dużo ludzi chrupiących pestki moreli, że trudno było zobaczyć samą szkołę. Ale nie o budynek chodziło tego dnia. Głównym mówcą był Sajed Abbas, a jako że cały muzułmański świat zalała fala niepokoju, mieszkańcy Baltistanu łapczywie chwytali każde słowo swego duchowego przywódcy.

– *Bismillah ir-Rahman ir-Rahim** – zaczął Sajed Abbas – *As-salam alejkum*. Wszechmocny Bóg nie bez powodu kazał nam się tu zebrać akurat teraz.

Słuchający go tłum doszczętnie zasłaniał podwyższenie, na którym stał duchowny, tak że ubrana w czarną szatę i turban postać zdawała się unosić nad głowami publiczności.

– Wy, dzieci, zapamiętacie dzisiejszy dzień na zawsze i będziecie o nim opowiadać swoim dzieciom i wnukom – ciągnął Sajed. – Dziś pośród ciemności ignorancji zapaliło się jasne światło edukacji... Podczas dzisiejszej inauguracji szkoły łączymy się w bólu z ludźmi, którzy teraz cierpią i płaczą w Ameryce – mówił duchowny, poprawiając zsuwające mu się z nosa grube okulary. – Osoby, które dokonały tego potwornego czynu przeciw niewinnym istnieniom, kobietom i dzieciom, pozostawiając tysiące wdów i sierot, nie czynią tego w imię islamu. Ufam wszechmocnemu Bogu, że spotka ich

---

* W imię Boga litościwego, miłosiernego.

zasłużona sprawiedliwość. A w związku z tą tragedią chcę pokornie prosić pana George'a i doktora Grega o przebaczenie. I wy wszyscy, moi rodacy, chrońcie i otaczajcie naszych amerykańskich braci opieką, żeby nic złego im się u nas nie stało. Dzielcie się z nimi wszystkim, co macie, aby ich misja odniosła powodzenie.

– Ci dwaj mężczyźni przyjechali tu z drugiego końca świata, aby pokazać muzułmańskim dzieciom światło edukacji – ciągnął Abbas. – Dlaczego sami nie zdołaliśmy tego zapewnić naszym dzieciom? Ojcowie, rodzice, proszę was teraz: róbcie co w waszej mocy, aby wasze dzieci mogły zdobyć wykształcenie. W przeciwnym razie będą niczym owce pasące się na polu, zdane na łaskę natury i świata w tak przerażający sposób zmieniającego się wokół nas.

Sajed Abbas przerwał, zastanawiając się nad kolejnymi słowami, ale wśród zebranych setek ludzi panowała absolutna cisza. Milczały nawet najmłodsze dzieci.

– Proszę Amerykę, aby wejrzała w nasze serca i przekonała się, że większość z nas to nie terroryści, lecz dobrzy, prości ludzie – mówił dalej Abbas głosem drżącym ze wzruszenia. – Na naszej ziemi panuje ubóstwo, ponieważ nie otrzymaliśmy edukacji. Dziś jednak kolejne światło wiedzy zostało zapalone. Proszę wszechmocnego Boga, aby oświeciło nam ono drogę, żebyśmy potrafili znaleźć wyjście z otaczających nas ciemności.

„To było niesamowite przemówienie – opowiada Mortenson. – Gdy Sajed Abbas skończył, cały tłum szlochał. Szkoda, że wszyscy Amerykanie, którzy na dźwięk słowa «muzułmanin» od razu widzą terrorystę, nie mogli tam wtedy być. Podstawowymi zasadami obowiązującymi w prawdziwym islamie są sprawiedliwość, tolerancja i dobroczynność, a Sajed Abbas dobitnie wyraził stanowisko umiarkowanych muzułmanów".

Po ceremonii liczne zamieszkałe w Kuardu wdowy ustawiły się w kolejce, by złożyć Mortensonowi i McCownowi kondolencje. Wkładały jajka w dłonie Amerykanów, prosząc ich, aby zawieźli te symbole żalu do pogrążonych w bólu sióstr po drugiej stronie świata, wdów z wioski Nowy Jork, które tutejsze kobiety chciały jakoś pocieszyć.

Mortenson spojrzał na drżący w swoich wielkich dłoniach stos świeżo zniesionych jaj i zaniósł je ostrożnie do samochodu, myśląc o dzieciach, które musiały również znajdować się w tych samolotach, a potem o własnych pociechach czekających na niego w domu. „Wszystko teraz jest takie kruche" – myślał, idąc przez tłum życzliwych osób po kobiercu z leżących na ziemi rozłupanych pestek moreli, nie mogąc nawet podnieść ręki, by pomachać ludziom na pożegnanie.

Następnego dnia pułkownik Mirza odwiózł ich Mi-17 do Islamabadu, gdzie ze względów bezpieczeństwa wylądowali na prywatnym helipadzie prezydenta Muszarrafa. Amerykanie usiedli w mocno strzeżonej poczekalni, przy bogato zdobionym marmurowym kominku, który wyglądał na nigdy nieużywany, pod portretem generała Baszira w mundurze galowym.

Tymczasem generał również wylądował – pamiętającym wojnę w Wietnamie śmigłowcem Alouette, w pakistańskim wojsku przezywanym „francuski traf", jako że był on bardziej niezawodny od amerykańskich hueyów tej samej daty.

– Orzeł wylądował – ogłosił teatralnym głosem Iljas, gdy łysiejący potężny generał ubrany w strój pilota wyskoczył na asfalt, żeby gestem ręki zaprosić ich na pokład.

Baszir leciał nisko i szybko, przytulając się do porośniętych krzakami wzgórz. Ledwo stracili z oczu najbardziej rzucający się w oczy budynek Islamabadu – ufundowany przez Saudyjczyków meczet Faisal o czterech minaretach i przypominającej namiot ogromnej kopule zdolnej pomieścić siedemdziesiąt tysięcy wiernych – a już praktycznie byli w Lahaurze. Generał wylądował pośrodku podjazdu dla taksówek na lotnisku, pięćdziesiąt metrów od boeinga 747 Singapore Airlines, który miał zabrać McCowna z rodziną daleko od regionu świata, gdzie niebawem rozpoczną się działania wojenne.

McCownowie uścisnęli na pożegnanie Mortensona i Faisala Baiga, po czym generał zaprowadził ich na miejsca w pierwszej klasie i przeprosił pozostałych pasażerów za opóźnienie, do którego się przyczynił. Nie odstępował Amerykanów, póki samolot nie był gotów do lotu.

„Gdy wracam myślami do tamtych dni – wspomina McCown – widzę, że w Pakistanie wszyscy traktowali nas wspaniale. Bardzo się obawiałem, co nam się może przytrafić w tym, jak to mówią, «strasznym islamskim kraju». Ale nic nam się nie stało. Dopiero gdy wyjechaliśmy, zaczęły się kłopoty".

Przez cały następny tydzień McCown leżał w eleganckim hotelu Raffles w Singapurze, dochodząc do siebie po ostrym zatruciu pokarmowym, o jakie przyprawiły go potrawy serwowane w pierwszej klasie samolotu Singapore Airlines.

Mortenson wrócił zaś na północ, żeby się spotkać z Hadżi Alim. Udało mu się złapać wojskowy lot transportowy do Skardu, a potem przez większą część drogi dolinami Śigaru i Braldu spał na tylnym siedzeniu land cruisera, podczas gdy Hussein prowadził, a Baig obserwował bacznie horyzont.

Początkowo Greg nie potrafił stwierdzić, dlaczego tłum zebrany na jego powitanie na drugim brzegu rzeki Braldu wygląda inaczej niż zwykle. Kiedy jednak zaczął iść po kołyszącym się moście i spojrzał na prawą stronę występu skalnego, nagle jakby serce stanęło mu w piersi. Wzniesienie, na którym zawsze stał Hadżi Ali, niezmienny niczym skała, tym razem było puste. Na brzegu powitał go Twaha, który przekazał mu smutną wiadomość.

W ciągu miesiąca, jaki upłynął od śmierci naczelnika wioski, jego syn golił głowę na znak żałoby i zapuścił brodę. Z zarostem na twarzy jeszcze bardziej przypominał ojca. Gdy poprzedniej jesieni Greg przyjechał do Korphe napić się herbaty z sędziwym nurmadharem Korphe, zastał go pogrążonego w rozpaczy. Jego żona Sakina dostała latem poważnych bóli żołądka i nie wstawała już z łóżka. Odmówiła dalekiej wycieczki do szpitala i znosiła swoją chorobę z typową dla Baltów cierpliwością, aż w końcu umarła.

Wraz z Hadżi Alim Mortenson odwiedził wtedy miejscowy cmentarz położony na otwartej przestrzeni niedaleko szkoły. Hadżi Ali, którego ruchy naznaczone już były starością, z trudem przykląkł, aby dotknąć kamienia umieszczonego nad miejscem, gdzie pochowano Sakinę głową w stronę Mekki. Kiedy się podniósł, oczy miał pełne łez.

– Bez niej jestem nikim – wyznał swojemu amerykańskiemu synowi. – Zupełnie nikim.

„Taki hołd z ust konserwatywnego szyity to coś niesamowitego – mówi Mortenson. – Prawdopodobnie wielu mężczyzn żywi takie uczucia wobec swoich żon, ale niewielu ma odwagę, aby to otwarcie przyznać".

Później Hadżi Ali objął Mortensona, który czując drżenie jego ciała, sądził, że staruszek wciąż płacze. Jednak zachrypnięty śmiech Hadżi Alego, naznaczony latami żucia tytoniu, był nie do podrobienia.

– Pewnego dnia, mój synu, przyjedziesz mnie odwiedzić i przekonasz się, że mnie też złożono w ziemi – rzekł ze śmiechem.

„Nie widziałem nic śmiesznego w myśli, że Hadżi Ali może umrzeć" – mówi Mortenson, a głos wciąż mu się łamie, choć od odejścia naczelnika Korphe minęło już ładnych kilka lat.

Greg objął mocno mężczyznę, od którego tak wiele się nauczył, i poprosił go o jeszcze jedną lekcję.

– Co mam robić, kiedy w końcu nadejdzie ten czas? – spytał.

Hadżi Ali spojrzał na szczyt K2 Korphe, starannie ważąc słowa.

– Słuchaj wiatru – powiedział.

Teraz Mortenson ukłęknął wraz z Twahą przy świeżym grobie nurmadhara wioski, którego serce wedle szacunków syna przestało pracować w ósmej dekadzie jego życia. „Nic nie jest wieczne – pomyślał Mortenson. – Choćbyśmy dali z siebie wszystko, nic nie jest wieczne".

Serce jego ojca nie pozwoliło mu przeżyć więcej niż czterdzieści osiem lat – zdecydowanie za mało, by Greg zdążył mu zadać pytania, które wciąż stawiało przed nim życie. Teraz zaś w grobie obok Sakiny pomału rozpadało się ciało nieodżałowanego Balta – ten człowiek wypełnił znaczną część owej pustki i dał mu wiele cennych lekcji, których inaczej być może nigdy by nie przerobił.

Greg wstał, próbując sobie wyobrazić, co Hadżi Ali by powiedział w takiej chwili, w tak czarnym momencie historii, kiedy wszystko co ważne zdawało się kruche jak skorupka jajka. Wówczas słowa zmarłego naczelnika Korphe powróciły z niesamowitą jasnością: „Słuchaj wiatru".

Greg słuchał więc, starając się nie przepuścić nawet najsubtelniejszych dźwięków. Słyszał, jak wiatr świszcze w wąwozie Braldu, niosąc wieści o nadchodzącym śniegu i końcu sezonu. Ale w podmuchach uderzających o kruchą skalną półkę, na której wysoko w górach żyli ludzie, usłyszał też melodyjnie wibrujące głosiki dzieci bawiących się na dziedzińcu szkoły w Korphe. Ocierając palcami gorące łzy, Mortenson zdał sobie sprawę, że to właśnie jest jego ostatnia lekcja.

– Myśl o nich – powiedział sobie. – Zawsze myśl o tych dzieciach.

ROZDZIAŁ DWUDZIESTY

HERBATKA Z TALIBAMI

Zbombardować ich wszystkich – Allah rozpozna swoich.

Nalepka przyklejona na szybie szoferki forda pikapa w Bozemanie w stanie Montana

– Chodźmy zobaczyć cyrk – zaproponował Suleman.

Mortenson siedział z tyłu białej toyoty corolli wynajętej przez Instytut Azji Centralnej dla pracującego teraz jako fikser taksówkarza z Rawalpindi, oparty o pokrowce troskliwie nałożone przez Sulemana na zagłówki siedzeń. Jechali pod czujnym okiem Faisala Baiga. Suleman odebrał ich obu z lotniska, na które przylecieli ze Skardu lotem PIA 737, jako że w Pakistanie, podobnie jak w Ameryce, pod koniec września wznowiono loty pasażerskie.

– Zobaczyć co? – Mortenson nie zrozumiał.

– Sam pan zobaczy – powiedział Suleman z szelmowskim uśmiechem.

W porównaniu z maleńkim przerdzewiałym suzuki, które wcześniej pełniło rolę taksówki, ta toyota była dla Sulemana niczym ferrari. Lawirował między sunącymi wolno samochodami na drodze łączącej Rawalpindi z przylegającym do niego Islamabadem, jedną ręką trzymając kierownicę, a drugą wybierając numer na innym cennym nabytku, bordowym telefonie komórkowym marki Sony wielkości pudełka zapałek – zawiadamiał właśnie kierownika pensjonatu Home Sweet Home, żeby zatrzymał jeszcze pokój, ponieważ sahib przyjedzie nieco później.

Suleman bez entuzjazmu zatrzymał się przy barykadzie policyjnej chroniącej Blue Area, nowoczesną enklawę dyplomatyczną, gdzie między równymi rzędami imponujących bulwarów znajdują się budynki rządowe, ambasady i hotele dla biznesmenów. Mortenson wychylił się przez okno, aby pokazać swoją twarz obcokrajowca. W przeważnie suchym i pylistym mieście tutaj trawniki były tak niesamowicie zielone, a cieniste korony drzew tak bujne, że sugerowały obecność potężnych sił zdolnych zmienić nawet intencje Matki Natury. Na widok Amerykanina policjanci dali kierowcy znak, że może jechać.

Islamabad został zaprojektowany od podstaw i zbudowany w latach sześćdziesiątych i siedemdziesiątych XX wieku jako odrębny świat dla bogatych i wpływowych obywateli Pakistanu. W eleganckich sklepach ciągnących się wzdłuż alej niczym ustawione rzędami pulsujące diody można było nabyć najnowszy japoński sprzęt elektroniczny, jak również egzotyczne smakołyki spod znaku KFC czy Pizza Hut.

Pulsującym kosmopolitycznym sercem miasta był pięciogwiazdkowy hotel Marriott, forteca luksusu, którą przed ubóstwem reszty kraju chroniły potężne bramy oraz stu pięćdziesięciu uzbrojonych strażników w błękitnych mundurach, skrywających się za każdym drzewem i krzaczkiem w parkowym otoczeniu hotelu. Nocą żarzące się w ciemnościach końce ich papierosów przypominały unoszące się nad trawnikami śmiercionośne świetliki.

Suleman podjechał pod bramę, w której dwaj strażnicy uzbrojeni w pistolety maszynowe M3 zajrzeli pod podwozie samochodu, posługując się drągami z zamocowanymi na końcu lusterkami, potem jeszcze sprawdzili bagażnik i dopiero wtedy odryglowali stalową bramę, żeby wpuścić ich do środka.

„Kiedy potrzebuję coś załatwić, zawsze jadę do Marriotta – mówi Mortenson. – Mają tam niezawodny faks i szybkie łącze internetowe. Zwykle też zabieram tam prosto z lotniska osoby, które pierwszy raz odwiedzają Pakistan, żeby mogły się z grubsza zorientować w sytuacji bez specjalnego szoku kulturowego".

Teraz jednak, gdy przeszedł już przez wykrywacz metalu, a jego pełna kieszeni kamizelka została dokładnie obmacana przez dwóch sprawnych strażników w mundurach i słuchawkach na uszach, Greg doznał szoku. Ogromne wykładane marmurem hotelowe lobby, w którym zwykle nie było nikogo oprócz pianisty i kilku grupek zagranicznych biznesmenów, siedzących na porozstawianych tu i ówdzie fotelach i szepczących do swoich komórek, teraz wypełniał tłum składający się z napędzanych kawą i naglącymi terminami mas ludzkości – oto do centrum zdarzeń przybył światowy korpus prasowy.

– To właśnie cyrk – objaśnił z uśmiechem Suleman, patrząc z dumą na Mortensona jak uczeń prezentujący ciekawy eksperyment na pikniku naukowym.

Gdziekolwiek spojrzeć, widać było kamery z logo i ludzi z nimi związanych: CNN, BBC, NBC, ABC, Al-Dżazira. Mijając kamerzystę krzyczącego coś wściekle do telefonu satelitarnego, Mortenson zdołał jakoś się przedrzeć do wejścia do kawiarni Nadia, odgrodzonego od głównego lobby rzędem pachnących upojnie kwiatów doniczkowych.

Przy bufecie, gdzie zwykle jadał obsługiwany przez pięciu niespecjalnie zajętych kelnerów, prześcigających się w dolewaniu mu wody mineralnej, wszystkie miejsca były zajęte.

– Wygląda na to, że nasz mały zakątek świata nagle stał się ogromnie interesujący – odezwał się kobiecy głos.

Mortenson obejrzał się i zobaczył uśmiechającą się do niego kanadyjską dziennikarkę Kathy Gannon, blondynkę od dawna sprawującą funkcję szefa biura agencji Associated Press w Islamabadzie. Była ubrana w tradycyjnie skrojony salwar kamiz i również czekała na stolik.

– Od jak dawna tak to wygląda? – spytał Mortenson, starając się przekrzyczeć wrzeszczącego obok po niemiecku kamerzystę.

– Od kilku dni – odparła Gannon. – Ale to jeszcze nic. Kiedy zaczną spadać bomby, będą tu mogli sobie liczyć po tysiąc dolarów za pokój.

– A po ile teraz liczą?

– Ceny skoczyły ze stu pięćdziesięciu do trzystu dwudziestu dolarów i dalej rosną. Hotelarze jeszcze nigdy nie mieli tu tak dobrze. Wszystkie stacje chcą kręcić na dachu, a hotel pobiera od każdej ekipy pięćset dolarów dziennie za samą możliwość filmowania.

Mortenson pokręcił głową. Nigdy w życiu nie spędził nocy w Marriotcie. W związku z ograniczeniami budżetowymi wynikającymi z coraz mizerniejszego salda na koncie Instytutu, zatrzymywał się zawsze w miejscu, które polubił od momentu, gdy pierwszy raz zabrał go tam Suleman: w stojącym na zarośniętej chaszczami działce obok ambasady Nepalu hoteliku Home Sweet Home – solidnie zbudowanej, choć niedokończonej willi, porzuconej przez poprzedniego właściciela, gdy skończyły mu się fundusze na budowę. Cena pokoju o nieprzewidywalnej hydraulice i lepkiej różowej wykładzinie upstrzonej dziurami po gaszonych w niej papierosach wynosiła dwanaście dolarów za noc.

– Doktorze Greg, pani Kathy, proszę – szepnął ubrany w smoking zaprzyjaźniony kelner. – Zaraz zwolni się stolik i boję się, żeby go nie zajęli ci... – chwilę szukał odpowiedniego słowa – ...obcy.

Kathy Gannon była znana i podziwiana jako kobieta nieustraszona. Jej błękitne oczy przenikliwie przeszywały wszystko dookoła, stawiając poważne wyzwanie napotykanym przeszkodom. Udało jej się kiedyś zadziwić uporem talibskiego strażnika granicznego, który próbował wynaleźć wyimaginowane braki w jej paszporcie, żeby nie wpuścić jej do Afganistanu. „Twarda pani jest – powiedział. – Na takie osoby mamy tutaj jedno słowo: mężczyzna". Gannon odpowiedziała, że nie uważa tego za komplement.

Siedząc przy nakrytym różowym obrusem stoliku obok obleganego bufetu, Kathy Gannon opowiadała Mortensonowi o nowo przybyłych do miasta klaunach, żonglerach i linoskoczkach.

– To żałosne – mówiła. – Całkowicie nieprzygotowani reporterzy, którzy nie mają zielonego pojęcia o tym regionie, stają w kamizelkach kuloodpornych na dachu, udając, że widoczne w tle wzgórza Margala to strefa wojenna, a nie miejsce, gdzie rodziny zabierają dzieciaki na weekend. Większość z nich nie chce się w ogóle zbliżać do granicy, więc podają wiadomości bez sprawdzania źródeł. A ci, którzy rzeczywiście chcą się tam dostać, nie mają szczęścia, bo talibowie właśnie zamknęli afgańską granicę dla wszystkich zagranicznych reporterów.

– Chcesz się tam przedostać? – spytał Mortenson.

– Dopiero co przyjechałam z Kabulu – wyjaśniła. – Rozmawiałam przez telefon z redakcją w Nowym Jorku, kiedy samolot uderzył w drugą z wież. Zdążyłam jeszcze wysłać kilka wiadomości, zanim mnie zmusili do opuszczenia kraju.

– Co teraz zrobią talibowie?

– Trudno powiedzieć. Słyszałam, że zwołali obrady szury i postanowili wydać Ameryce Osamę, ale w ostatniej chwili mułła Omar się sprzeciwił i oświadczył, że oddałby życie, żeby go chronić. Wiesz, co to oznacza. Wielu z nich ma chyba obawy, ale jest też sporo twardzieli, którzy gotowi są do boju. – Skrzywiła się z niesmakiem. – A tym tutaj w to graj – dodała, wskazując głową na kłębiący się przy stanowisku szefa sali tłum reporterów.

– Będziesz próbowała tam wrócić?

– Jeśli będzie możliwość, żeby pojechać oficjalnie. Nie zamierzam ukrywać się pod burką, jak jeden z tych kowbojów, i czekać, aż mnie aresztują albo jeszcze gorzej. Słyszałam, że talibowie zatrzymali już dwóch francuskich reporterów, którzy próbowali ukradkiem przekroczyć granicę.

Od strony bufetu nadeszli Suleman i Baig z ogromnymi porcjami baraniny w sosie curry. Suleman niósł też dodatkową atrakcję – miseczkę deseru z biszkoptami, owocami i drżącym różowym budyniem.

– Dobre? – spytał Mortenson, a Suleman pokiwał głową, metodycznie poruszając przy tym szczęką.

Zanim oddalił się do bufetu, Greg spałaszował kilka łyżeczek deseru Sulemana. Smak budyniu przypomniał mu tradycyjne brytyjskie desery, które towarzyszyły jego dzieciństwu we wschodniej Afryce. Suleman jadł z wyjątkowym apetytem, ilekroć oferowano mu baraninę. Wychowywał się wraz z sześciorgiem rodzeństwa w ubogiej wiosce Dhok Luna na Równinie Pendżabskiej między Islamabadem a Lahaurem. Baraninę serwowano tam tylko przy szczególnych okazjach, choć nawet wtedy z błyskawicznie znikającej porcji mięsa niewiele trafiało do ust czwartego z kolei dziecka w rodzinie.

Suleman przeprosił towarzystwo i wrócił do bufetu po dokładkę.

Przez cały następny tydzień Mortenson nocował w Home Sweet Home, ale na całe dnie przenosił się do Marriotta. Podobnie jak pięć lat wcześniej, gdy nie mógł opuścić ogarniętego wojną Peszawaru, teraz też poczuł się złapany w oko cyklonu historii. A jako że w jego najbliższym otoczeniu stacjonowały wszystkie światowe media, postanowił wykorzystać okazję, by wypromować działania swojego Instytutu.

W kilka dni po atakach terrorystycznych na Nowy Jork i Waszyngton dwa ostatnie kraje, które utrzymywały jeszcze stosunki dyplomatyczne z talibami, Arabia Saudyjska i Zjednoczone Emiraty Arabskie, w końcu je zerwały. A ponieważ granice Afganistanu zostały zamknięte, Pakistan stał się jedynym miejscem, w którym talibowie mogli przedstawiać światu swoje stanowisko. Organizowali długie konferencje prasowe na trawniku swojej rozpadającej się ambasady, położonej dwa kilometry od hotelu Marriott. Taksówkarze, którzy dawniej z radością pokonywali tę odległość za osiem centów, obecnie zmówili się i zmuszali reporterów do płacenia im po dziesięć dolarów.

Każdego popołudnia w Marriotcie odbywało się organizowane przez ONZ spotkanie informacyjne na temat warunków panujących w Afganistanie. Fala zmęczonych upałem dziennikarzy z wielką ulgą powracała wówczas do klimatyzowanych pomieszczeń hotelu.

Jesienią 2001 roku niewielu było obcokrajowców, którzy znali Pakistan lepiej od Mortensona, zwłaszcza jeśli chodzi o odległe północne tereny przygraniczne, o których marzyli reporterzy. Wciąż zdarzało się, że któryś z dziennikarzy zaczynał się do niego przymilać lub wręcz oferował łapówkę z nadzieją, że Greg w jakiś sposób pomoże mu się przedostać do Afganistanu.

„Miałem wrażenie, że reporterzy prowadzą między sobą wojnę nie mniej zażartą od tej, której wyczekiwali – opowiada Mortenson. – CNN zmówiło się z BBC przeciwko ABC i CBS.

Pakistańscy dziennikarze wbiegali do hotelowego lobby na przykład z wiadomością, że talibowie zestrzelili amerykański samolot bezzałogowy typu Predator, i zaczynała się licytacja... Któregoś wieczoru producent i reporter z NBC zabrali mnie na kolację do chińskiej restauracji w Marriotcie, niby żeby porozmawiać o sytuacji w Pakistanie – wspomina. – Ale tak naprawdę chodziło im o to samo co wszystkim innym. Chcieli się dostać do Afganistanu i zaproponowali mi kwotę przewyższającą moje roczne dochody, jeśli pomogę im się tam znaleźć. Kiedy przedstawili mi swój pomysł, rozejrzeli się po sali i jakby w obawie, że wszystko jest na podsłuchu, wyszeptali: «Tylko proszę nic nie mówić CNN ani CBS»".

Mortenson wolał udzielać niezliczonych wywiadów reporterom, którzy przeważnie ograniczali się do zdobywania materiałów w Marriotcie i ambasadzie talibów, potrzebowali jednak jakichś lokalnych smaczków, by ubarwić mdłe relacje z nudnych konferencji prasowych.

„Próbowałem im opowiadać o głębszych przyczynach konfliktu – mówi Mortenson. – O tym, że brak edukacji oraz rosnące jak grzyby po deszczu madrasy wahabitów prowadzą do problemów takich jak terroryzm. Ale tego rodzaju informacje rzadko trafiały do szerokiej publiczności. Dziennikarze woleli wyłapywać pogłoski na temat najważniejszych przywódców talibów, żeby móc wykorzystać ich wizerunek złoczyńców w kampanii medialnej poprzedzającej wybuch wojny".

Każdego wieczoru o tej samej porze przez marmurowe lobby Marriotta przechodziła grupa czołowych przywódców talibów w Islamabadzie. Ubrani w turbany i powiewające czarne szaty mężczyźni kierowali się do stolika w kawiarni Nadia, żeby również poglądać sobie cyrk.

„Siedzieli tam zawsze do późna, popijając zieloną herbatę, która była najtańszą pozycją w karcie – opowiada Mortenson. – Zarobki talibów nie pozwalały na skorzystanie z bufetu za dwadzieścia dolarów. Myślałem nieraz, że reporter, który by im postawił kolację, mógłby z nich wyciągnąć całkiem niezłą historię, ale nigdy nie widziałem, żeby coś takiego się zdarzyło".

W końcu to Mortenson usiadł z nimi przy stole. Asem Mustafa, dziennikarz, który pisał o wszystkich wyprawach w Karakorum dla pakistańskiej gazety „The Nation", często kontaktował się z Mortensonem w Skardu, żeby się dowiedzieć od niego, co słychać w świecie wspinaczki. Mustafa znał ambasadora talibów, mułłę Abdula Salama Zaifa, któremu pewnego wieczoru przedstawił Mortensona. Mortenson usiadł przy stoliku w kawiarni Nadia z Mustafą i czterema talibami. Zajął miejsce obok mułły Zaifa, pod transparentem z namalowanym odręcznie napisem „Olé! Olé! Olé!". Żeby przerwać monotonię posiłków spożywanych w kawiarni przez zagranicznych biznesmenów, którzy nieraz stołowali się tu przez siedem dni w tygodniu, w Nadii urządzano czasem dni tematyczne – tym razem był to wieczór meksykański.

Wąsaty pakistański kelner, który wyglądał na nieco zakłopotanego swoim ogromnym sombrero, zatrzymał się przy ich stoliku, by spytać, czy zamawiają coś ze standardowego bufetu czy woleliby skorzystać z baru taco.

– Prosimy tylko herbatę – powiedział w urdu mułła Zaif.

Kelner oddalił się, powiewając meksykańskim poncho w jaskrawe pasy.

„Zaif jako jeden z nielicznych przywódców talibów posiadał przyzwoite wykształcenie oraz odrobinę orientacji w zachodnim myśleniu – tłumaczy Mortenson. – Miał dzieci w wieku zbliżonym do moich, więc przez chwilę o nich rozmawialiśmy. Byłem ciekaw, co przywódca talibów może mieć do powiedzenia na temat wykształcenia dzieci, a zwłaszcza dziewcząt, więc go o to zapytałem. Odpowiedział mi jak rasowy dyplomata, mówiąc bardzo ogólnie o tym, jak ważna jest edukacja".

Kelner wrócił ze srebrną zastawą i nalewał wszystkim zielonej herbaty, podczas gdy Mortenson wymieniał grzeczności w paszto z pozostałymi talibami, wypytując o zdrowie rodzin, które wedle ich zapewnień miały się jak najlepiej. „Już za kilka dni odpowiedzi mogą brzmieć zupełnie inaczej" – myślał ponuro.

Kelner, którego poncho wciąż opadało na trzymany w ręku dzbanek, upchnął zwisający koniec tkaniny za imitację pasa do amunicji, którym miał przepasaną pierś.

Greg spojrzał na czterech poważnych brodatych mężczyzn w czarnych turbanach, którzy z pewnością mieli spore doświadczenie w używaniu najróżniejszych rodzajów broni, i zastanawiał się, co mogą sądzić na temat przebrania kelnera. „Prawdopodobnie nie wydało im się bardziej dziwaczne niż tłum zagranicznych dziennikarzy stojących w pobliżu naszego stołu z nadzieją, że uda im się podsłuchać, o czym rozmawiamy" – konstatuje.

Gdy rozmowa zeszła na temat wojny, Greg zdał sobie sprawę, że sytuacja mułły Zaifa nie należy do łatwych. Mieszkając w Blue Area Islamabadu, miał wystarczająco dużo kontaktów ze światem zewnętrznym, żeby przewidzieć, co nastąpi. Lecz naczelne dowództwo talibów w Kabulu i Kandaharze nie miało takiego rozeznania. Mułła Omar, najwyższy przywódca talibów, podobnie jak większość otaczającej go świty nieustępliwych bojowników, posiadał jedynie wykształcenie zdobyte w madrasie. Według Ahmeda Rashida nawet sam minister edukacji w rządzie talibów, Mohammed Sajed Ghiasuddin, nie miał porządnego wykształcenia.

– Być może powinniśmy wydać Bin Ladena, żeby ocalić Afganistan – powiedział mułła Zaif do Mortensona, przywołując jednocześnie gestem kelnera, jako że koniecznie chciał za wszystkich zapłacić. – Mułła Omar sądzi, że jest jeszcze czas, by przekonać Amerykę, że nie powinna rozpoczynać wojny – westchnął z rezygnacją. Ale zaraz potem wyprostował się, jakby zdał sobie sprawę, że nieco za bardzo sobie pofolgował. – Proszę mnie źle nie zrozumieć – dodał głosem pełnym animuszu. – Jeśli zostaniemy zaatakowani, będziemy walczyć do ostatniej kropli krwi.

Mułła Omar wciąż sądził, że uda mu się przekonać USA, by nie rozpoczynało wojny, dopóki amerykańskie pociski nie zaczęły zrównywać z ziemią jego osobistych rezydencji. Nie posiadając żadnych oficjalnych kanałów kontaktu z Waszyngtonem, przywódca talibów podobno dwa razy w październiku wybierał na swoim satelitarnym telefonie komórkowym numer infolinii Białego Domu, proponując zwołanie dżirgi z prezydentem Bushem. Lecz jak można się było spodziewać, amerykański prezydent nigdy do niego nie oddzwonił.

Mortenson z pewnym ociąganiem oderwał się od ekscytacji panującej w Marriotcie i wrócił do pracy. Wiadomości zostawiane dla niego przez ambasadę amerykańską w hotelu Home Sweet Home zawierały powtarzające się ostrzeżenia o tym, że Pakistanu nie uważa się już za bezpieczne miejsce pobytu dla Amerykanów. Mortenson musiał jednak odwiedzić szkoły założone przez Instytut w obozach dla uchodźców koło Peszawaru i sprawdzić, czy podołają one napływowi nowych uciekinierów, których z pewnością przybędzie, gdy rozpoczną się walki. Wezwał więc do siebie Baiga i Sulemana i ruszył z nimi na krótki wypad kawałek za Peszawarem, w pobliże afgańskiej granicy.

Bruce Filey, znajomy dziennikarz z „Denver Post", miał już szczerze dosyć stałego braku wiadomości w Marriotcie, spytał więc Grega, czy może mu towarzyszyć. Razem odwiedzili obóz dla uchodźców Śamśatu oraz niemal setkę pracujących tam nauczycieli Instytutu, którzy ledwo sobie radzili w bardzo trudnych warunkach panujących w obozie.

Filey napisał reportaż z tej wizyty, opisując pracę wykonywaną przez Mortensona i cytując jego wypowiedzi na temat zbliżającej się wojny. Greg prosił czytelników artykułu, by nie wrzucali wszystkich muzułmanów do jednego worka. Tłumaczył, że afgańskie dzieci uciekające wraz ze swoimi rodzinami do obozów dla uchodźców są ofiarami, którym należy się współczucie. „To nie są terroryści ani w ogóle źli ludzie" – przekonywał, dodając, że obwinianie wszystkich muzułmanów za tragedię z 11 września powoduje, że „niewinni ludzie wpadają w panikę".

Na koniec artykułu Mortenson wypowiedział następujące słowa: „Pokonamy terroryzm tylko wtedy, gdy przekonamy ludzi mieszkających w krajach go rodzących, żeby szanowali i kochali Amerykanów, i gdy sami będziemy ich kochać i szanować. Jakim sposobem można z kogoś uczynić produktywnego obywatela, a nie terrorystę? Odpowiedzią jest moim zdaniem edukacja".

Kiedy Finley wrócił do Islamabadu, by przesłać do redakcji swój artykuł, Mortenson udał się w stronę afgańskiej granicy. Chciał sprawdzić, co się stanie, gdy spróbuje ją przekroczyć. Nastoletni talibski wartownik otworzył pomalowaną na zielono metalową bramę i zaczął podejrzliwie przeglądać paszport Mortensona, podczas gdy jego koledzy przesuwali z boku na bok lufy kałasznikowów, pilnując całej grupy. Suleman wywracał na to oczami i z dezaprobatą kręcił głową, aż w końcu zrugał chłopaczków, że powinni okazywać starszym trochę więcej szacunku. Jednak kilka tygodni oczekiwania na wojnę zrobiło swoje – strażnicy byli mocno spięci i kompletnie go zignorowali.

Sprawdzający paszport wartownik o oczach tak mocno obwiedzionych czarną surmą, że ledwo je było widać przez ciemne szpary, mruknął z niezadowoleniem, gdy doszedł do strony w dokumencie, na której znajdowało się kilka wypisanych ręcznie wiz udzielonych przez Ambasadę Afganistanu w Londynie.

Londyńską ambasadę prowadził Wali Masud (brat zabitego w zamachu przywódcy Sojuszu Północnego Ahmeda Masuda Szaha), który był całym sercem zaangażowany w próbę obalenia rządów talibów. Mortenson często pijał z nim herbatę, gdy akurat miał przesiadkę w Londynie w drodze do Islamabadu – dyskutowali wówczas o możliwościach budowania szkół dla dziewcząt w Afganistanie, jeśli sytuacja w kraju będzie kiedyś na tyle stabilna, żeby Mortenson mógł tam pracować.

– To wiza numer dwa – powiedział wartownik, po czym wyrwał kartkę z wizami z paszportu, który z miejsca stracił ważność. – Proszę jechać do Islamabadu i zdobyć wizę numer jeden, wizę talibów – dodał, zdejmując z ramienia karabin i jego lufą pokazując Mortensonowi, że ma się oddalić od granicy.

Amerykańska ambasada w Islamabadzie odmówiła wydania Mortensonowi nowego paszportu, uznawszy, że jego dokument został „uszkodzony w sposób wzbudzający podejrzenia". Urzędnik, z którym Mortenson rozmawiał, poinformował go, że może mu wydać dokument tymczasowy, ważny przez dziesięć dni, z którym będzie mógł wrócić do Ameryki i tam wyrobić sobie nowy paszport. Jednak Mortenson, który przed powrotem do domu planował jeszcze przez miesiąc załatwiać różne sprawy Instytutu w Pakistanie, odmówił. Poleciał do Katmandu w Nepalu, ponieważ tamtejszy konsulat miał opinię bardziej przyjaznego.

Jednak po odczekaniu z nadzieją na nowy paszport odpowiedniego czasu w kolejce oraz po wyjaśnieniu całej sytuacji początkowo uprzejmemu pracownikowi konsulatu, Mortenson zauważył, że przy sprawdzaniu dokumentu na twarzy urzędnika pojawia się mina sugerująca, że przylot do Katmandu niewiele tu pomoże. Urzędnik oglądał dziesiątki przyklejonych na co drugiej stronie imponujących czarno-białych pakistańskich wiz oraz wypisanych ręcznie wiz Sojuszu Północnego, a w jego głowie wyraźnie narastały pytania. W końcu zostawił Grega samego, żeby porozmawiać z przełożonym.

Gdy wrócił, Mortenson już się spodziewał, co powie.

– Musi pan do nas przyjść ponownie jutro rano na rozmowę – wybąkał urzędnik nerwowo, nie patrząc Gregowi w oczy. – Na razie zatrzymam pański paszport.

Następnego ranka oddział żołnierzy piechoty morskiej przeprowadził Mortensona przez trawnik między zabudowaniami amerykańskiej placówki dyplomatycznej w Katmandu, z konsulatu do głównego budynku ambasady. Pozostawiono go w pustym pokoju przy długim stole konferencyjnym, po czym zamknięto drzwi na klucz.

Greg siedział przy stole czterdzieści pięć minut, sam na sam z amerykańską flagą i portretem zaprzysiężonego przed dziesięcioma miesiącami prezydenta George'a W. Busha.

„Wiedziałem, co chcą osiągnąć – mówi Mortenson. – Nigdy nie oglądałem zbyt dużo telewizji, ale i tak byłem w stanie stwierdzić, że postawienie mnie w tej sytuacji było typowym chwytem z tandetnego serialu o gliniarzach. Podejrzewałem, że ktoś mnie obserwuje, żeby sprawdzić, czy zachowuję się jak człowiek o nieczystym sumieniu, więc tylko się uśmiechnąłem, zasalutowałem Bushowi i czekałem".

W końcu do pokoju weszli trzej schludni faceci w garniturach, którzy przysunęli sobie obrotowe krzesła i usiedli po drugiej stronie stołu.

„Wszyscy mieli swojskie amerykańskie imiona typu Bob, Bill czy Pete, przedstawiali mi się z uśmiechem i tak dalej, ale było jasne, że to przesłuchanie, a oni bez wątpienia byli oficerami wywiadu" – opowiada Mortenson. Mężczyzna najwyraźniej najwyższy rangą rozpoczął serię pytań. Po lśniącym blacie stołu przesunął w stronę Grega swoją wizytówkę. Było na nim jego nazwisko z podpisem: „Attaché polityczno-wojskowy na Azję Południowo-Wschodnią".

– Jestem pewien, że uda nam się wszystko wyjaśnić – powiedział, błyskając zębami w uśmiechu, który miał zapewne być rozbrajający, a następnie wyjął z kieszeni długopis i położył przed sobą notes, niczym żołnierz ładujący broń przed atakiem, i przeszedł do konkretów. – Dlaczego chce pan jechać do Pakistanu? Jest tam teraz bardzo niebezpiecznie, radzimy więc wszystkim Amerykanom stamtąd wyjeżdżać.

– Wiem – powiedział Mortenson. – Ale mam tam pracę. Przed dwoma dniami wyjechałem z Islamabadu.

Trzej mężczyźni skrzętnie wszystko notowali.

– Jakiego rodzaju interesy pan tam prowadzi? – spytał Bob-Bill-Pete.

– Pracuję tam od ośmiu lat – wyjaśnił Mortenson. – Dopiero za miesiąc będę mógł wrócić do domu.

– Jaka to praca?

– Buduję szkoły podstawowe, głównie dla dziewcząt, w północnym Pakistanie.

– Ile szkół pan obecnie prowadzi?

– Nie jestem tego do końca pewien.

– Dlaczego?

– Chodzi o to, że ich liczba wciąż się zmienia. Jeśli tej jesieni uda nam się skończyć wszystkie prace budowlane, czego nigdy nie można być pewnym, wówczas będzie to dwudziesta druga i dwudziesta trzecia szkoła, jaką stworzyliśmy od zera. Ale często dobudowujemy pomieszczenia do istniejących szkół państwowych, jeśli tłoczy się w nich zbyt wiele dzieci. Znajdujemy też wiele szkół prowadzonych przez rząd lub inne zagraniczne organizacje, w których nauczyciele od miesięcy albo nawet od lat nie otrzymują wynagrodzenia. Wówczas bierzemy te szkoły pod nasz parasol ochronny, dopóki nie uda się wyjaśnić ich sytuacji. Płacimy też nauczycielom w obozach dla uchodźców z Afganistanu, żeby prowadzili lekcje tam, gdzie nie ma żadnych szkół. Tak więc liczba placówek zmienia się z tygodnia na tydzień. Czy to wyczerpująca odpowiedź na pana pytanie?

Mężczyźni wpatrywali się w swoje notatki, jakby mieli nadzieję znaleźć w nich coś, co powinno dać im jasny obraz sytuacji, ale najwyraźniej nie udawało im się.

– Ilu uczniów uczęszcza obecnie do wszystkich pana szkół?

– Trudno stwierdzić.

– Dlaczego?

– Był pan kiedyś w wioskach na północy Pakistanu?

– Co pan chce powiedzieć?

– Cóż, teraz są akurat żniwa. W większości rodzin dzieci są potrzebne do pracy w polu, rodzice więc odciągają je na jakiś czas od lekcji. Zimą zaś mieszkańcy mogą na jakiś czas zamykać szkoły, ponieważ nie stać ich na ogrzewanie budynku. Wiosną z kolei...

– Proszę podać przybliżoną liczbę – przerwał prowadzący przesłuchanie.

– Jakieś dziesięć do piętnastu tysięcy.

Trzy długopisy równo poszły w ruch, szybko wtapiając w papier jeden z nielicznych jasno określonych faktów.

– Ma pan mapy miejsc, w których pan pracuje?

– W Pakistanie.

Jeden z agentów sięgnął po telefon, a po kilku minutach do pokoju dostarczono atlas.

– A zatem ten region koło Kaszmiru nazywa się...

– Baltistan – powiedział Mortenson.

– A jego mieszkańcy to...

– Szyici, tacy jak w Iranie – wyjaśnił Mortenson, patrząc, jak długopisy znów nagle przyspieszają.

– A tereny położone przy afgańskiej granicy, gdzie zaczyna pan budować szkoły, to Północno-Zachodnia...?

– Północno-Zachodnia Prowincja Pograniczna.

– To część Pakistanu?

– To zależy od punktu widzenia.

– Ale mieszkają tam sunnici, czyli tak naprawdę ta sama grupa etniczna co afgańscy Pasztuni?

– No tak, na nizinach przeważnie mieszkają Pasztuni. Ale jest też sporo ismailitów i trochę szyitów. Natomiast w górach mieszka wiele plemion posiadających własne, odrębne tradycje: Chowarowie, Kohistańczycy, Szinowie, ludy Torwali i Kalami. Jest nawet jedno plemię animistyczne, Kalasze, którzy mieszkają w odciętej dolinie powyżej tego punktu, tutaj. Na dokładniejszej mapie byłaby ona oznaczona jako Ćitral.

Prowadzący śledztwo ciężko westchnął. W miarę jak człowiek coraz bardziej zagłębia się w wewnętrzne sprawy Pakistanu, proste etykietki rozszczepiają się na coraz drobniejsze pasma, które nie chcą się zmienić w kilka czarnych pociągnięć długopisem na białym papierze. Oficer przesunął długopis i notes w stronę Mortensona.

– Proszę tu napisać listę nazwisk i numerów telefonów wszystkich osób, które pan zna w Pakistanie – zakomenderował.

– Chciałbym porozumieć się ze swoim prawnikiem – odparł Greg. „Nie próbowałem utrudniać im pracy – tłumaczy Mortenson. – Ci faceci mieli naprawdę poważną robotę do zrobienia, zwłaszcza po jedenastym września. Wiedziałem też jednak, co się może przydarzyć niewinnym ludziom, którzy zostaną umieszczeni na tego rodzaju liście. A jeśli dobrze oceniłem, kim byli ci kolesie, nie mogłem sobie pozwolić, żeby ktokolwiek w Pakistanie pomyślał, że dla nich pracuję. W przeciwnym razie następnej wizyty w tym kraju mógłbym już nie przeżyć".

– Dobrze, proszę zadzwonić do swojego prawnika – powiedział Bob-Bill--Pete, odryglowując drzwi i z wyraźną ulgą chowając notes do kieszeni marynarki. – Ale jutro proszę stawić się tu ponownie, dokładnie o dziewiątej.

Następnego ranka wyjątkowo punktualny Mortenson znów zasiadł przy stole konferencyjnym. Tym razem był już sam na sam z prowadzącym przesłuchanie.

– Wyjaśnijmy sobie kilka rzeczy – powiedział oficer. – Wie pan, kim jestem?

– Wiem.

– Wie pan, co panu grozi, jeśli nie będzie pan mówić prawdy?

– Wiem.

– W porządku. Czy rodzice któregokolwiek z pańskich uczniów są terrorystami?

– Nie mam szans czegoś takiego wiedzieć – powiedział Mortenson.

– W naszych szkołach uczą się tysiące dzieci.

– Gdzie jest Osama?

– Słucham?

– Dobrze pan słyszał. Czy pan wie, gdzie znajduje się Osama?

Mortenson ze wszystkich sił starał się powstrzymać wybuch śmiechu i powściągnąć rozbawienie wywołane tym absurdalnym pytaniem.

– Mam nadzieję, że nigdy nie będę tego wiedział – rzekł na tyle poważnie, żeby przesłuchanie na tym się skończyło.

Wrócił do Islamabadu z tymczasowym paszportem ważnym przez rok, w końcu niechętnie mu wydanym przez konsulat w Katmandu. Kiedy ponownie meldował się w Home Sweet Home, kierownik podał mu plik karteczek z wiadomościami telefonicznymi z amerykańskiej ambasady. Idąc po różowej wykładzinie w korytarzu do swojego pokoju, Mortenson szybko przejrzał ich treść. Kolejne wiadomości wskazywały na podwyższający się z dnia na dzień stan paniki, a te z ostatnich dni graniczyły z histerią. Nakazywały wszystkim amerykańskim obywatelom niezwłocznie opuścić kraj, który ambasada określała jako „najniebezpieczniejsze dla Amerykanów miejsce na ziemi”. Mortenson rzucił swój marynarski worek na łóżko i poprosił Sulemana, żeby załatwił mu bilet na najbliższy samolot do Skardu.

Jednym z wielu fanów Mortensona w kręgach wspinaczkowych jest Charlie Shimanski, były prezes American Alpine Club, który w tamtym roku przewodził inicjatywie zbierania funduszy dla Instytutu Azji Centralnej wśród członków swojego klubu. Porównuje on chwilę, w której Mortenson powraca do Pakistanu zaraz po atakach z 11 września, na dwa miesiące przed porwaniem i ścięciem Daniela Pearla, do nowojorskich strażaków, którzy ruszyli na ratunek zaatakowanego World Trade Center.

„Mam nadzieję, że kiedy Greg otrzyma Pokojową Nagrodę Nobla, kapituła w Oslo przypomni ludziom ten dzień – mówi Shimanski. – Cicha determinacja Grega, który wracał w strefę wojny, żeby walczyć z prawdziwą przyczyną terroryzmu, w niczym nie ustępuje bohaterstwu strażaków wbiegających po schodach płonących wież, podczas gdy wszyscy inni starali się z nich uciec”.

Przez następny miesiąc, gdy kraj po zachodniej stronie granicy zaczęły rozszarpywać amerykańskie bomby i pociski samosterujące, Mortenson jeździł swoim land cruiserem po północnym Pakistanie, pilnując, żeby zakończono wszystkie prace budowlane przed nastaniem zimy.

„Czasem w nocy, gdy jechaliśmy gdzieś z Faisalem, słyszeliśmy amerykańskie samoloty wojskowe przelatujące nad naszymi głowami w pakistańskiej przestrzeni powietrznej, gdzie teoretycznie nie miały prawa się znajdować. A potem widzieliśmy błyski na zachodnim horyzoncie, jakby niebo rozświetlały błyskawice. Faisal, który spluwał na każde napotkane zdjęcie Osamy bin Ladena, aż się wzdrygał na myśl, co przechodzą ludzie, na których spadają te bomby. Unosił wówczas ręce w modlitwie, prosząc Boga, aby oszczędził im niepotrzebnego cierpienia".

Dwudziestego dziewiątego października 2001, już po zmroku, Baig odwiózł Mortensona na lotnisko w Peszawarze. Tylko pasażerom wolno było przejść przez bramkę strzeżoną przez wojskowych, Greg wziął więc marynarski worek z rąk swojego ochroniarza. Zobaczył wówczas, że w jego oczach błyszczą łzy. Faisal Baig przysiągł sobie, że będzie chronić Mortensona wszędzie w Pakistanie, gdzie tylko zaprowadzi go praca, i gotów był bez wahania oddać za niego życie.

– O co chodzi? – spytał Mortenson, ściskając szerokie ramiona swojego towarzysza.

– Teraz pana kraj toczy wojnę – powiedział Baig. – A co ja mam robić? Jak mam pana chronić w Ameryce?

Siedząc przy oknie w niemal pustej kabinie pierwszej klasy samolotu z Peszawaru do Rijadu, na miejscu wskazanym mu z uśmiechem przez stewardów, Mortenson patrzył na pulsujące śmiercionośnym blaskiem niebo nad Afganistanem.

Turbulencje nieco się uspokoiły, co oznaczało, że opuścili już ląd i znaleźli się nad wodami Morza Arabskiego. Po drugiej stronie samolotu Greg dostrzegł brodatego mężczyznę w czarnym turbanie, który wpatrywał się w przestrzeń za oknem przez potężną lornetkę. Kiedy w dole pod nimi pojawiły się światła statków, mówił coś ożywionym głosem do siedzącego obok drugiego mężczyzny w turbanie, który wyciągał wówczas z kieszeni salwar kamizu telefon satelitarny i szybkim krokiem szedł do łazienki – prawdopodobnie po to, żeby zadzwonić.

„W ciemnościach pod nami znajdowały się najbardziej zaawansowane technologicznie morskie siły uderzeniowe na świecie, które posyłały do Afganistanu myśliwce i pociski samosterujące. Nie miałem zbyt wiele współczucia dla talibów, a już na pewno dla Al-Kaidy, ale musiałem przyznać, że genialnie to wymyślili. Nie mieli satelitów ani sił powietrznych, a ich prymitywne radary zostały zniszczone, ale wymyślili, jak wykorzystać loty komercyjne, żeby śledzić pozycje Piątej Floty. Zdałem sobie sprawę, że jeśli chcemy wygrać wojnę z terroryzmem tylko dzięki technologii, to musimy się jeszcze wiele nauczyć" – komentuje Mortenson.

Po trwającej godzinę kontroli celnej, którą zawdzięczał tymczasowemu paszportowi oraz wbitej doń pakistańskiej wizie, Mortenson wyszedł wreszcie na główny terminal lotniska w Denver. Był właśnie Halloween, ale idąc przez las amerykańskich flag, które wyrastały wszędzie dookoła, zdobiły wszystkie drzwi i zwisały w każdym przejściu, Greg zastanawiał się, czy przypadkiem nie pomyliły mu się święta. Zmierzając w kierunku bramki prowadzącej do samolotu do Bozemanu, zadzwonił z komórki do żony i spytał ją, o co chodzi z tymi flagami.

– Tara, co jest grane? To wygląda jak obchody Czwartego Lipca!

– Witaj w nowej Ameryce, kochanie – powiedziała Tara.

Późną nocą nieco otumaniony wielogodzinną podróżą Greg wstał z łóżka, starając się nie zbudzić żony, i pocłapał do piwnicy zmierzyć się ze stertą poczty, która się nagromadziła podczas jego nieobecności. Dziesiątki gazet zamieszczały wywiady, jakich udzielał w Marriotcie, opisy wyprawy z Bruce'em Finleyem do obozu dla uchodźców oraz list, który wysłał do felietonisty „Seattle Post", Joela Connelly'ego. Za każdym razem prosił czytelników o współczucie dla niewinnych muzułmanów, którzy znaleźli się w krzyżowym ogniu wojny. Jego usilne błagania, by nie wrzucać wszystkich muzułmanów do jednego worka i prowadzić wielotorową walkę z terroryzmem – dbać o edukację muzułmańskich dzieci, a nie tylko zrzucać bomby – uderzyły w czuły punkt narodu, który właśnie znalazł się w stanie wojny. Greg otwierał list za listem i po raz pierwszy w życiu znajdował w nich niemal same inwektywy.

W liście z pieczątką z Denver, ale bez adresu zwrotnego, przeczytał: „Nasze bomby powinny trafić w ciebie, bo twoje działania przeszkadzają w naszych operacjach wojskowych".

Inny niepodpisany list ze stemplem z Minnesoty atakował Mortensona ręcznym pismem pełnym zawijasów. Po początkowym stwierdzeniu, że „nasz Pan zadba o to, żebyś drogo zapłacił za zdradę ojczyzny", pojawiło się ostrzeżenie: „Już wkrótce dopadną cię cierpienia znacznie dotkliwsze od cierpień naszych bohaterskich żołnierzy".

Greg otwierał dziesiątki tego typy anonimów, aż w końcu poczuł się zbyt zdołowany, żeby dalej czytać.

„Tamtej nocy po raz pierwszy, odkąd zacząłem pracować w Pakistanie, pomyślałem, żeby dać sobie spokój – mówi. – Spodziewałem się tego typu reakcji od niedouczonego wiejskiego mułły, ale lektura takich listów od własnych rodaków spowodowała, że zacząłem się zastanawiać, czy wszystkiego nie rzucić".

Na górze spała jego rodzina, Greg zaczął zaś z niepokojem zastanawiać się nad jej bezpieczeństwem.

„Bez problemu podejmowałem ryzyko tam, na miejscu – tłumaczy. – Czasem nie miałem wyboru. Ale wystawiać na niebezpieczeństwo Tarę, Amirę i Khybera tutaj, w domu, było dla mnie nie do zaakceptowania. Nie mogłem sobie darować, że do czegoś takiego doprowadziłem".

Greg zaparzył dzbanek kawy i czytał dalej. Mimo wszystko znajdował sporo listów, które chwaliły podejmowany przez niego trud. Poczuł się nieco lepiej, widząc, że w czasie ogólnonarodowego kryzysu jego słowa słyszy przynajmniej niewielka część Amerykanów.

Następnego popołudnia, 1 listopada 2001 roku, Mortenson pożegnał się z rodziną, z którą dopiero co zdążył się przywitać, spakował ubranie na zmianę do lekkiej torby podróżnej i złapał lot do Seattle, gdzie miał wieczorem wygłosić prelekcję. Jon Krakauer, który cieszył się ogromną popularnością po sukcesie swojej książki „Wszystko za Everest", opisującej fatalne skutki komercjalizacji wypraw wysokogórskich, zaproponował, że przedstawi Mortensona na balu charytatywnym Instytutu Azji Centralnej, na który wstęp kosztował dwadzieścia pięć dolarów. Krakauer zresztą szybko stał się jedną z osób najbardziej zaangażowanych we wspieranie działań Instytutu.

W promującym imprezę artykule pod tytułem „Jon Krakauer – wszystko za edukację", napisanym dla gazety „Seattle Post Intelligencer", John Marshall wyjaśnia, że wiodący samotnicze życie pisarz zgodził się wystąpić publicznie, ponieważ żywił głębokie przekonanie, że ludzie powinni wiedzieć o pracy, jaką wykonuje Mortenson. „To, co robi Greg, jest nie mniej ważne od spadających bomb" – cytował Krakauera w artykule. – „Gdyby Instytut Azji Centralnej nie robił tego, co robi, ludzie w tamtym rejonie świata prawdopodobnie krzyczeliby teraz, że nienawidzą Amerykanów. Tymczasem oni widzą w nas nadzieję na swoje ocalenie".

Ubrany w salwar kamiz Mortenson zjawił się w ratuszu Seattle, królującym na wzgórzu First Hill niczym ateńska świątynia, z piętnastominutowym opóźnieniem. Zdumiał się, widząc, że wszystkie miejsca w wielkiej sali ratusza są zajęte, a w romańskich krużgankach stoi tłum ludzi przepychających się, żeby choć przez chwilę mieć widok na scenę. Szybko przeszedł do czekającego za podium krzesła.

– Zapłacili państwo za wstęp po dwadzieścia pięć dolarów, czyli całkiem sporo – zaczął Krakauer, gdy tłum się nieco uciszył – ale nie będę dziś czytać fragmentów swoich książek. Chciałbym za to przeczytać fragmenty tekstów, które bardziej bezpośrednio dotykają bieżących spraw tego świata i pokazują, jak ważna jest praca, którą wykonuje Greg.

Zaczął od „Drugiego przyjścia" Williama Butlera Yeatsa. Czytał cienkim przyduszonym głosem, czując się wobec tak wielkiej widowni nie lepiej niż Mortenson:

Wszystko w rozpadzie, w odśrodkowym wirze
Czysta anarchia szaleje nad światem,
Wzdyma się fala mętna od krwi, wszędzie wokół
Zatapiając obrzędy dawnej niewinności;
Najlepsi tracą wszelką wiarę, a w najgorszych
*Kipi żarliwa i porywcza moc.**

Od publikacji w roku 1920 lament Yeatsa nie stracił ani trochę swojej mocy. Gdy przebrzmiała ostatnia linijka wiersza, nad głowami publiczności pod kopułą wielkiej sali ratusza zawisła cisza, wszyscy zamarli. Następnie Krakauer przeczytał długi fragment artykułu opublikowanego niedawno w „New York Times Magazine", opisującego los dzieci pracujących w Peszawarze i pokazującego, jak nieznośne warunki bytowe czynią z nich łatwy narybek dla religijnych ekstremistów.

„Zanim Jon mnie przedstawił, wszyscy na sali mieli łzy w oczach, łącznie ze mną" – opowiada Greg.

Kiedy przyszedł czas przedstawić Mortensona, Krakauer nawiązał do fragmentu czytanego wcześniej wiersza.

– Choć wygląda na to, że w najgorszych faktycznie kipi żarliwa i porywcza moc, jestem przekonany, że najlepsi nie tracą wszelkiej wiary – powie-

---

* Przeł. S. Barańczak.

dział. – Żeby się przekonać o prawdziwości tych słów, wystarczy spojrzeć na tego sporego faceta, który za mną siedzi. To, co Greg zdołał osiągnąć przy naprawdę niedużych możliwościach finansowych, graniczy z cudem. Gdyby istniał jakiś sposób, żeby sklonować jeszcze z pięćdziesięciu takich Gregów, nie mam najmniejszych wątpliwości, że islamski terroryzm wkrótce należałby już do przeszłości. Niestety, jest tylko jeden taki człowiek. Proszę państwa, powitajmy Grega Mortensona!

Mortenson uścisnął Krakauera, dziękując mu za tak żarliwy wstęp, po czym poprosił technika o wyświetlenie pierwszego slajdu. Na scenie za jego głową rozbłysło zdjęcie K2 – przejmująco białej, nieziemskiej piramidy na tle błękitnej kopuły atmosfery. Oto pokazywał tysiącom czołowych alpinistów świata powiększony na gigantycznym ekranie obraz swojej porażki. Czemu więc czuł się, jakby właśnie zdobył nowy szczyt?

Rozdział dwudziesty pierwszy

Buty Donalda Rumsfelda

Dziś w Kabulu mężczyźni pocierali dłońmi
gładko ogolone twarze. Na ulicy tańczył staruszek ze świeżo
przystrzyżoną szarą bródką, trzymając przy uchu
ryczący na cały regulator przenośny magnetofon.
Z miasta zniknęli talibowie, którzy zabraniali słuchać muzyki
i nakazywali mężczyznom zapuszczać brody.

Kathy Gannon dla Associated Press, 13 listopada 2001 roku

Piloci grali w krzesełka na wysokości dziesięciu tysięcy metrów. Co dziesięć minut jeden zwalniał miejsce w kabinie wysłużonego boeinga 727, a inny zajmował jego miejsce. Z przodu niemal pustego samolotu tłoczyło się ośmiu gorliwych kapitanów linii lotniczych Ariana, którzy spokojnie popijali herbatę i palili papierosy, oczekując na swoją kolej. Ponieważ w wyniku bombardowań siedem na osiem samolotów afgańskich linii lotniczych nie nadawało się do użytku, niespełna trzygodzinny lot z Dubaju do Kabulu był dla każdego z pilotów okazją, by spędzić choć odrobinę czasu za sterami jedynego sprawnego samolotu pasażerskiego w kraju.

Mortenson siedział w połowie odległości między ośmioma pilotami z przodu i piętnastoma stewardesami zgromadzonymi przy części kuchennej z tyłu samolotu. Odkąd wystartowali, co dwie minuty podbiegała do niego któraś z nieśmiałych afgańskich pracownic linii lotniczych i dolewała coca-coli do plastikowego kubeczka, żeby przypadkiem nie spadł mu poziom kofeiny. Kiedy tylko zostawiały go na chwilę samego, Mortenson przyciskał nos do porysowanej szyby i przyglądał się krajowi, który pojawiał się w jego snach, odkąd rozpoczął pracę w Pakistanie.

Zbliżali się do Kabulu od południa, kiedy zaś trzymający akurat stery kapitan ogłosił, że przelatują nad Kandaharem, Mortenson za wszelką cenę próbował jednocześnie pilnować, żeby jego popsute siedzenie się nie rozłożyło, i dokładnie przyjrzeć się miastu, które jeszcze niedawno uważano za twierdzę talibów. Jednak z wysokości dziewięciu tysięcy metrów zdołał dostrzec tylko drogę przecinającą wielką równinę między brązowymi wzgórzami oraz kilka cieni, które mogły oznaczać jakieś zabudowania. „Być może o to właśnie chodziło Rumsfeldowi, amerykańskiemu sekretarzowi obrony, kiedy się skarżył, że w Afganistanie nie ma do czego celować, i proponował, by może lepiej zaatakować Irak" – pomyślał Mortenson.

Lecz i tak na ten spieczony słońcem krajobraz spadł wkrótce deszcz amerykańskich bomb, zarówno tych precyzyjnie kierowanych, jak i mniej precyzyjnych. Mortenson oglądał na ekranie komputera w swojej piwnicy zdjęcia amerykańskich żołnierzy w zdobytym kandaharskim domu głównego przywódcy talibów, mułły Omara – siedzieli na jego wielkim, jaskrawo pomalowanym w stylu bawarskim łożu, pokazując wyciągnięte spod niego stalowe skrzynie pełne świeżutkich banknotów studolarowych.

Mortenson początkowo popierał wojnę w Afganistanie. Potem jednak zaczął czytać relacje donoszące o coraz większej liczbie ofiar wśród cywilów, a pracownicy obozów dla afgańskich uchodźców opowiadali mu przez telefon, jak wiele dzieci ginie, podnosząc przez przypadek jaskrawożółte kapsuły niewypałów bomb kasetowych, które dziwnie przypominają paczki z żywnością zrzucane w geście humanitarnym przez amerykańskie wojsko. Stopniowo zaczął zmieniać zdanie w kwestii wojny.

„Dlaczego ludzie z Pentagonu podają nam dokładne liczby zabitych podczas nalotów talibów i członków Al-Kaidy, ale rozkładają bezradnie ręce, kiedy się ich pyta o ofiary wśród cywilów? – napisał Mortenson w liście do redakcji, opublikowanym w „Washington Post" 8 grudnia 2001 roku. – Jeszcze bardziej niepokojący jest opór mediów przed zadawaniem tego rodzaju pytań sekretarzowi obrony Donaldowi Rumsfeldowi podczas jego krótkich konferencji prasowych".

Co noc około godziny drugiej Greg budził się i leżał cicho obok Tary, próbując wyrzucić z głowy obrazy ofiar i ponownie zasnąć. Wiedział jednak, że wiele spośród amerykańskich bomb musiało spaść w miejscach, gdzie przebywały dzieci, które chodziły na finansowane przez jego Instytut lekcje w obozie Śamśatu koło Peszawaru, zanim ich rodziny, zmęczone uchodźczym życiem, wróciły do Afganistanu. Greg leżał w łóżku, a przed jego oczami w ciemności pojawiały się wyraźne rysy ich twarzy, co zwykle kończyło się tym, że schodził po cichu do piwnicy i zaczynał dzwonić do Pakistanu, usiłując zdobyć najświeższe wiadomości.

Od znajomych w pakistańskim wojsku dowiedział się, że ambasador talibów, mułła Abdul Salam Zaif, z którym niedawno popijał herbatkę w Marriotcie, został schwytany i w kapturze i kajdanach wysłany do stojącego ponad prawem międzynarodowym więzienia w Guantanamo na Kubie.

„Tamtej zimy otwierając pocztę, czułem się, jakbym grał w rosyjską ruletkę – opowiada Mortenson. – Za każdym razem dostawałem kilka słów zachęty i jakieś wpłaty na rzecz Instytutu. A potem w następnej kopercie znajdowałem list z informacją, że Bóg z pewnością dopilnuje, żebym zginął w męczarniach za to, że pomagam muzułmanom".

Mortenson robił co mógł, by chronić swoją rodzinę, między innymi zastrzegł swój numer telefonu. A gdy jego listonoszka dowiedziała się o wysyłanych do niego groźbach, ze względu na panujący wciąż w Ameryce strach przed wąglikiem zaczęła zatrzymywać koperty nadane bez adresu zwrotnego i przekazywać je do FBI.

Jeden z najbardziej krzepiących listów przyszedł od Patsy Collins, starszej pani z Seattle regularnie wspierającej finansowo Instytut Azji Centralnej. „Mam już tyle lat, że pamiętam jeszcze paranoję z okresu drugiej wojny światowej, kiedy to wszyscy nagle obróciliśmy się przeciw Japończykom i zaczęliśmy ich bezpodstawnie internować – pisała. – Niech te straszne listy z pogróżkami będą dla Pana motywacją, żeby jeszcze głośniej dzielić się z Amerykanami swoją wiedzą na temat muzułmanów. Jest Pan dobrym i odważnym człowiekiem, a przecież właśnie te cechy stanowią kwintesencję Ameryki. Niech Pan się nie boi wychodzić do ludzi i głosić pokój na ziemi. Proszę wykorzystać ten czas do działania".

Choć myślami wciąż był po drugiej stronie kuli ziemskiej, Mortenson poszedł za radą pani Collins i zaczął organizować wystąpienia, uruchamiając największą kampanię, na jaką było go stać. Przez cały grudzień i styczeń stawiał czoło motylom w żołądku i pojawiał się przed tłumnie zebraną publicznością – w największym sklepie turystycznym w Seattle, potem na sponsorowanej przez Amerykańskie Stowarzyszenie Emerytów pogadance w Minneapolis, w Klubie Odkrywców na Manhattanie i razem z Julią Bergman na kongresie bibliotekarzy stanu Montana.

Nie wszystkie jego wystąpienia były tak oblegane. W ekskluzywnym Klubie Yellowstone w kurorcie narciarskim Big Sky niedaleko Bozemanu skierowano go do niewielkiego pomieszczenia w piwnicy, gdzie wokół gazowego kominka siedziało na miękkich fotelach sześć osób czekających na jego prelekcję.

Mortenson pamiętał jednak, że nawet gdy miał przed sobą dwieście pustych krzeseł w Minnesocie, jego prezentacja przyniosła nieoczekiwany skutek, zgasił więc kominek, powiesił na nim pomarszczoną białą płachtę i zaczął pokazywać slajdy, mówiąc przy tym z wielkim zaangażowaniem o błędach, jakie jego zdaniem popełnia prowadząca wojnę Ameryka.

Podczas prezentacji zauważył wtuloną w jeden z foteli niebrzydką kobietę po trzydziestce ubraną w dżinsy, bluzę i czapeczkę z daszkiem. Słuchała go ze szczególną uwagą, a kiedy zdejmował ekran z kominka, podeszła do niego i się przedstawiła.

– Jestem Mary Bono – powiedziała. – Członkini Kongresu, republikanka z Palm Springs. Muszę panu powiedzieć, że więcej się dowiedziałam w ciągu ostatniej godziny niż podczas wszystkich spotkań informacyjnych w Kapitolu, w jakich uczestniczyłam od jedenastego września. Musimy tam pana ściągnąć.

Podała Mortensonowi swoją wizytówkę i poprosiła, żeby zadzwonił do niej, gdy rozpoczną się posiedzenia Kongresu. Ustalą wówczas termin jego wystąpienia w Waszyngtonie.

Sterowana przez kolejnego kapitana maszyna zaczęła schodzić do lądowania, zanurzając się w otoczoną poszarpanymi górami pylistą kotlinę skrywającą Kabul. Stewardesy odmawiały nerwowo modlitwę, prosząc Boga o bezpieczne lądowanie. Mijali z bliska wzgórza Logar, gdzie dawało się dostrzec spalone szkielety używanych przez talibów radzieckich czołgów, które – choć ukryte w wejściach do jaskiń i schowane za nasypami – stanowiły łatwy cel dla nowoczesnych, sterowanych laserowo pocisków.

Przez ostatnie miesiące Greg chłonął każde słowo z e-maili przysyłanych mu z Kabulu przez Kathy Gannon, która jakoś przedarła się do afgańskiej stolicy po ich ostatnim spotkaniu w Marriotcie. To od niej się dowiedział, jak przestraszone oddziały talibów uciekały z miasta przed posuwającymi się na południe czołgami Sojuszu Północnego, wspieranego przez amerykańskie myśliwce bombardujące przede wszystkim kabulską „Ulicę Gości" – najelegantszą dzielnicę, w której mieszkali sprzymierzeni z talibami arabscy bojownicy. Od niej też się dowiedział, że 13 listopada, gdy zakazujący muzyki talibowie w końcu opuścili miasto, ludzie tańczyli na ulicach, a w całym Kabulu głośno grały głęboko do tej pory schowane radia i magnetofony.

Teraz była już połowa lutego, ale w odległych Górach Białych, które Greg widział przez okno samolotu, wciąż toczyły się walki – amerykańskie siły lądowe próbowały tam zniszczyć ostatnie bastiony oporu. Mortenson uznał jednak, że Kabul, który znajdował się obecnie w rękach Sojuszu Północnego i jego amerykańskich sojuszników, w końcu stał się na tyle bezpieczny, że może tam pojechać.

Jednak gdy szedł z samolotu do terminalu, mijając ekipy saperów w opancerzonych buldożerach, które oczyszczały brzegi dróg dojazdowych dla taksówek, zastanawiał się, czy był to rozsądny pomysł. Szczątki pozostałych samolotów Ariany wciąż leżały tam, gdzie zostały zbombardowane. Ich stateczniki, z których złaziła poczerniała farba, zwisały smętnie nad lotniskiem niczym flagi ostrzegawcze. Spalone kadłuby leżały wzdłuż porytego lejami po bombach pasa startowego jak rozkładające się cielska wielorybów.

Przy poruszanych gryzącym wiatrem drzwiach terminalu kołysał się przewrócony do góry nogami i oczyszczony z całej mechaniki i wyposażenia spalony „garbus", z którego pozostał jedynie charakterystyczny kształt karoserii.

Na pozbawionym prądu terminalu pochylał się nad biurkiem samotny urzędnik straży granicznej, który w smudze światła padającego przez dziurę w dachu, wyrwaną przez pocisk, sprawdził Mortensonowi paszport, po czym leniwie go podbił i gestem ręki pokierował przybysza na zewnątrz. Greg poszedł w kierunku drzwi, mijając po drodze podniszczoną podobiznę zamordowanego przywódcy Sojuszu Północnego, Ahmeda Masuda Szaha, którą jego bojownicy umieścili na lotnisku, kiedy je zajęli.

Mortenson przyzwyczaił się już, że na lotnisku w Pakistanie zawsze ktoś go witał. Gdy przyjeżdżał do Islamabadu, zaraz po przejściu przez kontrolę celną widział przed sobą uśmiechniętą twarz Sulemana. W Skardu natomiast Faisalowi zawsze udawało się wymusić na straży lotniska, żeby pozwolono mu przejść na lądowisko, dzięki czemu mógł rozpocząć służbę ochroniarza od momentu, gdy samolot dotykał ziemi.

Jednak przed gmachem lotniska w Kabulu na powitanie Mortensona ruszyła tylko grupka napastliwych taksówkarzy. Greg skorzystał z dawno opracowanej sztuczki – wybrał kierowcę, który zdawał się najmniej zainteresowany łapaniem klienta, wrzucił torbę na tylne siedzenie, a sam zajął miejsce obok niego.

Abdullah Rahman, podobnie jak cały Kabul, nosił ślady wojny. Jego oczy nie miały powiek, a skóra po prawej stronie twarzy była błyszcząca i napięta

– pokrywały ją blizny po poparzeniach w wyniku eksplozji miny przy krawężniku drogi, którą jechał. Ręce miał tak strasznie poparzone, że nie mógł nimi zbyt dobrze trzymać kierownicy, lecz i tak znakomicie sobie radził, przebijając się przez panujący na ulicach Kabulu chaos.

Abdullah, podobnie jak większość mieszkańców miasta, wykonywał najróżniejsze prace, żeby jakoś wykarmić rodzinę. Za równowartość dolara i dwudziestu centów miesięcznie pracował między innymi jako stróż w bibliotece szpitala wojskowego, gdzie pilnował trzech zaryglowanych szaf pełnych zatęchłych książek, jakimś cudem ocalałych z rąk talibów, którzy mieli w zwyczaju palić wszystkie pisma poza Koranem. Taksówkarz zawiózł Amerykanina do podziurawionego kulami Kabul Peace Guest House, gdzie Greg miał spędzić tydzień. Głosząca pokój w Kabulu nazwa pensjonatu była równie paradoksalna jak jego istnienie pośród zniszczonego wojną krajobrazu.

Greg wyjrzał przez kraty w oknie pokoiku pozbawionego elektryczności i bieżącej wody. Zobaczył ciągnące się wzdłuż hałaśliwej ulicy Bagh-e-Bala zniszczone wojną budynki i kuśtykających między nimi okaleczonych wojną mieszkańców miasta. Próbował sobie wyobrazić swój następny ruch, jednak starania, aby ułożyć jakiś sensowny plan działań, okazywały się równie bezskuteczne jak próby dostrzeżenia rysów twarzy mijających jego okna kobiet, odzianych w szczelnie zakrywające twarz i ciało niebieskie burki.

Przed przyjazdem na miejsce chodziło mu po głowie, że wynajmie samochód i uda się na północ, żeby jakoś się skontaktować z Kirgizami, którzy kiedyś przyjechali konno do Zuudchanu prosić go o pomoc. Lecz Kabul okazał się miejscem wciąż na tyle niebezpiecznym, że wyruszanie samemu w nieznane wydawało się ruchem samobójczym. Drżąc z zimna w nieogrzewanym pokoju, wsłuchiwał się nocą w niosące się po mieście odgłosy serii z karabinów oraz wybuchów rakiet wyrzucanych przez ukrywających się na okolicznych wzgórzach talibów.

Abdullah przedstawił Mortensonowi swojego przyjaciela, Pasztuna Haszmatullaha, przystojnego młodego fiksera, który walczył wcześniej po stronie talibów, dopóki z powodu ran nie musiał opuścić pola walki.

„Hasz, bo tak kazał na siebie mówić, podobnie jak wielu talibów tylko w teorii był zwolennikiem dżihadu – wyjaśnia Mortenson. – To bystry chłopak, który zamiast walczyć w oddziale talibów, dużo chętniej pracowałby jako technik w telekomunikacji, gdyby miał taką możliwość. Ale kiedy ukończył madrasę, talibowie zaoferowali mu trzysta dolarów, żeby się do nich przyłączył. Przekazał więc pieniądze mieszkającej w Chost matce i zgłosił się na szkolenie bojowe".

Hasz został ranny, gdy granat o napędzie rakietowym trafił w mur, za którym się schronił. Choć od tego zdarzenia minęły już cztery miesiące, rany na plecach wciąż ropiały, a przy wysiłku świszczało mu w poszarpanych płucach. Jednak z radością zgolił brodę, którą wskutek sztywnych nakazów talibów musiał wcześniej zapuścić, i cieszył się, że już nie podlega ich reżimowi. Kiedy zaś Greg opatrzył mu rany i zaaplikował serię antybiotyków, były bojownik stał się największym sprzymierzeńcem jedynego Amerykanina, jakiego w życiu spotkał.

Jak większość budynków w Kabulu, szkoły również bardzo ucierpiały wskutek walk. Wiosną miały zostać oficjalnie otwarte. Mortenson powiedział Haszowi i Abdullahowi, że chciałby zobaczyć, jak postępują prace nad przygotowaniem szkół do otwarcia, wsiedli więc razem w żółtą toyotę taksówkarza i wyruszyli na poszukiwania. W czasie tego wypadu Greg się dowiedział, że zaledwie dwadzieścia procent ze stu pięćdziesięciu kabulskich szkół jest w stanie pozwalającym na prowadzenie lekcji. Żeby więc zapewnić możliwość edukacji trzystu tysiącom uczniów, trzeba było wprowadzić system zmianowy i urządzać lekcje na powietrzu lub w budynkach tak doszczętnie zrujnowanych, że uczniowie mogli co najwyżej zamiast pod dachem zbierać się wokół stert gruzu.

Typowym przykładem niezaspokojonych potrzeb afgańskich dzieci była szkoła średnia Durchani. Ubrana w błękitną burkę dyrektorka, Uzra Faizad, powiedziała Mortensonowi, że kiedy szkoła zostanie ponownie otwarta, ma zamiar stworzyć możliwość nauki dla czterech i pół tysiąca dzieci, organizując lekcje w pomieszczeniach ocalałych z pamiętającego czasy sowieckie budynku oraz na dziedzińcu. Kadra złożona z dziewięćdziesięciu nauczycieli szykowała się do pracy na trzy zmiany, a co dzień rosła liczba chętnych do nauki, w miarę jak dziewczęta wychodziły z ukrycia, nabierając pomału przekonania, że zakazujący kobietom edukacji talibowie wreszcie zniknęli z miasta.

„Rozmowa z Uzrą zrobiła na mnie ogromne wrażenie – mówi Mortenson. – Stała przede mną silna, dumna kobieta próbująca coś zrobić na przekór wszelkim niedogodnościom. Z otaczającego szkołę muru został tylko gruz, dach się zapadł, ale ona codziennie przychodziła do pracy i robiła wszystko, żeby jakoś to miejsce doprowadzić do porządku, ponieważ żywiła głębokie przekonanie, że jedynym rozwiązaniem nękających Afganistan problemów jest edukacja".

Mortenson miał zamiar zarejestrować w Kabulu działalność Instytutu Azji Centralnej, co by mu umożliwiło występowanie o zezwolenia na budowę szkół. Okazało się jednak, że w mieście są problemy nie tylko z telefonami i elektrycznością, ale również z funkcjonowaniem administracji.

„Abdullah woził mnie od jednego ministerstwa do drugiego, ale nikogo tam nie zastawałem – opowiada Mortenson. – Postanowiłem więc wrócić do Pakistanu, zebrać trochę materiałów szkolnych i oferować pomoc, gdzie tylko możliwe".

Po tygodniu spędzonym w Kabulu Mortensonowi zaoferowano miejsce w lecącym do Peszawaru samolocie Czerwonego Krzyża. „Po powrocie z Afganistanu problemy Pakistanu wydają się łatwe do ogarnięcia" – myślał, chodząc po obozie Śamśatu i sprawdzając, czy nauczyciele otrzymują od Instytutu wynagrodzenie. Na terenie między obozem a afgańską granicą zatrzymał się, żeby zrobić zdjęcie trzem chłopcom siedzącym na workach ziemniaków. Patrząc przez wizjer aparatu, zauważył coś, czego gołym okiem nie widział: na twarzach wszystkich chłopców malowała się udręka, taka sama, jaką widział na twarzach dzieci w Kabulu. Schował więc aparat i spytał ich w paszto, czy czegoś nie potrzebują.

Najstarszy z chłopców, na oko trzynastoletni Ahmed, z wyraźną ulgą skorzystał z okazji, żeby porozmawiać z gotowym go wysłuchać dorosłym. Wyjaśnił Gregowi, że zaledwie tydzień wcześniej ich ojciec ciągnął wózek pełen kartofli na sprzedaż z Peszawaru do ich rodzinnej wioski koło Dżalalabadu i wraz z piętnastoma innymi osobami taszczącymi jedzenie i inne niezbędne artykuły został zabity przez zrzucony z amerykańskiego samolotu pocisk.

Ahmed wraz z młodszymi braćmi wrócił do Peszawaru i kupił kolejną partię ziemniaków od współczującego sprzedawcy, który znał ich ojca i sprzedał im towar po niższej cenie. Teraz zaś próbowali złapać okazję, żeby wrócić do domu, do pogrążonych w żałobie matki i sióstr.

Chłopak opowiadał o śmierci ojca tak beznamiętnym głosem, a fakt, że jego rozmówca jest obywatelem kraju, którego siły powietrzne zabiły jego ojca, zrobił na nim tak niewielkie wrażenie, że Mortenson nabrał przekonania, iż Ahmed doświadczył głębokiego wstrząsu.

Greg na swój sposób także był wstrząśnięty. Gdy Suleman zabrał go z Peszawaru do pensjonatu Home Sweet Home w Islamabadzie, spędził tam trzy bezsenne noce, starając się jakoś ogarnąć wszystko, co widział w Afganistanie. Po okropieństwach, z jakimi miał do czynienia w Kabulu i obozie dla uchodźców, z nadzieją czekał na wizytę w swojskim Skardu. Przynajmniej do czasu gdy zadzwonił do Parwiego, żeby się dowiedzieć, jak się mają sprawy szkół Instytutu.

Parwi powiedział mu, że przed kilkoma dniami banda zbirów wynajętych przez Aghę Mubareka, jednego z najpotężniejszych wiejskich mułłów w północnym Afganistanie, zaatakowała nocą ich najnowszy, niemal już ukończony budynek, koedukacyjną szkołę w wiosce Hemasil w dolinie Śigaru. Napastnicy próbowali ją podpalić, ale ponieważ drewniane belki dachowe i framugi okienne nie były jeszcze zamontowane, budynek tylko się osmalił, lecz nie spłonął. Wówczas młotami wandale zamienili mury szkoły (zbudowane ze starannie ociosanych i ułożonych kamiennych cegieł) w stertę gruzu.

Gdy Mortenson dojechał do Skardu, żeby odbyć nadzwyczajne spotkanie w sprawie szkoły w Hemasilu, powitały go kolejne złe wieści. Okazało się, że Agha Mubarek wydał fatwę zakazującą Amerykaninowi dalszych prac w Pakistanie. Jeszcze bardziej niepokojący był jednak fakt, że znany mu wpływowy lokalny polityk, Imran Nadim, ulegając namowom konserwatywnych szyitów, publicznie zadeklarował wsparcie dla Mubareka.

Przy herbacie i ciasteczkach z cukrem w sali jadalnej na piętrze hotelu Indus odbyła się dżirga z udziałem Mortensona i jego najważniejszych współpracowników.

– Mubarek chce po prostu, żeby jemu też coś z tego wszystkiego skapnęło – westchnął Parwi. – Wcześniej przyszedł do starszyzny Hemasilu z propozycją, żeby mu zapłacili za pozwolenie na budowę szkoły. Kiedy odmówili łapówki, kazał zniszczyć budynek i wydał tę swoją fatwę.

Parwi wyjaśnił też, że rozmawiał z Nadimem, wspierającym Mubareka politykiem, który wyraźnie sugerował, że problem można by rozwiązać za pomocą pieniędzy.

„Byłem naprawdę wściekły – mówi Mortenson. – Miałem ochotę zebrać wszystkich swoich znajomych z pakistańskiego wojska, wedrzeć się do wioski Mubareka i tak go przestraszyć, żeby ze wszystkiego się wycofał".

Parwi doradził jednak bardziej długofalowe rozwiązanie.

– Jeśli wejdziesz do domu tego zbója w otoczeniu żołnierzy, on ci wszystko obieca, ale gdy tylko wojsko zniknie z horyzontu, wszystko będzie znów po staremu – tłumaczył. – Musimy tę sprawę raz na zawsze rozstrzygnąć w sądzie. Szariackim oczywiście.

Mortenson niejednokrotnie już się przekonał, że na radach Parwiego warto polegać. Parwi miał założyć sprawę w sądzie islamskim w Skardu wraz z Mehdim Alim, zaprzyjaźnionym z Mortensonem członkiem starszyzny wioski Hemasil, który zainicjował budowę szkoły. Muzułmanie przeciw muzułmanom, zarządził Parwi, radząc Mortensonowi trzymać się z daleka od tej rozgrywki prawnej i poświęcić czas niecierpiącej zwłoki pracy w Afganistanie.

Mortenson zadzwonił ze Skardu do członków zarządu Instytutu i opowiedział, co widział w Afganistanie, prosząc o zezwolenie na zakup przyborów szkolnych, które chciał zawieźć do Kabulu. Ku jego zdumieniu Julia Bergman zaproponowała, że przyleci do Pakistanu i będzie mu towarzyszyć w podróży samochodem z Peszawaru do Kabulu.

„Julia wykazała się wielką odwagą – mówi Mortenson. – W okolicach, przez które mieliśmy jechać, wciąż toczyły się walki, ale nie mogłem jej wyperswadować tego pomysłu. Wiedziała, jak bardzo afgańskie kobiety cierpiały za rządów talibów, i z całego serca pragnęła im pomóc".

W kwietniu 2002 roku jasnowłosa Julia Bergman ubrana w powiewny salwar kamiz i z wisiorkiem na szyi, na którym widniał napis: „Chcę, aby po śmierci należycie wykorzystano moje ciało", wraz z Mortensonem przekroczyła granicę w Landi Kotal i wsiadła do minivana, którego załatwił na podróż do Kabulu zaprzyjaźniony z Sulemanem Monir, pasztuński taksówkarz z Peszawaru. Cały bagażnik i tylne siedzenie samochodu załadowane były aż po dach przyborami szkolnymi zakupionymi przez Amerykanów w Peszawarze. Suleman, który z powodu braku paszportu nie mógł pojechać, żeby dbać o ich bezpieczeństwo, szalał z niepokoju. Zajrzał przez okno minivana i mocno ścisnął kark pasztuńskiego kierowcy.

– Przysięgam na swoje życie – powiedział. – Jeśli coś się stanie temu sahibowi czy tej memsahib, własnoręcznie cię zabiję.

„Zdziwiłem się, że przy granicy nie było żadnych zabezpieczeń, nie stali nawet strażnicy – mówi Mortenson. – Osama mógłby sobie z setką bojowników wejść do Pakistanu i nikt by go nie zatrzymał".

Przebycie trzystu kilometrów drogi do Kabulu zajęło im jedenaście godzin.

„Na całej trasie mijaliśmy spalone zbombardowane czołgi i inne pojazdy wojskowe – opowiada Julia Bergman. – Całkowicie kontrastowało to z pięknym krajobrazem. Wszędzie dookoła ciągnęły się pola hodowanych na opium czerwonych i białych maków, które w połączeniu z ośnieżonymi szczytami gór na horyzoncie tworzyły wrażenie sielskiej prowincji, jakże dalekie od rzeczywistości tych stron".

„Zatrzymaliśmy się na posiłek złożony z pieczywa i herbaty w hotelu Spin Ghar w Dżalalabadzie, dawnej centrali talibów – wspomina Mortenson. – Miasto przypominało mi zdjęcia zbombardowanego podczas drugiej wojny światowej Drezna. Zaprzyjaźnieni uchodźcy w obozie Śamśatu opowiadali mi, że amerykańskie siły powietrzne robiły w mieście i okolicy naloty dywanowe bombowcami B-52. W Dżalalabadzie naprawdę bałem się o bezpieczeństwo Julii. W oczach mieszkańców miasta widziałem absolutną nienawiść do nas, która kazała mi się zastanawiać, ile naszych bomb trafiło takie niewinne osoby jak tamten sprzedawca ziemniaków".

Kiedy już udało im się bezpiecznie dotrzeć do Kabulu, Mortenson zabrał Julię do hotelu Intercontinental położonego na zboczu wzgórza, z widokiem na okaleczone miasto. Intercontinental oferował najbardziej zbliżone do normalności zakwaterowanie w Kabulu – tylko połowa budynku została bowiem obrócona w gruz. Po uiszczeniu opłaty pięćdziesięciu dolarów za noc zostali poprowadzeni do „nienaruszonego" skrzydła budynku, gdzie w miejsce potrzaskanych okien wstawiono plastikowe arkusze, a obsługa przynosiła raz dziennie wiadra ciepłej wody do mycia.

Greg i Julia jeździli po mieście wraz z Haszem i Abdullahem, poznając coraz lepiej nadmiernie obciążony system szkolnictwa. Wstąpili też do Kabulskiego Instytutu Medycznego, najbardziej prestiżowego ośrodka kształcenia lekarzy, żeby przekazać książki medyczne stanowiące darowiznę pewnej Amerykanki – Kim Trudell z Marblehead w stanie Massachusetts. Jej mąż Frederic Rimmele zginął w czasie podróży na konferencję medyczną w Kalifornii 11 września, gdy jego samolot (United Airlines 175) zamienił się w kulę ognia w zderzeniu z południową wieżą World Trade Center. Kim Trudell poprosiła Mortensona, by zawiózł medyczne książki jej męża do Kabulu, wierzyła bowiem, że tylko dzięki edukacji można rozwiązać problem wojującego islamu.

W olbrzymiej nieogrzewanej sali instytutu pod zapadającym się sufitem siedziało pięciuset studentów słuchających uważnie wykładu. Byli bardzo wdzięczni za ofiarowane książki, instytut posiadał bowiem tylko dziesięć podręczników wymaganych na zajęciach z anatomii. Pięciuset przyszłych lekarzy, w tym czterystu siedemdziesięciu mężczyzn i trzydzieści nieustraszonych kobiet, na zmianę wypożyczało je do domu i ręcznie przerysowywało ilustracje.

Nawet ten mozolny proces był jednak postępem w stosunku do tego, co działo się tu kilka miesięcy wcześniej. Doktor Nazir Abdul, lekarz pediatra, wyjaśnił, że gdy talibowie opanowali Kabul, zakazywali korzystania z wszelkich książek zawierających ilustracje i palili publicznie wszystkie egzemplarze, jakie znaleźli. Podczas wykładów uzbrojeni strażnicy ze znienawidzonego Wydziału Krzewienia Cnoty i Zapobiegania Rozpuście stali z tyłu sali i pilnowali, żeby profesorowie przypadkiem nie zaczęli rysować na tablicy schematów anatomicznych.

„Jesteśmy lekarzami teoretykami – mówi doktor Abdul. – Nie posiadamy najbardziej podstawowych w naszym zawodzie narzędzi. Nie mamy pieniędzy na ciśnieniomierze ani na słuchawki lekarskie. A ja, lekarz, nigdy w życiu nie patrzyłem przez mikroskop".

Pokryte bliznami dłonie Abdullaha sprawnie operowały kierownicą, dzięki czemu omijali leje po bombach, których pełno było na drodze do położonego kawałek na zachód od Kabulu miasteczka Majdanszahr. Mortenson wiedział, że większość i tak dość ograniczonych środków z zagranicznej pomocy nigdy nie opuści Kabulu, przyjął więc tę samą taktykę, którą wypracował w Pakistanie, i pragnął za wszelką cenę pomagać biednym ludziom na prowincji. Trzystu uczniów gimnazjum w Szahabudinie potrzebowało znacznie więcej niż zeszyty i ołówki, które Hasz z Mortensonem wyładowywali z taksówki Abdullaha.

Lekcje dla młodszych chłopców odbywały się w przerdzewiałych kontenerach. Dziewięciu najstarszych uczniów odbywało zajęcia w tylnej części osmalonego transportera opancerzonego, którego gąsienice urwała seria pocisków przeciwczołgowych. W służący za okno luk strzelniczy starannie wetknięta była piłka do koszykówki, którą z dumą pokazywała cała klasa. Podarował ją im pewien szwedzki pracownik humanitarny. „Szwed ma długie złote włosy, jak górski kozioł" — wyjaśnił, prezentując swoje postępy w angielskim, chłopiec o błyszczących oczach, po którego krótko przystrzyżonej głowie biegały wszy.

Lecz najboleśniejszy był dla Grega fakt, że uczęszczające do szkoły dziewczynki nie miały żadnego schronienia.

„Osiemdziesiąt uczennic musiało odbywać lekcje na dworze – mówi Greg. – Próbowały się uczyć, ale wiatr wciąż sypał im piasek w oczy i przewracał tablicę".

Dziewczynki były zachwycone nowymi ołówkami i zeszytami, które przyciskały mocno do siebie, żeby nie porwał ich wiatr.

Kiedy Mortenson wracał do taksówki Abdullaha, nad szkołą przeleciały z ogromną prędkością cztery amerykańskie śmigłowce szturmowe typu Cobra, jakieś piętnaście metrów nad głowami przerażonych uczniów, tak że wyraźnie było widać baterię ładunków Hellfire. Wytworzony przez wirnik podmuch przewrócił tablicę, która z trzaskiem wylądowała na kamienistym podłożu. „Gdziekolwiek jechaliśmy, wszędzie napotykaliśmy amerykańskie samoloty i śmigłowce – mówi Julia Bergman. – Mogę sobie tylko wyobrazić, jakie pieniądze przeznaczaliśmy na działania wojskowe w tym rejonie. A gdzie była pomoc humanitarna? W Ameryce ciągle słyszałam obietnice, jakie składaliśmy Afgańczykom, twierdząc, że jednym z naszych priorytetów jest odbudowa kraju. Kiedy jednak byłam na miejscu i widziałam, jak niewiele jest śladów pomocy dla afgańskich dzieci, zwłaszcza ze strony Stanów Zjednoczonych, czułam wielki wstyd i zażenowanie".

Następnego dnia Mortenson zabrał Julię Bergman na spotkanie z Uzrą Faizad, dyrektorką szkoły Durchani, a przy okazji przekazał przybory szkolne dla czterech i pół tysiąca dzieci. Na miejscu mieli okazję zobaczyć, jak uczniowie wdrapują się po prymitywnych długachnych drabinach do położonych na drugim piętrze budynku sal lekcyjnych, ponieważ schody, które nie przetrwały bombardowań, nie zostały jeszcze odbudowane. Szkoła jednak funkcjonowała na pełnych obrotach, oferując naukę na trzy zmiany. Uradowana widokiem Mortensona Uzra Faizad zaprosiła Amerykanów do swojego domu na herbatę.

Dyrektorka szkoły była wdową, której mąż zginął, walcząc z Sowietami w dowodzonych przez Masuda oddziałach mudżahedinów. Mieszkała bardzo skromnie, w jednoizbowej szopie na terenie szkoły. W czasie rządów talibów uciekła na północ, do miasta Talokan, gdzie prowadziła potajemnie lekcje dla dziewcząt. Teraz jednak, po powrocie do Kabulu, całkiem otwarcie działała na rzecz edukacji kobiet. Podwinęła płachtę zasłaniającą jedyne okno w pomieszczeniu, po czym zdjęła zakrywającą ją szczelnie burkę i powiesiła na haczyku nad jednym z niewielu posiadanych przez nią przedmiotów – starannie złożonym wełnianym kocem. Następnie przykucnęła przy niewielkiej butli gazowej, żeby zrobić herbatę.

– Wie pani, kobiety w moim kraju zapytałyby, czemu kobiety w Afganistanie wciąż noszą burki, mimo że talibów już nie ma – powiedziała Julia Bergman.

– Jestem tradycjonalistką, a burka mi odpowiada – wyjaśniła Uzra. – Poza tym czuję się w niej bezpieczniej. Prawdę mówiąc, upieram się, żeby wszystkie nauczycielki nosiły na ulicach burki. Nie chcemy, żeby ktokolwiek mógł pod byle pretekstem przeszkodzić nam w kształceniu dziewcząt.

– No tak, ale wyzwolone Amerykanki chciałyby wiedzieć, czy patrząc przez to niewielkie rozcięcie, nie czuje się pani jakoś uciśniona – drążyła Julia.

Uzra uśmiechnęła się szeroko po raz pierwszy, odkąd Mortenson ją spotkał. Uderzyło go, jak piękna okazała się po zdjęciu burki ta pięćdziesięcioletnia kobieta, której przecież życie nie oszczędzało.

– Dla nas, afgańskich kobiet, oknem na świat jest edukacja, a nie to czy inne rozcięcie w kawałku tkaniny – odparła.

Kiedy zielona herbata się zaparzyła, Uzra poczęstowała nią gości, przepraszając, że nie może im zaproponować cukru.

– Muszę państwa poprosić o przysługę – powiedziała, gdy wypili po kilka łyków. – Jesteśmy bardzo wdzięczni Amerykanom za to, że przepędzili stąd talibów. Ale od pięciu miesięcy nie otrzymałam żadnego wynagrodzenia za pracę, choć powiedziano mi, że nie będę na nie długo czekać. Czy mogą państwo poruszyć ten problem z kimś w Ameryce, żeby się dowiedzieć, co się stało?

Mortenson przekazał czterdzieści dolarów Instytutu dyrektorce szkoły i po dwadzieścia dla dziewięćdziesięciu nauczycieli, którzy również nie otrzymywali zapłaty. Następnie odprowadził Julię Bergman do samolotu ONZ do Islamabadu i rozpoczął dochodzenie, próbując ustalić, co się stało z pieniędzmi, które miały trafić do pracowników szkolnictwa. Podczas trzeciej wędrówki po pustych korytarzach sypiącego się Ministerstwa Finansów w końcu udało mu się porozmawiać z wiceministrem, który na pytanie, dlaczego nauczyciele i dyrektorka szkoły nie otrzymują obiecanych pieniędzy, rozłożył bezradnie ręce.

„Powiedział mi, że do Afganistanu trafiła mniej niż jedna czwarta pieniędzy obiecanych przez prezydenta Busha jako pomoc humanitarna, a i z tej sumy 680 milionów dolarów zostało „przekierowanych" na budowę pasów startowych i wyposażenie składów i magazynów w Bahrajnie, Kuwejcie i Katarze w związku ze spodziewaną inwazją na Irak".

Lecąc kolejno liniami Ariana, British Air i Delta do Dubaju, Londynu i wreszcie Waszyngtonu, Mortenson czuł się jak kierowany za pomocą termolokacji pocisk zmierzający w stronę siedziby własnego rządu – tak silną odczuwał wściekłość.

„Czas, w którym powinniśmy byli zrobić wszystko, żeby przekształcić zadane Afgańczykom cierpienia w coś pozytywnego, mijał niepostrzeżenie, a my nie wykorzystywaliśmy tej szansy – tłumaczy. – Byłem tak zdenerwowany, że we wszystkich samolotach chodziłem między fotelami, nie mogąc usiedzieć w miejscu. Jeśli nie byliśmy w stanie dopilnować czegoś tak banalnego jak wypłacenie czterdziestodolarowej pensji tak bohaterskiej kobiecie jak Uzra, to jak mieliśmy zamiar poradzić sobie z arcytrudnym zadaniem, jakim jest walka z terroryzmem?"

Mortenson nie mógł jednak skierować swojej złości na Mary Bono. W roku 1998, kiedy jej mąż, Sonny Bono, niegdyś gwiazda pop, a później republikański kongresman z Palm Springs w stanie Kalifornia, zginął w wypadku na nartach, uległa namowom Newta Ginricha, żeby w zastępstwie męża ubiegać się o miejsce w Kongresie. Podobnie jak jej męża, przeciwnicy początkowo nie traktowali jej poważnie, okazała się jednak wytrawnym politycznym graczem. Mary, która wcześniej uprawiała gimnastykę, wspinaczkę i była instruktorką fitnessu, w niczym nie przypominała typowej republikanki, gdy w wieku trzydziestu siedmiu lat przyjechała do Waszyngtonu – zwłaszcza gdy prezentowała wysportowaną sylwetkę w sukni wieczorowej podczas uroczystych okazji.

Wkrótce więc Mary Bono, której inteligencja dorównywała urodzie, zaczęto uważać za wschodzącą gwiazdę Partii Republikańskiej. Zanim Mortenson trafił do jej biura na Capitol Hill, udało jej się ogromną liczbą głosów zostać ponownie wybraną do Kongresu oraz zyskać szacunek kolegów z obu stron politycznej barykady. Nie dało się też ukryć, że w zdecydowanie męskim środowisku stolicy jej atrakcyjny wygląd robił swoje.

„Kiedy przyjechałem do Waszyngtonu, nie miałem pojęcia, co robić – opowiada Mortenson. – Czułem się tak, jakby mnie ktoś rzucił do odciętej od świata afgańskiej wioski, w której nie znam obowiązujących zwyczajów. Mary spędziła wówczas ze mną cały dzień, pokazując mi, jak to wszystko działa. Przeszła ze mną przez prowadzący z jej biura do Kapitolu tunel, którym zmierzały akurat na głosowanie dziesiątki innych kongresmanów, a po drodze wszystkim mnie przedstawiała. A ci wszyscy faceci rumienili się przed nią jak uczniaki. Ja zresztą też, zwłaszcza gdy zaczęła mnie przedstawiać w następujący sposób: «Musisz poznać tego człowieka. To Greg Mortenson, prawdziwy amerykański bohater»".

Bono zorganizowała Mortensonowi wystąpienie w sali posiedzeń w Kapitolu i rozesłała informację o nim do wszystkich członków Kongresu, zapraszając ich, żeby „przyszli na spotkanie z Amerykaninem, który walczy z terroryzmem w Pakistanie i Afganistanie, budując szkoły dla dziewcząt".

„Kiedy usłyszałam, jak Greg mówi, wiedziałam, że chociaż tyle muszę dla niego zrobić – mówi Mary Bono. – Codziennie spotykam mnóstwo ludzi, którzy twierdzą, że starają się zrobić coś dobrego i pomagać ludziom. Ale Greg zamienia słowa w czyny, naprawdę idzie tą drogą. A ja jestem jego największą fanką. Podziwiam ogromne poświęcenie jego i jego rodziny. Greg reprezentuje to, co Ameryka ma najlepszego. Chciałam zrobić co w mojej mocy, żeby jak najwięcej osób miało szansę się zetknąć z tak humanitarną postawą".

Kiedy Greg zainstalował na sali swój stary projektor, który jakoś się jeszcze trzymał dzięki nowej porcji taśmy klejącej, odwrócił się i zobaczył salę wypełnioną kongresmanami i innymi pracownikami wyższego szczebla. Miał na sobie swój jedyny garnitur w brązową kratkę oraz znoszone brązowe zamszowe mokasyny. Zdecydowanie wolałby zobaczyć przed sobą dwieście pustych krzeseł, ale przypomniał sobie, że przecież przyjechał tu z powodu niewinnego pytania Uzry o niewypłaconą jej pensję, wrzucił więc pierwszy slajd. Pokazywał zarówno surowe piękno Pakistanu, jak i panującą tam biedę, a potem z rosnącym zaangażowaniem mówił o niewypłacanej pensji Uzry i o tym, jak ważne jest, żeby Ameryka dotrzymała danej Afganistanowi obietnicy.

Republikański kongresman z Kalifornii przerwał mu w pół zdania, rzucając prowokacyjnie:

– Budowanie szkół dla dzieci to świetna sprawa, ale dla naszego narodu najważniejsze teraz jest bezpieczeństwo. Jeśli nie będziemy dbać o bezpieczeństwo, jakie to wszystko ma znaczenie?

Mortenson wziął głęboki oddech. Czuł, że rozżarzony węgielek wściekłości, który przywiózł tu aż z Kabulu, bucha mu w piersi płomieniem.

– Nie robię tego, co robię, żeby walczyć z terroryzmem – powiedział, uważnie dobierając słowa, by nie powiedzieć czegoś, co spowoduje, że każą mu się wynosić z Kapitolu. – Robię to, ponieważ obchodzi mnie los tych dzieci. Walka z terroryzmem zajmuje może siódme czy ósme miejsce na mojej liście priorytetów. Ale pracując w tamtym rejonie, kilku rzeczy się dowiedziałem. Dowiedziałem się, że terroryzm nie bierze się stąd, że jakaś grupa ludzi w takim Pakistanie czy Afganistanie nagle postanawia nas nienawidzić.

Bierze się on raczej stąd, że dzieci nie widzą przed sobą przyszłości na tyle obiecującej, żeby miały powód wybrać życie, a nie śmierć. Mortenson mówił dalej, coraz bardziej się rozkręcając. Ból, jaki w nim wzbierał od pierwszej wizyty w Afganistanie, przyćmił odwieczną niechęć do wystąpień publicznych. Mówił o pozbawionych dopływu pieniędzy pakistańskich szkołach, o madrasach wahabitów pojawiających się wszędzie niczym nowotwór, o miliardach dolarów, jakie saudyjscy szejkowie przywożą w walizkach na te ziemie, żeby wpompować je w fabryki dżihadu. Mówił bez przerwy, a w sali zapadła cisza, którą zakłócał tylko odgłos robionych naprędce notatek.

Kiedy skończył, odpowiedział jeszcze na kilka pytań i zaczął zbierać slajdy. Podeszła wówczas do niego kobieta, która przedstawiła się jako doradca prawny pewnej członkini Kongresu z Nowego Jorku.

– To niesamowite, co pan mówił – powiedziała. – Dlaczego nigdy nie dowiadujemy się tych rzeczy z telewizji ani na spotkaniach informacyjnych? Powinien pan napisać książkę.

– Nie mam czasu na pisanie – rzekł Mortenson, widząc, że jego miejsce na podium zajmuje właśnie generał Anthony Zinni, były szef Centralnego Dowództwa Sił Zbrojnych USA, który w otoczeniu umundurowanych oficerów szykuje się do następnej w programie dnia przemowy.

– Powinien pan jakoś ten czas wygospodarować – nie poddawała się kobieta.

– Jeśli pani mi nie wierzy, proszę spytać mojej żony. Nie mam nawet czasu spać.

Po opuszczeniu Kongresu Mortenson przez jakiś czas wałęsał się bez celu po parku National Mall, schodząc w kierunku rzeki Potomac. Zastanawiał się, czy udało mu się dotrzeć do słuchaczy. Po wypielęgnowanych trawnikach niespiesznie spacerowały grupki turystów, krążących między czarnym murem pomnika wojny w Wietnamie a białym pałacem z marmuru skrywającym pomnik zamyślonego Lincolna, który zdawał się czekać na dogodny moment, żeby położyć balsam na najświeższe rany swojego narodu.

Kilka miesięcy później Mortenson znalazł się po drugiej stronie rzeki Potomac – został zaproszony do Pentagonu przez generała piechoty morskiej, który po lekturze tekstu o działaniach Mortensona przekazał tysiąc dolarów Instytutowi Azji Centralnej.

Generał prowadził Grega lśniącym marmurowym korytarzem do gabinetu sekretarza obrony.

„Najmocniej zapadło mi w pamięć, że ludzie, których mijaliśmy, nie nawiązywali z nami kontaktu wzrokowego – wspomina Mortenson. – Przemykali prędko korytarzem, przeważnie z laptopami pod pachą, jak pociski spiesznie zmierzające do celu. Nie mieli nawet czasu na mnie spojrzeć. Pamiętam, że pomyślałem wtedy: «Też byłem kiedyś w wojsku, ale to w niczym nie przypomina armii, jaką znam. To raczej armia laptopów»".

W gabinecie sekretarza obrony zdziwił się, że nie poproszono go, aby usiadł. Spotkania z przedstawicielami władz w Pakistanie, nawet najkrótsze, zawsze rozpoczynały się od wskazania gościowi krzesła i zaproponowania mu herbaty. A teraz Greg stał, czując się dość nieswojo w garniturze, do którego noszenia nie przywykł, i nie miał pojęcia, co powiedzieć lub zrobić.

„Byliśmy tam tylko chwilę, bo tyle zajęło przedstawienie mnie sekretarzowi obrony – mówi Mortenson. – Chciałbym móc się pochwalić, że powiedziałem Donaldowi Rumsfeldowi coś niesamowitego, co spowodowało, że zaczął zupełnie inaczej patrzeć na kwestię wojny z terroryzmem, ale nic takiego nie przyszło mi do głowy. Przez cały czas gapiłem się tylko na jego buty. Nie znam się specjalnie na tych sprawach, ale nawet dla mnie było jasne, że są bardzo eleganckie. Wyglądały na drogie i były idealnie wypastowane. Zapamiętałem też, że sekretarz Rumsfeld miał na sobie szykowny szary garnitur i pachniał wodą kolońską. Pamiętam też, że choć wiedziałem, że w Pentagon trafił jeden z porwanych samolotów, pomyślałem wtedy, że to miejsce jest bardzo odległe od rejonu prawdziwych walk, od upału i pyłu, z którymi jeszcze przed paroma dniami stykałem się w Kabulu".

Wkrótce znalazł się z powrotem w lśniącym korytarzu, którym zmierzał do sali, gdzie miał wygłosić prelekcję na użytek naczelnych strategów wojskowych. Zastanawiał się, na ile wyczuwalny w Pentagonie chłód wpływa na podejmowane tu decyzje. Jak bardzo odmienne byłyby jego odczucia co do sposobu prowadzenia wojny, gdyby wszystko co widział: chłopcy, którzy stracili handlującego ziemniakami ojca, dziewczynki, którym wiatr wciąż przewracał tablicę, wszyscy okaleczeni wojną ludzie próbujący się poruszać po ulicach Kabulu pomimo utraty rąk lub nóg urwanych przez miny i bomby kasetowe, gdyby wszyscy ci ludzie byli tylko cyferkami na ekranie laptopa?

W niewielkiej sali w połowie wypełnionej umundurowanymi oficerami, między którymi gdzieniegdzie stali cywile w garniturach, Mortenson nie przebierał w słowach.

„Miałem poczucie, że cokolwiek powiem, nic to nie da – mówi Mortenson. – Wiedziałem, że nie zmienię sposobu, jaki administracja Busha uznała za właściwy do prowadzenia wojen. Postanowiłem więc pójść na całość".

– Początkowo wspierałem wojnę w Afganistanie – powiedział Greg, gdy się przedstawił. – Wierzyłem w jej sens, ponieważ sądziłem, że Ameryka nie rzuca słów na wiatr, deklarując, że chce odbudować Afganistan. Znalazłem się tu dzisiaj, ponieważ wiem, że zwycięstwo militarne stanowi zaledwie pierwszą fazę wygranej w walce z terroryzmem, a niestety mam podstawy sądzić, że nie za bardzo nas interesuje podejmowanie kolejnych kroków.

Dalej mówił o tradycjach plemiennych od pokoleń towarzyszących konfliktom w regionie Pakistanu i Afganistanu – o tym, że zwaśnione strony przed rozpoczęciem walk zwołują dżirgę, by ustalić, jakie straty będą w stanie ponieść, ponieważ od zwycięzców oczekiwano opieki nad wdowami i sierotami pozostawionymi przez zabitych rywali.

– Ludzie w tamtym rejonie świata przyzwyczajeni są do śmierci i przemocy – ciągnął Mortenson. – Gdybyśmy im mówili: „Przykro nam, że twój ojciec zginął, ale poniósł on śmierć męczeńską za wolność Afganistanu", gdybyśmy zaoferowali im jakiekolwiek odszkodowanie i uhonorowali poniesione przez nich straty, myślę, że nawet teraz mielibyśmy tam powszechne poparcie. Ale najgorszą strategią jest to, co teraz robimy: ignorowanie ofiar. Wrzucanie ich do rubryki „straty wśród ludności cywilnej" i nieczynienie żadnego wysiłku, żeby chociaż policzyć, ile osób zginęło. Ignorując tych ludzi, zaprzeczamy, że kiedykolwiek istnieli, a w świecie islamu nie ma większej obrazy. Tego nam nigdy nie wybaczą.

Po godzinie, gdy jeszcze raz powtórzył swoje ostrzeżenie o rzeszach islamskich bojowników kształtowanych przez ekstremistyczne madrasy, Mortenson zakończył swoje wystąpienie myślą, która go naszła, gdy oglądał porozrzucane bezładnie szczątki domu w miejscu uderzenia pocisku samosterującego na „Ulicy Gości" w Kabulu.

– Nie jestem ekspertem wojskowym – powiedział. – Być może liczby, które podam, nie będą dokładnie odpowiadały rzeczywistości. Ale na ile byłem w stanie się zorientować, jak dotąd posłaliśmy do Afganistanu sto czternaście pocisków samosterujących typu Tomahawk. O ile wiem, koszt jednego takiego pocisku wraz z systemem naprowadzania Raytheon wynosi około ośmiuset czterdziestu tysięcy dolarów. Za taką kwotę można by zbudować kilkadziesiąt szkół, które już w pierwszym pokoleniu zapewniłyby dziesiątkom tysięcy uczniów zrównowaźoną edukację pozbawioną ekstremistycznych wpływów. Jak państwo sądzą, który wydatek powoduje większy wzrost naszego bezpieczeństwa?

Po wystąpieniu podszedł do Mortensona wysportowany mężczyzna w świetnie skrojonym garniturze, pomimo którego od razu było widać wojskową proweniencję właściciela.

– Czy mógłby pan zaznaczyć nam na mapie wszystkie madrasy wahabitów? – spytał mężczyzna.

– Jeśli chcę jeszcze trochę pożyć, to nie za bardzo – odpowiedział Mortenson.

– Czy mógłby pan koło każdej takiej madrasy wybudować szkołę?

– W stylu sieci Starbucks? Żeby zdominować rynek i odebrać ekstremistom klientów?

– Mówię poważnie. Możemy zapewnić panu na to środki. Co by pan powiedział na jakieś dwa miliony dwieście tysięcy dolarów? Ile szkół byłby pan w stanie za te pieniądze wybudować?

– Około setki.

– Czy nie o to panu właśnie chodzi?

– Ludzie by się dowiedzieli, że te pieniądze pochodzą od wojska, i nie miałbym tam już czego szukać.

– Nie ma problemu. Możemy tak to urządzić, żeby wyglądało na prywatną dotację od jakiegoś biznesmena z Hongkongu.

Mężczyzna przerzucił kilka stron notesu zapisanego kolumnami najróżniejszych kwot. Mortenson kątem oka dostrzegł kilka nieznajomo wyglądających zagranicznych nazwisk, a obok nich kolumnę liczb: 15 milionów dolarów, 4,7 miliona, 27 milionów.

– Proszę to przemyśleć i do mnie zadzwonić – powiedział mężczyzna, po czym zapisał coś szybko w notesie i podał Gregowi swoją wizytówkę.

Mortenson faktycznie przemyślał propozycję – właściwie myślał o niej do końca roku 2002. Przed oczami miał wciąż ogromny pożytek, jaki przyniosłaby budowa stu szkół, długo więc rozważał pomysł przyjęcia wojskowych pieniędzy, choć wiedział, że nie mógłby tego zrobić.

„Zdawałem sobie sprawę, że jeśli chcę zachować w tym regionie wiarygodność, nie mogę być kojarzony z amerykańskim rządem – tłumaczy. – A zwłaszcza z amerykańskim wojskiem".

Cieszące się sporym zainteresowaniem prelekcje, którymi zajmował się przez resztę roku, pozwoliły na lekkie podreperowanie stanu konta Instytutu

Azji Centralnej, lecz finanse organizacji były nadal niestabilne. Samo utrzymanie przy życiu szkół już założonych w Pakistanie, w połączeniu z nową inicjatywą pomocy afgańskim dzieciom, przy odrobinie nieuwagi mogło w szybkim tempie wyczyścić konto Instytutu.

Mortenson postanowił więc odroczyć podwyżkę z dwudziestu ośmiu do trzydziestu pięciu tysięcy dolarów rocznie, którą już zatwierdził dla niego zarząd, do czasu gdy finanse Instytutu się ustabilizują. Zaś gdy rok 2002 przeszedł w 2003, a Greg codziennie rano z przerażeniem czytał na ekranie komputera kolejne nagłówki dotyczące broni masowego rażenia i nadchodzącej wojny w Iraku, czuł się coraz bardziej zadowolony, że udało mu się uniknąć korzystania z wojskowych pieniędzy.

W napiętej atmosferze po 11 września Patsy Collins, hojna starsza pani z Seattle, zdążyła przed śmiercią dodać Gregowi otuchy, prosząc go, aby wychodził do ludzi i głosił pokój na ziemi, wykorzystując czas narodowego kryzysu do działania. Podróżując po wzburzonej atakami Ameryce, Mortenson rzeczywiście pozbył się dawnej nieśmiałości, przemawiał dużo, śmiało i głośno. Gdy jednak pakował swój worek marynarski na dwudziestą siódmą podróż do Pakistanu, szykując się na kolejne bolesne rozstanie z rodziną, zastanawiał się: czy tak naprawdę ktokolwiek go słucha?

ROZDZIAŁ DWUDZIESTY DRUGI

„WROGIEM JEST NIEWIEDZA"

Podczas gdy Stany Zjednoczone stają oko w oko z reżimem
Saddama Husajna w Iraku, czterdziestopięcioletni Greg Mortenson
bez rozgłosu toczy własną walkę z islamskimi fundamentalistami,
którzy często rekrutują nowych członków przez system
szkół religijnych zwanych madrasami. Podejście Mortensona
oparte jest na prostym pomyśle: jeśli będziemy budować świeckie szkoły
i dbać o upowszechnianie edukacji, szczególnie dla dziewcząt,
w najbardziej niestabilnym rejonie wojennym świata, po jakimś czasie
talibom i innym ekstremistycznym ugrupowaniom
w końcu zabraknie zwolenników.

Kevin Fedarko, artykuł w piśmie *Parade*, 6 kwietnia 2003 roku

HUSSAIN GWAŁTOWNIE zahamował na końcu drogi, a jego pasażerowie wysiedli, ostrożnie przechodząc nad owiniętymi w plastik skrzynkami z dynamitem. Było już całkiem ciemno, gdy dotarli do miejsca, gdzie droga gruntowa, po której tłukli się przez ostatnie dziesięć godzin, przechodziła w mroczną ścieżkę między głazami – początek szlaku w wysoką partię Karakorum. Dla Mortensona, Hussaina, Apo Razaka i Baiga przyjazd do ostatniej osady przed lodowcem Baltoro był jak relaksujący powrót do domu. Lecz Kevin Fedarko czuł się, jakby go nagle wyrzucono na zupełnie dzikim krańcu ziemi.

Fedarko pracował dawniej jako redaktor pisma „Outside", ale porzucił ciepłą posadkę na rzecz reporterskiej pracy w terenie. Zaś tego zimnego wrześniowego wieczoru wraz z fotografem Teru Kuwayamą znalazł się tak daleko od znajomego świata, jak tylko można sobie wyobrazić.

„Gwiazdy nad Karakorum były tej nocy niesamowite, jak jednolita bryła światła" – wspomina Fedarko. – Po chwili jednak trzy spośród tych gwiazd oderwały się od reszty i zaczęły się pomału zniżać, by powitać odwiedzających Korphe gości.

„Naczelnik wioski Korphe i jego dwaj przyjaciele schodzili zygzakiem z wiszącego nad nami urwiska – opowiada Fedarko. – Mieli w rękach chińskie lampy naftowe. Poprowadzili nas zawieszonym nad rzeką mostem i dalej w ciemność. Czegoś takiego się nie zapomina! Jakbyśmy weszli do średniowiecznej wioski: dookoła uliczki z kamieni i gliny oświetlone tylko słabym światłem lamp".

Fedarko przyjechał do Pakistanu, żeby napisać reportaż pod tytułem „Najzimniejsza wojna", który miał się ukazać w piśmie „Outside". W ciągu dziewiętnastu lat od rozpoczęcia konfliktu żaden dziennikarz nie pokusił się o przygotowanie reportażu z obu stron rozgrywającego się w wysokich górach konfliktu między Indiami a Pakistanem. Dzięki pomocy Mortensona Fedarko miał być pierwszy.

„Greg stanął na głowie, żeby mi pomóc – mówi Fedarko. – Załatwił mi zezwolenia w pakistańskim wojsku, przedstawił mnie odpowiednim ludziom i zorganizował dla mnie i Teru przeloty śmigłowcem. Nie miałem żadnych kontaktów w Pakistanie, więc sam bym sobie na pewno nie poradził. Greg poświęcił mi ogromnie dużo czasu, czego do tej pory nie doświadczyłem nigdy jako dziennikarz".

Kiedy jednak Fedarko kładł się tej nocy spać, owijając się szczelnie „brudnym wełnianym kocem, który cuchnął zdechłym kozłem", nie mógł nawet podejrzewać, że już wkrótce będzie miał okazję odwdzięczyć się Gregowi z nawiązką.

„Gdy otworzyłem rano oczy, miałem wrażenie, że znalazłem się pośrodku jakiegoś szalonego karnawału" – opowiada Fedarko.

„Hadżi Ali przed śmiercią zbudował niewielkie pomieszczenie obok swojego domu i powiedział mi, żebym je traktował jako swój dom w Baltistanie – mówi Mortenson. – Twaha osobiście urządził wnętrze: wyłożył je kawałkami różnokolorowych tkanin, przykrył podłogę kocami i poduszkami, a na ścianach zawiesił zdjęcia z moich wizyt w Korphe. Pomieszczenie to szybko stało się czymś w rodzaju męskiego klubu skrzyżowanego z nieoficjalnym ratuszem Korphe".

Kiedy Fedarko podniósł się z posłania, zaczynało się właśnie spotkanie „rady miasta".

„Ludzie tak się cieszyli, widząc Grega, że po cichu weszli do izby, kiedy jeszcze spaliśmy – opowiada Fedarko. – A gdy już każdemu z nas podali po filiżance herbaty, spotkanie ruszyło całą parą. Wszyscy zaczęli się śmiać, kłócić i krzyczeć, jakbyśmy już dawno powstawali".

„Ilekroć przyjeżdżałem do Korphe czy innej wioski, w której pracowaliśmy, najpierw spędzałem kilka dni na spotkaniach z miejscową starszyzną – mówi Mortenson. – Zawsze mieliśmy wiele spraw do omówienia. Musiałem wysłuchać raportów na temat szkół, dowiedzieć się, czy coś wymaga naprawy, czy uczniowie potrzebują przyborów, czy nauczyciele regularnie otrzymują pensje. Zawsze wynikało też kilka dodatkowych spraw, jak na przykład prośba o nową maszynę do szycia do świetlicy dla kobiet albo o rury do naprawy systemu doprowadzania wody. Takie tam zwykłe rzeczy, jak to w życiu".

Tego jednak ranka w ostatniej wiosce w dolinie Braldu wydarzyło się coś naprawdę niezwykłego. Do izby wpadła ładna, pewna siebie młoda dziewczyna, przeszła przez krąg trzydziestu mężczyzn siedzących po turecku na poduszkach i popijających herbatę i podeszła do człowieka, który zbudował w Korphe szkołę. Dźahan usiadła śmiało naprzeciw niego, przerywając wesołe spotkanie starszyzny wioski.

– Doktorze Greg – powiedziała zdecydowanym głosem w języku balti.

– Kiedyś złożył pan naszej wiosce obietnicę, której pan dotrzymał. Zbudował nam pan szkołę. Ale w dniu, gdy szkoła została ukończona, obiecał mi pan coś jeszcze. Pamięta pan?

Mortenson uśmiechnął się. Zawsze gdy odwiedzał szkoły Instytutu Azji Centralnej, starał się znaleźć trochę czasu, żeby wypytać uczniów, zwłaszcza dziewczęta, o ich życie i plany na przyszłość. Towarzyszący mu miejscowi przywódcy początkowo kręcili głowami zdziwieni, że dorosły mężczyzna traci całe godziny na wypytywanie dziewcząt o ich nadzieje i marzenia. Później jednak nauczyli się tłumaczyć to sobie ogólnym ekscentryzmem cudzoziemca i spokojnie czekali, podczas gdy Greg ściskał dłoń każdego ucznia i uczennicy, wypytywał ich, kim chcą zostać, gdy dorosną, i obiecywał, że jeśli będą się pilnie uczyć, to pomoże im osiągnąć wymarzone cele. Dźahan była jedną z najlepszych uczennic szkoły w Korphe, a Mortenson często rozmawiał z nią o nadziejach, jakie wiązała ze swoją zawodową przyszłością.

– Mówiłam panu, że moim marzeniem jest zostać kiedyś lekarką, a pan powiedział, że mi w tym pomoże – mówiła Dźahan, siedząc pośrodku kręgu mężczyzn. – Dziś właśnie nadszedł ten dzień, kiedy musi pan dotrzymać obietnicy. Jestem gotowa, żeby rozpocząć naukę w szkole medycznej, ale potrzebne mi na to dwadzieścia tysięcy rupii.

Dźahan rozwinęła kartkę papieru, na której widniał napisany staranną angielszczyzną wniosek o dofinansowanie dalszej edukacji, z wyszczególnieniem programu nauki w szkole położniczej w Skardu, w której chciała zdobywać wykształcenie. Mortenson zauważył nawet z podziwem, że wyszczególniła w punktach czesne i koszt pomocy naukowych.

– Świetnie, Dźahan – powiedział. – Przeczytam to w wolnej chwili i porozmawiam z twoim ojcem.

– No! – zaprotestowała Dźahan po angielsku, po czym znów przeszła na balti, żeby się jaśniej wysłowić. – Pan nie rozumie. Zajęcia zaczynają się w przyszłym tygodniu. Te pieniądze potrzebne mi są teraz!

Mortenson uśmiechnął się, widząc determinację dziewczyny, która jako pierwsza ukończyła zbudowaną przez niego szkołę. Widać było, że znakomicie przyswoiła sobie lekcję, której efekty miał nadzieję w końcu zaobserwować u wszystkich tutejszych uczennic – nie usuwać się w cień przed mężczyzną. Poprosił Razaka o sakiewkę z należącymi do Instytutu pieniędzmi, którą stary kucharz nosił w nieco dziwacznym różowym dziecięcym plecaczku, po czym odliczył dwadzieścia tysięcy rupii (około czterystu dolarów) i przekazał je ojcu Dźahan na opłacenie czesnego córki.

„Nigdy w życiu nie widziałem czegoś tak niesamowitego – komentuje Fedarko. – W centrum konserwatywnej muzułmańskiej wioski w krąg mężczyzn tanecznym krokiem wchodzi nastolatka, przebijając się przy tym przez jakieś szesnaście warstw tradycji. Jako pierwsza kobieta w dolinie zamieszkanej przez trzy tysiące osób ukończyła szkołę i nie czekając, aż ktoś zadecyduje o jej losie, usiadła twarzą w twarz z Gregiem i podała mu efekt swoich rewolucyjnych, uzyskanych w szkole umiejętności: napisany po angielsku wniosek o dofinansowanie jej procesu samodoskonalenia, dzięki któremu będzie mogła poprawić jakość życia w swojej wiosce. W tamtej chwili po raz pierwszy w ciągu szesnastu lat pracy dziennikarskiej nie potrafiłem zachować dystansu. Powiedziałem Gregowi: «To, co tutaj robisz, jest znacznie ważniejsze od reportażu, który mnie tu sprowadził. Muszę znaleźć jakiś sposób, żeby opowiedzieć ludziom twoją historię»”.

Późną jesienią, w drodze do domu, gdzie czekał go zasłużony odpoczynek po dwóch miesiącach spędzonych wysoko w górach wśród pakistańskich i indyjskich żołnierzy, Fedarko zatrzymał się na krótko w Nowym Jorku. Umówił się na obiad ze swoim starym znajomym, Lamarem Grahamem, który piastował funkcję redaktora naczelnego czasopisma „Parade”.

„Lamar spytał o mój reportaż wojenny, ja jednak zasypałem go informacjami o tym, co widziałem i robiłem w czasie, który spędziłem z Gregiem" – opowiada Fedarko.

„To była jedna z najbardziej niesamowitych historii, jakie w życiu słyszałem – mówi Graham. – Powiedziałem Kevinowi, że jeśli choć połowa z tego co mówi, jest prawdą, musimy o tym opowiedzieć w »Parade«".

Następnego dnia w piwnicy Mortensona zadzwonił telefon.

– Człowieku, czy to wszystko prawda? – spytał Graham z charakterystycznym akcentem z Missouri. – Naprawdę zrobiłeś to wszystko, o czym opowiadał mi Kevin? W Pakistanie? W pojedynkę? Bo jeśli tak, to jesteś moim bohaterem!

Mortensona zawsze łatwo było wprawić w zakłopotanie. I tym razem nie stało się inaczej.

– No cóż, chyba tak – rzekł powoli, czując, jak krew napływa mu do twarzy – ale wiele osób mi pomagało.

W niedzielę 6 kwietnia, gdy amerykańskie siły lądowe gromadziły się na przedmieściach Bagdadu i zaczynały przebijać na pozycje, które miały im umożliwić ostateczny atak na stolicę Husajna, na półki amerykańskich kiosków trafiły trzydzieści cztery miliony egzemplarzy czasopisma „Parade" ze zdjęciem Mortensona na okładce i artykułem zatytułowanym „Ten człowiek walczy z terroryzmem za pomocą książek".

Nigdy wcześniej Mortenson nie zdołał dotrzeć do tak wielu osób, i to w tak szczególnym momencie. W końcu udało się przekazać szerokim rzeszom odbiorców to, co próbował im powiedzieć od tamtego poranka w Zuudchanie, gdy został gwałtownie obudzony i dowiedział się o wydarzeniach w Nowym Jorku. Artykuł opublikowany przez Kevina Fedarko zaczynał się od sceny wtargnięcia Dźahan w krąg mężczyzn z Korphe, a w dalszej części podkreślał związek między pracą Mortensona na drugim krańcu świata a bezpieczeństwem Amerykanów w ich kraju. Cytował też słowa Grega, który mówił: „Jeśli chcemy rozwiązać problem terroryzmu wyłącznie siłą militarną, wówczas nasze bezpieczeństwo może się okazać równie iluzoryczne jak przed 11 września. Jeśli naprawdę chcemy stworzyć dla naszych dzieci pokój na świecie, musimy zrozumieć, że do ostatecznej wygranej w tej wojnie potrzebne są nie pociski, lecz książki".

Okazało się, że przesłanie Mortensona, proponujące nowe podejście do walki z terroryzmem, wywołało ogromne poruszenie w narodzie, który wojna zdążyła już podzielić na dwa obozy – za i przeciw zbrojnej interwencji. Ze wszystkich pięćdziesięciu stanów oraz dwudziestu innych krajów zaczęła napływać fala listów i e-maili, których liczba szybko przekroczyła osiemnaście tysięcy.

„Artykuł o Gregu wywołał wśród czytelników reakcję o sile, z jaką rzadko mieliśmy do czynienia w ciągu sześćdziesięciu czterech lat istnienia pisma – mówi redaktor naczelny „Parade", Lee Kravitz. – Myślę, że stoi za nią silne przekonanie, że Greg to prawdziwy amerykański bohater. Prowadzi własną wojnę z terroryzmem, której skutki wszyscy odczuwamy, a jego bronią nie są karabiny ani pociski, lecz szkoły. Czy można sobie wyobrazić lepszą historię?"

Amerykańscy czytelnicy też tak uważali. Przez kolejne tygodnie od ukazania się artykułu fala listów, e-maili i telefonów od osób pragnących wyrazić swoje poparcie dla działań Grega rosła coraz gwałtowniej, grożąc kompletnym zalaniem niewielkiej organizacji dobroczynnej zlokalizowanej w piwnicy prywatnego domu w stanie Montana.

Mortenson zwrócił się o pomoc do Anne Beyersdorfer, rzeczowej przyjaciółki rodziny i demokratki o liberalnych poglądach, która później pełniła funkcję konsultanta do spraw mediów podczas udanej kampanii promującej Arnolda Schwarzeneggera na urząd gubernatora stanu Kalifornia. Anne przyleciała z Waszyngtonu i założyła w piwnicy Mortensona centrum interwencyjne. Zleciła firmie telefonicznej z Nebraski odbieranie przekierowywanych rozmów i zwiększyła przepustowość strony internetowej Instytutu Azji Centralnej, żeby mogła podołać radykalnie zwiększonej liczbie odwiedzin.

We wtorek po ukazaniu się artykułu Greg poszedł odebrać przesyłki adresowane do Instytutu ze skrytki pocztowej – jak się okazało, wypchanej osiemdziesięcioma listami. Kiedy ponownie zajrzał tam w czwartek, do skrzynki przyklejona była karteczka informująca go, żeby odebrał pocztę w okienku.

– Ach, więc to pan jest Greg Mortenson! – powiedział naczelnik poczty. – Obawiam się, że potrzebna będzie panu taczka.

Greg z trudem wrzucił do swojej toyoty pięć wielkich worków pełnych korespondencji, a następnego dnia znów przyjechał – odebrać cztery kolejne. Przez jeszcze trzy miesiące napływ listów od czytelników „Parade" powodował niespotykany ruch na poczcie w Bozemanie.

Do czasu gdy świat zaczęły okrążać zdjęcia obalanych pomników Saddama Husajna, Mortenson wiedział już, że jego życie uległo radykalnej odmianie – zalew głosów poparcia kazał mu pogodzić się z faktem, że stał się bohaterem narodowym.

„Miałem poczucie, że Ameryka w końcu się odezwała – wspomina Greg. – Moje plemię wreszcie przemówiło. A najbardziej niesamowite było to, że gdy w końcu przeczytałem wszystkie te listy, okazało się, że był wśród nich tylko jeden głos krytyczny".

Tak pozytywny odzew pozwolił zagoić się ranom pozostawionym przez pogróżki przysyłane Gregowi po 11 września. „Najbardziej mnie zdziwiło, że głosy poparcia nadchodziły od bardzo różnych osób – mówi Mortenson. – Od kółek kościelnych, muzułmanów, hinduistów i żydów. Dostałem entuzjastyczne listy od organizacji lesbijskiej z Marin County, od młodzieżowej grupy baptystów z Alabamy, od generała amerykańskich sił powietrznych i wszystkich innych grup społecznych, jakie tylko można sobie wyobrazić".

Jake Greenberg, trzynastolatek z przedmieść Filadelfii, był tak poruszony artykułem o pracy Mortensona, że przekazał Instytutowi Azji Centralnej ponad tysiąc dolarów, które otrzymał z okazji bar micwy, i zgłosił się na ochotnika, żeby pojechać do Pakistanu i samemu też jakoś pomóc na miejscu. „Kiedy przeczytałem artykuł o Gregu – mówi Jake – zdałem sobie sprawę, że w przeciwieństwie do mnie dzieci w świecie muzułmańskim często nie mają szans na edukację. Choć jestem żydem, wysyłam pieniądze, żeby pomóc muzułmanom. Nie ma w tym sprzeczności: musimy działać wszyscy razem, żeby zasiać ziarno pokoju".

Kobieta podpisana imieniem Sufiya przysłała do Instytutu Azji Centralnej następujący e-mail: „Jako urodzona w Ameryce muzułmanka cieszę się mnóstwem Bożych błogosławieństw w przeciwieństwie do moich sióstr na całym świecie, które borykają się z wielkim uciskiem. Widząc Pana pracę, narody arabskie powinny się wstydzić, że dotąd tak mało pomogły ludziom, z którymi tak wiele je łączy. Bardzo szanuję i podziwiam Pana pracę i dziękuję serdecznie za to, co Pan robi".

Posypały się również listy od amerykańskich wojskowych, którzy z radością witali Grega jako swojego towarzysza w walce na pierwszej linii przeciw terroryzmowi. „Jako kapitan amerykańskiej armii i weteran wojny w Afganistanie w ramach Osiemdziesiątej Drugiej Dywizji Powietrzno-Desantowej miałem okazję z bliska przyjrzeć się życiu mieszkańców afgańskiej prowincji – pisał Jason B. Nicholson z Fayetteville w Karolinie Północnej. – Wojna w Afganistanie była i jest krwawa i niszcząca, co odbija się przede wszystkim na osobach, które najmniej na to zasługują: niewinnych cywilach, których jedynym marzeniem jest zarobić trochę grosza i móc zapewnić rodzinie spokojne życie.

Działania Instytutu Azji Centralnej stanowią doskonałą alternatywę dla edukacji proponowanej przez zradykalizowane madrasy, z których wywodzi się tak wielu talibów i cały tak zwany «islamski fundamentalizm». Świat bezpieczny dzięki edukacji – czyż to nie wspaniała perspektywa? Instytut Azji Centralnej jest organizacją, którą na pewno będę regularnie wspierać". Podobne odczucia wyrażały tysiące osób. Do czasu gdy amerykańscy żołnierze zadomowili się w Iraku, rozpoczynając długotrwałą okupację kraju, zaś Anne Beyersdorfer mogła już opuścić stworzone przez siebie centrum interwencyjne i wrócić do domu, stan konta Instytutu, który przed ukazaniem się artykułu balansował na granicy wypłacalności, przekroczył sumę miliona dolarów.

„Minęło już tyle czasu, odkąd dysponowaliśmy naprawdę poważnymi pieniędzmi, że miałem ochotę natychmiast ruszać do Pakistanu i brać się do roboty, ale zarząd namawiał mnie, żeby poczynić trochę zmian, o których już od lat była mowa – tłumaczy Mortenson. – Zgodziłem się, że faktycznie nadszedł chyba odpowiedni czas".

Za sześćset dolarów miesięcznie wynajął niewielkie wykładane boazerią biuro w dość nijakim budynku niedaleko głównej ulicy Bozemanu i zatrudnił czworo pracowników, których zadaniem było organizować program jego wystąpień, wydawać biuletyn, redagować stronę internetową i porządkować rosnącą bazę danych darczyńców Instytutu. Poddał się też presji zarządu i po dziesięciu latach życia od pierwszego do pierwszego przyjął już dawno proponowaną mu podwyżkę, która niemal podwoiła jego dochody.

Tara Bishop ucieszyła się, że pensja męża nareszcie jest adekwatna do wyrzeczeń, jakie przez te wszystkie lata ponosiła cała rodzina. Nie cieszył jej jednak fakt, że od tej pory jej mąż miał jeszcze rzadziej bywać w domu z racji zaangażowania w nowe ambitne przedsięwzięcia, możliwe dzięki wpłatom czytelników „Parade".

„Po tym, jak Greg został porwany, a nawet po jedenastym września, nie próbowałam nawet wyperswadować mu tych wyjazdów, bo wiedziałam, że cokolwiek się stanie, on i tak pojedzie – mówi Tara. – Nauczyłam się więc pod jego nieobecność żyć w stanie permanentnego wyparcia. Powtarzam sobie po prostu, że nic mu się nie stanie. Ufam ludziom, którymi się otacza, i ufam jego instynktowi wspieranemu coraz lepszą znajomością tamtejszej kultury. Ale zdaję sobie sprawę, że wystarczy jeden fundamentalistyczny zamach, żeby było po nim. Nie pozwalam sobie jednak na takie myśli, kiedy on tam jest" – dodaje z nieco nerwowym śmiechem.

Christiane Letinger (której mąż alpinista jest przekonany, że Mortenson pewnego dnia otrzyma Pokojową Nagrodę Nobla) uważa, że spokój i opanowanie, z jakim Tara podchodzi do działalności Grega, są wyrazem postawy nie mniej bohaterskiej niż jego ryzykowne podróże. „Ile kobiet ma w sobie tyle siły i odwagi, żeby pozwolić ojcom swoich dzieci pracować całymi miesiącami w tak niebezpiecznym miejscu? – pyta. – A Tara nie tylko mu na to pozwala, ale jeszcze go wspiera, ponieważ jest głęboko przekonana o słuszności działań męża. Czy to nie najlepszy przykład heroizmu?"

Pierwszą osobą w Pakistanie, do której dotarły dobre wiadomości, był Suleman. Gdy mijali samochodem model góry, na której zdetonowano „muzułmańską bombę", Mortenson opowiedział mu o eksplozji poparcia Amerykanów dla jego działań. Uważał, że poprawę sytuacji finansowej Instytutu powinni też odczuć jego wierni pakistańscy pracownicy, którzy przez całe lata go wspierali, choć nie mieli z tego specjalnych osobistych korzyści, jakich mogliby się spodziewać pracujący dla cudzoziemca miejscowi.

Greg poinformował więc Sulemana, że jego pensja zostaje podwojona z ośmiuset do tysiąca sześciuset dolarów rocznie. Suma ta oznaczała, że jego fikser będzie mógł wreszcie spełnić marzenie, na którego realizację przez wiele lat oszczędzał – przenieść swoją rodzinę z wioski Dhok Luna do Rawalpindi, a syna Imrana wysłać do prywatnej szkoły. Suleman oderwał na chwilę wzrok od drogi, by spojrzeć na Grega, kręcąc głową ze szczęścia.

W ciągu przepracowanych wspólnie lat obaj mężczyźni znacznie przybrali na wadze, a Suleman niemal całkiem posiwiał. W przeciwieństwie jednak do Mortensona, kiedy tylko poczuł zwiększony przypływ gotówki, postanowił nie poddawać się bez walki postępującemu wiekowi.

Zajechał do eleganckiego centrum handlowego Dżinnah, wszedł do salonu fryzjera i zamówił najbardziej ekstrawagancką usługę, jaka była w ofercie. Gdy dwie godziny później wyszedł na zewnątrz i znalazł Mortensona przeglądającego książki w swojej ulubionej księgarni, nie sposób było nie zauważyć, że gęsta siwiejąca broda okalająca jego uśmiechniętą twarz została właśnie ufarbowana na jaskrawy pomarańcz.

Po przybyciu do Skardu Mortenson zwołał dżirgę w sali jadalnej na piętrze hotelu Indus. Zebrał swoich współpracowników przy dwóch wielkich stołach i przekazał im dobre wiadomości. Ogłosił, że Apo Razak, Hussain i Faisal otrzymają wreszcie podwyżki, które od lat im się należą: ich pensje zostaną podwojone z pięciuset do tysiąca dolarów rocznie. Parwi, który jako dyrektor pakistańskiego oddziału Instytutu Azji Centralnej zarabiał dotąd dwa tysiące dolarów rocznie, miał teraz otrzymywać cztery tysiące, czyli jak na warunki Skardu naprawdę imponującą kwotę, należną człowiekowi, dzięki któremu realizacja pakistańskich przedsięwzięć w ogóle dochodziła do skutku.

Mortenson przekazał też Hussainowi dodatkowe pięćset dolarów na remont kapitalny silnika starzejącego się land cruisera, którym przejechali już niemało kilometrów. Parwi zaproponował też, aby korzystając z nadwyżki środków, wynajęli w Skardu magazyn, w którym mogliby przechowywać zakupiony cement i materiały budowlane do czasu, gdy będą potrzebne.

Greg od dawna nie czuł się tak podekscytowany i chętny do rzucenia się w wir pracy – a ściślej od tamtego dnia przed sześciu laty, gdy przy stole w hotelowym lobby po raz pierwszy zebrał swój przedziwny zespół. Teraz powiedział swoim ludziom, żeby jak najszybciej zaczęli użytkować pieniądze czytelników „Parade" na budowę szkół. Zanim wyjechał ze Skardu, by rozpocząć serię podróży samochodem i lotów śmigłowcem w miejsca, gdzie miał uruchomić budowę kilkudziesięciu nowych szkół, świetlic dla kobiet i systemów dystrybucji wody, Mortenson przedstawił jeszcze jeden pomysł.

– Od dłuższego czasu zastanawiam się, co możemy zaproponować naszym uczniom, gdy ukończą szkołę – powiedział. – Panie Parwi, czy mógłby pan sprawdzić, ile kosztowałoby wybudowanie w Skardu internatu dla uczniów, którym Instytut ufundowałby stypendia na dalszą naukę?

– Z przyjemnością to zrobię, sahibie – rzekł z uśmiechem Parwi, szczęśliwy, że wreszcie może się zająć przedsięwzięciem, którego od lat był orędownikiem.

– Aha, i jeszcze jedno – dodał Greg.

– Tak?

– Jasmin byłaby idealną kandydatką na jedną z naszych pierwszych stypendystek. Czy może pan sprawdzić, ile wyniosłoby czesne, gdyby jesienią poszła do prywatnej szkoły?

Piętnastoletnia Jasmin była córką Parwiego, a przy tym wzorową uczennicą, która najwyraźniej odziedziczyła po ojcu niebywałą inteligencję i była jego oczkiem w głowie.

– Sprawdzi pan? – powtórzył Mortenson.

Przez bardzo szczególną dłuższą chwilę Ghulam Parwi, najbardziej elokwentny człowiek w Skardu, stał jak słup soli, nie mogąc słowa z siebie wydusić.

– Nie wiem, co powiedzieć – wybąkał w końcu.

– *Allahu akbar*! – krzyknął Apo, wyrzucając w teatralnym geście zachwytu ręce w górę i wywołując tym salwę śmiechu wszystkich siedzących przy stole. – Ile lat czekałem na tę chwilę! – dodał swoim chropawym głosem, zaśmiewając się przy tym radośnie.

Przez całe lato 2003 roku Mortenson pracował jak oszalały. Testował możliwości wyremontowanego silnika toyoty, gdy wraz ze swoim entuzjastycznym zespołem odwiedzał po kolei wszystkie budowy, których realizację umożliwiły wpłaty czytelników „Parade", dostarczając na miejsce materiały budowlane i rozwiązując wszelkie bieżące problemy.

Budowa dziewięciu nowych szkół w północnym Pakistanie szła dość gładko, okazało się jednak, że w funkcjonującej już od jakiegoś czasu szkole w Halde, która powstała dzięki inicjatywie starzejącego się Muzafera, doszło do poważnego konfliktu. Do tej pory wszystko szło tak dobrze, że opiekę nad szkołą powierzono coraz lepiej sobie radzącym władzom lokalnym. Konflikt wywołał Jakub, ten sam, który w roku 1993 bezpiecznie sprowadził Scotta Darsneya z lodowca Baltoro. Starzejący się tragarz, który podobnie jak jego sąsiad Muzafer nie był już w stanie podejmować ciężkich prac fizycznych, zamarzył sobie, że zostanie szkolnym stróżem. Zgłosił się do miejscowych władz z prośbą o powierzenie mu posady, a nie otrzymawszy odpowiedzi, skuł łańcuchem drzwi szkoły i domagał się zapłaty za jej otwarcie.

Mortenson dowiedział się o zdarzeniu, będąc w Skardu, a następnego dnia przyjechał swoim land cruiserem na miejsce. Mimo że po ośmiu godzinach jazdy był brudny i zmęczony, uśmiechał się do siebie zadowolony z pomysłu, który mu nagle przyszedł do głowy. Wysiadł z samochodu i sięgnął pod siedzenie swojego kierowcy.

Jakub stał niepewnie przed drzwiami szkoły skutymi łańcuchem, na którym zawieszona była kłódka. Naprzeciw niego zbierał się tłum mieszkańców wioski. Greg z uśmiechem prawą ręką poklepał Jakuba po ramieniu, po czym wyciągnął lewą rękę, w której trzymał dwie laski dynamitu.

Po obowiązkowej wymianie grzecznościowych zapytań o zdrowie przyjaciół i rodziny Jakub drżącym głosem zadał pytanie, którego nie mógł uniknąć:

– Doktorze Greg, po co to?

Mortenson, nie przestając się uśmiechać, podał mu dynamit. Przez głowę przeszła mu myśl, że ładunek ten ma szansę usunąć przeszkodę bardziej uciążliwą niż zablokowana przez osuwisko skalne droga.

– Niech pan to weźmie – powiedział, wciskając dynamit w drżące dłonie staruszka. – Ja teraz jadę do Chandej, żeby dopilnować budowy innej szkoły. Jutro tu wrócę i przywiozę zapałki. Jeśli nie zobaczę, że szkoła jest otwarta, a uczniowie są na lekcjach, ogłosimy w meczecie, żeby cała wioska się tu zebrała i patrzyła, jak wysadza pan szkołę w powietrze.

Następnie zostawił Jakuba z dynamitem w drżących dłoniach i spokojnym krokiem wrócił do samochodu.

– Wszystko w pana rękach! – krzyknął jeszcze, odwracając się, zanim wsiadł do samochodu. – Do jutra! *Chuda hafiz!*

Następnego popołudnia Mortenson powrócił do Halde i przywiózł nowe zeszyty i ołówki uczniom, którzy znów siedzieli radośnie w ławkach. Okazało się, że jego przyjaciel Muzafer nie był jeszcze na tyle niedołężny, żeby nie móc się przyczynić do ponownego otwarcia szkoły, w której budowie pomagał. Greg dowiedział się od Razaka, że Muzafer, jako dziadek dwojga dzieci uczęszczających do szkoły w Halde, po wyjeździe Mortensona również zaproponował Jakubowi pewne rozwiązanie. „Wyciągaj klucze i otwieraj szkołę – powiedział – bo jak nie, to osobiście przywiążę cię do drzewa i wysadzę w powietrze dynamitem doktora Grega!" Nieco później Mortenson dowiedział się, że w ramach kary rada wioski nakazała Jakubowi codziennie rano zamiatać całą szkołę – bez wynagrodzenia.

Nie każdą przeszkodę rzucaną rozwojowi szkolnictwa w Pakistanie dawało się tak łatwo ominąć. Mortenson chętnie przywiózłby kilka lasek dynamitu pod drzwi Aghy Mubareka, ale ze wszystkich sił starał się stosować do rady Parwiego i z dystansu obserwować przebieg postępowania w sądzie szariackim w sprawie przeciw mulle oskarżonemu o zniszczenie szkoły w Hemasilu.

Szkoła ta była drugą zaraz po Korphe najbliższą jego sercu inwestycją Instytutu. W roku 1998 Ned Gillette, podziwiany przez Mortensona amerykański alpinista i były narciarz olimpijski, został zamordowany, gdy wraz z żoną urządził sobie trekking w dolinie Haramośu, między wioskami Hemasil i Hunza. Pakistańskie władze wciąż nie ustaliły dokładnie, w jaki sposób doszło do zabójstwa, ale Gregowi udało się połączyć strzępy opowieści mieszkańców doliny Haramośu, w następującą historię: do Amerykanów zgłosiło się dwóch tragarzy, którzy za wszelką cenę chcieli się nająć do ich wyprawy. Ned i Susan byli jednak zwolennikami alpejskiego stylu wspinaczki i mieli tylko dwa lekkie plecaki, odmówili więc skorzystania z oferty – w odczuciu tragarzy nieco zbyt ostro. Nocą tragarze wrócili ze śrutówką i wtargnęli do namiotu, w którym spali Amerykanie. „Podejrzewam, że cel był raczej rabunkowy – mówi Mortenson. – Pewnie chcieli zabrać im coś, co stanowiłoby rekompensatę za zraniony honor. Ale niestety sprawy wymknęły się spod kontroli".

Ned zginął od strzału w brzuch, a Susan przeżyła, choć miała rozszarpane śrutem udo. „Z tego co wiem, Ned był pierwszym człowiekiem z Zachodu, którego zamordowano w północnym Pakistanie – mówi Greg. – Kiedy skontaktowała się ze mną jego siostra Debbie Law i zaproponowała, że wpłaci darowiznę, by na cześć jej brata wybudować szkołę, chciałem koniecznie zrealizować ten pomysł. Trudno mi wyobrazić sobie bardziej sensowny sposób oddania hołdu zmarłemu".

Jednak miejsce, które starszyzna doliny Śigaru wybrała na szkołę imienia Neda Gillette, znajdowało się nie tylko w pobliżu przełęczy, na której zginął, lecz graniczyło też z wioską Ćutran, której przewodził mułła Agha Mubarek.

„Kiedy wznieśliśmy już ściany i mężczyźni szykowali się, żeby kłaść dach, Agha Mubarek przyjechał wraz ze swoimi ludźmi i chciał zablokować dalszą budowę" – opowiada Mehdi Ali, członek starszyzny wioski, który nadzorował budowę szkoły w Hemasilu. Mehdi był przy okazji wielkim orędownikiem edukacji, a jego ojciec, Mohammed, wysłał do Iranu pismo o wydanie orzeczenia w sprawie poprzedniej wydanej na Mortensona fatwy.

„Mubarek powiedział: «Nie podoba mi się szkoła tego kafira. Nie jest muzułmańska i będzie propagować chrześcijaństwo!» – opowiada dalej Mehdi Ali. – Wyjaśniłem mu, że już od dawna znam doktora Grega i wiem, że nic takiego nie ma w zwyczaju robić, ale Mubarek w ogóle mnie nie słuchał. Gdy minęła północ, jego ludzie przyjechali z młotami i próbowali odebrać naszym dzieciom przyszłość".

Przez całą wiosnę i lato Mehdi i Parwi przedstawiali wysokiemu sądowi szariackiemu świadków znających Mortensona, sami również składali zeznania.

„Powiedziałem przewodniczącemu komisji, że Agha Mubarek pobiera od moich ludzi pieniądze, ale nie zapewnia naszym dzieciom żadnego zakatu – relacjonuje Mehdi Ali. – Powiedziałem też, że nie ma żadnego powodu, dla którego Agha Mubarek miałby wydawać fatwę na tak świętego człowieka jak doktor Greg. To on raczej powinien zostać osądzony przed wszechmocnym Bogiem".

W sierpniu 2003 roku sąd szariacki wydał ostateczne orzeczenie, biorąc zdecydowanie stronę Mehdiego Alego i Mortensona. Sąd uznał wydaną przez Aghę Mubareka fatwę za bezzasadną i nakazał mu zapłacić za osiemset zniszczonych przez jego ludzi cegieł.

„To zwycięstwo dało mi wiele do myślenia – mówi Mortenson. – Oto islamski sąd w konserwatywnym szyickim Pakistanie zapewnia ochronę działalności amerykańskiego obywatela, w czasie gdy Ameryka latami przetrzymuje muzułmanów w Guantanamo na Kubie, nie postawiwszy im zarzutów, w ramach tak zwanego systemu sprawiedliwości".

Po dziesięciu latach zmagań z rzeczywistością Greg poczuł, że w Pakistanie wszystko zaczyna się wreszcie układać po jego myśli. Tego lata zyskał potężnego sojusznika w postaci Mohammeda Farida Chana, któremu powierzono funkcję nowego sekretarza generalnego Obszarów Północnych. Chan pochodził z Miran Śah w Waziristanie i gdy tylko objął urząd, z charakterystyczną dla swojego plemienia determinacją wypowiedział wojnę panującemu w północnym Pakistanie ubóstwu.

Zaprosił Mortensona do swojego domu w Gilgicie – brytyjskiej willi z epoki kolonialnej – gdzie przy herbacie, pstrągach i kanapkach z ogórkiem zasięgał rady Amerykanina, pytając go, na co najlepiej przeznaczyć pieniądze, które nareszcie zaczęły płynąć z instytucji rządowych Muszarrafa w Islamabadzie. Żeby zaś podkreślić swoje poparcie dla edukacji dziewcząt, zaproponował, że pojedzie z Gregiem na otwarcie szkoły imienia Neda Gillette (której budowa została ukończona pod okiem wysłanej przez niego policji) i osobiście dokona inauguracji.

Inny człowiek z charakterem, generał Bhangu, postanowił okazać poparcie dla Grega w nieco bardziej oryginalny sposób. Były osobisty pilot prezydenta Muszarrafa, który po przejściu na wojskową emeryturę zaczął pracować w prywatnej firmie lotniczej generała Baszira, latem 2003 roku często się zgłaszał do przewożenia Mortensona starzejącym się śmigłowcem w odległe miejsca Pakistanu. Nadal ubierał się w mundur lotniczy, ale zamiast wojskowych butów nosił teraz jaskrawoniebieskie adidasy, twierdził bowiem, że lepiej czuje w nich pedały.

Pewnego dnia generał odebrał Mortensona z dalekiej wioski i razem udali się w podróż powrotną do Skardu. Gdy przelatywali nad doliną Śigaru, Greg pokazał pilotowi ruiny szkoły w Hemasilu i opowiedział historię konfliktu z Aghą Mubarekiem. Generał Bhangu nie krył oburzenia.

– Może mi pan pokazać dom tego człowieka? – spytał, jednocześnie zwiększając obroty silnika.

Gdy Grek wskazał mu otoczone murem spore domostwo Mubareka (wskazujące na zamożność znacznie przewyższającą standard życia przeciętnego wiejskiego mułły), Bhangu zacisnął usta pod starannie przyciętym wąsem i pchnął dźwignię steru do przodu, kierując śmigłowiec prosto na dom Mubareka.

Ludzie zebrani na dachach zaczęli w panice kryć się w domu, Bhangu zaś kilkanaście razy powtarzał natarcie niczym rozwścieczony szerszeń szykujący się do użądlenia. Za każdym razem śmigłowiec zostawiał za sobą chmurę pyłu. Kciuk pilota na chwilę zawisł nad czerwonym guzikiem odpalającym pocisk.

– Szkoda, że nie jesteśmy uzbrojeni – westchnął, biorąc kurs na Skardu.

– Ale i tak daliśmy mu chyba do myślenia.

Pół roku później czerwone guziki poszły w ruch, gdy piętnaście śmigłowców wojskowych wleciało w szyku w położoną trzysta kilometrów na zachód dolinę Daryle – schronienie talibów i siedlisko Al-Kaidy, żeby odnaleźć tam ekstremistów odpowiedzialnych za wysadzenie w powietrze ośmiu szkół dla dziewcząt. Mortenson już wcześniej z podziwem patrzył na działania prezydenta Muszarrafa, ciesząc się, że Pakistan gotów jest walczyć o edukację kobiet.

Jesienią roku 2003 praca Instytutu Azji Centralnej w Pakistanie szła na tyle gładko, że Greg mógł sobie pozwolić na wyjazd do Afganistanu. W siedzibie firmy lotniczej w Rawalpindi szef generała Bhangu, rosły generał Bazir Baz, siedział przy swoim biurku, próbując zorganizować Gregowi przelot, równocześnie zaś werbalizował swoje przemyślenia na temat roli, jaką odgrywa edukacja w życiu wszystkich pakistańskich dzieci, oraz postępów amerykańskiej wojny z terroryzmem.

– Wie pan co? – mówił do Grega, przeglądając rozkład lotów na nowoczesnym płaskim monitorze swojego komputera. – Muszę podziękować waszemu prezydentowi. Za naszą zachodnią granicą rozwijało się coś potwornego, a on zapłacił za to, żeby z tym skończyć. Trudno mi sobie wyobrazić dlaczego. Skorzystał na tym jedynie Pakistan...

Baszir przerwał, by rzucić okiem na doniesienia CNN z Bagdadu. W milczeniu patrzył na ukazujące się w niewielkim okienku w rogu ekranu komputera obrazy zawodzących irackich kobiet, które wynosiły ciała swoich dzieci z gruzów zbombardowanych budynków. Szerokie bary generała opadły z rezygnacją.

– Ludzie tacy jak ja są w naszym rejonie świata najlepszymi przyjaciółmi Ameryki – powiedział w końcu, smutno kręcąc głową. – Jestem człowiekiem wykształconym, muzułmaninem o umiarkowanych poglądach. Ale patrząc na takie sceny, nawet ja mógłbym stać się zwolennikiem dżihadu. Jak to możliwe, że Amerykanie twierdzą, że robią to wszystko, by czuć się bezpieczniej? – pytał Baszir, starając się nie kierować całej swojej złości na siedzącego po drugiej stronie biurka Amerykanina. – Ten wasz prezydent Bush wykonał świetną robotę, na kolejne dwieście lat jednocząc miliard muzułmanów na świecie przeciwko Ameryce.

– Osama też się nieco do tego przyczynił – wtrącił Mortenson.

– Tak, Osama! – ryknął Baszir. – Osamy nie stworzył Pakistan ani Afganistan! Stworzyła go Ameryka! To dzięki Ameryce Osama jest w każdym domu! Jako wojskowy wiem, że nie da się walczyć z kimś, kto raz do ciebie strzeli, a potem ucieknie i się schowa, podczas gdy ty musisz cały czas mieć się na baczności. Trzeba zaatakować źródło siły przeciwnika. W przypadku Ameryki nie jest nim Osama, Saddam ani nikt inny. Wrogiem jest niewiedza. A jedynym sposobem, żeby ją pokonać, jest budowanie sojuszu z ludźmi, którzy padają jej ofiarą, wciągnięcie ich w nowoczesny świat za pomocą edukacji i biznesu. W przeciwnym razie walka będzie się ciągnęła bez końca.

Baszir wziął głęboki oddech i ponownie zajrzał przez maleńkie okienko do Bagdadu, gdzie kamera ukazywała radykalnych młodych irackich islamistów, którzy wygrażali pięściami i strzelali w powietrze po odpaleniu bomby na poboczu.

– Bardzo pana przepraszam – zmienił ton generał. – To bardzo nieładnie z mojej strony. Przecież pan to wszystko wie nie gorzej ode mnie. Może lepiej coś zjemy?

Generał Baszir wcisnął guzik telefonu i poprosił asystenta o przysłanie do gabinetu dwóch pudełek z daniem na wynos, które specjalnie dla swojego amerykańskiego gościa zamówił w KFC w Blue Area.

Gdy nadciąga zimowa pogoda, Skardu staje się miejscem dość przygnębiającym. Jednak w październiku 2003 roku, gdy Mortenson ostatni raz w roku udał się na Obszary Północne, zanim wyjechał do Afganistanu, żeby uruchomić tam nową inicjatywę swojego Instytutu, pomimo nisko wiszących chmur i coraz dotkliwszego chłodu czuł się wyśmienicie.

Przed wyjazdem Grega z Rawalpindi generał Baszir przekazał Instytutowi Azji Centralnej czterysta tysięcy rupii (około sześciu tysięcy dolarów), co w Pakistanie stanowiło całkiem sporą sumę, z prośbą o zbudowanie szkoły w jego rodzinnej wiosce położonej na południowy wschód od Peszawaru, w okolicy pełnej madras wahabitów. Obiecał też, że przyciśnie swoich kolegów z wojska, by również dokonywali wpłat – żywił bowiem głębokie przekonanie, że przynajmniej jedna amerykańska wojna z terroryzmem jest prowadzona w sposób skuteczny.

Mortenson odniósł również spektakularne zwycięstwo w sądzie szariackim, który obalił już drugą nałożoną na niego fatwę i nauczył pokory jego najbardziej zagorzałego przeciwnika. Wiosną miało zostać otwartych dziesięć nowych szkół: dziewięć ufundowanych przez czytelników „Parade" i odbudowana szkoła imienia Neda Gillette w Hemasilu. W chwili gdy Mortenson szykował się na podróż do Afganistanu, w górskich dolinach Karakorum i Hindukuszu kryło się już ponad czterdzieści szkół Instytutu, które świetnie sobie radziły. Dzięki staraniom Mortensona dzieci uczące się w kamiennych murach stały się w swoich wioskach prawdziwym powodem do dumy.

Zaś w położonym niżej tętniącym życiem Skardu, w wynajętym przez Twahę niewielkim domu z suszonej cegły o oknach wychodzących na szerokie pole, na którym pośród grupek pasącego się bydła okoliczne dzieci grały w piłkę, mieszkała córka nowego naczelnika Korphe wraz ze swoją koleżanką ze szkolnej ławy. Opiekowali się nimi dwaj kuzyni. Przenieśli się tu ze swojej górskiej wioski, żeby mieć baczenie na bezpieczeństwo dziewcząt z doliny Braldu, które miały odwagę podążać za swoimi marzeniami.

Dźahan i Tahira, pierwsze absolwentki szkoły w Korphe, razem przyjechały do miasta dzięki pierwszym stypendiom ufundowanym przez Instytut Azji Centralnej. Ostatniego dnia pobytu w Skardu Mortenson wraz z Twahą, ojcem Dźahan, wstąpił do dziewcząt, by spytać, jak im idzie nauka. Dźahan z dumą zaparzyła mu herbatę we własnym domu, tak jak tyle razy czyniła jej babcia Sakina.

Popijając herbatę Lipton, zaparzoną nie z garści herbacianych liści z dodatkiem zjełczałego mleka jaka, lecz z zakupionej na bazarze torebki zalanej przegotowaną wodą z kranu, Mortenson zastanawiał się, co by na to powiedziała Sakina. Prawdopodobnie wolałaby swoją paiju ća. Ale z pewnością byłaby szalenie dumna z wnuczki. Dźahan ukończyła już kurs położnictwa, lecz postanowiła zostać jeszcze w Skardu i uczyć się dalej.

Dzięki otrzymanemu stypendium Dźahan i Tahira uczyły się w prywatnym liceum dla dziewcząt, gdzie miały zajęcia między innymi z angielskiego, urdu, arabskiego, fizyki, ekonomii i historii.

Tahira, w nieskazitelnie czystej białej chustce na głowie i w sandałkach, które nie zdałyby egzaminu na górskich ścieżkach, powiedziała Gregowi, że kiedy skończy szkołę, zamierza wrócić do Korphe i razem ze swoim ojcem Husseinem uczyć w szkole.

– Otrzymałam wielką szansę – tłumaczyła. – Teraz gdy wracamy na górę, wszyscy na nas patrzą, widzą nasze ubrania i uważają nas za eleganckie panie. Uważam, że każda dziewczynka z doliny Braldu zasługuje na to, żeby choć raz znaleźć się tu, na dole. Jej życie wówczas się zmieni. Myślę, że najlepsze co mogę zrobić, to wrócić na górę i dopilnować, żeby każda z nich miała taką szansę.

Dźahan przyjechała do Skardu z zamiarem zdobycia podstawowych umiejętności położniczych, z którymi miała wrócić potem do Korphe, lecz zmieniła plany i zaczęła mierzyć wyżej.

– Zanim pana spotkałam, nie miałam pojęcia, co to jest wykształcenie – powiedziała, dolewając Gregowi herbaty. – Teraz jednak wiem, że edukacja jest jak woda, całkowicie niezbędna do życia.

– A co z małżeństwem? – spytał Mortenson.

Wiedział, że chętnych do ręki córki nurmadhara nigdy nie brakuje, zwłaszcza jeśli jest ona śliczną siedemnastolatką. Zdawał też sobie sprawę, że mąż mógłby nie popierać ambicji przebojowej żony.

– Nie ma co się martwić – zaśmiał się Twaha chrypiącym głosem, który odziedziczył po Hadżi Alim. – Ta dziewczyna wzięła sobie do serca pana lekcje i dawno już oświadczyła, że najpierw musi skończyć naukę, żebyśmy w ogóle mogli zacząć rozmawiać o znalezieniu dla niej odpowiedniego chłopca. I ma rację. Jeśli będzie trzeba, sprzedam całą swoją ziemię, żeby tylko mogła dalej się uczyć. Jestem to winien pamięci mojego ojca.

– To jakie są twoje plany? – spytał Mortenson.

– Nie będzie pan się śmiał? – zawahała się Dźahan.

– Tego nie mogę obiecać – zażartował Greg.

Dźahan wzięła głęboki oddech i się wyprostowała.

– Kiedy byłam małą dziewczynką i widziałam jakiegoś pana lub panią w porządnym czystym ubraniu, chowałam twarz i uciekałam. Kiedy jednak ukończyłam szkołę w Korphe, w moim życiu zaszła wielka zmiana: poczułam, że jestem czysta, mam jasno w głowie i mogę stanąć przed każdym człowiekiem i o wszystkim rozmawiać. Teraz zaś, gdy już jestem w Skardu, wydaje mi się, że wszystko jest możliwe. Nie wystarczy mi praca położnej. Chcę zostać kimś, kto będzie w stanie poprowadzić szpital i nim zarządzać, zajmując się problemami zdrowotnymi wszystkich kobiet w dolinie Braldu. Chciałabym stać się w naszej okolicy sławną kobietą... – tu zawahała się i owijając sobie wokół palca rożek wiśniowej chustki, patrzyła przez okno na biegnącego pośród mżawki piłkarza, zmierzającego do zbudowanej naprędce z kamieni bramki. Szukała odpowiedniego słowa, którym mogłaby wyrazić swoje marzenia na przyszłość. – Chciałabym zostać kimś wielkim.

Uśmiechnęła się wyzywająco, jakby czekała, czy jakiś mężczyzna ośmieli się jej powiedzieć, że nie da rady.

Greg jednak się nie roześmiał, tylko z radością patrzył na wnuczkę Hadżi Alego, wyobrażając sobie, jak promienna byłaby twarz starego naczelnika wioski, gdyby dożył tego dnia i zobaczył, że ziarno, które wspólnie zasiali, przynosi tak wspaniałe owoce.

„Pięćset osiemdziesiąt listów, dwanaście baranów i dziesięć lat pracy to naprawdę niewielka cena za taką chwilę" – pomyślał.

ROZDZIAŁ DWUDZIESTY TRZECI

SZKOŁY Z KAMIENI

Nasza ziemia cierpi. Jej oceany i jeziora chorują;
rzeki są jak otwarte rany; w powietrzu unosi się
niewyczuwalna trucizna. A gęsty dym tysiąca piekielnych ognisk
zasłania słońce. Mężczyźni i kobiety, rzuceni z dala od domu,
rodziny, przyjaciół, błąkają się pogrążeni w smutku i niepewności,
paleni bezlitosnym słońcem. [...]
Pośród tej pustyni ślepego strachu i niepewności
niektórzy szukają schronienia, dążąc do władzy.
Inni zostają mistrzami iluzji i oszustwa.
Jeśli na tym świecie istnieją jeszcze mądrość i harmonia
poza utraconymi marzeniami w nieotwartej księdze,
kryją się one w biciu ludzkiego serca.
I z głębi naszych serc wołamy. Wołamy, a nasze głosy są głosem
cierpiącej ziemi. Nasze wołanie jest wiatrem pędzącym nad ziemią.

Z Pieśni Gesara, króla wojownika

KRÓL SIEDZIAŁ przy oknie. Mortenson rozpoznał go dzięki podobiznom na dawnych afgańskich banknotach, które widział u handlarzy walutą na bazarze. Osiemdziesięciodziewięcioletni Zahir Szah wyglądał dużo starzej niż na oficjalnym portrecie. Wyglądał przez okno samolotu, patrząc na kraj, do którego przez niemal trzydzieści lat nie mógł powrócić.

Jeśli nie liczyć ochrony króla i niewielkiego zespołu stewardes, na pokładzie samolotu lecącego z Islamabadu do Kabulu nie było nikogo poza Gregiem i byłym afgańskim monarchą. Kiedy Zahir Szah odwrócił głowę od okna, napotkał spojrzenie siedzącego po drugiej stronie przejścia Mortensona.

– *As-salam alejkum* – ukłonił się Greg.

– Wzajemnie – odpowiedział król. Na emigracji w Rzymie zaznajomił się z wieloma kulturami, bez trudu więc odgadł, skąd pochodzi korpulentny jasnowłosy mężczyzna w kamizelce fotograficznej. – Amerykanin? – zapytał.

– Zgadza się – potwierdził Greg.

Zahir Szah westchnął, jak tylko mógł westchnąć stary człowiek po kilku dekadach straconych nadziei.

– Jest pan dziennikarzem? – spytał.

– Nie, proszę pana. Buduję szkoły, głównie dla dziewcząt.

– A co pana sprowadza do mojego kraju, jeśli wolno spytać?

– Wiosną zaczynam budowę pięciu lub sześciu szkół, *inszallah*. Wiozę pieniądze, żeby rozpocząć inwestycje.

– W Kabulu?

– Nie. Na północy kraju, w prowincji Badachszan, i w Korytarzu Wachańskim.

Król uniósł brwi w górę, ku brązowej kopule swej łysej głowy. Poklepał dłonią miejsce obok siebie, na co Greg przysiadł się do niego.

– Zna pan kogoś w tamtych stronach? – spytał Zahir Szah.

– To długa historia. Kilka lat temu grupa Kirgizów przyjechała konno przez przełęcz Irśad do doliny Ćarpursonu w Pakistanie, gdzie pracuję, i poprosiła mnie, żebym zbudował szkoły w ich wioskach. Obiecałem im, że przyjadę... porozmawiać o tych pomysłach, ale aż do tej pory nie miałem możliwości dotrzymać słowa.

– Amerykanin w Wachanie... – zamyślił się król. – Podobno mam tam gdzieś domek myśliwski, który mi zbudowali miejscowi, ale nigdy w nim nie byłem. Zbyt trudno tam się dostać. Niewielu widzimy teraz w Afganistanie Amerykanów. Rok temu ten samolot byłby pełen dziennikarzy i osób niosących pomoc humanitarną. Ale teraz wszyscy pojechali do Iraku. Ameryka o nas zapomniała. Kolejny raz zresztą.

Rok wcześniej Zahir Szah po latach emigracji przyleciał do Kabulu, gdzie powitał go entuzjastyczny tłum ludzi, dla których powrót króla był znakiem, że życie znów nabierze cech normalności i będzie pozbawione przemocy wszechobecnej w latach sowieckich złych rządów, zwalczających się nawzajem watażków, a na koniec talibów. Rządy Zahir Szaha przypadły na lata 1933–1973 (zanim odsunął go od władzy jego brat stryjeczny, Muhammad Daud Chan), które dla Afganistanu były najdłuższym okresem pokoju w czasach współczesnych. W roku 1964 pod jego okiem przygotowano projekt konstytucji, dzięki której Afganistan stał się krajem demokratycznym, dającym wszystkim obywatelom prawo wyborcze i stwarzającym kobietom możliwość emancypacji. Zahir Szah założył też w Afganistanie pierwszy nowoczesny uniwersytet i sprowadził z zagranicy naukowców i działaczy humanitarnych, którzy zaangażowali się w jego program rozwoju kraju. Dla wielu Afgańczyków postać króla była symbolem życia, do którego mieli nadzieję powrócić.

Jednak jesienią 2003 roku z nadziei tych niewiele już przetrwało. Ci spośród amerykańskich żołnierzy, którzy pozostali jeszcze w Afganistanie, byli rozproszeni po górach, gdzie tropili Osamę bin Ladena i jego popleczników, część też dbała o bezpieczeństwo nowego rządu Hamida Karzaja. W całym kraju znów zaczynały się nasilać akty przemocy, a talibowie podobno tworzyli nowe oddziały.

„Obawiałem się, że tak jak zostawiliśmy mudżahedinów samym sobie, gdy Sowieci się wycofali, teraz ponownie zostawialiśmy Afganistan własnemu losowi – mówi Mortenson. – Na ile mogłem to sprawdzić, tylko jedna trzecia obiecanych przez nas środków na pomoc humanitarną w ogóle trafiała na miejsce. Wraz z Mary Bono znalazłem w Kongresie jednego z ludzi odpowiedzialnych za fundusze pomocowe. Opowiedziałem mu historię Uzry Faizad i pozostałych nauczycieli, którzy nie dostają wynagrodzeń, i spytałem, dlaczego obiecane pieniądze nie trafiają do potrzebujących. «To bardzo skomplikowane – powiedział. – W Afganistanie nie ma banku centralnego, więc nie ma jak zrobić transferu». To naprawdę marna wymówka! – komentuje Mortenson. – Jakoś nie było problemu z dostarczaniem drogą lotniczą worków z gotówką, żeby zapłacić walczącym z talibami mudżahedinom. Zastanawiam się, dlaczego nie możemy robić tego samego, żeby budować drogi, szkoły i kanalizację. Jeśli nie dotrzymujemy słowa, a obiecane pieniądze nie trafiają na miejsce, pokazujemy tym samym, że amerykańskiego rządu sytuacja w Afganistanie po prostu nie obchodzi".

Zahir Szah położył na dłoni Grega swoją dłoń ozdobioną pierścieniem z ogromnym lazurytowym oczkiem.

– Cieszę się, że jest z nami przynajmniej jeden Amerykanin – powiedział.
– Człowiekiem, z którym powinien się pan spotkać na północy, jest Sadhar Chan. To mudżahedin, ale bardzo dba o mieszkańców swojego regionu.
– Tak słyszałem – potwierdził Mortenson.

Zahir Szah sięgnął do kieszonki na piersi garnituru, który miał na sobie pod pasiastą szatą, i wyjął wizytówkę, po czym zawołał jednego ze swoich ochroniarzy, by przyniósł mu sakwojaż. Następnie przyłożył kciuk do nasączonej tuszem gąbki i odcisnął go na odwrocie wizytówki.

– Może się to panu przydać, jeśli pokaże pan to kommandhanowi Chanowi – powiedział. – Niech Bóg ma pana w opiece. Daję panu swoje błogosławieństwo.

Samolot schodził do lądowania w Kabulu ciasną spiralą. W stolicy nie było już tak bezpiecznie jak rok temu, piloci stosowali więc tę technikę, żeby trudniej było trafić samolot z wyrzutni Stinger, których wciąż wiele ukrytych było w górach.

Mortensona bardziej jednak przeraził ruch uliczny w Kabulu – choć Abdullah spokojnie trzymał kierownicę w okaleczonych dłoniach, dzięki czemu w czasie krótkiej jazdy do Kabul Peace Guest House udało im się cztery razy uniknąć stłuczki.

„Teoretycznie władzę w Kabulu przejął wspierany przez Amerykę rząd – mówi Mortenson. – Ale nie dość, że poza granice miasta władza ta nie sięgała, to w obrębie stolicy nie potrafiła sobie poradzić nawet z ruchem ulicznym. Kierowcy nie zwracali w ogóle uwagi na znaki drogowe i kilku wrzeszczących policjantów. Każdy jeździł, jak chciał".

Greg pragnął dotrzeć do Fajzabadu, największego miasta w prowincji Badachszan, które chciał wykorzystać jako bazę wypadową do miejscowości, gdzie mogły powstawać nowe szkoły. Żeby jednak tam się dostać, musiał ruszyć w dwudniową podróż drogą lądową, stawiając czoło nie tylko nieokrzesanym kierowcom, ale też niestabilnej sytuacji na prowincji kraju. Nie miał jednak wyboru. To była jego trzecia wizyta w Afganistanie i tym razem pragnął dotrzymać obietnicy złożonej kirgiskim jeźdźcom. Pod jego nieobecność Kirgizi przeprowadzili rozeznanie w całym Korytarzu Wachańskim i znów sześć dni jechali konno, by przekazać jego rezultat Faisalowi Baigowi w Zuudchanie. Wedle podanych przez nich informacji pięć tysięcy dwieście dzieci w wieku szkolnym nie miało dostępu do żadnej formy edukacji i czekało, aż przyjedzie Greg, *inszallah*, i zacznie budować dla nich szkoły.

Generał Baszir zaproponował, że jeden z jego pilotów zabierze Mortensona bezpośrednio do Fajzabadu niewielkim dwusilnikowym samolotem Cessna Golden Eagle, którym firma Askari Aviation przewoziła lody, wodę mineralną, batony proteinowe i inne dobra amerykańskim pracownikom w Afganistanie. Jednak sprawujące kontrolę nad przestrzenią powietrzną Afganistanu amerykańskie dowództwo z siedzibą w Katarze odrzuciło prośbę Baszira o zezwolenie na wysłanie samolotu do Afganistanu z misją humanitarną.

Mortenson chodził w tę i we w tę po pozbawionym elektryczności pokoju w pensjonacie, zły na siebie, że zapomniał naładować w Islamabadzie baterie do laptopa i aparatu fotograficznego. W afgańskiej stolicy nie można było polegać na dostawach prądu, istniała więc spora szansa, że aż do Badachszanu nie znajdzie miejsca, gdzie mógłby naładować sprzęt. Zamierzał wyruszyć w długą podróż na północ rano, żeby ze względów bezpieczeństwa nie jechać w nocy. Wysłał Abdullaha na poszukiwanie samochodu do wynajęcia, odpowiedniego do pokonywania lejów po bombach i błota, z których słynęły drogi na północy.

Nadeszła pora kolacji, a Abdullaha wciąż nie było. Mortenson przez chwilę zastanawiał się, czy nie wyjść na zewnątrz poszukać czegoś do jedzenia, ale w końcu opadł na wąskie, za krótkie dla niego łóżko, przykrył twarz poduszką o zapachu brylantyny i zasnął.

Na chwilę przed północą poderwał się nieprzytomny, nie mogąc z początku właściwie zinterpretować dobiegającego jego uszu dźwięku. We śnie pochodził on z serii granatników przeciwpancernych rozbijających ściany pensjonatu. Okazało się jednak, że to zwykłe pukanie do drzwi.

Abdullah miał dwie wiadomości: dobrą i złą. Udało mu się wynająć radzieckiego UAZ-a oraz młodziutkiego Tadżyka imieniem Kais, który zgodził się pojechać jako tłumacz (towarzyszący im zwykle Hasz nie byłby mile widziany na północy, jako że walczył po stronie talibów). Jedyny problem polegał na tym, że tunel Salang, jedyna trasa prowadząca przez góry na północ, o szóstej rano miał zostać zamknięty.

– A kiedy go otworzą? – spytał Mortenson, wciąż trzymając się resztek nadziei na przespanie nocy.

Abdullah wzruszył ramionami. Z powodu poparzeń na twarzy i spalonych brwi trudno było zinterpretować jego minę. Lecz po opuszczonych bezradnie ramionach Greg się zorientował, że zadał pytanie bez sensu.

– Dwanaście godzin? Dwa dni? – rozważał Abdullah. – Kto to wie?

Mortenson zaczął się znów pakować.

Jechali na północ przez pozbawione prądu miasto. Patrząc na pogrążony w ciemnościach Kabul, można było ulec złudzeniu, że panuje tu spokój. W świetle lamp naftowych oświetlających całonocne stoiska z herbatą widać było grupki mężczyzn w powiewnych białych szatach, którzy krążyli po ulicach niczym dobre duchy, oczekując na poranne loty do Arabii Saudyjskiej. Każdy muzułmanin posiadający odpowiednie zasoby powinien choć raz w życiu odbyć hadż, czyli pielgrzymkę do Mekki. Na mrocznych ulicach miasta panowała atmosfera święta współtworzona przez wszystkich mężczyzn wybierających się w podróż, która miała być najdonioślejszym zdarzeniem w ich ziemskim życiu.

Ostatnią rzeczą, jaką zapamiętał Greg z nocnego Kabulu, gdy już skończyli krążyć po ulicach w poszukiwaniu czynnej stacji benzynowej, był gmach dawnego Ministerstwa Obrony Afganistanu. Przejeżdżając obok niego za dnia, widział wznoszący się nad miastem szkielet budynku tak zniszczonego przez bomby i pociski w czasie trzech różnych wojen, że aż dziw brał, że jego konstrukcja jeszcze się nie zawaliła. Nocą w wyrwanych w nim dziurach lśniły ogniska rozpalone przez ludzi, którzy w budynku tym znaleźli tymczasowe schronienie. Dawało to efekt makabrycznej latarni z wydrążonej dyni – rozświetlone migoczącym blaskiem ognia dziury po pociskach zdawały się pustymi oczodołami, a rzędy wybitych okien poniżej układały się w szczerbaty uśmiech.

Greg patrzył sennie na ginący w ciemnościach złowrogi budynek, aż w końcu odpłynął – przed oczami miał armię laptopów śmigającą korytarzami Pentagonu po ciągnących się kilometrami marmurowych podłogach wypolerowanych nie mniej starannie niż buty Donalda Rumsfelda.

Tunel Salang położony był zaledwie sto kilometrów na północ od Kabulu, ale radziecki UAZ pokonywał prowadzącą w Hindukusz drogę tak powoli, że pomimo grożącego im w każdej chwili niebezpieczeństwa w postaci często zastawianych na podróżnych pułapek, Mortenson dał się ukołysać do snu na kilka godzin, zanim wjechali w góry. Skalisty łańcuch czterotysięczników oddzielających północny Afganistan od centralnie położonej równiny Szomali stanowił niegdyś dla Masuda najpotężniejszą linię obrony przed talibami. Na rozkaz dowódcy jego wysadzili w powietrze dwukilometrowy tunel zbudowany przez inżynierów Armii Radzieckiej w latach sześćdziesiątych celem otwarcia prowadzącego przez Uzbekistan szlaku handlowego na południe. Pozostawiwszy tylko wznoszące się na wysokość trzech tysięcy kilometrów ledwo przejezdne górskie drogi prowadzące do doliny Pandższiru, przetrzebieni i słabo uzbrojeni mudżahedini Masuda zdołali uniemożliwić znacznej liczbie czołgów i japońskich furgonetek talibów przedostanie się na północ. Obecnie nowy rząd Afganistanu zatrudniał tureckie ekipy budowlane do oczyszczenia tunelu z zalegającego w nim gruzu pozostałego po eksplozjach oraz umocnienia nadwerężonej konstrukcji, żeby się całkiem nie zawaliła.

Greg obudził się zdziwiony, że stoją w miejscu. Przetarł oczy, ale w otaczających go ciemnościach dalej nie wyróżniały się żadne kształty. Po chwili usłyszał głosy dochodzące, jak się domyślił, sprzed samochodu, a potem nagle oświetloną blaskiem zapałki poparzoną, pozbawioną wyrazu twarz Abdullaha oraz zatroskaną minę nastoletniego Kaisa.

„Znajdowaliśmy się dokładnie pośrodku tunelu, gdy wybuchła nam chłodnica – opowiada Greg. – Jechaliśmy akurat pod górę i byliśmy na zakręcie, tak że jadące z naprzeciwka samochody aż do ostatniej chwili nie mogły nas widzieć. W gorszym miejscu nie mogliśmy utknąć".

Mortenson złapał swój plecak i zaczął w nim szukać latarki. Zaraz sobie jednak przypomniał, że pakując się w pośpiechu, zostawił ją w pensjonacie w Kabulu razem z laptopem i aparatami. Wyszedł na zewnątrz i dołączył do pochylonego nad otwartą maską Abdullaha. W świetle kolejnych zapałek, zdmuchiwanych wciąż przez szalejący po tunelu lodowaty wiatr, dostrzegł, że idący od gaśnicy gumowy wężyk całkiem się rozpadł.

Zastanawiał się, czy ma jakąś taśmę klejącą, którą mógłby wykorzystać do prowizorycznej naprawy, gdy zza zakrętu wypadła jadąca środkiem tunelu – prosto na nich – rozpędzona ciężarówka Kamaz. Kierowca w panice nacisnął na klakson, ale nie było już czasu, by uciec. Greg zamarł przekonany, że zaraz nastąpi zderzenie, ale w ostatniej chwili ciężarówka wróciła na swój pas i przejechała o kilka centymetrów od otwartej maski, urywając tylko boczne lusterko UAZ-a.

– Idziemy stąd! – zarządził Greg, popychając Abdullaha i Kaisa ku ścianie tunelu.

Czuł mocny podmuch lodowatego wiatru i szukając jego źródła, niczym różdżkarz wyciągnął dłonie przed siebie i biegł truchtem przy ścianie tunelu. Reflektory kolejnej zmierzającej w ich stronę ciężarówki przesunęły snop światła po nierównej skale, w której dojrzał czarne pionowe wgłębienie. Uznał je za drzwi i popchnął ku nim swoich towarzyszy.

„Wyszliśmy na zewnątrz, na krawędź pokrytej śniegiem górskiej przełęczy – opowiada Mortenson. – Świecił księżyc, widoczność była więc dobra. Próbowałem się zorientować, po której stronie przełęczy jesteśmy, żebyśmy mogli zacząć schodzić na dół".

Wówczas zauważył pierwszy czerwony kamień. Był niemal całkiem przykryty śniegiem, ale gdy już się go wypatrzyło, łatwo było dojrzeć dziesiątki innych czerwonych zagłębień rozsianych na białym śniegu.

Afganistan jest najbardziej zaminowanym krajem na świecie. Jako że na przestrzeni lat kilka różnych armii zostawiło w ziemi miliony niewielkich ładunków wybuchowych, nikt tak naprawdę nie wie, gdzie drzemią te niebezpieczne maleństwa. Kiedy zaś w wyniku nadepnięcia na taką minę zginie koza, krowa lub dziecko, ekipy saperów malują okoliczne kamienie na czerwono, żeby zostawić znak ostrzegawczy, zanim będą mogli powrócić na długie miesiące żmudnego odminowywania terenu.

Kais również zauważył otaczające ich czerwone kamienie i wpadł w panikę. Greg trzymał chłopca za ramię, na wypadek gdyby ten w przerażeniu zaczął biec. Adbullah, który miał już w życiu do czynienia z minami więcej razy, niżby chciał, wypowiedział na głos jedyne możliwe w tej sytuacji rozwiązanie.

– Pomału, pomału, musimy wracać do środka – rzekł, idąc po własnych śladach po śniegu.

„Szacowałem, że w tunelu mamy jakieś pięćdziesiąt procent szans na przeżycie – mówi Mortenson. – Ale na zewnątrz zginęlibyśmy na pewno".

Kais stał jak sparaliżowany, nie mogąc ruszyć się z miejsca, lecz Greg delikatnie poprowadził chłopca z powrotem w ciemny tunel.

„Nie wiem, co by się stało, gdyby zaraz potem nie jechała powoli pod górę ciężarówka – mówi Mortenson. – Ale na szczęście tak właśnie się stało. Wyskoczyłem na drogę, żeby ją zatrzymać".

Mortenson i Kais jechali w szoferce bedforda, wciśnięci między pięciu mężczyzn, a Abdullah prowadził popychanego przez bedforda w górę UAZ-a.

„Zabrali nas przemytnicy, dość nieokrzesani faceci, ale wydawali się w porządku – mówi Mortenson. – Wieźli kilkadziesiąt nowych lodówek do Mazar-e Szarif, ciężarówka była przeładowana i ledwo się posuwaliśmy do przodu, ale cieszyłem się, że w ogóle jedziemy".

Kais, z niepokojem przyjrzawszy się mężczyznom, szepnął po angielsku do Grega:

– To źli ludzie. Złodzieje.

„Powiedziałem Kaisowi, żeby siedział cicho – mówi Mortenson. – Próbowałem się skoncentrować i wykorzystać wszystkie nabyte podczas dziesięciu lat pracy w Pakistanie umiejętności, żeby jakoś się z tej sytuacji wykaraskać. Przemytnicy byli Pasztunami, a Kais był Tadżykiem, więc tak czy siak mógł być dla nich podejrzany. Postanowiłem jednak im zaufać i uciąć sobie z nimi pogawędkę. Po kilku minutach wszyscy się rozluźnili i nawet Kais się przekonał, że faceci są w porządku. Zwłaszcza gdy dali nam kiść winogron". Powoli dojeżdżali do najwyższego punktu tunelu. Greg łapczywie pochłaniał soczyste owoce, nagle bowiem przypomniał sobie, że od śniadania poprzedniego dnia nic nie miał w ustach. Przyglądał się przy tym, jak tylna klapa wypożyczonego białego UAZ-a powoli czernieje, w miarę jak przednia kratka bedforda zdrapuje z niej farbę, popychając samochód naprzód.

Gdy droga zaczęła wreszcie opadać w dół po drugiej stronie przełęczy, Greg podziękował ekipie przemytników lodówek za uratowanie ich z opresji oraz za pyszne winogrona, po czym wraz z Kaisem przesiadł się do prowadzonego przez Abdullaha UAZ-a. Kierowca przekręcił kluczyk w stacyjce: udało się przy wyłączonym silniku zapalić słabiutkie światła reflektorów. Greg opadł wyczerpany na ławkę z tyłu UAZ-a. Dzięki niezawodnemu instynktowi kierowcy samochód bezgłośnie zjechał na luzie tunelem i wreszcie wydostali się na światło dzienne.

Dla talibów i sowieckich żołnierzy rozpościerająca się po wschodniej stronie dolina Pandższiru, otoczona górami, których szczyty właśnie muskało pierwsze światło dnia, była krainą cierpienia i śmierci. Łatwa do przewidzenia trasa żołnierzy po skalistych urwiskach wąwozu czyniła z nich łatwy cel dla grup mudżahedinów Masuda, którzy ustawiali wyrzutnie rakietowe w punktach obserwacyjnych położonych wysoko ponad doliną. Dla Mortensona jednak ta trudno dostępna dolina, leżąca w otoczeniu ośnieżonych, zabarwionych obecnie na fioletowy róż szczytów, wyglądała jak mityczna kraina Szangri-la.

„Byłem tak szczęśliwy, że wreszcie wydostaliśmy się z tunelu i zobaczyliśmy światło dnia, że zacząłem mocno ściskać Abdullaha, który przez to mało nie stracił panowania nad kierownicą" – opowiada.

Gdy kierowcy udało się zatrzymać przy stojącym na poboczu głazie, podjęli próbę naprawienia samochodu. W promieniach wschodzącego słońca wszystko stało się jasne: trzeba było jakoś zakleić popękany kawałek piętnastocentymetrowego wężyka od chłodnicy. Abdullah, który przeżył nie tylko wojnę, ale też liczne improwizowane na poboczu naprawy, odciął kawałek dętki z opony zapasowej, owinął nim uszkodzoną część wężyka i zamocował wszystko taśmą klejącą, którą Greg znalazł przylepioną do paczki pastylek przeciwkaszlowych w swoim plecaku.

Kiedy napełnili chłodnicę cenną wodą mineralną z butelek, mogli ponownie ruszyć w podróż na północ.

Trwał właśnie święty miesiąc ramadan, Abdullah jechał więc szybko z nadzieją, że uda im się trafić na jakieś stoisko z herbatą, gdzie będą mogli zjeść śniadanie, zanim oficjalnie rozpocznie się całodniowy post. Jednak gdy dotarli do pierwszej miejscowości, byłego sowieckiego garnizonu o nazwie Pol-e Kamri, oba przydrożne bary były już zamknięte. Mortenson podzielił się więc ze swoimi towarzyszami podróży paczką orzeszków ziemnych, którą zachomikował na czarną godzinę. Wygłodniali Abdullah i Kais chrupali je, dopóki słońce nie wyłoniło się zza wschodniej krawędzi doliny.

Po tym śniadaniu Abdullah ruszył pieszo poszukać kogoś, kto byłby skłonny sprzedać im trochę benzyny. Gdy wrócił, wsiadł do samochodu i pojechali razem na dziedziniec przy prymitywnym domu z gliny. Abdullah zaparkował koło przerdzewiałej beczki. Podszedł do nich zgięty wpół sędziwy staruszek o lasce. Minęły dwie minuty, zanim słabymi rękami zdołał odkręcić korek do baku, a potem wziął się za pompowanie benzyny z beczki. Abdullah, widząc, jak wiele ta praca staruszka kosztuje, podbiegł, żeby go w tej czynności wyręczyć.

Abdullah pompował, a Mortenson uciął sobie pogawędkę z gospodarzem, korzystając z pomocy Kaisa, który tłumaczył z języka dari, najbardziej powszechnej w Afganistanie odmiany perskiego.

– Kiedyś mieszkałem na równinie Szomali – opowiadał mężczyzna, który przedstawił się jako Mohammed, mówiąc o rozległym terenie na północ od Kabulu, dawniej będącym spichlerzem całego kraju. – Żyliśmy tam jak w raju. Kabulczycy przyjeżdżali na weekendy do swoich wiejskich domków koło mojej wioski. Nawet sam król Zahir, chwała jego imieniu, miał niedaleko zbudowany pałac. A w moim ogrodzie rosły najróżniejsze drzewa, uprawiałem nawet winogrona i melony.

Na wspomnienie dawnych przysmaków Mohammed w milczeniu poruszał niemal bezzębnymi ustami, które zdobiły tylko dwa samotne kły.

– Gdy pojawili się talibowie, zrobiło się zbyt niebezpiecznie, więc przeprowadziliśmy się z rodziną na północ, do Salangu. Ostatniej wiosny wróciłem do naszego dawnego domu, żeby sprawdzić, czy jeszcze istnieje, lecz początkowo nie mogłem go znaleźć. Urodziłem się tam i mieszkałem przez siedemdziesiąt lat swojego życia, ale nie potrafiłem rozpoznać własnej wioski. Wszystkie domy zostały zniszczone. I zniknęły wszystkie uprawy. Talibowie spalili nie tylko budynki, ale też każdy krzaczek i drzewko. Rozpoznałem swój ogród tylko po pniu spalonego drzewa morelowego, który miał bardzo szczególny kształt, przypominający ludzką dłoń – opowiadał Mohammed głosem, w którym słychać było wzburzenie wywołane przez bolesne wspomnienia.

– Rozumiem, że zabija się ludzi i bombarduje budynki. W czasie wojny takie rzeczy się zdarzają, zawsze się zdarzały. Ale dlaczego, dlaczego talibowie musieli zniszczyć naszą ziemię?! – Mohammed nie kierował tego pytania do Grega, lecz pozwolił, by jego pozostający bez odpowiedzi lament zawisł między nimi w powietrzu.

Im dalej jechali na północ, tym dobitniej Greg uświadamiał sobie, jak wiele osób zginęło w Afganistanie i jak bardzo cierpieli cywile, ale też żołnierze. Minęli po drodze sowiecki czołg T-51 o przekrzywionej przez nieznane siły wieżyczce. Pełno było wokół niego wiejskich dzieci, które wspinały się na okaleczoną maszynę, żeby bawić się w wojnę.

Przejechali też obok cmentarza, na którym za nagrobki służyły zwęglone fragmenty ciężkich sowieckich śmigłowców bojowych Mi-24. Ich załogi prawdopodobnie miały to nieszczęście, że przelatywały w pobliżu stanowisk Masuda po tym, jak CIA zapewniło mudżahedinom pociski Stinger oraz szkolenia w zakresie ich użycia, wspierając tym samym miejscowych przywódców (takich jak na przykład Osama bin Laden), walczących z naczelnym wrogiem Ameryki okresu zimnej wojny.

Ze rdzewiejących pozostałości po wojennym sprzęcie bojowym patrzyły na podróżnych poprzyklejane wszędzie podobizny Ahmeda Masuda Szaha, świeckiego świętego tych stron, który nawet po śmierci zdawał się mieć tu na wszystko baczenie i przypominać ludziom, że wszystkie poświęcenia były, niestety, konieczne.

Zanim nadszedł zmierzch, udało im się minąć miasta Chanabad i Konduz; zbliżali się teraz do Talokanu, gdzie zamierzali się zatrzymać na pierwszy od kilku dni posiłek, kiedy już wieczorna modlitwa zwolni ich z obowiązku przestrzegania postu. Mortenson, który miał na następny tydzień zaplanowane wystąpienie przed ważną grupą potencjalnych darczyńców, zastanawiał się właśnie, czy po kolacji namawiać Abdullaha, by od razu ruszali do Fajzabadu, czy jednak ze względów bezpieczeństwa zaczekać na nowy dzień, gdy pięćdziesiąt metrów przed nimi wybuchła kanonada strzałów karabinowych, a przerażony kierowca nadepnął na hamulec. Abdullah wrzucił wsteczny bieg i nacisnął na gaz. Ruszyli w tył, oddalając się od przecinających gęstniejące powietrze czerwonych śladów pocisków smugowych. Jednak z tyłu za nimi również rozległy się strzały i Abdullah ponownie musiał zahamować.

– Idziemy! – krzyknął, wyciągając Grega i Kaisa z samochodu i popychając do błotnistego rowu przy poboczu, gdzie swymi okaleczonymi dłońmi przycisnął ich do wilgotnej ziemi. Następnie zaś uniósł ręce w modlitwie, prosząc Boga o opiekę.

„Wjechaliśmy prosto w rozgrywki między gangami przemytników opium – tłumaczy Mortenson. – Był właśnie czas przerzutu i o tej porze roku zawsze wybuchały spory, kto ma przejąć kontrolę nad transportami towaru. Nad naszymi głowami konkurenci strzelali do siebie nawzajem z kałasznikowów, które wydają charakterystyczny terkoczący dźwięk. W czerwonym blasku pocisków smugowych widziałem, że Kais jest totalnie przerażony. Ale Abdullah po prostu się wściekał. To prawdziwy Pasztun. Leżał na ziemi, mamrocząc coś pod nosem, obwiniając się za to, że naraził mnie, czyli swojego gościa, na niebezpieczeństwo".

Greg leżał na brzuchu w zimnym błocie, zastanawiając się, jak się wydostać z tego krzyżowego ognia – lecz niewiele można było zrobić. Do walki przyłączyło się kilku nowych strzelców, a natężenie ognia nad ich głowami wzrosło. Mieli wrażenie, że powietrze siekane jest na kawałki.

„W końcu przestałem kombinować, jak się stamtąd wydostać, a zacząłem myśleć o swoich dzieciach – wspomina Mortenson. – Zastanawiałem się, jak Tara im wyjaśni, w jaki sposób zginąłem, i czy mają szansę zrozumieć moją motywację: że nie chciałem ich porzucić, że pragnąłem tylko pomóc dzieciom takim jak one w dalekim kraju. Doszedłem do wniosku, że Tara potrafiłaby tak im wszystko wytłumaczyć, żeby zrozumiały. Od razu poczułem się znacznie lepiej".

Reflektory nadjeżdżającego samochodu oświetliły wznoszące się po obu stronach drogi wały, na których czaiły się zwaśnione gangi przemytników opium. Ogień na chwilę przycichł, podczas gdy strzelcy chowali się przed światłem. Gdy na drodze pojawiła się zmierzająca w stronę Talokanu furgonetka, Abdullah wyskoczył z rowu, żeby ją zatrzymać. Samochód miał już swoje lata i nie był w najlepszym stanie – musiał mieć zniszczone zawieszenie, ponieważ wyraźnie przechylał się na bok. Załadowany był świeżymi kozimi skórami, które wieziono do garbarni. Jeszcze zanim samochód się zatrzymał, Greg poczuł uderzający smród rozkładającego się mięsa.

Nie zważając na padające jeszcze od czasu do czasu strzały, Abdullah podbiegł do szoferki, a potem krzyczał do leżącego w rowie Kaisa, żeby pomógł mu tłumaczyć. Chłopiec cienkim, drżącym głosem poprosił w dari kierowcę, żeby zabrał cudzoziemca. Abdullah zawołał Mortensona i rozpaczliwymi gestami wskazywał mu platformę furgonetki. Greg zacząć biec zygzakiem pochylony, tak jak go dwadzieścia lat temu nauczono w wojsku, żeby trudniej było go trafić. Wskoczył na tył furgonetki, a Abdullah zarzucił na niego kilka wilgotnych kozich skór, dobrze go przykrywając.

– A co z wami? – spytał Greg.

– Bóg będzie nas miał w opiece – odparł Abdullah. – Te diabły strzelają do siebie, nie do nas. Zaczekamy, a potem zabierzemy samochód z powrotem do Kabulu.

Greg miał nadzieję, że rzeczywiście tak będzie. Abdullah okaleczonymi dłońmi zatrzasnął tylną klapę furgonetki, która natychmiast gwałtownie ruszyła.

Leżąc pod stertą gnijących kozich skór, Greg zakrywał dłonią nos i patrzył na znikającą w dali drogę, którą coraz szybciej pokonywał rozklekotany gruchot. Gdy przejechali jakieś pół kilometra, zobaczył, że w dali znów zaczęła się strzelanina. Ponad drogą przelatywał szerokim łukiem grad smugowych pocisków. Dla Grega, który dopiero w następnym tygodniu, po powrocie do Kabulu, miał się dowiedzieć, że jego przyjaciele przeżyli, spektakl ten układał się w jeden wielki znak zapytania.

Furgonetka przetoczyła się przez Talokan i popędziła do Fajzabadu, tak więc Mortenson musiał raz jeszcze obejść się bez obiadu. Unoszący się wokół smród niespecjalnie pobudzał apetyt, ale w końcu, gdy tak jechali przez noc, pierwotny instynkt wygrał z poczuciem estetyki. Greg pomyślał o paczce orzeszków – i dopiero wtedy zdał sobie sprawę, że jego plecak został w UAZ-ie. Na tę myśl aż się poderwał i zaczął gorączkowo sprawdzać kieszenie kamizelki. Na szczęście szybko wyczuł znajomy kształt paszportu, a także grubego pliku amerykańskich dolarów. Zaraz jednak znów się przeraził, bo uświadomił sobie, że wizytówka króla również została w plecaku. „No trudno, nic się nie da zrobić – westchnął. – Będę musiał sam się przedstawić komendantowi Chanowi, bez niczyjego wstawiennictwa".

Owinął nos i usta arafatką i obserwował rozgwieżdżone niebo nad pędzącym samochodem.

„Byłem sam, pokryty błotem i kozią krwią. Straciłem bagaż i nie znałem miejscowego języka. Od kilku dni nie jadłem, ale o dziwo czułem się całkiem dobrze – opowiada Mortenson. – Czułem się tak, jak gdy przed laty jechałem Wąwozem Indusu na dachu bedforda, wioząc materiały na budowę szkoły w Korphe. Nie miałem wówczas pojęcia, co mnie czeka, moje plany na kolejne kilka dni były bardzo mgliste i nie wiedziałem, czy w ogóle mi się uda, ale najciekawsze jest to, że wcale mi z tym nie było źle".

Sprzedawcy kozich skór wysadzili pasażera pod hotelem Uliah w Fajzabadzie. Ponieważ był właśnie szczyt sezonu sprzedaży opium, wszystkie pokoje były zajęte. Zaspany ćokidar zaproponował przybyszowi koc i miejsce na korytarzu, w sąsiedztwie trzydziestu śpiących mężczyzn. W hotelu nie było bieżącej wody, a Greg pragnął za wszelką cenę zmyć z siebie smród kozich skór, wyszedł więc na zewnątrz, otworzył kurek zaparkowanego koło hotelu beczkowozu i nie zdejmując ubrania, oblał się lodowatą wodą.

„Nawet się nie wycierałem – mówi Mortenson. – Owinąłem się tylko kocem i położyłem w korytarzu. Trudno sobie wyobrazić bardziej obrzydliwe miejsce do spania. Dookoła niosły się senne chrząkania podejrzanych przemytników opium i bezrobotnych mudżahedinów. Ale po tym wszystkim co przeszedłem, spałem tak wyśmienicie, jakbym trafił do pięciogwiazdkowego hotelu".

Przed czwartą rano ćokidar obudził wszystkich śpiących na korytarzu mężczyzn, przynosząc posiłek. Podczas ramadanu nie wolno było jeść po porannej modlitwie i choć Greg na tyle odzwyczaił się od jedzenia, że wolałby jeszcze pospać, mimo wszystko przyłączył się do jedzących mężczyzn i pochłonął mającą starczyć na cały dzień porcję potrawki z soczewicy oraz cztery płaskie gumowate ćapati.

Spowite jeszcze chłodem nocy okolice miasta przypominały Gregowi Baltistan. Światło brzasku na szczytach położonego na północy łańcucha Pamiru zwiastowało nadchodzący dzień. Greg znów się znalazł w znajomym górskim krajobrazie, a gdyby tylko przymknął oko na pewne szczegóły, mógłby sobie niemal wyobrazić, że powrócił do swojego drugiego domu. Jednak różnice były trudne do przeoczenia. Znacznie wyraźniej zaznaczała się w życiu miasta obecność kobiet, których wiele swobodnie chodziło po ulicach, choć przeważnie ukrywały się pod białymi burkami. Czuło się też wyraźnie bliskość byłych republik sowieckich

– na ulicach pełno było uzbrojonych po zęby Czeczenów, których mowa była dla Amerykanina jeszcze bardziej egzotyczna niż słyszane wcześniej dialekty. Mężczyźni zmierzali dziarskim krokiem do meczetów na poranną modlitwę.

Jako że w okolicy niewiele było bogactw naturalnych, gospodarka regionu w znacznej mierze opierała się na handlu opium. Z plonów pól makowych Badachszanu wytwarzano surową pastę, z której produkowano heroinę w zlokalizowanych wokół Fajzabadu fabrykach, a następnie wysyłano ją przez Azję Centralną do Czeczenii, skąd trafiała do Moskwy. Choć talibowie niewiele dobrego zrobili dla kraju, trzeba im przyznać, że ostro rozprawili się z uprawą opium. Teraz jednak, po ich odejściu od władzy, uprawy maku znów ruszyły pełną parą, szczególnie w północnym Afganistanie.

Według badania przeprowadzonego przez organizację Human Rights Watch, zbiory opium w Afganistanie skoczyły od stanu bliskiego zeru za rządów talibów do niemal czterech tysięcy ton w roku 2003. Już wtedy stamtąd właśnie pochodziły dwie trzecie światowej produkcji podstawowego surowca do produkcji heroiny. Zaś zyski z handlu opium, które trafiały do kieszeni miejscowych watażków, jak się ich nazywa na Zachodzie – czyli afgańskich kommandhanów – pozwalały im tworzyć i wyposażać potężne oddziały bojowników. Im dalej od Kabulu, tym słabiej odczuwalny był wpływ słabego centralnego rządu Hamida Karzaja.

Badachszan znajdował się tak daleko od Kabulu, jak tylko pozwalały rozmiary kraju, a władzę absolutną sprawował tutaj komendant Sadhar Chan. Mortenson od wielu lat słyszał o nim najróżniejsze historie. Mieszkańcy regionu wyrażali się o nim w samych superlatywach, podobnie jak o zmarłym śmiercią męczeńską koledze Chana, który wraz z nim walczył przeciw Sowietom i talibom – Ahmedzie Masudzie Szahu. Chan, podobnie jak wszyscy inni komendanci, pobierał haracz od handlarzy opium, których szlaki handlowe przecinały jego terytorium. W przeciwieństwie jednak do wielu innych watażków zyski inwestował w poprawę jakości życia okolicznej ludności. Zbudował tętniący życiem bazar dla swoich byłych bojowników i udzielał im niewielkich pożyczek, żeby mogli rozpocząć interes i w gładki sposób z mudżahedinów stać się kupcami. Oprócz powszechnego uwielbienia Chan wywoływał też strach u swoich rywali, słynął bowiem z ferowania surowych wyroków.

Sarfraz, były pakistański komandos z Zuudchanu, ten który kiedyś złapał w radiu wiadomość o atakach na Nowy Jork, a potem pomagał chronić Mortensona, spotykał Chana podczas swoich nie całkiem legalnych podróży przemytniczych po Korytarzu Wachańskim. „Czy to dobry człowiek? Tak, dobry – mówił. – Ale niebezpieczny. Jeśli wróg się nie podda i nie przyłączy do jego oddziałów, każe go przywiązać do dwóch terenówek i rozerwać na kawałki. Dzięki takim metodom ma w Badachszanie władzę niczym prezydent".

Po południu Greg wymienił trochę pieniędzy i wynajął kolejnego UAZ-a od pobożnego ojca i syna, którzy zgodzili się zabrać przybysza w dwugodzinną drogę do siedziby Chana w Baharaku pod warunkiem, że wyruszą natychmiast, by wrócić do domu na wieczorną modlitwę.

– Jestem gotów – powiedział Greg.

– A gdzie bagaż? – spytał chłopak, który znał kilka słów po angielsku.

Mortenson wzruszył tylko ramionami i wsiadł do samochodu.

„Do Baharaku było niecałe sto kilometrów, ale droga zajęła nam trzy godziny – mówi Mortenson. – Jechaliśmy pośród krajobrazu, który przypominał mi Wąwóz Indusu, po półkach skalnych nad wijącą się pośrodku kanionu rzeką. Cieszyłem się, że mamy dobry samochód. Wszystkie te jeepy, którymi jeżdżą Amerykanie, nadają się na wycieczki do supermarketu i zabieranie dzieci na treningi piłkarskie. Ale żeby się sprawnie poruszać w tamtym terenie, trzeba mieć coś w rodzaju porządnego rosyjskiego UAZ-a".

Na dwadzieścia minut przed Baharakiem wąwóz wyszedł na zieloną otwartą przestrzeń między łagodnymi wzgórzami. Na ich zboczach pracowali rolnicy, siejąc mak na każdym dostępnym skrawku ziemi.

„Gdyby nie wszechobecne uprawy maku, wszystko wyglądałoby identycznie jak droga do Korphe doliną Śigaru – mówi Mortenson. – Zdałem sobie sprawę, jak blisko jest stamtąd do Pakistanu, i choć nigdy wcześniej nie byłem w tamtych okolicach, miałem wrażenie, że wracam do domu, że znów jestem między znajomymi".

W Baharaku wrażenie to jeszcze się spotęgowało. Otoczone białymi szczytami Hindukuszu miasto stanowiło bramę wjazdową do Korytarza Wachańskiego, którego wąskie pasmo zaczynało się kilka kilometrów na wschód. Gregowi zrobiło się ciepło na sercu, gdy pomyślał, że całkiem niedaleko znajduje się Zuudchan, gdzie mieszka tyle bliskich mu osób.

Kierowca z synem zawieźli go na miejski bazar, żeby tam się rozpytać o drogę do domu Sadhar Chana. Na bazarze wyraźnie było widać, że mieszkańcy miasta, którzy zajmowali się przeważnie uprawą, a nie handlem opium, podobnie jak Baltowie egzystują na poziomie niezbędnego do przeżycia minimum. Na straganach leżały tylko podstawowe produkty spożywcze w nieprzesadnych ilościach, a dźwigające ciężary osiołki kursujące między miastem a bazarem wyglądały na niedożywione i niezbyt zdrowe. Greg wiedział z lektur, jak dalece Badachszan odcięty był od świata za rządów talibów, ale nie zdawał sobie sprawy, że panuje tu aż taka bieda.

Przez środek targowiska, na którym wszystkie inne środki transportu posiadały cztery kopyta, sunął w ich stronę podniszczony biały UAZ. Mortenson zatrzymał samochód, podejrzewał bowiem, że ktoś, kto może sobie pozwolić na taki pojazd, prawdopodobnie wie, gdzie mieszka Sadhar Chan.

W środku pełno było groźnie wyglądających mudżahedinów, ale kierowca, mężczyzna w średnim wieku o przeszywającym spojrzeniu i ze starannie przystrzyżoną czarną brodą, wyszedł, żeby porozmawiać z cudzoziemcem.

– Szukam Sadhara Chana – powiedział Greg, korzystając z kilku podstawowych słów w języki dari, których nauczył go Kais, gdy wyjeżdżali z Kabulu.

– Jest tutaj – powiedział mężczyzna po angielsku.

– Gdzie?

– To ja. Jestem kommandhan Chan.

Mortenson przechadzał się nerwowo wokół wskazanego mu krzesła na dachu domu Chana, gdzie go zaprowadzono, by zaczekał, aż komendant wróci z piątkowej modlitwy. Budynek był dość skromny, ale po zainstalowanych wokół sprzętach widać było, że mieszka tutaj lokalny władca. Zza dachu wystawała niczym maszt bez flagi potężna antena nadajnika radiowego, której obecność świadczyła, że Chan jest na bieżąco z nowoczesną techniką. W stronę południowego nieba skierowanych było kilka niewielkich talerzy satelitarnych, a na dachach otaczających budynków widać było wartowników, którzy mieli baczenie na przybysza, obserwując go przez celowniki karabinów snajperskich.

Na południowym wschodzie wznosiły się zaśnieżone szczyty Pakistanu. Żeby choć na chwilę oderwać uwagę od celujących w niego snajperów, Greg wyobraził sobie, że u podnóża znajomych gór stoi na straży Faisal Baig. Od postaci Faisala pociągnął zaś w myślach linie prowadzące od szkoły do szkoły, od wioski do wioski, przez dolinę Hunzy do Gilgitu i dalej, przez Wąwóz Indusu aż do Skardu, próbując w ten sposób przybliżyć do dachu, na którym stał, bliskich swojemu sercu ludzi i ukochane miejsca, powtarzając sobie w duchu, że wcale nie jest sam.

Tuż przed zachodem słońca zobaczył, że z budynku meczetu, którego masywna architektura bardziej przypominała wojskowe baraki niż świątynię, wylegają na ulicę setki mężczyzn. Chan wyszedł ostatni, pogrążony w rozmowie z miejscowym mułłą. W końcu pochylił się, by uściskać staruszka, i ruszył ku czekającemu na niego na dachu cudzoziemcowi.

„Sadhar Chan przyszedł do mnie bez żadnej straży – mówi Mortenson. – Przyprowadził tylko młodego asystenta w charakterze tłumacza. Wiedziałem, że obserwujący mnie z dala wartownicy z miejsca by mnie ostrzelali, gdybym choć raz krzywo spojrzał na ich komendanta, ale i tak było mi miło, że tak bezpośrednio mnie potraktował. Podobnie jak wtedy gdy spotkaliśmy się na bazarze, gotów był sam, bez zbędnych formalności załatwić co trzeba".

– Przykro mi, że nie mogę poczęstować pana herbatą – powiedział Chan za pośrednictwem tłumacza posługującego się doskonałym angielskim – ale już za chwilę – dodał, wskazując słońce chowające się za kamienistym polem na zachodzie – dostanie pan wszystko, czego tylko pan sobie zażyczy.

– Nic nie szkodzi – powiedział Greg. – Przebyłem długą drogę, żeby z panem porozmawiać. To dla mnie zaszczyt, że się tu znalazłem.

– O czym więc chciałby porozmawiać Amerykanin, który przyjechał tu aż z Kabulu? – spytał gospodarz, wygładzając brązową wełnianą szatę o zdobnych szkarłatnych szwach, która stanowiła jego atrybut władzy.

Greg opowiedział więc komendantowi swoją historię, zaczynając od kirgiskich jeźdźców przybywających w tumanie pyłu na przełęcz Irśad, a kończąc na krzyżowym ogniu karabinowym, który udało mu się przeżyć poprzedniego wieczoru, oraz o ucieczce furgonetką pełną kozich skór. I wtedy ku ogromnemu zaskoczeniu Amerykanina groźny przywódca mudżahedinów z Badachszanu zaczął wydawać radosne okrzyki i ściskać skonfundowanego nieco gościa.

– Tak! Tak! To doktor Greg! Kommandhan Abdul Raszid mówił mi o panu! To niesamowite! – powtarzał Chan, z podekscytowania nie mogąc ustać w miejscu. – I pomyśleć, że nie kazałem nawet przygotować posiłku ani nie zwołałem spotkania starszyzny! Proszę mi wybaczyć...

Mortenson się rozpromienił, a całe napięcie trudnej podróży na północ zniknęło (choć nie zniknął pył na jego ubraniu i smród kozich skór). Chan wyciągnął nowoczesny telefon satelitarny z kieszeni kamizelki fotograficznej, którą nosił pod zdobną szatą, i nakazał przygotować ucztę. Później zaś razem krążyli po dachu, dyskutując, gdzie najlepiej byłoby zacząć budować szkoły.

Chan posiadał encyklopedyczną wiedzę na temat Korytarza Wachańskiego, w którym Greg chciał jak najszybciej rozpocząć pracę. Na początek podał mu listę pięciu wiosek, w których najbardziej potrzebne były szkoły podstawowe. Następnie zaczął wymieniać miejsca, gdzie dziewczęta nie mają dostępu do edukacji – tu otworzyło się morze potrzeb, jakiego Mortenson nie był wcześniej w stanie nawet sobie wyobrazić. W samym Fajzabadzie, mówił Chan, pięć tysięcy nastoletnich dziewcząt usiłuje odbywać lekcje na polu ciągnącym się wzdłuż męskiej szkoły średniej. Tak samo wyglądała sytuacja w wielu miejscach w Badachszanie. Komendant wyliczał po kolei potrzeby, których zaspokojenie mogło zająć kilka dziesięcioleci.

Gdy słońce chowało się za położonymi na zachodzie skałami, Chan jedną dłoń położył na ramieniu Grega, a drugą pokazał rozciągającą się przed nimi przestrzeń.

– Walczyliśmy w tych górach przeciw Sowietom ramię w ramię z Amerykanami – powiedział. – Ale choć słyszeliśmy wiele obietnic, nikt nigdy nie powrócił, żeby nam pomóc, gdy skończył się już czas umierania. Proszę spojrzeć na te wzgórza – tu wskazał ciągnące się ku zachodzącemu słońcu nieregularnie porozrzucane głazy, wznoszące się od dróg miasta coraz wyżej, niczym bezkresne pole grobów. – Zbyt wiele ludzi tu zginęło – dodał posępnym głosem. – Każda skała, każdy leżący tu głaz to jeden z moich ludzi, mudżahedinów, męczenników, którzy poświęcili życie, walcząc z Sowietami, a potem z talibami. Teraz musimy zrobić wszystko, żeby ich poświęcenie nie poszło na marne. – Tu Chan zwrócił się do Mortensona. – Musimy z tych kamieni zbudować szkoły.

Greg zawsze powątpiewał, czy w momencie śmierci rzeczywiście przed oczami przelatują człowiekowi sceny z całego życia. Nie starczyłoby przecież chyba na to czasu? Lecz w chwili gdy patrzył w ciemne oczy Chana, a zaraz potem w nieokreśloną głębię, w której rozważał zobowiązanie, jakie właśnie podejmował, zobaczył całe swoje przyszłe życie jako jeden ciąg zdarzeń.

Tu, na tym dachu, pośród surowych kamienistych wzgórz znajdowało się rozwidlenie, na którym musiał dokonać wyboru życiowej drogi. Jeśli miał pójść w kierunku stojącego przed nim człowieka i wskazywanych przez niego kamieni, otwierała się przed nim ścieżka, którą widział wyraźniej niż całą dziesięcioletnią drogę rozpoczętą dawno temu w Korphe.

Na ścieżce tej trzeba było się nauczyć nowych języków i zaliczyć kilka wpadek kulturowych, żeby poznać w końcu lokalne obyczaje. Czekały też na niej długie miesiące z dala od rodziny porozrzucane niczym białe plamy na rozpostartym przed nim kolorowym płótnie, błyszczącym w słońcu jak pokryte świeżym śniegiem pole. Zaś nad ścieżką unosiły się burzowe chmury zagrożeń, jakich jeszcze nie potrafił sobie nawet wyobrazić. Widział przed sobą swoje przyszłe życie równie jasno jak niegdyś wznoszący się przed nim szczyt Kilimandżaro czy iskrzącą w słońcu piramidę K2, która wciąż powracała do niego w snach.

Mortenson położył dłoń na okrytym brązową szatą ramieniu Sadhar Chana, powtarzając gest wykonany dziesięć lat wcześniej podczas spotkania z innym lokalnym przywódcą, Hadżi Alim, nie myśląc ani o wciąż obserwujących go przez celowniki karabinów wartownikach, ani o upamiętniających męczenników kamieniach złocących się w promieniach zachodzącego słońca, lecz o własnej wewnętrznej górze, którą właśnie zobowiązywał się pokonać.

PODZIĘKOWANIA

Gdy przemawia twoje serce, rób notatki.

Judith Campbell

Marzę o tym, żebyśmy wszyscy poświęcili kolejną dekadę na walkę z analfabetyzmem i na zapewnienie dostępu do edukacji wszystkim dzieciom, szczególnie dziewczynkom. Ponad 145 milionów dzieci na świecie pozbawionych jest dostępu do edukacji. Przyczyną bywa ubóstwo, wyzysk, niewolnictwo, dyskryminacja kobiet, religijny ekstremizm czy skorumpowany rząd. Chciałbym, żeby dzięki książce „Trzy filiżanki herbaty" dar edukacji trafił do każdego z tych dzieci, bo wszystkie zasługują na to, żeby chodzić do szkoły.

Wszystkie strony tej książki można by zapełnić podziękowaniami dla tysięcy niesamowitych osób, które w znacznej mierze przyczyniły się do powstania tej historii i tej opowieści. Żałuję, że w tak krótkim tekście nie zdołam wyrazić swojej wdzięczności wobec Was wszystkich – czeka mnie przez to kilka bezsennych nocy. Dziękuję Wam za to, że pojawiliście się w moim życiu. Myślę, że odpowiednim wyrazem mojej dla Was wdzięczności będzie edukacja kolejnych dzieci.

Współautor tej książki, David Oliver Relin, przez dwa lata się trudził, aby ją ukończyć. Bez Ciebie ta historia nigdy nie zostałaby opowiedziana. *Śukrija, Relin sahib.*

Szczególne podziękowania otrzymuje Paul Slovak, redaktor wydawnictwa Viking Penguin, który włożył wiele pracy w przygotowanie tej wersji książki do publikacji – również za cierpliwość, którą się wykazał, biorąc pod uwagę nasze wielokrotne prośby, by zmienić podtytuł wydania w twardej oprawie: „Opowieść o człowieku, który budując szkoły, walczy z terroryzmem i buduje nowe społeczeństwo" na obecny: „Opowieść o człowieku, który budując szkoły, dba o pokój na świecie".

Louise Braverman, specjalistka od reklamy w Viking Penguin, wykonała ogromną pracę, która pomogła tej książce stać się bestsellerem. Dziękuję za Twój nieustający optymizm. Dziękuję też Susan Kennedy (prezes Penguin

369

Group, USA), Carolyn Coleburn (dyrektorce biura reklamy wydawnictwa Viking), Nancy Sheppard (szefowej marketingu wydawnictwa Viking) oraz Rayowi Robertsowi (redaktorowi pierwszej wersji tej książki).

Nasza agentka literacka, Elizabeth Kaplan, przez dwa lata z wielkim zaangażowaniem prowadziła tę książkę od fazy projektu aż do publikacji. Jesteśmy jej dozgonnie wdzięczni za wsparcie.

Dziękuję też wiernym „kobietom z Montany" prowadzącym biuro Instytutu Azji Centralnej: Jennifer Snipes i Laurze Anderson, których ciężka praca wspiera naszą oddolną inicjatywę zapewniania edukacji ponad dwudziestu czterem tysiącom dzieci. Szczególne podziękowania należą się Christiane Leitinger, kierującej programem Grosik dla Pokoju, który buduje mosty między dziećmi mieszkającymi po przeciwległych stronach świata.

Decydujący wkład w nasze starania mają członkowie zarządu Instytutu Azji Centralnej: dr Abdul Jabbar, Julia Bergman i Karen McCown. Dziękuję Wam i Waszym rodzinom za nieustające wsparcie, liczne słowa zachęty i wieloletnie zaangażowanie.

Wszystko co robię, dedykuję Jeanowi Hoerniemu, Hadżi Alemu i Chriście – jest to mój pokorny hołd ich pamięci.

Nasz nader zróżnicowany nieustraszony zespół pakistańskich pracowników wciąż niestrudzenie przenosi góry, żeby wszystko jakoś szło do przodu. *Bahut śukrija,* Apo Ća Ća Abdul Razak, Ghulam Parwi, Suleman Minhas, Saidullah Baig, Faisal Baig, Mohammed Nazir – a w Afganistanie: Sarfraz Chan, Abdul Wakil, Parwin Bibi i mułła Mohammed. Niech Bóg błogosławi Was i Wasze rodziny za szlachetną pracę w służbie ludzkości, jaką wykonujecie!

Do wszystkich moich przyjaciół, doradców, członków starszyzny, nauczycieli, przewodników, braci i sióstr w Pakistanie i Afganistanie: nie istnieją odpowiednie słowa, którymi mógłbym wyrazić swoją wdzięczność. Mogę tylko powiedzieć, że każde z Was jest jak gwiazda rozświetlająca nocne niebo i że dzięki Waszemu oddaniu, zapałowi i wytrwałości do Waszych dzieci dociera światło edukacji. *Śukrija,* Rahmat, Manana. *Śakeram,* Baf, *bakśiś.* Dziękuję!

Dziękuję moim dziadkom, Reginie Mortenson oraz Alowi i Lyrii Doerringom, za ich wielką mądrość. Dziękuję moim siostrom, Sonji i Kari, ich mężom Danowi i Deanowi, oraz ich rodzinom za miłość i solidarność plemienną, która nadaje prawdziwe znaczenie wyrażeniu „wartości rodzinne".

Gdy byłem dzieckiem i mieszkałem w Tanzanii, moi rodzice, Dempsey i Jerene Mortenson, zawsze czytali nam coś przed snem – najpierw przy świecach, a potem przy świetle elektrycznym. Te opowieści zaszczepiły w nas ciekawość świata i innych kultur i popchnęły mnie do przygody z działalnością humanitarną, która ukształtowała moje życie. Wielką inspiracją jest też dla mnie oddanie, z jakim moja matka poświęciła swoje życie edukacji. A choć w roku 1980 mój czterdziestoośmioletni ojciec przegrał walkę z rakiem, dziedzictwo współczucia, jakim się w życiu kierował, pozostaje dla nas wiecznie żywe. Co mnie motywuje do tej pracy? Odpowiedź jest bardzo prosta: kiedy patrzę w oczy dzieci w Pakistanie i Afganistanie, widzę pełne zadziwienia oczy własnych dzieci – i mam nadzieję, że każdy z nas zrobi co tylko może, żeby zostawić im świat pełen pokoju zamiast powtarzającego się cyklu przemocy, wojen, terroryzmu, rasizmu, wyzysku i bigoterii, z którymi jakoś musimy sobie poradzić.

Dedykuję to wszystko moim niesamowitym dzieciom, Amirze Elianie i Khyberowi, którzy dodają mi odwagi, darzą mnie bezwarunkową miłością i nie ustają w nadziei, która jest dla mnie inspiracją, żeby starać się coś na tym świecie zmienić, dla każdego dziecka po kolei.

Przede wszystkim jednak mam nieskończony dług wdzięczności wobec mojej niezwykłej żony Tary. Cieszę się, że zdecydowaliśmy się sobie zaufać. Jesteś niesamowitą towarzyszką życia, powiernicą, matką i przyjaciółką. Przez jedenaście lat naszego małżeństwa, gdy tak często byłem nieobecny z powodu podróży do niedostępnych pakistańskich i afgańskich krain, Twoja miłość umożliwiała mi podążanie za głosem serca. Kocham Cię.

Greg Mortenson
Dolina Nilamu, Azad Kaszmir, Pakistan
Listopad 2006

Chciałbym podziękować Gregowi Mortensonowi zarówno za to, że opowiedział mi jedną z najbardziej niesamowitych historii, jakie w życiu słyszałem, jak za propozycję, żebym ją przekazał innym ludziom. Chciałbym też podziękować Tarze, Amirze, Khyberowi i całemu wielkiemu klanowi Mortensonów i Bishopów za to, że dzięki nim podczas wszystkich moich tak częstych wizyt w Bozemanie panowała cudownie rodzinna atmosfera.

Generał brygady Baszir Baz oraz pułkownik Iljas Mirza z firmy Askari Aviation nie tylko zorganizowali mi loty do najbardziej niedostępnych dolin Obszarów Północnych, ale też pomogli przynajmniej w podstawowym zrozumieniu trudnej sytuacji, w jakiej znajduje się obecnie pakistańskie wojsko. Generał Bhangu zabierał mnie swoim niezniszczalnym śmigłowcem ku podniebnym skarbom Karakorum i Hindukuszu, a potem zabawiał mnie do późnych godzin nocnych inteligentną rozmową na temat przyszłości swego kraju.

Suleman Minhas zabierał mnie, mijając z wielką prędkością policyjne barykady, w najciekawsze rejony Islamabadu i Rawalpindi, gdzie dzięki ogromnemu poczuciu humoru skutecznie pomagał przybyszowi z zewnątrz przeniknąć specyfikę tych miejsc. Ghulam Parwi pracował niestrudzenie jako zarówno mój mentor, jak i tłumacz, w żywych barwach przybliżając mi bogactwo kultury Bałtów. Podczas moich podróży po Obszarach Północnych Apo, Faisal, Nazir i Sarfraz odgadywali każde moje życzenie i natychmiast je spełniali. Twaha, Dźahan i Tahira, wraz z pozostałymi słusznie dumnymi mieszkańcami Korphe, pomogli mi zrozumieć, że bieda i izolacja od świata nie są w stanie powstrzymać prężnej społeczności przed zapewnianiem lepszej przyszłości swoim dzieciom. Zaś wszyscy mieszkańcy Pakistanu bezustannie wciąż na nowo mi udowadniali, że nigdzie na świecie nie istnieje bardziej gościnny kraj.

Ahmed Rashid był na tyle miły, że podczas odbywającego się w Madrycie światowego szczytu dotyczącego walki z terroryzmem wymknął się na jakiś czas z sali obrad i urządził mi intensywny kurs, który obejmował zarówno tajniki pakistańskiego systemu politycznego, jak i związku między rosnącą liczbą madras a religijnym ekstremizmem. Conrad Anker, Doug Chabot, Scott Darsney, Jon Krakauer, Jenny Lowe, Dan Mazur i Charlie Shimanski dali mi wgląd w niebezpieczny świat wspinaczki wysokogórskiej. Jim „Mapman" McMahon zasługuje na uznanie zarówno za profesjonalne opracowanie map w książce, jak i za słowa, że wyzywa na pojedynek w błocie każdego pracownika Fox News, któremu nie spodoba się przesłanie „Trzech filiżanek herbaty".

Mam dług wdzięczności wobec mojego przyjaciela z pisma „Parade", Lee Kravitza, który pewnego dnia powiedział: „Jest ktoś, kogo powinieneś chyba poznać", a później udzielał mi wielu mądrych rad, gdy książka już powstawała. Chciałbym mu również podziękować za to, że był na tyle roztropny, aby się ożenić z Elizabeth Kaplan, która z wdziękiem poprowadziła tę książkę przez proces wydawniczy i pomogła kompletnemu ignorantowi nabrać nieco orientacji w kwestii publikacji książkowych, jednocześnie dając radę jeść, chodzić, rozmawiać przez komórkę i dbać o swoje dzieci. Wdzięczny jestem Rayowi Robertsowi z wydawnictwa Viking za jego erudycję i uprzejmą wyrozumiałość wobec najróżniejszych małych katastrof, które towarzyszyły przygotowywaniu tej książki do druku.

Muszę podziękować winiarni Murphy-Goode za zapewnienie odpowiednich trunków ułatwiających przeprowadzanie wywiadów. Również Victor Ichioka ze sklepu Mountain Hardwear otrzymuje podziękowania za zapewnienie odpowiedniego sprzętu na nasze podróże w Obszary Północne. Wdzięczny też jestem najlepszym na świecie kawiarniom w Portland w stanie Oregon za to, że przez tak wiele długich popołudni tolerowały mruczącego do siebie pod nosem, pijącego kawę za kawą pisarza.

Na koniec pragnę podziękować Dawn za wiele rzeczy, które się tu nie zmieszczą, ale przede wszystkim za uśmiech na jej ślicznej twarzy tego wieczoru przy ognisku w Salmon-Huckleberry Wilderness, gdy czytałem jej pierwsze ukończone rozdziały.

David Oliver Relin

Jeśli „Trzy filiżanki herbaty" stanowią dla Ciebie inspirację do działania, oto kilka sugestii, co możesz zrobić:

1. Wejdź na stronę www.threecupsoftea.com, na której znajdziesz więcej informacji, w tym recenzje, zapowiedzi imprez oraz inspirujące pomysły. Jeśli za pośrednictwem tej strony kupisz w internecie dowolną książkę, siedem procent wydanych przez Ciebie pieniędzy zostanie przekazanych na fundusz stypendialny dla dziewcząt w Pakistanie i Afganistanie.

2. Poleć „Trzy filiżanki herbaty" swoim przyjaciołom i znajomym, zasugeruj przedyskutowanie jej w klubach książki, kółkach zainteresowań, grupach przykościelnych, na zajęciach w szkole lub na uniwersytecie albo na spotkaniach dowolnej grupy zainteresowanej edukacją, podróżami, przygodą, problemami międzykulturowymi, islamem, Pakistanem czy Afganistanem.

3. Sprawdź, czy „Trzy filiżanki herbaty" są dostępne w Twojej bibliotece. Jeśli nie, ofiaruj bibliotece egzemplarz albo zaproponuj, żeby zakupiono tę książkę i dodano do księgozbioru. Poproś o to samo mieszkających w in-

nych miejscowościach przyjaciół i rodzinę. W wielu bibliotekach w USA istnieją listy 10–20 osób oczekujących w kolejce na możliwość przeczytania „Trzech filiżanek herbaty".

4. Pytaj w księgarniach, czy książka jest w ofercie, a jeśli jej nie ma, zasugeruj, że warto ją sprowadzić.

5. Umieść recenzję „Trzech filiżanek herbaty" w internecie, na przykład na stronach www.merlin.pl, www.empik.pl, www.gandalf.pl lub (po angielsku) na www.amazon.com. Twoja szczera opinia spowoduje, że o tej (czy każdej innej) książce będzie się mówiło.

6. Poproś redaktorów lokalnej gazety albo programu radiowego, żeby rozważyli omówienie książki lub zamieszczenie jej recenzji.

7. Organizacja Grosik dla Pokoju (www.penniesforpeace.org) prowadzi działalność wśród młodzieży szkolnej. Spróbuj zorganizować podobną akcję w znanej Ci szkole, w której akcje społeczne cieszą się popularnością. Wystarczy, że każde dziecko przekaże grosik lub ołówek. W ten sposób w USA od roku 1994 zebrano ponad osiem milionów centów!

9. Jeśli chcesz wesprzeć nasze starania o upowszechnianie dostępu do edukacji, szczególnie dla dziewcząt, możesz wpłacić darowiznę na konto naszej organizacji non profit: Central Asia Institute, P.O. Box 7209, Bozeman, MT 59771, tel. (001) 406 585 7841, www.ikat.org. Koszt miesięcznej edukacji jednego dziecka w Pakistanie lub Afganistanie kosztuje nas dolara, pensja nauczyciela – dolara dziennie, a zakup ołówka – jeden cent.

10. Wszelkie zapytania dotyczące książki proszę kierować na adres info@threecupsoftea.com. Można też zadzwonić pod numer (001) 406 585 7841.

Jeśli chcesz dowiedzieć się więcej, napisz do nas na adres:

Central Asia Institute
P.O. Box 7209
Bozeman, MT 59771
406-585-7841
www.ikat.org

INDEKS